监狱警察必读业务教材
教育转化顽危罪犯工具书

罪犯改造动机学

张峰·著

中国政法大学出版社
2025·北京

声 明　　1. 版权所有，侵权必究。

　　　　　2. 如有缺页、倒装问题，由出版社负责退换。

图书在版编目（CIP）数据

罪犯改造动机学 / 张峰著. -- 北京 ：中国政法大学出版社, 2025. 5. -- ISBN 978-7-5764-2100-2

Ⅰ. D926.7

中国国家版本馆CIP数据核字第2025PU9841号

出 版 者	中国政法大学出版社
地　　址	北京市海淀区西土城路25号
邮寄地址	北京 100088 信箱 8034 分箱　邮编 100088
网　　址	http://www.cuplpress.com（网络实名：中国政法大学出版社）
电　　话	010-58908586(编辑部) 58908334(邮购部)
编辑邮箱	zhengfadch@126.com
承　　印	固安华明印业有限公司
开　　本	720mm×960mm　1/16
印　　张	25.5
字　　数	430千字
版　　次	2025年5月第1版
印　　次	2025年5月第1次印刷
定　　价	99.00元

前　言

社会大众普遍认同的一种观念是，将儿童教育成才是一件困难且值得骄傲的大事，关乎国家的未来，"少年强则国家强"。同样，将危害社会的罪犯改造成为合格公民，更是一件困难且值得骄傲的大事，它具有稳定社会、和谐家庭、重塑个人的重大意义。如果将教育儿童看作从零开始的话，那么教育改造罪犯则是从负数开始，其难度更大。

在我国，监管改造工作有两大任务：一是监管，即剥夺罪犯的部分公民权利，限制他们的人生自由，根据法律对他们实施惩罚；二是改造，即把他们从罪犯教育改造成为守法的公民，其意义十分重大。

如何调动罪犯的改造积极性，也就是激发罪犯的改造动机，是监管改造工作的核心内容。

罪犯在改造过程中的行为不是无缘无故产生的，都有一定的思想根源、心理根源和习惯根源，都有一定的目的指向，这种目的指向有的清晰明了，有的模糊隐蔽，还有的可能与目的背道而驰。一种行为的产生，从表面上看可以与目的是一个方向，而他们真实的目的则可能是另一个方向。有案例说明，某犯在实施脱逃前，会表现得格外遵章守纪，亲近民警，与他人和睦相处，但实质目的指向是骗取民警的信任，使民警放松对他的警惕，从而达到其真实的脱逃目的。

民警在与好人相处时要多从好处想，与坏人相处时则要多从坏处想。

监狱民警在大量的监管改造实践中，常常会困惑：为什么有些罪重刑长的罪犯在改造中能够认罪悔罪，积极改造，而有些罪轻刑短的罪犯反而缺乏改造积极性？有些出身环境较好（知识家庭、干部家庭、富裕家庭等）的罪犯会不服管教，成为反改造尖子，而有些家庭出身不太好（家族有违法犯罪史）的罪犯却表现较好？为什么有些文化程度高的罪犯反改造，而有些文化程度低的罪犯却积极改造？在转化顽危罪犯时，管教民警经常苦口婆心，他们仍听不进去，而有时不经意的几句话反而对他们触动很大，甚至幡然醒悟？为什么有时民警明明是一番良好的愿望，他们却并不领情，而有时狱友的几句话却令他们言听计从，甚至去做些违法乱纪的事，其中变化的根源是什么？

研究罪犯的改造动机，实际上就是研究罪犯在改造过程中的所思所想。如果监狱民警掌握了一些动机心理学的基本原理和知识，就会在监管改造中知其然，更知其所以然，工作就会更积极主动，有的放矢。罪犯改造动机是推动罪犯认罪悔罪，积极改造的内部力量。监狱民警只有真正探索到罪犯在服刑期间的思维、行为动机，才能真正把握罪犯的心理本质。

动机心理学是心理学的一个重要分支，在我国的研究时间不长，而罪犯改造动机理论更是相对滞后。到目前为止，国内外还没有对罪犯改造动机进行系统研究的书籍，本书填补了此项研究的空白。

本书以动机基础理论为指导，结合我国当前教育改造罪犯的客观实际，尽量全面、完整地对罪犯在服刑改造中的心理、行为、动机进行分析研究，以期研究出罪犯在改造过程中的真正目的性动机，为广大民警的工作提供科学性、技术性支持。

本书把晦涩难懂的心理学学术语言尽力以通俗的语言形式表达出来，以提高本书的可读性与实用性。

目 录

前 言 ·· ▶ 001

第一章 绪论 ··· ▶ 001

第一节 罪犯改造动机的概念 ··· ▶ 001
一、罪犯改造动机 ·· ▶ 001
二、罪犯改造动机的内容 ·· ▶ 003
三、罪犯改造动机的作用 ·· ▶ 006

第二节 罪犯改造动机的特征 ··· ▶ 009
一、罪犯改造的主观性与强迫性 ··· ▶ 009
二、罪犯改造的动力性与对立性 ··· ▶ 011
三、罪犯改造的稳定性与动态性 ··· ▶ 012
四、罪犯改造的公开性与隐蔽性 ··· ▶ 013

第三节 罪犯改造动机的种类 ··· ▶ 015
一、罪犯改造的内部动机和外部动机 ··· ▶ 015
二、罪犯改造中的主导动机和辅助性动机 ··· ▶ 017
三、罪犯改造中的生理性动机和社会性动机 ·· ▶ 019
四、罪犯改造中的直接性动机和间接性动机 ·· ▶ 019
五、罪犯改造中的正确动机和错误动机 ·· ▶ 020

第四节 罪犯改造动机的功能 ··· ▶ 022
一、罪犯改造动机的激发功能 ·· ▶ 022
二、罪犯改造动机的指向功能 ·· ▶ 022

三、罪犯改造动机的维持与调控功能 ▶ 023

四、罪犯改造动机冲突 ▶ 024

第二章 罪犯人格 ▶ 026

第一节 罪犯人格的概念 ▶ 026

一、罪犯人格的定义 ▶ 027

二、罪犯人格的特征 ▶ 027

第二节 罪犯人格形态 ▶ 032

一、反社会型人格障碍 ▶ 032

二、偏执型人格障碍 ▶ 033

三、边缘型人格障碍 ▶ 034

四、情感障碍 ▶ 035

五、冲动型人格障碍 ▶ 036

六、分裂型人格障碍 ▶ 037

第三章 罪犯改造的需要动机 ▶ 039

第一节 罪犯需要概念 ▶ 039

一、罪犯需要的含义 ▶ 040

二、罪犯需要的特点 ▶ 041

第二节 罪犯需要的层次 ▶ 047

一、罪犯生理需要 ▶ 047

二、罪犯安全需要 ▶ 050

三、罪犯归属和爱的需要 ▶ 054

四、罪犯的尊重需要 ▶ 063

五、罪犯自我实现的需要 ▶ 069

第三节 罪犯需要层次间的关系 ▶ 070

一、罪犯需要层次的阶梯性 ▶ 071

二、罪犯缺失需要与成长需要 ▶ 072

三、罪犯高层次需要的非迫切性 ▶ 073
四、罪犯高层次需要具有主观性 ▶ 074
五、罪犯低层次需要更容易满足 ▶ 075
六、罪犯需要的层次递进性 ▶ 076

第四节 罪犯需要的基本观点 ▶ 077
一、罪犯需要满足和性格形成 ▶ 077
二、罪犯过度需要的满足和病态 ▶ 078
三、罪犯需要层次中的例外 ▶ 080
四、罪犯满足的不同程度 ▶ 081
五、罪犯需要的功能自主性 ▶ 083

第四章 罪犯改造的自我认知 ▶ 084

第一节 罪犯自我认知概念 ▶ 084
一、罪犯自我认知的含义 ▶ 084
二、罪犯自我认知的功能 ▶ 087
三、罪犯自我认知的偏差与调整 ▶ 091

第二节 罪犯自我认知的形成、维持及调整 ▶ 093
一、罪犯自我认知的形成 ▶ 093
二、罪犯认知层面的反应 ▶ 094
三、罪犯情感层面的反应 ▶ 094
四、罪犯行为层面的反应 ▶ 095
五、罪犯自我认知的维持 ▶ 099
六、罪犯自我认知的调整 ▶ 101
七、罪犯心理韧性培养 ▶ 103
八、罪犯自我认知的影响因素 ▶ 107

第三节 罪犯的自我归因过程 ▶ 109
一、罪犯自我归因的内外源维度 ▶ 109

- 二、罪犯自我归因的稳定性维度 ………………………………… 110
- 三、罪犯自我归因的可控性维度 ………………………………… 111

第五章 罪犯改造的情绪 …………………………………………… 113

第一节 罪犯情绪的概念 ……………………………………… 113
- 一、罪犯情绪的定义 ……………………………………………… 113
- 二、罪犯情绪的来源 ……………………………………………… 114
- 三、情绪动机的定义 ……………………………………………… 115
- 四、罪犯情绪动机 ………………………………………………… 115
- 五、罪犯情绪动机的作用机制 …………………………………… 118

第二节 罪犯情绪的种类 ……………………………………… 119
- 一、罪犯基本情绪分类 …………………………………………… 119
- 二、罪犯复杂情绪分类 …………………………………………… 124
- 三、罪犯情绪状态分类 …………………………………………… 126

第三节 罪犯情绪的机能 ……………………………………… 127
- 一、罪犯情绪的适应功能 ………………………………………… 127
- 二、罪犯情绪的动机功能 ………………………………………… 133

第四节 情绪与罪犯改造动机 ………………………………… 138
- 一、追求快乐与罪犯改造动机 …………………………………… 138
- 二、理智情感与罪犯改造 ………………………………………… 142
- 三、自我价值感与罪犯改造动机 ………………………………… 144
- 四、避免痛苦与罪犯改造 ………………………………………… 147
- 五、认知失调与罪犯改造 ………………………………………… 150

第六节 罪犯积极情绪的作用 ………………………………… 153
- 一、罪犯积极情绪概述 …………………………………………… 153
- 二、积极情绪对罪犯改造的作用 ………………………………… 158

目录

第六章　罪犯改造目标动机 ……………………………… 161

第一节　罪犯目标动机概念 ……………………………… 161
一、罪犯改造目标动机概述 ……………………………… 161
二、罪犯改造目标动机的特征 …………………………… 164
三、罪犯改造目标的类型 ………………………………… 169
四、罪犯改造目标的动机作用机制 ……………………… 173
五、罪犯改造目标的作用动因 …………………………… 176
六、罪犯实现目标与其他变量 …………………………… 180

第二节　罪犯改造目标设定与目标追求的心理机制 …… 184
一、罪犯改造目标设定的过程 …………………………… 184
二、罪犯改造目标追求中的心理动力 …………………… 190
三、罪犯改造目标障碍 …………………………………… 193

第三节　罪犯改造目标设置 ……………………………… 195
一、罪犯改造的目标设置 ………………………………… 195
二、影响罪犯目标设置的因素 …………………………… 199
三、目标设置与罪犯改造效率 …………………………… 202
四、罪犯改造目标的形成 ………………………………… 205

第七章　罪犯改造动机的归因原理 …………………… 211

第一节　罪犯改造归因的理论基础 ……………………… 211
一、罪犯改造归因的基本概念 …………………………… 211
二、重要的归因理论与罪犯改造 ………………………… 215

第二节　罪犯改造归因的主要分类 ……………………… 223
一、罪犯归因的内部因素 ………………………………… 223
二、罪犯归因的外部因素 ………………………………… 227
三、罪犯改造中的内控归因 ……………………………… 230
四、罪犯改造中的外控归因 ……………………………… 234

第三节　归因理论在罪犯改造中的应用 ……………………… 237
  一、归因理论与罪犯改造的关系 ………………………………… 237
  二、引导积极的归因方式 ………………………………………… 242

第八章　罪犯改造的诱因与奖励原理 …………………………… 245

第一节　罪犯改造诱因和奖赏动机概念 ……………………… 245
  一、罪犯改造诱因与奖赏概述 …………………………………… 245
  二、罪犯改造诱因的特点 ………………………………………… 246
  三、罪犯改造诱因的功能 ………………………………………… 253
  四、不同类型诱因对改造动机的影响 …………………………… 257
  五、诱因设置的策略与原则 ……………………………………… 258

第二节　奖赏对罪犯改造动机的强化 ………………………… 259
  一、罪犯改造的奖赏机制 ………………………………………… 259
  二、罪犯改造中的强化 …………………………………………… 263
  三、罪犯改造诱因与奖赏的协同作用 …………………………… 270

第九章　罪犯改造的自我概念培养 ……………………………… 275

第一节　罪犯的自我概念 ……………………………………… 275
  一、罪犯的自我 …………………………………………………… 275
  二、罪自我的适应功能 …………………………………………… 277

第二节　罪犯自我效能感 ……………………………………… 281
  一、罪犯自我效能感的概念 ……………………………………… 281
  二、罪犯自我效能感的来源 ……………………………………… 285
  三、罪犯自我效能感的功能 ……………………………………… 291
  四、罪犯自我效能感的维度 ……………………………………… 294

第三节　罪犯改造动机的认知因素 …………………………… 296
  一、认知因素对罪犯改造的作用 ………………………………… 296
  二、期望价值与罪犯改造动机 …………………………………… 301

三、交互作用与罪犯改造 …………………………………… ▶ 304

　　四、认知一致性与罪犯改造 …………………………………… ▶ 308

第四节　罪犯改造中的自我决定 …………………………………… ▶ 311

　　一、罪犯自我决定的性质 …………………………………… ▶ 311

　　二、自我决定论 …………………………………………… ▶ 316

第十章　罪犯社会规范学习 …………………………………… ▶ 319

第一节　罪犯社会规范学习的概念 ………………………………… ▶ 319

　　一、罪犯社会规范学习的定义 ……………………………… ▶ 319

　　二、罪犯社会规范学习的特点 ……………………………… ▶ 323

　　三、罪犯社会规范学习的作用 ……………………………… ▶ 325

第二节　罪犯社会规范学习的实质和意义 ………………………… ▶ 326

　　一、罪犯社会规范学习的实质 ……………………………… ▶ 326

　　二、罪犯社会规范学习的意义 ……………………………… ▶ 330

第三节　影响罪犯社会规范学习的因素 …………………………… ▶ 333

　　一、罪犯社会规范学习动机的驱动 ………………………… ▶ 333

　　二、罪犯规范行为的社会反馈 ……………………………… ▶ 336

第四节　罪犯社会规范学习的依从 ………………………………… ▶ 339

　　一、罪犯社会规范学习的依从特点 ………………………… ▶ 339

　　二、罪犯社会规范依从的条件 ……………………………… ▶ 342

第五节　罪犯社会规范的认同 ……………………………………… ▶ 350

　　一、罪犯社会规范认同的类型 ……………………………… ▶ 350

　　二、罪犯社会规范认同的特点 ……………………………… ▶ 355

　　三、罪犯社会规范认同的条件 ……………………………… ▶ 359

　　四、罪犯社会规范认同的意义 ……………………………… ▶ 363

第十一章　民警与罪犯的沟通 ………………………………… ▶ 371

第一节　沟通的意义与结构 ………………………………………… ▶ 371

一、沟通的概念 ·· ▶371
　　二、沟通的结构 ·· ▶375
　　三、与罪犯沟通的类型 ·· ▶380
　　四、非言语交流的艺术 ·· ▶382
　第二节　语言沟通 ·· ▶388
　　一、语言沟通的重要性 ·· ▶388
　　二、语言沟通的技巧 ··· ▶390

参考书目 ··· ▶395

第一章

绪 论

罪犯改造动机存在三个方面的问题：一是罪犯在监狱改造环境中的行为，特别是一些异常的行为的起因是什么？二是罪犯的行为与目的是否一致？三是维持罪犯行为的原因是什么？

监狱是各类人性丑恶最集中，展示最全面，反应最激烈的地方。罪犯的犯罪，一般而论，他们世界观的负能量大于正能量，阴暗心理大于阳光心理，消极情绪大于积极情绪，这正与社会正常人相反。因此，如何在监禁环境下正确激发罪犯的改造动机，使他们正能量上升，阴暗面缩小，消极情绪转化，是每位从事教育改造罪犯工作的民警应该掌握的基础知识。

第一节 罪犯改造动机的概念

激发罪犯改造动机是全面提高监狱民警业务素质，维护监管安全的核心内容，有助于监狱民警深入了解罪犯的内在需求和心理状态，准确把握罪犯的改造动机，提高改造工作的针对性和有效性。

一、罪犯改造动机

罪犯改造动机是罪犯实现自我转变和成长的内在驱动力。监狱民警通过激发和强化罪犯的改造动机，帮助他们树立正确的世界观、人生观和价值观，增强他们的法治观念和道德意识。

（一）罪犯改造动机定义

罪犯改造动机是监狱民警通过调动罪犯内部心理能量和调节控制其行为方向，使他们的动机与行为活动紧密相联，成为他们行为的决定因素。

动机是行为的原形，行为又是动机的外在表现。

罪犯改造动机是在罪犯某种需要基础上产生的，推动罪犯实施某种性质的改造行为，以达到一定改造目的的内部动力。它涉及罪犯在改造过程中，如何被激发去接受教育、参与劳动改造，并努力改正错误、重新做人的心理因素。

(二) 罪犯改造动机产生因素

罪犯改造动机的产生是一个复杂而多维的心理过程，涉及多个因素的综合作用。

1. 内在需要

(1) 改恶从善的愿望。罪犯在服刑期间，经过监狱的教育改造，绝大部分罪犯会产生改恶从善、重新做人的内在愿望。这种愿望源于对过去行为的反思和悔悟，以及对未来生活的期望。

(2) 缩短刑期、早日恢复自由的期望。罪犯通常都希望能够通过积极改造来缩短自己的刑期，早日结束严格、约束的监禁状态，回归社会，恢复正常的自由生活。这种期望成为他们努力改造的重要动力。

(3) 人格的自我实现。在改造过程中，罪犯可能会追求个人价值的提升和人格的完善。他们希望通过学习和劳动等方式，实现自我成长和进步。

(4) 获得物质条件和文化技术的需求。通过学习文化和技术，罪犯可以获得更多的谋生技能，为未来的生活打下基础。同时，他们也可能希望通过劳动改造获得一定的物质条件，改善自己的生活状况。

2. 外界压力

(1) 监狱民警的教育和感化。监狱民警在罪犯的改造过程中发挥着重要作用。他们通过教育、感化等方式，帮助罪犯认识自己的错误，激发其改造动机。

(2) 法律制度的约束。法律制度的严格约束使罪犯不得不面对自己的犯罪行为所带来的后果。在法律的威严下，他们可能会意识到只有积极改造才能减轻罪责、争取更好的未来。

(3) 社会舆论的监督。社会对罪犯的关注和监督也会对其产生一定的压力。这种压力可能来自家人、朋友、社区等各方面的期待和关注，促使罪犯努力改造以赢得社会的认可和接纳。

3. 改造目标的吸引力

(1) 减刑、假释等奖励措施的激励。监狱根据法律会设立减刑、假释等奖励措施来激励罪犯积极改造。这些奖励措施对罪犯来说具有很大的吸引力，使他们愿意付出努力去争取。

（2）未来生活的美好愿景。通过积极改造，罪犯可以重新获得自由、回归社会并过上正常的生活。这种对未来美好生活的向往和追求会成为他们改造的强大动力。

（三）罪犯改造动机的形态

1. 积极改造的动机。当罪犯的改造需要非常强烈，他们会认识到自己的错误，有强烈的改恶从善愿望，渴望通过改造重新做人；同时，由于外界压力较大，例如监狱的严格管理、法律的威慑力以及社会的监督等都促使他们必须做出改变；此外，改造目标也具有较强的吸引力，如减刑、假释的机会，或者学习新技能以改善出狱后的生活状况等。在这种情况下，罪犯会形成积极的改造动机，主动配合监狱的管教和教育，努力改正错误，争取早日回归社会。

2. 抗拒改造的动机。如果罪犯缺乏改恶从善的内在需要，对过去的犯罪行为没有真正的悔悟，也没有对未来生活的积极规划；同时，外界压力较弱，比如监狱的管理存在漏洞，法律制度执行不严，或者社会对他们的关注度不高；再加上改造目标缺乏吸引力，比如认为减刑、假释的机会渺茫，学习新技能对出狱后生活改善的帮助有限等。在这种情况下，罪犯可能会产生抗拒改造的动机，表现为对监狱民警的敌对态度、不遵守监规纪律、消极参与劳动和教育活动等。

3. 消极改造、混刑度日的动机。当三种因素的力量强弱不均、互相牵制时，罪犯可能会陷入一种矛盾和迷茫的状态。他们既不完全抗拒改造，也不积极配合，而是采取一种消极的态度来应对监狱生活。他们可能偶尔参与一些改造活动以应付检查或避免惩罚，但内心并没有真正的改造意愿。这种消极改造、混刑度日的动机往往源于对未来的不确定性和对现实的无奈感。在这种情况下，罪犯的改造效果往往不理想，需要监狱管理部门和监狱民警采取更加细致和有针对性的工作方法，深入了解他们的思想动态和心理需求，引导他们树立正确的改造观念。

二、罪犯改造动机的内容

罪犯改造是一个复杂而多维的过程，其核心在于激发罪犯的内在动力，促使其从错误中吸取教训，重新做人。

（一）认罪悔罪

认罪悔罪是罪犯改造动机的起点。罪犯必须深刻认识到自己犯罪行为的危害性，对被害人、社会及自身家庭造成的伤害有清醒的认识，并产生真诚的悔改之意。这种认罪悔罪的意识能够激发罪犯的改造意愿，使其愿意主动接受改造。

1. 认识危害，促进自省。罪犯必须对其犯罪行为的危害性有深刻的认识，这不仅仅是对法律条文的简单理解，更是从内心深处感受到自己的行为给被害人带来的痛苦、给社会造成的秩序破坏，以及给自己家庭带来的不可挽回的损失。这种认识是促使罪犯进行深刻自我反省的第一步。

2. 真诚悔改，建立基础。在认识到错误的基础上，罪犯需要产生真诚的悔改之情。这种悔改不仅仅是口头上的道歉或承诺，而是发自内心地对过去行为的否定和对未来新生活的向往。它要求罪犯能够正视自己的问题，愿意承担责任，并努力寻求改变。

3. 激发改造意愿，促进积极行动。认罪悔罪的意识一旦形成，就能够极大地激发罪犯的改造意愿。这种意愿会促使罪犯更加主动地配合监狱机关的教育改造工作，积极参与各种改造活动，如学习法律知识、提升职业技能、参与心理辅导等。同时，它也会使罪犯在日常生活中更加注重自我约束和自我管理，努力成为一个对社会有用的人。

4. 构建正向循环，巩固改造成果。随着改造的深入，罪犯的认罪悔罪意识会不断得到强化，从而形成一个正向的循环。这种循环会使罪犯更加珍惜改造的机会，更加努力地改造自己。这种持续改造的努力将有助于巩固和扩大改造成果，使罪犯在刑满释放后能够更好地融入社会，成为遵纪守法的公民。

（二）法律认知

法律认知是罪犯改造动机的重要组成部分。通过学习法律法规，罪犯能够明确自己的犯罪行为触犯了哪些法律条款，理解法律的严肃性和权威性。这种对法律的深刻认知不仅有助于罪犯在改造过程中自觉遵守监规纪律，还能增强其法律意识，预防再犯罪风险。

1. 明确法律界限。通过学习法律法规，罪犯能够清晰地认识到自己的犯罪行为所触犯的具体法律条款。这种明确的认知有助于他们认识到自己行为的违法性，从而形成对自身行为的正确判断和评价。这种对法律界限的明确认识，是罪犯自我反省和改造的基础。

2. 增强法律敬畏感。理解法律的严肃性和权威性，是罪犯改造过程中的重要一步。法律的制定和实施，体现了国家对社会秩序和公共利益的维护。通过学习，罪犯能够深刻体会到法律的公正与无私，从而增强对法律的敬畏感。这种敬畏感会促使他们在改造过程中自觉遵守监规纪律，避免再次触犯法律。

3. 提升法律意识。法律认知的提升，不仅意味着罪犯对法律条文的理解加深，更意味着他们法律意识的觉醒。法律意识是指个体对法律现象的认知、情感、意志和信仰等心理活动的总和。通过学习，罪犯能够树立正确的法律观念，增强法治观念，从而在日常生活中更加自觉地遵守法律法规。

4. 促进全面改造。法律认知的提升，还能够促进罪犯的全面改造。在改造过程中，罪犯不仅需要纠正自己的犯罪行为，更需要树立正确的人生观、价值观和世界观。通过学习法律，他们能够更好地理解社会规则、道德规范和行为准则，从而在思想、心理和行为上实现全面转变。

(三) 道德重塑

道德重塑是罪犯改造的深层次目标。罪犯在犯罪过程中往往忽视了道德规范的约束，导致行为失范。在改造过程中，通过道德教育、心理辅导等手段，帮助罪犯树立正确的道德观念，培养其羞耻心、同情心和责任感等道德品质，从而实现道德的重塑和升华。

1. 道德规范的缺失与犯罪。罪犯在犯罪过程中，往往是因为忽视或违背了社会公认的道德规范，这种道德规范的缺失会成为其行为失范的重要诱因。道德作为社会行为的指导原则，其重要性不言而喻。因此，帮助罪犯重新认识和遵守道德规范，是改造工作的核心任务之一。

2. 道德教育的重要性。在改造过程中，道德教育起着至关重要的作用。通过系统、有针对性的道德教育，可以引导罪犯重新学习并内化社会公认的道德规范，树立正确的道德观念。这种道德观念的重塑，将为罪犯未来的社会生活提供坚实的道德基础。

3. 培养道德品质。道德重塑不仅意味着道德观念的重建，更意味着道德品质的培养。羞耻心、同情心和责任感等道德品质是构成健全人格的重要组成部分。通过教育和引导，帮助罪犯重新树立这些道德品质，将使他们更加珍惜自己和他人的尊严，更加关注社会公共利益，从而更好地融入社会。

4. 道德升华与社会回归。道德重塑的最终目标是实现罪犯的道德升华，使其从内心深处认同并遵守道德规范。这种道德升华不仅有助于罪犯在改造期间的表现改善，更为其刑满释放后的社会回归提供了强有力的支撑。

（四）身心健康

身心健康是罪犯改造过程中的重要保障。通过体育锻炼、心理辅导、疾病治疗等方式，关注罪犯的身心健康状况，帮助其调整情绪状态、缓解压力、恢复身体健康。一个身心健康的罪犯更容易保持积极向上的心态面对改造生活，也更有可能成功回归社会。

1. 身体健康。罪犯在监狱环境中，由于活动空间受限、生活方式改变等因素，可能面临诸多健康挑战。通过定期的体育锻炼、合理的饮食安排以及及时的疾病治疗，可以显著提升他们的身体素质，增强免疫力，预防疾病的发生。身体健康的保障，使罪犯有足够的体力和精力投入改造学习，同时也为他们未来的社会生活打下良好的基础。

2. 心理健康。心理健康同样不容忽视。罪犯在犯罪前后往往经历了复杂的心理过程，如内疚、恐惧、焦虑、绝望等。心理辅导在这一过程中显得尤为重要。通过专业的心理咨询、情绪管理训练、心理教育等方式，可以帮助罪犯正视自己的心理问题，学会调节情绪、缓解压力、增强自信。一个心理健康的罪犯，更能够保持积极向上的心态，勇敢面对改造生活中的挑战，并在刑满释放后更好地融入社会。

三、罪犯改造动机的作用

罪犯改造动机对其行为有着重要影响。动机可以激发罪犯的改造兴趣和热情，使他们产生积极的行为。动机还会引导罪犯的行为和决策，帮助他们在服刑期间积极反思自身的罪恶，认罪伏法，积极改造。

（一）引发改造行为

罪犯改造动机是促使罪犯产生积极改造行为的直接驱动力。当罪犯认识到自己罪行的严重性，产生强烈的认罪悔罪意识，并希望通过改造重新做人时，这种动机就会成为他们参与改造活动的内在动力。这种动力能够激发罪犯的主动性和积极性，促使他们自愿接受改造，并在改造过程中不断努力。

罪犯改造动机的生成，往往源于其对自己罪行严重性的深刻认识。当罪犯开始正视自己的犯罪行为，理解其给被害人、社会及自身家庭带来的巨大伤害时，一种强烈的认罪悔罪意识便会在其内心深处萌发。这种意识不仅是对过去错误的深刻反省，更是对未来新生活的渴望与追求。正是这种渴望，激发了罪犯希望通过改造来重新做人的强烈愿望，从而形成了推动其积极改造的内在动力。

（二）定向选择作用

罪犯改造动机还具有定向选择的作用。在改造过程中，罪犯会根据自己的改造动机来选择适合自己的改造方式和路径。比如，有的罪犯可能更加注重职业技能的提升，以便将来找到稳定工作；而有的罪犯则可能更加注重道德重塑和社会归属感的建立，以便更好地融入社会。这种定向选择作用有助于罪犯在改造过程中更加明确自己的目标和方向，从而更加有效地进行改造。

罪犯改造动机的定向选择作用揭示了罪犯在改造过程中如何根据个人动机和需求来选择和规划自己的改造路径。这种定向选择不仅体现了罪犯的主观能动性和自我决定能力，也为其改造过程增添了针对性和实效性。

1. 个性化改造计划。罪犯根据自己的改造动机，会倾向于制定个性化的改造计划。这些计划可能涵盖职业技能培训、文化教育、心理辅导、道德教育等多个方面，但每个罪犯都会根据自己的实际需求和目标来设定重点。例如，对于希望未来找到稳定工作的罪犯，他们可能会将职业技能提升作为改造的核心；而对于更关注社会融入的罪犯，他们则可能更加注重道德重塑和社会归属感的建立。

2. 资源分配与利用。在改造过程中，资源是有限的。罪犯根据自己的改造动机来分配和利用这些资源，能够确保资源得到最大化利用。他们会选择参与那些与自己改造目标密切相关的活动和课程，避免浪费时间和精力在不感兴趣或无关紧要的方面。

3. 持之以恒的动力。定向选择不仅帮助罪犯明确了改造的方向和目标，还为他们提供了持之以恒的动力。当罪犯看到自己正朝着既定的目标前进时，他们会更加坚定自己的信念和决心，即使在遇到困难和挫折时也能够保持积极向上的态度。

（三）维持与增强改造效果

罪犯改造动机的维持与增强作用也是不可忽视的。在改造过程中，罪犯可能会遇到各种困难和挑战，如心理压力、身体疾病、家庭矛盾等。此时，强烈的改造动机能够帮助罪犯保持积极的心态和坚定的信念,克服各种困难,坚持改造到底。同时,随着改造的深入和成果的显现,罪犯的改造动机也会不断得到增强和巩固,进一步推动改造工作的深入开展。

1. 维持作用。在改造过程中,罪犯不可避免地会遇到各种困难和挑战,这些外部因素很容易对其改造动机产生负面影响。然而,强烈的改造动机能够成为罪犯的精神支柱,帮助他们在逆境中保持积极的心态和坚定的信念。这种心理韧性使罪犯能够正视困难、勇于挑战,不会轻易放弃改造的努力和目标。通过自我调节、心理辅导或与其他罪犯的相互支持,罪犯能够更好地应对心理压力、克服身体疾病、解决家庭矛盾等状况,保持改造动机的稳定性和持续性。

2. 增强作用。随着改造的深入和成果的显现,罪犯的改造动机也会不断得到增强和巩固。一方面,罪犯在改造过程中取得的进步和成就能够为其带来成就感和自信心,这种正面反馈会进一步激发其改造的积极性和动力。另一方面,随着对罪犯行为的逐步纠正和对其思想认识的深刻改造,罪犯会逐渐认识到改造的重要性和必要性,从而更加自觉地投入改造中去。这种从内心深处产生的改造动力将比外部压力更加持久和有效。

3. 推动改造工作深入开展。罪犯改造动机的维持与增强不仅有利于罪犯个人的改造进程,还能够推动整个改造工作的深入开展。当罪犯保持积极的心态和坚定的信念时,他们更愿意接受改造、配合管理、参与活动,这为改造工作提供了良好的内部环境和氛围。同时,罪犯的改造成果也能够为其他罪犯树立榜样、传递正能量,激发更多罪犯的改造热情和动力。这种良性循环将不断推动改造工作的向前发展。

(四)促进心理平衡与健康发展

罪犯改造动机还有助于促进罪犯的心理平衡与健康发展。在改造过程中,罪犯需要不断调整自己的心态和情绪状态,以适应新的生活环境和角色定位。而强烈的改造动机能够帮助罪犯更好地应对各种心理挑战和压力,保持心理的稳定和平衡。同时,通过参与改造活动和接受心理辅导等方式,罪犯的心理健康水平也会得到提高和发展。

(五)降低再犯罪风险

罪犯改造动机的重要作用还体现在降低再犯罪风险上。通过积极有效的改造工作,罪犯能够认识到自己的错误并努力改正。这种改变不仅体现在行为上的转变,更体现在思想观念和道德品质上的提升。当罪犯具备了强烈的改造动机并付诸实践时,他们的再犯罪风险就会大幅降低。

罪犯改造动机在罪犯改造过程中具有不可替代的作用。它不仅是推动罪犯实施改造行为的内部动力,还影响着改造表现、促进罪犯自我认知与反思、增强罪犯的社会适应能力以及提升监狱改造工作的质量。因此,监狱民警应高度重视罪犯改造动机的培养和激发工作。

第二节 罪犯改造动机的特征

罪犯改造动机作为发动、维持罪犯改造行为的内部力量,在具备一般行为动机特征的同时,还具有以下一些特征:

一、罪犯改造的主观性与强迫性

罪犯在改造过程中,实际上也是一个新旧认知、新旧观念、新旧习惯冲突与交融的过程,在这个过程中,充满着矛盾、纠结、思考,是一个渐进的演变过程。

(一) 主观性

罪犯改造的主观性主要体现在罪犯自身的意愿、动机和能动性上。

1. 内在需求与动机。罪犯改造动机是罪犯在服刑改造期间心理结构中的动力成分,是罪犯心理的反应,也是他们相应的认知成分、情绪情感成分及生理、需要的体现,具有强烈的主观性。罪犯在监狱改造期间,基本上都有期望早日恢复自由,生活得到保障,人格得到尊重,得到亲人的谅解与关爱等主观需要,并由此激发出了相关的改造动机,这种改造动机是主观的,真实的。

2. 自我认知与反思。罪犯的悔罪心理和改过自新的愿望也是推动其主观改造的重要动力。在改造过程中,罪犯会逐渐认识到自己犯罪的根源和危害,通过自我反思和认知调整,逐渐形成正确的价值观和道德观。这种自我认知和反思的过程是主观改造的重要组成部分。

3. 能动性发挥。罪犯在改造中需要充分发挥自己的能动性,积极参与各项改造活动,如学习、劳动等。罪犯大多有期望获得监狱奖励,早日回归社会的主观动机。如遵守规章制度、完成劳动任务等,但在强迫的同时,也有很强的主观性，如他们对规章制度和完成劳动任务或部分接受，或逐渐接受，或完全接受，这些都有他们的主观认同。改造行为虽然有强迫的成分，但如果罪犯主观上不遵守规章制度、不完成劳动任务等，监狱民警即使强迫他们，客观上也是没有意义的。但在接受过程中，他们的新规范与过去的旧习惯，新的劳动任务与过去好逸恶劳的旧恶习之间会不停地产生心理冲突与矛盾。

通过主动接受改造和积极地参与改造实践，罪犯可以逐渐改变自己的行为习惯和思维方式，实现自我提升和成长。

(二) 强迫性

罪犯改造的强迫性主要体现在法律法规的约束、监狱管理的要求以及改造措施的实施上。

罪犯在投入监管改造后，由于受到教育，绝大多数罪犯愿意认罪伏法，改恶从善，这种改造动机也需要来自他们的主观性。另一方面，罪犯由于失去自由，接受刑罚，过着严格的监禁生活，他们的一言一行，一举一动，都有着严格的规范，这体现了罪犯改造动机具有一定的强迫性。

1. 法律法规的约束。根据《监狱法》等相关法律法规，罪犯在服刑期间必须遵守监规纪律，接受教育和改造。这种法律法规的约束为罪犯的改造提供了强制性的保障。由于罪犯受到刑事处罚，失去了部分人身自由，个人权利受到部分限制，他们的改造是强制的，被迫的。为了有效地教育改造罪犯，监狱机关对罪犯所实施的教育改造活动，也是针对他们扭曲的认知，变态的人格，恶劣的行为，不良的习惯所进行的强制性教育行为。

2. 监狱管理的要求。监狱作为执行刑罚的机关，对罪犯的管理具有强制性和规范性。监狱会根据罪犯的犯罪性质、改造表现等因素制定相应的改造计划和措施，并通过日常管理和监督确保这些计划和措施得到有效执行。

3. 改造措施的实施。监狱会采取多种改造措施来促进罪犯的转化和回归社会。这些改造措施往往具有一定的强制性，要求罪犯必须参加并认真学习。同时，监狱还会通过劳动改造等方式培养罪犯的劳动观念和社会责任感，这也具有一定的强迫性。

罪犯改造的主观性与强迫性是相辅相成的。主观性是罪犯改造的内在动力和基础，而强迫性则是保障罪犯改造措施得到有效执行的重要手段。在实际改造过程中，应充分尊重罪犯的主观性，激发他们的内在动力；罪犯在改造过程中，会时有反复，也说明了他们改造动机的动力性与反抗性。同时也要加强法律法规的约束和监狱管理的力度，确保改造措施得到有效实施。只有在主观性和强迫性的共同作用下，才能实现罪犯全面转化的目的。

二、罪犯改造的动力性与对立性

在罪犯改造过程中，动力性与对立性是两个相互关联又相互作用的方面，它们共同构成了罪犯改造心理和行为的复杂情境。

（一）动力性

动力性是指推动罪犯改造的内在力量和外在诱因的总和。这种力量是罪犯改造行为发生的根源，也是改造工作能够取得成效的关键。

1. 内在动力。多数罪犯经过改造后，内心深处会产生强烈的悔罪感和自我救赎的愿望，这种愿望会成为他们积极改造的内在动力。大多数罪犯都渴望早日获得自由，回归社会，这种对自由的向往成为他们积极改造的重要驱动力。动机具有启动行为的作用，能推动罪犯产生某种行为，使他们将心中仅是期望的静止状态转向具体行为的活动状态，如罪犯为了获得表扬而表现出好的行为、为了考核达标而自愿加班的行为等。

罪犯动机的动力性还表现在动机具有维持行为的功能，即持久性。罪犯的行为产生后，能否持久进行这种行为，同样会受到动机的调节和支配。当罪犯行为的结果与他所追求的目标一致时，与之相应的动机便会得到强化，这种行为会继续进行下去；相反，当行为的结果与罪犯追求的目标相悖时，相应的动机就得不到强化，就会降低罪犯继续进行这种行为的积极性，甚至会使他们放弃这种行为。例如，罪犯刚建立起来的好习惯得到了民警的经常性奖励强化，那么他相对应的坏习惯就会慢慢减少、退化，直至消亡。但是，如果这些刚建立的好习惯经常受到他人的打击，同时又得不到民警的扶持，他就有可能放弃这个刚建立起来的好习惯。

2. 外在诱因。监狱通过制定减刑、假释等激励政策，为罪犯提供了明确的改造目标和方向，这些政策成为促使罪犯积极改造的重要外在诱因。同时，罪犯的家人和社会对他们的期望和关注，也会成为他们努力改造的外在动力。

罪犯都有趋利避害的心理，当罪犯的某种行为对自己有利时，动机就持续强化他们继续进行这种行为意识；当某种行为可能会损害自己的利益时，动机就会减弱或改变他们的行为。

罪犯动机的动力性除了表现为激发和启动行为之外，还具有能够抑制某些与目标不一致的行为。如为了达到减刑的长远目标，放弃当前被他人侵犯而反击的行为。

（二）对立性

对立性是指罪犯在改造过程中，由于各种原因而产生的抗拒、抵触或消极情绪和行为。这种对立性往往与罪犯的犯罪心理、社会认知、改造环境等多方面因素有关。

1. 犯罪心理的惯性。部分罪犯在长期的犯罪生涯中，形成了固定的犯罪心理和思维模式，这种惯性使得他们在改造过程中难以摆脱旧有的行为习惯和思维方式，从而产生抗拒改造的情绪和行为。

2. 社会认知的偏差。一些罪犯对社会的认知存在偏差，他们可能对社会抱有敌视或不满的态度，这种社会认知的偏差会影响他们的改造态度和行为，导致他们难以融入社会、接受改造。

3. 改造环境的压力。监狱作为一个特殊的环境，其封闭性、强制性等特点可能给罪犯带来一定的心理压力和不适。当这种压力超过罪犯的承受能力时，他们可能会产生抵触情绪和行为，从而影响改造效果。

动力性与对立性在罪犯改造过程中相互依存、相互作用。一方面，动力性为罪犯的改造提供了方向和动力；另一方面，对立性则可能成为改造过程中的阻力和障碍。因此，在改造工作中，监狱民警需要充分认识和把握动力性与对立性的关系，采取有效的措施来激发罪犯的改造动力、缓解对立情绪和行为，以促进改造工作的顺利进行。

三、罪犯改造的稳定性与动态性

罪犯改造动机经过意向、意图、决意等一系列矛盾心理过程后，在一定时期内具有相对的稳定性，这是罪犯改造动机能够发挥激发指向与维持功能的前提，也是监狱民警可以通过一系列的矫治工作对罪犯进行改造的心理基础。

（一）罪犯改造的稳定性

稳定性指的是罪犯在改造过程中表现出的持续、稳定的进步和变化，以及对其自身行为的控制和调整能力。

1. 持续实施的教育改造措施。监狱制定针对罪犯的长期改造规划，包括思想教育、法治教育、文化教育、技能培训等多个方面，并持续有效地实施这些规划，以确保改造工作的连续性和稳定性。

2. 个性化改造方案。针对不同罪犯的个体差异和犯罪类型，制定个性化的改造方案，使改造措施更加精准有效，从而提高改造的稳定性。

3. 稳定的改造环境。监狱提供了一个安全、稳定、有序的改造环境，包括良好的硬件设施、规范的管理制度等，为罪犯的改造提供了有力保障。

（二）罪犯改造的动态性

罪犯改造的动态性反映了罪犯在改造过程中不断发生的变化和进步，以及监狱管理和改造工作的灵活性和适应性。

1. 改造过程的阶段性。罪犯的改造过程通常可以分为入监初期、改造中期和出监前等不同阶段，每个阶段都有其特定的任务和目标。监狱会根据罪犯所处的不同阶段，灵活调整改造措施和重点，以适应其不断变化的需求和情况。

2. 罪犯个体的差异性。每个罪犯都有其独特的背景、性格、经历和犯罪原因等，这些因素都会影响其改造进程和效果。因此，监狱应充分考虑罪犯的个体差异，采取针对性的改造措施和方法，以实现最佳改造效果。

3. 改造工作的复杂性。罪犯改造动机往往是在持续不断的动机权衡、比较、斗争过程中形成的，是一个矛盾的、斗争的心理过程，改造动机也会随着罪犯对监狱改造环境，特别是人际环境的移情、情感状态的起伏、认知程度等因素的变化而变化。

罪犯改造的稳定性与动态性是罪犯管理与改造工作中的重要方面，它们相互关联、相互影响，共同作用于罪犯的改造过程。稳定性为动态性提供了坚实的基础和保障，使改造工作能够在有序、稳定的环境中持续进行；而动态性则赋予了改造工作以活力和创新性，使其能够适应不断变化的需求和情况。在罪犯改造过程中，应坚持稳定性和动态性的有机统一，既要注重长期规划和持续实施，又要关注罪犯个体的差异性和改造措施的创新性；既要确保改造环境的稳定和安全，又要实现监管与评估的动态性和科学性。

四、罪犯改造的公开性与隐蔽性

罪犯在改造中的行为动机，民警不能直接观察到，但是，可以通过罪犯对民警提出要求的态度，对任务的选择、在改造过程中的努力程度、对活动的坚持和言语表达等外部行为间接地进行评估，推断出罪犯行为的方向和动机强度的大小,如果民警掌握了罪犯动机心理学的基本原理,罪犯心理上的外在表现也就成了"公开的秘密"。

(一) 公开性

1. 改造过程和结果的公开性。罪犯积极改造的行为,其背后的动机一般比较明显,主要是寻求奖励、减刑,早日回归社会,也有的是为了回报家庭的关爱,还有的是认罪悔悟,想重新做人等。由于罪犯的改造表现积分每天公布于众,也就等于将其每天的行为表现公布于众,因此,其行为背后的动机也具有一定的公开性。

2. 社会监督的公开性。罪犯改造不仅仅是监狱的责任,还需要社会的广泛参与和监督。通过公开改造工作信息,吸引社会组织、志愿者等力量参与改造活动。罪犯改造动机也有了一定的公开性。

3. 罪犯的表达途径。尽管改造动机具有隐蔽性,但罪犯仍可能通过言行举止、改造态度、参与改造活动的积极性等方式间接表达其改造动机。

4. 沟通与交流。监狱民警与罪犯建立良好的沟通和交流机制,通过个别谈话、小组讨论、心理咨询等方式,也可以了解罪犯的内心世界、改造需求和真实的改造动机。

(二) 隐蔽性

罪犯改造动机是一种内部心理过程,具有隐蔽性。由于绝大多数罪犯在改造中基于原有的思维、习惯定势,也由于维护个人的各种需要与他人需要之间存在着竞争的矛盾等,因此,他们行为背后的动机常常是非常隐蔽的,特别是反改造行为背后的动机,会更加隐蔽。

1. 心理层面的复杂性。罪犯心理层面的复杂程度是由其内心世界的私密性决定的,罪犯的内心世界往往是私密且复杂的,他们的动机可能涉及个人的深层心理需求、情感冲突、价值观等多个方面。这些心理活动和情感状态通常不易被外界察觉,因此其动机也就具有了一定的隐蔽性。

2. 自我掩饰与防御。罪犯在实施犯罪行为时,往往会出于自我保护或逃避惩罚的目的,而对自己的动机进行掩饰或编造谎言。他们可能故意模糊或歪曲自己的真实动机,以迷惑侦查人员和社会公众。

3. 表面行为与内心动机的不一致。罪犯的内心动机可能与其外在行为表现存在较大的差异。他们可能以合法的形式掩盖非法的目的,或者通过虚假的行为来迷惑他人。这种表面行为与内心动机的不一致性,使得监狱民警难以直接判断其真实动机。

4. 动机的复杂交织。罪犯的动机往往不是单一的，而是多种因素交织在一起的结果。这些动机可能包括经济利益、情感纠葛、报复心理、社会认同等多个方面。这些因素相互交织、相互影响，使得罪犯的动机变得更加复杂和隐蔽。

5. 社会背景的复杂性。罪犯的成长环境、社会经历、文化背景等都会对其犯罪动机产生影响。这些因素可能使得罪犯的动机与社会主流价值观相悖，这也可能使其动机更加隐蔽和难以捉摸。

第三节 罪犯改造动机的种类

在罪犯改造过程中，动机的作用是复杂多样的，动机对于活动的影响和作用存在不同的方面，可以从不同的角度，不同的标准对动机进行分类。

一、罪犯改造的内部动机和外部动机

根据引起动机的原因，可以将罪犯改造动机分为内部动机和外部动机。罪犯为了早日获得自由而努力改造自己就属于内在动机。外在动机是由活动外部因素引起的，罪犯追逐的奖励来自动机活动的外部，如有的罪犯努力改造是为了获得民警的好感等。

（一）内部动机

罪犯改造的内部动机具有自发性、持久性和自我强化的特点。它不需要外在的推动力量，而是由个体内部的心理需求所驱动。内部动机一旦形成，这种动机将持续推动他们进行活动，并在活动中获得满足感和成就感。

罪犯改造的内部动机是指罪犯在服刑期间，出于自身内在的需要和驱动力，而自觉接受改造、努力改过自新的心理状态。这种动机通常源自以下几个方面：

1. 改恶从善、重新做人的愿望。罪犯在认识到自己犯罪行为的错误和危害后，可能会产生强烈的悔恨和自责心理，进而萌生改恶从善、重新做人的愿望。这种愿望是罪犯改造的内部动机之一，推动他们积极接受改造，努力成为对社会有用的人。罪犯的内在动机是由行为本身产生的满足所引起的，它不需要外在条件的参与。罪犯在改造过程中获得的奖励来自行为的内心，

即行为成功本身就是对他们的最好奖励。

2. 对自由的渴望。失去自由是罪犯服刑期间最大的痛苦之一。因此，对自由的渴望也是罪犯改造的重要内部动机。罪犯希望通过积极改造，缩短刑期，早日恢复自由，重新融入社会。

3. 自我价值实现的需求。罪犯在改造过程中，也会追求自我价值的实现。他们可能希望通过学习文化、技术、法律等知识，提升自己的综合素质和能力，为将来的生活和回归社会打下基础。这种自我实现的需求也是罪犯改造的内部动机之一。内部动机是罪犯对改造任务或监狱所组织的活动本身的兴趣所引起的动机，是与自我奖励的改造活动相联系的动机，动机的满足在活动之内，不在活动之外，它不需要民警、亲友给予的诱因、惩罚来使行动指向改造活动的目标，因为他们的行为本身就是一种动力。如监狱的书法课等，是他们自己期望获得的知识技能，活动本身就能使他们感到愉悦，其动机来源于愉悦感带给他们的自我奖励，而不是这些活动对他们有什么功利价值。这种活动能使罪犯获得满足，也是对他们的一种奖励和报酬。

4. 外界压力和期望的影响。虽然外界压力和期望更多被视为外部因素，但它们也能在一定程度上转化为罪犯改造的内部动机。例如，家人的关爱和支持、社会的宽容和接纳等；都可能让罪犯感受到温暖和希望，从而增强他们改造的决心和信心。

5. 规避负面后果的需求。罪犯也担心在监狱中表现不佳会面临更严厉的惩罚或更长的刑期。这种对负面后果的规避需求也会促使他们努力改造，以争取更好的待遇和更快的出狱机会。

（二）外部动机

在一定条件下，外部动机也可以转化为内部动机。罪犯的许多社会性动机就是通过外部动机转化而来的。这也被大量的教育改造实践所验证。外部动机也称外部动机作用，是罪犯由外部诱因所引起的动机。

外部动机是指来自监狱、社会等外部环境的改造压力或激励机制所产生的动机。它主要包括以下几个方面：

1. 法律法规的制裁。法律法规对犯罪行为的制裁是促使罪犯接受改造的外部压力之一。罪犯因犯罪而失去自由，受到法律的惩罚，这种惩罚促使他们认识到犯罪的后果，从而自觉接受改造。

2. 监狱管理制度的约束。监狱通过制定和执行严格的管理制度，如监规纪律、奖惩制度等，对罪犯的行为进行规范和约束。这些制度促使罪犯遵守监规纪律，积极参与改造活动。

3. 改造激励机制。监狱通过减刑、假释等改造激励机制，对表现良好的罪犯给予奖励和表彰。这种激励机制能够激发罪犯的改造积极性，促使他们更加努力地参与改造活动。罪犯的外部动机则是由外界刺激的作用而引起的，与外部的作用相联系。

罪犯改造的内部动机和外部动机是相互关联、相互作用的。内部动机是罪犯改造的原动力，而外部动机则在一定程度上促进和强化了内部动机的作用。在实际改造工作中，应充分重视和激发罪犯的内部动机，同时合理运用外部动机的激励作用，共同推动罪犯的积极改造和顺利回归社会。

二、罪犯改造中的主导动机和辅助性动机

根据罪犯改造动机对罪犯改造作用的大小和地位，可以将动机分为主导动机和辅助性动机。罪犯的改造行为实际上是由不同时期、不同需要、不同阶段、不同状态的动机构成的动机系统决定的。在这个动机系统中，主导动机可以抑制那些与其目标不一致的动机，对罪犯的行为起决定性作用；非主导动机则起辅助作用。

在罪犯改造过程中，主导动机和辅助性动机是构成罪犯改造动机体系的重要部分。它们共同作用于罪犯的心理和行为，影响着改造的成效。

（一）主导动机

主导动机（或称为优势动机、核心动机）在罪犯改造过程中占据至关重要的地位。它不仅是罪犯行为的主要驱动力，还深刻影响着改造的整个过程和结果。主导动机是罪犯在改造过程中最强烈、最稳定的动机，对其改造行为具有决定性影响。主导动机的形成通常基于罪犯的深层次需求、价值观以及对未来的期望。

1. 深层次需求。主导动机的形成往往植根于罪犯的深层次需求之中。这些需求可能包括安全感、归属感、尊重和自我实现等。对于罪犯而言，他们可能更加渴望通过改造来重新获得社会的认可和接纳，从而满足归属感和尊重的需求。同时，对未来生活的美好期望也是驱动他们积极改造的重要动力之一。

2. 价值观。罪犯的价值观也是主导动机形成的重要因素。在犯罪之前，

罪犯可能由于错误的价值观或道德观念而走上违法犯罪的道路。然而，在改造过程中，随着思想的转变和认识的提高，罪犯会逐渐形成新的、更加符合社会规范的价值观。这种价值观的转变不仅有助于他们认清自己的错误和罪行，还能够激发他们积极向上的改造动机，推动其向更好的方向发展。

3. 决定性影响。主导动机对罪犯的改造行为具有决定性的影响。它决定了罪犯在改造过程中的方向和目标，并指引着他们采取行动和努力。当罪犯的主导动机明确且强烈时，他们会更加积极地参与改造活动、配合管教人员的工作，并努力克服各种困难和挑战。相反，如果主导动机不明确或较弱，罪犯可能会缺乏改造的动力和方向，从而影响改造效果。

（二）辅助性动机

辅助性动机是指在罪犯改造过程中起辅助作用的动机，它们虽然不如主导动机强烈和稳定，但也在一定程度上影响着罪犯的改造行为。

辅助性动机是短期目标动机。如为了获得减刑、假释等短期利益而积极参与改造；也可能是社交动机，为了改善与狱友、管教民警等人的关系而表现出的积极改造等行为。

1. 种类多。辅助性动机的种类繁多，因人而异，因时而异。

2. 易变性。辅助性动机相对主导动机而言更容易受到外界因素的影响而发生变化。在这个动机系统中，主导动机可以抑制那些与自身目标不一致的动机。如：民警要求罪犯积极投稿，罪犯以可以获得加分奖励为主要动机，以得到民警的好感为辅助动机，两者动机相一致时，其写稿的动力会比较大。如果他因改造积分靠前，写稿得分对其减刑没有什么帮助时，他对加分的动机就会成为辅助性动机。如果因为写稿会影响他的篮球比赛，就会出现动机不一致，就会降低他写稿的动机。

3. 辅助性。辅助性动机在改造过程中起辅助作用，但不足以决定罪犯的改造行为。

在罪犯改造过程中，主导动机和辅助性动机是相互依存、相互影响的。主导动机为改造提供方向和动力，而辅助性动机则在一定程度上增强或削弱主导动机的作用。当主导动机与辅助性动机相一致时，它们会共同促进罪犯的积极改造；反之，当它们相冲突时，则可能导致罪犯的改造行为出现波动或反复。

三、罪犯改造中的生理性动机和社会性动机

在探讨罪犯改造的动机时，我们可以将其分为生理性动机和社会性动机两大类。这两类动机在罪犯改造的过程中各自扮演着不同的角色，共同影响着罪犯的改造行为和效果。

（一）生理性动机

生理性动机是指由罪犯的生理需求或生物本能所驱动的改造动机。这类动机往往与罪犯的基本生存需求、身体健康和生物节律等密切相关。

罪犯在改造过程中，首先需要满足基本的生存需求，如食物、水、睡眠等。这些需求是维持生命活动的基础，也是其他更高层次动机产生的前提。保持身体健康是罪犯在改造过程中的重要目标之一。良好的身体状况有助于罪犯更好地参与改造活动，提高改造效果。

罪犯的生理性动机和社会性动机是两种不同性质的动机。罪犯的生理性动机虽然也具有强大的原始性、动物性驱力，但他们是以自身的生理需要为基础。当他们的需要得到一定的满足后，动机强度便会逐步降低，直至消失。例如，罪犯感到饥饿，有了进食的需求动机，一旦进食后，这种动机就会逐步降低甚至消失。

（二）社会性动机

罪犯社会性动机是以罪犯的社会性需要为基础的，与其社会性需要密切联系，是在其生态环境中后天习得所产生的，如获得平等尊重的动机、获得一定谋生技能的动机、获得奖励的动机等。

罪犯社会性动机是以其社会文化需要为基础的。主要包括自由、情绪、尊重以及与民警、他人和亲友等交往的动机。当罪犯社会性需要获得满足后，社会性动机才会得以缓解。

罪犯的社会性动机，作为推动其行为的重要心理因素，确实是以罪犯的社会性需要为基础，与其社会性需要紧密相关，并且通常是在后天的生态环境中逐渐习得的。这种动机反映了罪犯对于社会认可、尊重、安全、归属感以及实现个人价值等方面的追求和渴望。

四、罪犯改造中的直接性动机和间接性动机

根据罪犯改造动机行为与改造目标远近的关系，可将动机划分为近景的

直接性动机和远景的间接性动机。

（一）近景的直接性动机

近景的直接性动机是指与罪犯当前改造活动紧密相关、能够直接带来即时反馈和满足感的动机。这类动机通常与罪犯的短期目标、个人需求和即时利益有关。

近景的直接性动机的特点：一是即时性。近景的直接性动机能够迅速满足罪犯的某种需求或愿望，给予其即时的反馈和奖励。二是直接性。这类动机与罪犯当前的具体改造行为直接相关，行为结果与动机目标之间联系紧密。三是短期性。通常指向罪犯改造过程中的短期目标，如获得某项奖励等。这类动机能够激发罪犯的改造积极性，促使其在短期内表现出良好的改造态度和行为。

（二）远景的间接性动机

远景的间接性动机是指与罪犯未来生活、个人发展和长远利益相关的动机。这类动机通常与罪犯的价值观、人生规划和社会责任感等深层次需求有关。

远景的间接性动机指向罪犯的未来生活和长远发展，需要长时间的积累和努力才能实现。同时还有间接性的特点，这类动机并不直接关联于罪犯当前的改造行为，而是通过影响罪犯的价值观、人生规划等方式间接作用于其改造过程。与近景的直接性动机相比，远景的间接性动机更能触及罪犯的内心深处，对其产生深远影响。

在罪犯改造过程中，近景的直接性动机和远景的间接性动机并非孤立存在，而是相互依存、相互促进的关系。近景的直接性动机能够激发罪犯的短期改造积极性，为其提供即时的反馈和奖励；而远景的间接性动机则能够触及罪犯的内心深处，引导其形成正确的价值观和人生规划，为长期改造提供动力和支持。因此，在改造工作中应充分重视并合理利用这两种动机的作用，以促进罪犯积极改造。

五、罪犯改造中的正确动机和错误动机

在罪犯改造过程中，动机是推动罪犯积极参与改造、实现行为转变的关键心理因素。根据动机内容的社会规范性，可以将其分为正确动机和错误动机。

(一) 正确动机

正确动机通常是指那些有助于罪犯积极改造、实现自我提升和重新融入社会的动机。这类动机往往基于罪犯对错误行为的深刻反省、对自由生活的向往、对家庭和社会的责任感等积极因素。具体表现包括悔罪心理。罪犯认识到自己犯罪行为的严重性和对他人、社会造成的伤害，从而产生强烈的悔罪心理，愿意通过改造来弥补过错、重新做人。大多数罪犯都渴望早日结束服刑生涯，重新获得自由。这种对自由生活的向往成为他们积极接受改造、争取减刑假释的重要动力。许多罪犯在犯罪后深感对家人的愧疚和伤害，为了弥补过错、重归家庭，他们会努力改造自己，承担起家庭责任。在改造过程中，一些罪犯意识到自身存在的不足和缺陷，希望通过学习、劳动等方式提升自己的能力和素质，为将来的生活打下坚实的基础。

(二) 错误动机

部分罪犯因为三观颠倒，是非混淆，习惯无耻，常常把一些错误的观念视为自己行为的指南和精神的支柱。正是因为这种混淆，他们才会走进犯罪的深渊。

每个罪犯，每种犯罪行为，都有他们自己的"理论"，这种理论是支撑他们走向犯罪的心理支持和理论支持。如一些顽固危险的罪犯常常会认为社会对自己不公平，为什么别人有权有钱而我在受气受穷？为什么民警对我严格要求，严格管理，对他人却和蔼宽容等。

错误的动机是指那些可能导致罪犯抗拒改造、影响改造效果的动机。这类动机往往基于罪犯自私自利、逃避责任等消极因素。具体表现包括：一是抗拒心理。一些罪犯对改造持有抗拒态度，认为改造是对自己的惩罚和限制，不愿意配合管教民警的工作和安排。二是逃避责任。部分罪犯试图通过逃避改造来避免承担自己犯罪行为的后果和责任，他们可能会采取各种手段来逃避管教和惩罚。三是不良嗜好和习惯。一些罪犯在入狱前就有不良嗜好和习惯（如吸毒、赌博等），这些不良因素在改造过程中可能会成为他们抗拒改造的诱因。四是错误的人生观和价值观。部分罪犯持有错误的人生观和价值观（如拜金主义、享乐主义等），这些错误观念可能会导致他们对改造产生误解和偏见，从而影响改造效果。

第四节 罪犯改造动机的功能

罪犯改造动机是罪犯自觉接受改造,产生行为力量的直接心理动力,是罪犯心理结构中最活跃的因素。从罪犯改造动机与其改造行为的关系而言,罪犯改造动机具有与普通动机同样的对其行为的激发、引导、维持与调控功能。

一、罪犯改造动机的激发功能

罪犯改造动机是罪犯在服刑期间采取某种改造态度和改造行为的心理起因。它是在罪犯改造需要、外界压力(或诱因)和改造目标吸引力三种因素的作用下产生的。罪犯改造动机是一个不断发展变化的动态体系,不同层次甚至相互矛盾的改造动机以一定方式组合,并相互影响,最终形成的主导动机决定其改造行为。

罪犯改造动机的激发功能使罪犯在改造过程中保持较高的积极性,这种积极性不仅有助于他们完成当前的改造任务,还能促使他们持续努力,向更高的改造目标迈进。

罪犯改造动机是罪犯主观能动性的主要方面,它具有唤醒、激发行为的启动并加强行为的重要决定性因素,这种心理动机,能推动、激发罪犯产生某种行为活动,激发功能是唤起,使罪犯由静止状态转向行为活动状态。

罪犯改造动机具有促进行为的作用。当罪犯产生某种动机后,会对外部有关刺激产生特别敏感和注意,从而激发他们的某些反应,唤起他们产生有关行为活动。例如:某罪犯因为再加一个积分即可获得监狱表扬,当他得知只要在篮球赛中获得名次,就可获得奖分时,他会对这次篮球赛的各个方面变得特别敏感和注意,因此也更容易激起他参加这次活动的行为。

罪犯改造动机是促使罪犯接受改造行为的直接原因。一般而言,罪犯改造动机的强度越大,推动罪犯改造行为的动力也越大。

二、罪犯改造动机的指向功能

罪犯改造动机不仅能唤醒、激发罪犯的改造行为,而且能引导罪犯指向一定改造目标的功能,使罪犯的活动针对一定的目标或对象。罪犯改造动机还控制着罪犯的行为方向。动机不同,活动的方向和它所追求的目标也不同。

罪犯改造动机不仅能激发罪犯认罪悔罪,努力改造的行为方向,同时也具有可以激发罪犯违法违纪或犯罪行为的功能。特别是当罪犯产生违纪违法动机时,由于紧张、恐惧的心理作用,会将注意力与思考力集中到相应的目标或对象上。例如,罪犯偷窃了别人的物品后,其正向改造动机被启动,他会说明情况,表达悔意,并立即归还。当负向改造动机被启动,他会百般抵赖,拒不承认,甚至还会窃喜自己撒谎的水平高超。

罪犯在改造过程中,由于以前的犯罪思维定势和行为习惯,常常会出现与改造动机逆向的思维、行为定式的心理矛盾。在这个改造与反改造的冲突中,罪犯改造动机就显示着它的指向功能。当改造动机大于反改造动机时,他们的行为就指向认罪伏法,接受改造,反之亦然。

三、罪犯改造动机的维持与调控功能

罪犯改造动机激发罪犯的某种行为活动后,这种活动的强度和持续的时间,将受到改造动机的调节与控制。如果罪犯的行为活动达到了心理预期目标,动机会促使罪犯中止这种活动;如果行为活动尚未达到心理预期目标,动机将会进一步驱使罪犯维持或加强这种行为活动,或转换活动方向以达到某种心理预期目标。

罪犯的行为活动与他们所预期的目标的一致性程度决定着罪犯改造动机的维持作用。如果行为活动与罪犯所预期追求的目标一致时,他们的行为活动就会在相应动机维持下发挥坚持作用。例如当监狱所下达的劳动任务与罪犯的能力相符合,而他也有获得监狱表扬的动机,他就会克服一些困难,努力去完成这项生产任务。

当罪犯感到改造过程存在障碍或改造目标难以实现时,改造动机会驱使其克服改造中的困难并适时地进行改造目标的调整,以最终达到其内心需要的满足。在改造过程中,罪犯会自觉地,或者自动地将获得的改造结果与自己的预期相比较,然后确定下一步的行为。这都表现出罪犯动机对于改造行为具有的主观能动性。通常情况下,初犯的改造动机的自我调整能力较强,而惯犯、累犯、恶习较深的罪犯的改造动机主观能动性与自我调整能力要相对较差一些。

当罪犯的某种活动产生以后,动机维持着这种活动针对一定目标,并调

节着活动的强度和持续时间。如果达到了目标，动机就会促使他们中止这种活动；如果尚未达到目标，动机将驱使他们维持和加强这种活动，以达到目标。

四、罪犯改造动机冲突

动机冲突主要来源于心理学中的动机理论和冲突理论。这些理论强调个体行为的内在驱动力和选择过程中的心理挣扎。在罪犯改造中，动机冲突的理论解释主要侧重于罪犯的内心需求、外界压力以及改造目标之间的相互作用和矛盾。

在罪犯改造过程中，动机冲突是一个常见且复杂的心理现象。它主要源于罪犯内心的多种需求和外部环境的多种压力之间的相互作用，以及这些需求和压力之间的矛盾和冲突。

罪犯改造中的动机冲突，是指罪犯在服刑期间，由于面临不同的改造目标、外界压力以及自身需求等多种因素，而产生的心理矛盾和内心挣扎。这种冲突不仅影响罪犯的改造态度和行为，还直接关系其改造效果和未来再社会化的可能性。

罪犯改造中的动机冲突主要包括：

一是双趋冲突。罪犯面临两个或两个以上都具有吸引力的改造目标，但由于条件限制，无法同时实现，从而产生的冲突。例如，罪犯既想用业余时间学习电工知识，通过近期的电工证考试，又想参加监区的篮球队。

二是双避冲突。罪犯面临两种或两种以上都不愿接受的负面结果，但又必须选择其中一个以避免另一个更糟糕的结果时产生的冲突。例如，罪犯既不想参加繁重的劳动改造，又担心不参加会失去减刑机会。

三是趋避冲突。罪犯对同一个改造目标同时产生向往和排斥两种矛盾心理时产生的冲突。例如，罪犯既希望通过劳动改造努力获得减刑，又担心体力劳动过于辛苦会影响身体健康。

四是多重趋避冲突。罪犯在多个改造目标之间均存在趋避心理，每个目标都既有吸引力又有排斥力，导致难以做出选择。这是最为复杂的动机冲突类型。例如：罪犯既不想得罪分管民警而当"耳目"，又不想得罪狱友去反映问题，还不想被其他狱友看不起等。

动机冲突使罪犯产生强烈的心理压力，导致情绪波动大、焦虑不安。由于内心矛盾，罪犯的改造态度往往不稳定，时而积极、时而消极。在面对多个改造目标时，罪犯难以做出选择，导致行动迟缓或犹豫不决。长期的动机冲突会影响罪犯的改造积极性，从而降低改造效果。例如，某罪犯在服刑期间既希望通过积极劳动获得减刑以便早日出狱与家人团聚，又担心繁重的体力劳动会影响身体健康和未来的就业竞争力。这种趋避冲突导致他在改造过程中表现出时而积极、时而消极的态度，影响改造效果。

第二章

罪犯人格

监狱是国家机器的组成部分,有别于社会一般的学习、生产和生活环境,具有法治性、强制性、服从性,统一性等特殊属性。存在决定意识,环境决定思维,思维决定行为,行为来源于动机。罪犯存在于监狱这个特殊的环境之中,再加之原有犯罪恶习的叠加,必然会打上监狱独特的烙印。

对于具有典型罪犯人格的罪犯,监狱民警则会依照罪犯分类分级管理的原则,定为顽固危险类罪犯,即顽危犯。这类罪犯虽然人数不多,但危害极大,也是监狱管理的难点与重点。

罪犯为了在监狱中生活得更自在,对监狱内的群体风俗、风气和个人价值观的主动或被迫接受,加之原有犯罪思维定式和行为习惯,包括接受自己被支配的角色,形成自己新的生活习惯,学习各种新的罪犯语言,通过这些活动,罪犯逐渐适应监狱生活,融入罪犯的生活。最终形成了特殊的监狱性人格。

对监狱人格的研究,有助于预防监狱人格的形成,有助于促进罪犯人格健康发展,有助于罪犯出狱后能更好地适应社会生活。

第一节 罪犯人格的概念

"人格"一词在生活中有多种含义。如道德意义上的高尚与低下;法律意义上的保护与平等;心理学上的稳定与扭曲。

心理学上的人格是个体心理特征的整合、统一体,是一个相对稳定的结构组织,并在不同时间、地域下影响着人内隐和外显的心理特征和行为模式。是一个人在社会生活实践中形成的相对稳定的各种心理现象,即"个性"。

罪犯人格中的人格概念,不是指罪犯在监狱中形成的道德品质,也不是指他在监狱中应当享有的法律地位,而是指罪犯在监狱中形成的负面个性。

监狱特定的环境、罪犯自身对所犯罪行的主客观认识、刑罚威慑因素等都是形成罪犯人格的原因。

一、罪犯人格的定义

罪犯人格是具有刑事法律意义的犯罪人的社会政治、文化、道德和生理心理特征的总和,具体表现为犯罪人的个性倾向和个性心理特征。这一概念属于人格障碍的一种,是犯罪心理学中的重要研究内容。

罪犯人格是指罪犯因长期处在监禁环境,将监狱生活经历和原有犯罪恶习叠加感染,逐渐内化形成的人格畸变。其主体主要指监狱服刑罪犯。罪犯人格主要指罪犯的反社会、反改造的人格,不包括对规范的服从性等方面。

罪犯人格是由于长期服刑生活而造成的,是一种反社会的犯罪心理、错误认知和习惯定势与教育改造中的心理矛盾、冲突和斗争。其中,犯罪思维模式、反社会型人格障碍是罪犯人格的具体表征。

二、罪犯人格的特征

罪犯人格发生的重要心理机制是由于过去的身份、生活、家庭、人际关系等习惯性环境与监狱生活的巨大反差而产生的对压力、剥夺、挫折、冲突、痛苦、悔恨等诸多心理交织的逃避或补偿。罪犯人格的逐渐演变过程是犯罪心理,恶习定势与监管压力的心理冲突的长期矛盾对峙过程。

监狱人格并不是所有囚犯都具备的特征,而是在一些特定环境下形成的倾向性特征。同时,这些特征也可能因个体差异而有所不同。

(一)矛盾中的人格多重性

人格多重性,在学术上通常被称为多重人格障碍,表现为他在不同场合下会表现出截然不同的行为模式,仿佛变成了另一个人,且难以回忆起自己在某些场合下的行为。这种多重性在罪犯中尤为突出,往往与他们过去的犯罪行为和改造过程密切相关。

1. 思维差异。罪犯在不同的人格状态下,可能对改造有不同的认知和态度。这些不同的人格状态也会有各自独特的思维方式,包括逻辑思维、判断力等方面的差异。

有些罪犯在自我认知上也可能存在分裂现象。他们可能对自己的行为有不同的解释和评价，这种自我认知的分裂进一步加剧了人格的多重性。罪犯在其自身的改造过程中，不仅带有过去的犯罪思维和行为恶习，还不断地习得监狱中的亚文化习俗，是多重人格的集合体。他们正在接受法律的惩罚，限制了部分人身自由，在高压环境中，他们必须无条件地服从监狱的严格管理和长时间、大剂量的各类道德、法治、文化、生产技能等教育和行为的强制性矫正，因此，在民警面前不得不做出唯命是从的姿态。

2. 情感差异。罪犯在改造过程中，情感反应也会因其多重人格状态而有所不同。有些人格状态可能更容易产生负面情绪，如愤怒、敌意和失败感，这可能导致他们对改造持抗拒态度。这些罪犯内心常常充满矛盾和冲突，他们可能一方面认识到自己的错误和罪行，另一方面又受到各种因素的驱使（如经济压力、情感纠葛、心理扭曲等）而继续违纪。部分罪犯在监狱中会表现出双重人格的特点，在监狱民警和其他权威人物面前，他们会表现出一副屈从、卑微的面孔。但在犯群中，他们可能会流露出内心的真实情感，甚至可能对其他人表现出攻击、凌辱或欺侮的行为。这种双重人格反映了罪犯在监狱这一特殊环境下的心理矛盾和冲突。

3. 行为差异。罪犯的行为也会因其多重人格状态而有所不同。某些人格状态可能更冲动、鲁莽，容易做出暴力、反抗等反改造行为。

罪犯在不同情境下可能表现出截然不同的行为模式。他们的犯罪思想与行为恶习在未得到彻底改造之前，也会有一个持续隐藏、暴露、发展的过程，在取得民警的某些信任之后，他们会在其他罪犯中狐假虎威、横行霸道，充当牢头狱霸。同时，在这些罪犯的心灵深处，同时也与向往自由、思念亲人、认罪悔罪、改恶从善的意识并存，具有常人的心理因素和行为特征，从而构成了罪犯人格的多重性。例如，在家人面前表现出温和、孝顺的一面，而在违纪时又会变得冷酷无情、不择手段。

(二) 情绪起伏的冲动攻击性

冲动攻击性是指罪犯在受到刺激或挑衅时，缺乏自我控制和调节能力，容易迅速爆发出强烈的暴力或攻击性行为。在罪犯人格中，这种特征尤为突出。罪犯往往情绪起伏大，容易因为小事而被激怒，表现出强烈的愤怒和敌意。在冲动攻击时，罪犯往往无法预见自己行为的后果，容易做出极端和危险的决定。一旦情绪被触发，罪犯会迅速爆发出暴力或攻击性行为，且行为具有突发性和难以预测性。

在罪犯改造过程中,情绪起伏是引发冲动攻击性行为的重要因素之一。这类罪犯往往表现出强烈的情绪反应,包括愤怒、焦虑、沮丧等负面情绪。这些情绪特征不仅具有突发性,还常常伴随有高度的紧张感和失控感。当负面情绪积累到一定程度时,罪犯可能无法有效管理自己的情绪,进而产生冲动的攻击性行为。

认知因素在罪犯冲动攻击性行为的形成中起着关键作用。一方面,罪犯可能存在认知偏差,如过度概括、绝对化思维等,导致他们对环境刺激产生不合理的解释和预期。另一方面,他们的自我控制能力较弱,难以在情绪冲动时抑制自己的行为。此外,罪犯的自尊水平、自我效能感等认知因素也可能影响其攻击性行为的产生。他们可能将一些小事看作是对自己的巨大威胁,从而产生过激反应。这种认知偏差加剧了其情绪的不稳定性和冲动性。罪犯常常持有错误的信念和归因方式,如认为自己被社会抛弃、遭受不公等。这些信念和归因方式使他们对现实持有敌意和攻击性态度,增加了冲动攻击性行为的风险。

冲动攻击性行为的成因一是罪犯心理因素。如自我控制能力差、情绪调节障碍、攻击性倾向等。这些因素可能使他们在面对刺激时更容易失去理智,爆发出攻击性行为。二是家庭环境。不良的家庭环境,如父母的暴力行为、溺爱或过度批评等,都可能对子女的性格和行为产生负面影响,增加其冲动攻击性行为的风险。三是社会经历。长期的挫折、歧视、压迫等社会经历也可能使他们习得并产生攻击性倾向,并在特定情境下爆发出冲动攻击性行为。

(三) 自我中心的自私性

罪犯通常是以自我为中心的,他们的世界观和行动准则以自我为核心,常常忽视或不顾及他人的需求和感受。他们认为自己是最重要的,其他人都应该服务于他们的需求和目标。在日常生活中,他们可能表现出强烈的个人主义和优越感,倾向于追求个人利益的最大化,而不管这些行为是否会对他人造成负面影响。

自我中心的罪犯往往缺乏同理心,他们难以理解和体会他人的情感和需要。这种缺乏使得他们在做出决策时更倾向于考虑自己的利益而忽视他人的权益。他们的需求总是被置于首位,即使这些需求与他人的利益相冲突,他们也会毫不犹豫地追求自己的满足。例如,在资源有限的情况下,他们可能会争夺更多的资源来满足自己的欲望,而不考虑其他人的生存和需要。虽然罪犯表现出自我中心和自私，但他们往往也伴随着低自尊的问题。他们可能通过犯罪行为来寻求自我认同和尊重，试图证明自己的价值和能力。自我中心的自私性还表现为缺乏责任心。他们可能不愿意承担自己的行为和决策所带来的后果，而是将责任推给他人或外部因素。

（四）偏执妄想的多疑性

偏执妄想的多疑性是指罪犯在改造过程中，表现出的一种主观、坚定且不合理的信念，相信自己受到某种阴谋、迫害、监视或欺骗。这种信念往往与现实不符，无论外界提供多少证据来反驳，罪犯都坚信自己的想法是真实的。这种多疑性不仅影响罪犯的心理健康，还可能导致其行为上的极端反应，如攻击他人、逃避责任、抗拒改造等。

罪犯的偏执妄想多疑性从其心理因素来看，罪犯的人格特征、心理状态和认知模式是影响偏执妄想多疑性形成的重要因素。例如，对外界和他人的不信任、敌对心态、自卑感等都可能加剧这种多疑性。在生理上，他们可能存在脑部结构和功能的异常，如神经递质不平衡或神经通路的异常，也可能导致信息处理和反应的失调，增加对虚构信息的敏感性和误解。监狱环境、人际关系紧张、身份认同困惑等也可能对偏执妄想的多疑性的形成起到推波助澜的作用。

罪犯的偏执妄想主要表现为：一是过度敏感。罪犯对周围环境中的微小变化或他人的言行举止都表现出过度的敏感，容易将其视为对自己不利的信号。二是被害妄想。他们常常幻想自己正在遭受来自他人或某个组织的迫害，这种迫害可能是身体上的、精神上的，甚至是名誉上的。三是固执己见。一旦形成某种偏执妄想，罪犯往往难以改变其观念，即使面对确凿的证据和理性的解释，他们也仍然坚持自己的看法。偏执妄想使罪犯在认知上产生严重的扭曲，导致他们与周围环境的互动出现障碍，增加其犯罪风险和暴力倾向。

罪犯的多疑性的主要表现为：一是普遍怀疑。罪犯往往对周围的人和事物都持有一种普遍的怀疑态度，认为他人的行为和动机都是出于对自己的不利考虑。二是解读偏差。他们容易将他人的言行进行负面解读，将他人的无意之举视为有意挑衅或攻击。三是难以建立信任关系。由于多疑性的存在，罪犯很难与他人建立稳定的信任关系，这进一步加剧了他们的孤独感和社交障碍。

罪犯的偏执妄想多疑性会使罪犯对改造措施产生抵触情绪，降低其参与改造的积极性和效果。对监狱安全也会构成现实威胁，罪犯因多疑而可能采取的攻击性行为会威胁到监狱的安全与秩序。

(五) 责任心缺失的自卑性

在罪犯改造的过程中,责任心缺失是一个不容忽视的问题,其背后往往深藏着自卑心理的阴影。自卑心理是罪犯改造责任心缺失的重要根源之一。这种心理的产生往往源于多个方面:一是罪犯在犯罪前或犯罪过程中可能经历了失败、挫折或排斥,导致自我价值感降低;二是入狱后,面对新的环境和身份认同的转变,罪犯可能感到无助和迷茫,进一步加剧了自卑感;三是受社会偏见和标签效应的影响,使罪犯在内心深处认为自己低人一等,难以融入社会。

由于自卑心理的作祟,罪犯往往对自身责任的认知存在偏差。他们可能将自己的犯罪行为归咎于外部环境或他人的影响,而忽略了自己作为行为主体的责任。同时,对于改造过程中的任务和目标,他们也缺乏足够的认识和重视,认为这些都是外界强加给自己的负担,而非自己应尽的义务。

责任心的缺失直接导致罪犯在改造过程中缺乏动力。他们可能对自己的未来感到迷茫和绝望,对改造的前景持悲观态度。因此,在参与改造活动时,他们往往表现出消极怠工、敷衍了事的态度,缺乏主动性和积极性。这种缺乏动力的状态不仅影响了罪犯自身的改造效果,也增加了监狱管理的难度。

(六) 恶习深重的反社会性

反社会性,也称为反社会型人格障碍,是一种持续性的行为模式,表现为对他人权利的无视和侵犯,缺乏同情心和道德感,以及频繁出现违法行为。在罪犯改造中,恶习深重的罪犯往往表现出强烈的反社会性特征,如欺骗、操纵、攻击他人、无视法律法规等。

罪犯心理层面的恶习主要表现为:一是自我认知偏差。罪犯可能对自己的犯罪行为缺乏正确认识,认为自己的行为是合理的或无法避免的,这种自我认知偏差会阻碍他们的改造进程。二是抵触心理和逆反心理。长期形成的犯罪心理和行为模式使罪犯对管教和改造产生抵触情绪,甚至产生逆反心理,不愿意配合改造工作。三是心理依赖。某些罪犯可能因长期接触毒品、赌博、帮派等而产生心理依赖,这种依赖不仅影响他们的身心健康,也增加了改造的难度。

在罪犯改造行为层面的恶习主要表现为:一是暴力倾向。部分罪犯因长期实施暴力犯罪而养成暴力解决问题的习惯,这种倾向在改造过程中容易引发冲突和再犯罪。二是欺骗和伪装。有些罪犯善于欺骗和伪装，他们可能编造谎言、伪装悔过以逃避惩罚或骗取信任，这种恶习在改造中难以根除。三是不遵守监规纪律。由于长期自由散漫，部分罪犯在改造过程中难以适应严格的监规纪律，经常违反规定，影响改造效果。四是缺乏自律性和责任感。部分罪犯缺乏自律性和责任感，无法自我约束和控制行为，导致改造进展缓慢或反复。

罪犯恶习深重的原因可能存在早期经历与环境因素，许多恶习深重的罪犯在早年经历了家庭破裂、被虐待、被忽视等不良环境，这些经历可能导致其形成扭曲的价值观和行为模式。心理创伤、情感缺失或情感剥夺也可能促使罪犯产生反社会性行为。这些情感问题可能源于早期的家庭环境、社会交往中的负面经历等。罪犯往往存在认知扭曲和偏差，如过度概括化、绝对化思维等，这些认知方式可能使其更容易将他人视为敌人或威胁，从而采取攻击性行为。

恶习深重的罪犯往往已经形成了长期的不良行为模式，难以在短时间内彻底改变。他们在心理上产生抗拒与防御机制，可能对自己的行为持否认态度，或采取各种心理防御机制来抵御外界的干预。监狱环境中的不良因素，如负面榜样、社会排斥等，也可能对改造过程产生负面影响。

第二节　罪犯人格形态

罪犯的人格是变态的，是原有犯罪思想和行为习惯与监狱亚文化相结合所产生的变态人格。

变态人格与犯罪行为是相辅相成的。罪犯的变态人格是导致其犯罪的重要原因，犯罪行为又会驱动其变态人格的形成与发展。

一、反社会型人格障碍

反社会型人格障碍是一种持续性的行为模式，表现为无视和侵犯他人权利。这种行为模式一般始于儿童期或青少年早期，并可能持续终生。反社会性人格障碍，又称为无情型、冷酷型人格障碍或精神病态、悖德狂。在人格障碍的各种类型中，反社会型人格障碍是心理学家和精神病学家关注最多，也是最容易发生违法犯罪的变态人格之一。

罪犯反社会型人格障碍的行为，除了有其他人格障碍者共同具有的特征外，最为明显的是对社会具有明显不满，易冲动；对法律、法规、政策、制度等有明显抵触；对他人冷酷无情、刻薄残忍；极端自私、自我中心意识强烈；挫折耐受力差，激惹性高；违法犯罪具有预谋性、周密性等特点。

反社会型人格障碍的罪犯主要表现为：在思想上，他们思想反动，仇视社会，以人民为敌。经常散布对政府、对监狱的不满言论，拒不认罪，不服判决，不服管教，造谣生事，唯恐天下不乱，对社会上的负面新闻津津乐道；在心理上，他们冲动易怒，缺乏同情心、责任感和愧疚感，往往充当牢头狱霸、欺压他人，发生狱内行凶或者犯罪的概率相对较高；在性格上，思想独立，性格外向，不易受监狱环境的影响；在社交能力方面，社会交往能力较强，常常拉拢狱中罪犯并相互学习和总结犯罪经验教训。由于罪犯本身的反社会人格，加之在监狱中交叉感染，他们的反社会人格往往更加膨胀。这类罪犯对刑罚麻木不仁，难以改造。

反社会型人格障碍的主要特征包括：

高度攻击性：罪犯可能表现出冲动性和攻击性，尽管并非所有反社会型人格障碍罪犯都有攻击行为，但攻击性是其显著特征之一。

缺乏羞惭感（羞耻惭愧）：罪犯对自己的行为缺乏道德上的内疚感，不认为自己的行为是错误的或有害的。

行为无计划性：罪犯的行为往往受偶然动机、情绪冲动或本能愿望所驱使，缺乏明确的计划和预谋。

社会适应不良：由于对自己的行为缺乏自知力，他们不能从经验中吸取教训，导致持续和长期的行为障碍。

二、偏执型人格障碍

罪犯偏执型人格障碍又称为妄想型人格障碍，是一种以猜疑和偏执为主要特征的人格障碍。

偏执型人格障碍的罪犯表现为：一是固执。对事物的认知一旦形成即具有恒定性和不易改变性。智力并不低下，但人格的某些方面非常突出和过分地发展。主观意识表现为固执、敏感多疑、过分警觉、心胸狭隘、好嫉妒。二是过度怀疑猜忌。经常处于戒备和紧张状态之中，寻找怀疑偏见的根据，对他人的中性或善意的动作歪曲而表现出敌意和藐视，对事态的前后关系缺乏正确判断，容易发生病理性嫉妒。三是自我意识强烈。自负自满自大，自我评价过高，体验到自己过分重要，倾向推诿客观，拒绝接受批评，对挫折和失败过分敏感，如受到质疑则出现争论，诡辩，容易长久记仇，即不肯原谅侮辱，伤害或轻视。四是冲动攻击和好斗，常有某些超价观念和不安全、不愉快、缺乏幽默感的特征。

偏执型人格障碍者的人格形成原因为：一是伴有早期失爱。幼年生活不被信任、缺乏母爱的环境中，经常被指责和否定。单亲家庭出现偏执型人格的占比相对较高。二是后天受挫。成长中连续遭受生活打击，经常遇到挫折、侮辱、冤屈和失败。三是自我苛求。自我要求标准极高，并与自身存在的某些缺陷之间构成尖锐的矛盾，但是从不公开承认自身的某些缺陷，意识深层自卑感强于常人。

偏执型人格障碍的特征为：一是广泛的猜忌与怀疑。罪犯可能无根据地怀疑他人的动机和意图，认为他人总是在图谋对自己不利。二是病态的嫉妒与自负。他们可能对他人的成就或地位产生病态的嫉妒，且自我评价过高，认为自己的能力和价值被低估。三是固执与敌对。偏执型人格障碍的罪犯往往固执己见，难以改变自己的观点，同时对他人持有敌对态度，容易与人发生冲突。四是对挫折与拒绝敏感。他们对挫折和拒绝的反应强烈，可能会长久地记仇，不肯原谅他人的侮辱或伤害。五是缺乏信任与安全感。由于长期的猜疑和怀疑，他们难以建立对他人的信任，常常处于紧张和不安的状态中。

三、边缘型人格障碍

罪犯边缘型人格障碍是一种复杂而严重的心理障碍，是爆发型、情感型、冲动型人格障碍的集合。其基本特征是自我意象、人际关系与情绪极不稳定。边缘型人格障碍是一种人际关系、自我形象和情感不稳定以及表现出显著冲动的心理行为模式。人格障碍的主要特点为：一是对环境变化非常敏感。当他们进入监狱面对完全陌生的监管环境，会感受到极度的恐惧和不恰当的愤怒。二是自我怀疑，思维跳跃。罪犯常常对自己的行为感到不理解，时而否定，时而肯定。对他人的言行也会产生出各种各样的奇怪想法。导致自我形象、情感、认知和行为上的不确定改变。三是人际关系不稳定，变化强烈。对民警、家人或他人关系要么极好，要么极坏，过度放大自己或他人的优点或缺点，常常因微小的刺激而爆发非常强烈的愤怒情绪和冲动行为，自己完全不能控制。有的罪犯也会对情绪发作后的所作所为后悔不已，但以后还会重复发生。有时会因为"好朋友"不经意的言行突然翻脸，并臆想出对方对自己造成一系列的伤害。这种强烈的、不稳定的人际关系，会导致连续的情感危机。四是自我伤害。有的罪犯会表现出反复的自残、自杀行为。

边缘型人格障碍是一种人际关系、自我形象和情感不稳定以及表现出显著冲动的心理行为模式。其病因为：一是遗传因素。在边缘型人格障碍个体的一级血缘亲属中，该障碍比普通人要常见五倍。其家庭成员患有物质使用障碍、反社会型人格障碍和抑郁或双相障碍的风险也较普通人高。二是病理生理因素。有学者认为人格障碍是大脑皮质发育成熟延迟的表现。大脑皮质成熟延迟在一定程度上说明其冲动控制和社会意识成熟延迟。三是社会心理因素。教养方式不当是人格发育障碍的重要因素。父母教育态度的不一致、反复无常，好恶、奖罚没有定规和原则，使孩子生活在矛盾的牵制之中无所适从，不能发展明确的自我同一性感觉，导致成年后自我概念紊乱，可能形成边缘型人格。

四、情感障碍

罪犯情感障碍也称躁狂抑郁症，又称躁郁症，医学上现称双相情感障碍，是指罪犯既有躁狂又有抑郁发作的精神障碍。是罪犯为发泄自己的否定性情绪情感而采取的一种不正常的攻击性行为，是一种情感性变态人格。

罪犯情感障碍的形成，固然和罪犯需要长期未能满足或遭受重大挫折而引起否定性情绪情感有关，多数还是一种精神病态，其行为内心体验的强度，持续时间、变化速度都超出正常情理范围。

（一）情感障碍类型

一是双相情感障碍。主要表现为抑郁和躁狂的双向发作。抑郁发作时，罪犯可能表现出情绪低落、兴趣丧失、精力减退等症状；躁狂发作时，则可能表现为情绪高涨、思维奔逸、行为冲动等。二是抑郁症。主要特征为持续的心境低落、兴趣缺乏以及乐趣丧失。这种情感障碍在罪犯中尤为常见，可能导致其自我封闭、消极应对改造，甚至产生自杀念头。三是偏执型人格障碍。患者常表现出广泛的猜忌与怀疑，对他人持有敌对态度，难以与他人建立稳定的人际关系。这种障碍在改造过程中可能导致罪犯对监管人员和其他罪犯产生不信任感，影响改造效果。四是边缘型人格障碍。以情感、人际关系和自我形象的不稳定为主要特征。他们可能经历剧烈的情感波动，难以控制自己的冲动行为，给改造工作带来挑战。

（二）罪犯躁狂发作的典型特征

一是罪犯心境的异常高涨。精力旺盛和目的性活动的持续增加。罪犯通常会做出以冲动、判断较差且忽视危险为特征的行为，主要表现为异乎寻常的愉悦、欣快或情绪高涨，还可能伴有无视监规纪律狂妄自大，不断寻求刺激，挑战民警和他人，具有较强烈的攻击性。二是突发性和易激惹是躁狂发作的特点。处于躁狂状态的罪犯常会突然高声言谈，语速增快并且难以打断，可伴有哭笑和手舞足蹈。此外，躁狂发作的罪犯通常还会有过度的幸福感，自尊膨胀，睡眠需求减少，性欲亢奋等，常会因言语、行为过激而与人发生冲突。三是罪犯抑郁发作的特点为心境低落、思维及意志活动迟缓，对活动的兴趣低，精力差，记忆和注意集中力受损。具体表现为：沉闷不乐，感到心理压抑，思维迟缓，严重者甚至无法顺利进行正常交流，意志活动受到长久抑制，行为缓慢，回避社交，甚至可发展为"抑郁性木僵"，即不语、不动、不食状态；严重者可产生轻生念头，甚至发展为自杀行为，民警应对这种危险状态保持高度警惕。

五、冲动型人格障碍

罪犯冲动型人格障碍又称暴发型或攻击型人格障碍。是一类具有进行某种行为的强烈欲望并付诸实施的精神障碍。由于发作过程有突发性，类似癫痫，也称癫痫型人格。这类罪犯往往在童年时会因微小的事和精神刺激，突然爆发强烈的暴力行为，自己控制不住自己，从而造成破坏和伤害他人。

（一）罪犯冲动型人格障碍主要表现

一是情绪变化不可预测。情绪变化反复无常，情绪急躁易怒，不可预测。罪犯有时也能够认识到其行为的危害性，但难以自控，往往多次努力均以失败告终。尤其易暴发愤怒和暴力行为，行为暴发时存在无法自控的冲动和驱动力。二是计划盲目。生活无目的，行动反复无常，可以是有计划的，亦可以是无计划的，尤其不能事先计划或不能预见将会发生的事件或情况，做事缺乏坚持。三是行为冲动。行为的目的在于获得心理上的满足，而不在于其他，冲动的动机形成可以是有意识的，亦可以是无意识的；性格上常表现出向外攻击、鲁莽和盲且性；冲动行为本身往往是损人又不利己的；行动之前有强烈的紧张感，行动之后体验到愉快、满足或放松，无真正的悔恨、自责或罪恶感。四是人际关系冲突。要么与人关系极好，要么极坏，几乎没有持久的朋友；心理发育不健全和不成熟，经常导致心理不平衡。

（二）罪犯冲动型人格障碍的形成原因

一是生理发育缺陷。可能因为小脑发育延迟，传递快感的神经道路发育受阻，难以感受到宁静和愉快，所以可能产生对他人的攻击行为来获得心理快感。二是心理缺陷。特别是有些处在青春期的罪犯，为了表现自己所谓"男子汉义气"、力量、自大和无所畏惧的特点，常常表现出强烈的攻击性证明自己比他人强。一方面是自卑与补偿。补偿自卑的一个重要表现就是以冲动、好斗的方式来展示自己不再渺小，而是强大。另一方面是生活经历或自尊心受挫，根据挫折攻击理论，经受挫折后罪犯的攻击性会明显提升，会更加强烈地攻击比自己更弱的人和事。三是家庭缺陷。在父母溺爱中长大的罪犯往往个人意识太强，情商过低，自控力差，受到挫折就容易攻击他人。另外，专制型的家庭对罪犯的冲动性也有较大影响。罪犯在成长过程中，常常遭受父母羞辱和打骂，也自然地认为这是解决问题最简单有效的方法，再加之长期郁结于内心的不满情绪一旦爆发，往往会选择较为激烈的行为来发泄积怨。

六、分裂型人格障碍

分裂型人格障碍是一种复杂而持久的心理健康状况，属于人格障碍的一种。它表现为罪犯在社交互动、情感表达、认知功能及行为模式显著偏离正常范围，但并不等同于精神分裂症。此类罪犯往往表现出奇异的信念和行为，缺乏亲密关系，对他人情感反应淡漠，同时可能伴有知觉扭曲和思维障碍的轻微表现。

其核心特征包括：社交疏离，难以建立或维持亲密的人际关系，缺乏社交技巧。情感表达受限，避免社交场合，对他人情感反应冷淡，难以与他人建立深入的情感联系。难以理解和表达自己的情感。说话内容可能显得不连贯或难以理解，面部表情和肢体语言可能缺乏变化。奇特信念与行为，持有不寻常或古怪的信念，持有不切实际的怀疑或信念，对他人抱有敌意；行为显得不合时宜或奇特，对不寻常的主题或活动表现出强烈兴趣，如迷信、超自然现象等。认知扭曲，可能出现对现实的扭曲理解，如幻觉或妄想的前兆症状，注意力分散，难以集中精神，记忆力可能受到影响，但未达到精神分裂症的诊断标准。焦虑与孤独感，常伴随深刻的孤独感和社交焦虑。有自残自杀倾向。

第三章

罪犯改造的需要动机

人类的需要层次理论是由美国著名哲学家、社会心理学家、人格理论家和比较心理学家亚伯拉罕·哈罗德·马斯洛创立的。他认为人作为一个有机整体,具有多种动机和需要,包括生理需要、安全需要、归属与爱的需要、自尊需要和自我实现需要。马斯洛认为,当人的低层次需求被满足之后,会转而寻求实现更高层次的需要。

罪犯改造的主要动机是在需要的基础上产生的,需要是激发罪犯接受教育改造活动的重要内部动力。罪犯失去了需要,就不会有行为的目标;相反,没有行为的目标或诱因,也就不会有某种特定的需要。

人的任何行为都是受动机驱动的。需要是罪犯改造动机的源泉。民警应深入了解罪犯的合理需要,如基本的生活需要、健康需要、安全需要、亲情友情需要、尊重需要和发展需要等,民警应在可能的情况下予以满足,可以与罪犯建立信任关系,有助于激发罪犯的改造动机。

教育转化顽危罪犯是监狱民警的工作重点,但顽危罪犯之所以反改造,正是他们的一些需要没有得到满足,他们与监狱对抗的行为,实质上是在争取自己的最大、最迫切的需要。

罪犯的需要是改造工作的出发点和落脚点。了解并满足罪犯的合法、合规需要,有助于激发他们的改造动力,提高改造效果。

第一节 罪犯需要概念

需要是罪犯改造活动的重要积极性来源,是他们进行改造活动的最基本动力,他们的需要越强烈、越迫切,由此所引起的行为动机就越强烈、越迅速。当罪犯为了满足需要而开始行动时,需要即转化为推动他进行活动的动机,也就成了他们活动的积极性源泉。

罪犯需要的产生,会受到许多因素的影响,主要的因素是他们产生需要时的生理状态、现实改造环境和自我认知水平。

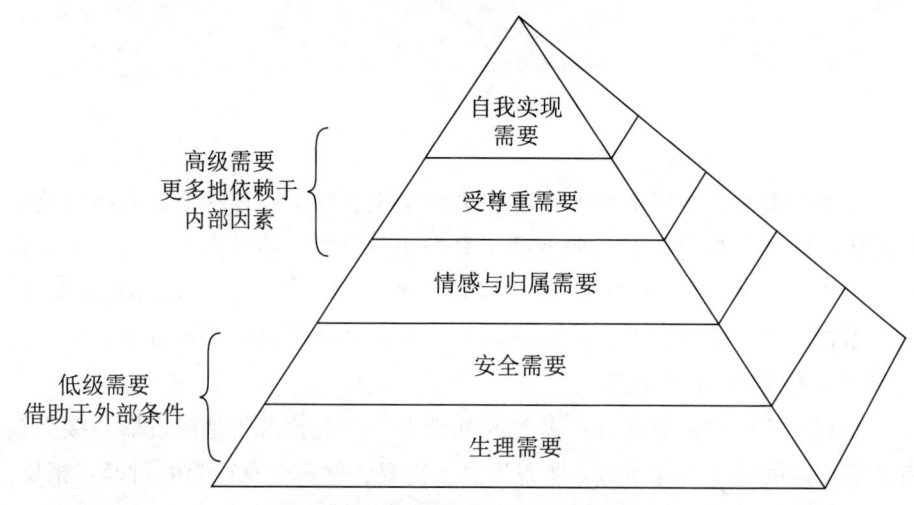

马斯洛提出的需要层次金字塔模型

一、罪犯需要的含义

罪犯需要是指罪犯生理和心理上因缺失所引发的寻求满足的渴求或欲望。是罪犯观念、意识、思维组织系统中的一种缺乏、不平衡状态。这种不平衡状态经常以一种缺乏感被罪犯体验,又以意向、愿望的形式表现出来,它表现出罪犯的生存和发展对于监狱、家庭和社会等客观条件的依赖性。

罪犯既是生物个体,又是社会成员。基于他们的社会性生存与发展,必定会对外部环境有一定的需求。例如:食物的保障、睡眠的质量等,是维持基本生存健康所必要的,这种客观的必要性反映在他们的头脑中往往会引起他们生理或心理上的某种缺乏或不平衡状态,就会产生某种需要。

罪犯的需要也是在改造活动中不断产生、调整、变化和发展的。当他们通过活动使原有的需要得到满足后,又会产生新的需要。这样,需要推动他们去从事某种活动,在活动中需要不断地得到满足又不断地产生新的需要,从而使他们的活动不断地向前发展。

罪犯在服刑期间,其占优势的需要并不会自动、直接地转化为改造动机,这种优势需要只是改造动机形成的基础，虽然它们是动机产生的根本性因素，但并不是必然的结果。

需要是罪犯在生存和发展的过程中，感受到的生理和心理上对客观事物的某种要求。它往往以内部的缺乏或不平衡状态表现出其生存和发展对于客观条件的依赖性。需要是罪犯生存和发展的重要条件，它反映了罪犯对内部环境或外部生活条件的稳定要求。只有满足了这些需要，他们才可能获得有效的改造成果。

二、罪犯需要的特点

需要是罪犯改造积极性的源泉，它常以意向、愿望、动机、抱负、兴趣、信念、价值观等形式表现出来。需要既来源于罪犯生活和改造的客观要求，也反映着他们内在的主观愿望。

（一）罪犯需要的对象性

需要具有对象性，没有对象的需要是不存在的。罪犯的需要不是空洞的，而是有目的、有对象的，而且也随着满足需要的对象的扩大而发展。罪犯需要的对象，实质上就是需要的明确目标或具体内容，即使不切实际的梦想、幻想，也会有具体内容和对象。罪犯的需要不是空洞的理念、概念、口号，而是具有现实性和可实现性的，即明确的目的和对象，而这一目的和对象也会随着需要得到满足后而发展变化。罪犯需要的对象既有实际物质的内容，如改善生活等，也有精神心理内容，如被亲情关爱、获得民警的信任等；既有个性化的内容，如个人兴趣、爱好等，也有社会性的活动，如参与团队活动、承担某种社会角色等。

罪犯的需要既包括想要追求某一事物或开始某一活动的意念，也表现为想要避开某一事物或停止某一活动的意念，如避免受到处罚等。这些意念的产生都是根据罪犯需要及其变化决定的。各种需要彼此之间的区别，就在于需要对象的不同。

根据需要对象的性质，可把需要分为物质需要和精神需要。物质需要是指罪犯对社会物质产品的需要，如对衣、食、住、行等生活有关物品的需要，对劳动、学习、生活等用品的需要。罪犯的物质需要既包括生理需要，也包括社会需要。随着生产力的发展和社会的进步，罪犯的物质需要也会不断地发展。精神需要是指罪犯对社会精神生活和精神文化产品的需要。如交往需要、技能学习需要、尊重的需要等。交往需要是罪犯心理正常发展的必要条件，在精神需要中占有重要地位，长期缺乏社会交往会导致个性变态。上述需要的分类只具有相对的意义，实际上有些需要很难简单地归为某一种需要。如某罪犯对食物数量的需要多属生理需要，但对食物品种、品质的追求则既是精神需要，又是社会需要，同时还属于物质需要。

（二）罪犯需要的发展阶段性

罪犯需要的发展阶段性是一个复杂而动态的过程，它随着罪犯在改造过程中的心理变化、行为表现以及社会环境的变化而不断变化。

罪犯的需要会随着年龄增大、服刑期限增加和释放时间的缩短等变化而发生阶段性的变化。他们在每个不同的阶段，需要会表现出不同的特点。例如：入监初期，生理需要会占主导地位，他们对饮食上的需要、睡眠上的需要、安全上的需要会更强烈；服刑到一个阶段后又会对狱友间的交往需要、对民警的尊重与信任需要、奖励需要等更加强烈；到服刑后期又会对减刑需要、社会接纳需要、技能掌握需要、亲情关爱需要更加强烈。

1. 初始阶段：基本生存与安全需要的满足。在罪犯刚进入改造阶段的初期，他们的主要需要往往集中在基本生存与安全方面。一是饮食与住宿。作为基本的生理需要，罪犯需要得到合理的饮食供应和安全的住宿环境。二是身体健康。医疗服务和疾病预防的保障是罪犯维持身体健康的重要需要。三是安全需要。新环境的不适应性和对未来的不确定性可能使罪犯产生强烈的不安全感，因此，他们需要一个相对稳定和安全的环境来逐渐适应。

2. 中期阶段：心理调适与认知提升。随着改造的深入，罪犯逐渐适应了监狱环境，并开始面临更多的心理挑战和认知需求。一是获得表扬、奖励、减刑等的需要。早日回归社会是罪犯改造的强烈需要，没有人愿意在监狱多待一天，早日与亲人团聚是他们的重要目标。二是心理健康。罪犯需要专业的心理健康服务来帮助他们应对焦虑、抑郁等心理问题，提高心理健康水平。三是接受法律与道德教育。增强法律意识和道德观念是罪犯改造的重要内容。他们需要通过学习和教育认清自己的罪行和法律责任，树立正确的价值观和道德观。四是人际关系建立。在监狱中建立稳定的人际关系对于罪犯的心理健康和改造效果至关重要。他们渴望得到他人的理解和接纳，建立积极的人际关系网络。五是家庭联系与支持。保持与家人的联系和支持是罪犯改造过程中不可或缺的一环。家庭的支持和关爱可以帮助他们增强改造的信心和动力。

3. 后期阶段：职业技能与社会适应能力的培养。在改造的后期阶段，罪犯开始关注自己的未来发展和社会适应能力。一是职业技能培训。为了出狱后能够顺利融入社会并实现自食其力，罪犯需要接受职业技能培训以提高就业能力。二是社会适应能力培养。通过模拟社会环境和情境的训练，帮助罪犯提高社会适应能力，包括人际交往、自我管理等能力。

4. 回归社会阶段：社会接纳与自我实现。当罪犯即将完成改造并准备回归社会时，他们面临着新的挑战和需求。一是社会接纳。社会应给予罪犯改过自新的机会和必要的帮助，如提供就业指导、心理咨询等支持。二是自我实现。罪犯在回归社会后渴望通过自己的努力实现个人价值和社会价值。他们需要得到社会的认可和支持以激励自己不断向前发展。

(三) 罪犯需要的社会制约性

罪犯有维持生存的先天性生理需要，这种需求是与生俱来的。罪犯在接受监狱教育改造的过程中，会发展出许多社会性需要。这些社会需要会受到时代、法规、经济环境等影响。一般来说，生存环境越困难，生存的欲望就会越强烈，其意志也会越坚强。生存以外的更多地需要，特别是罪犯对监狱的一些社会性需要，如亲人、民警的关心、在罪犯中承担一些职务（如监督岗、值班员等）。这些社会性需要，会产生在罪犯改造生活的现实环境中，并随着环境的变化而改变。罪犯的需要必然会因监狱的特殊环境而与外界有所不同，从而不同于社会需要。罪犯的需要首先会受到监狱政策、法规的制约，受到具体实现条件的制约等。罪犯在接受教育改造过程中，他们的生理性需要、社会性需要也会基于监狱的客观实际而受到制约。

罪犯在服刑期间会受到多方面的制约，正是因为这些制约与限制才能体现出对罪犯的惩罚作用。

1. 法律层面的制约。一是刑罚执行。罪犯必须按照法院判处的刑罚进行服刑，这是最基本的法律制约。刑罚的种类和期限都明确规定了罪犯在服刑期间应承担的责任和义务。二是监规纪律。监狱内部会制定一系列严格的监规纪律，包括作息制度、学习制度、劳动制度等，以规范罪犯的行为。任何违反监规纪律的行为都将受到相应的处罚。

2. 行为层面的制约。一是活动范围限制。罪犯在监狱内的活动范围受到严格限制，通常只能在指定的区域活动，如监舍、劳动车间、食堂等。这种限制旨在确保监狱的安全和秩序。二是日常行为管理。罪犯的日常生活行为也受到严格管理,包括起床、就餐、劳动、学习、娱乐等各个环节。他们必须按照监狱的规定进行活动,不得擅自行动或违反规定。

3. 经济层面的制约。一是财产管理。罪犯在入狱后,其个人财产将按照法律规定进行管理和处置。一般来说,罪犯无法自由支配自己的财产,任何现金、财物都必须按照监狱的规定进行存放或支配。二是劳动收入限制。在监狱内,罪犯通常会参与一些劳动以接受改造。然而,他们的劳动收入也受到严格限制,通常只能获得有限的报酬,无法满足其全部经济需求。

4. 心理层面的制约。一是干预。监狱会定期对罪犯进行心理评估和干预,以了解他们的心理状态和需求。这种心理层面的制约旨在帮助罪犯解决心理问题,增强他们的自我认知和控制能力。二是情感交流受限制。虽然罪犯可以与家人进行书信或电话交流,但这种交流受到一定的限制。探视也需要在特定的时间和地点进行,且探视时间和次数都有限制。这种情感交流的限制可能给罪犯带来一定的心理压力和困扰。

5. 社会适应层面的制约。一是社会隔离。监狱是一个相对封闭的环境,罪犯在服刑期间会与社会产生一定的隔离。这种社会隔离可能导致罪犯在重新融入社会时面临一定的困难和挑战。二是再社会化准备。为了帮助罪犯重新融入社会,监狱会提供一些再社会化的准备措施,如职业培训、文化教育等。然而,这些措施的效果可能因个体差异而有所不同,有些罪犯可能难以适应社会生活的变化。

(四)罪犯需要的层次性

需要层次是罪犯改造动机的重要基础,罪犯改造动机与生理需要、安全需要、归属需要、自尊需要、自我实现需要之间存在着相对优势关系、层次关系,并在日常的改造过程中表现为具体的改造动机成分。罪犯改造动机由多种机制决定。

马斯洛将人类需要分为七个阶段:生理需要、安全需要、社交需要、尊重需要、自我实现需要、认知需要和审美需要。但大多学者认为,马斯洛的人类需要可分为五个阶段,认知需要和审美需要可以归结于自我实现的需要之中。根据这些理论,我们可以认为:罪犯所需要的层次不同,每一层次的满足都与他们的改造成果和幸福感密切相关。当罪犯较低层次的需要得到满足时,他才会进一步追求更高层次的需要。如果某个需要得不到满足,那么它就会成为行为的动力，并抑制对更高层次需要的追求。例如：如果监狱不能满足罪犯的安全需要，为他们提供安全的学习、生产和生活的改造环境，那么罪犯可能会对监狱的民警产生不信任感，他们的其他需要也会受到影响。

在罪犯改造生活中，罪犯的需要不是单一的，而是多样的；不是简单的，而是复杂的；不是某方面的，而是系统的。一般情况下，只有当罪犯的基本需要得到满足或部分满足后，他们才能去追求更高层次的需要。

第一层次是生理需要。这是罪犯最基本的生存需要，包括罪犯对食物、水、空气、睡眠和性的需要。这些需要的满足对于维持罪犯的监管改造生活至关重要，必不可少。例如：罪犯如果处于饥饿状态或者疲惫不堪时，他们会对当前的需要十分渴望并急迫地希望获得，以迅速改善当前的处境，而对尊严和爱等高层次需要的迫切性相对降低。

第二层次是安全需要。在监管环境中，罪犯对安全的需要相对较高，有时甚至会超过普通的生理需要。因为这些生理性需要在监狱中很少或者根本不会出现，而安全需要则是人人迫切希望得到的。由于罪犯人生经历的复杂性，犯罪行为的恶劣性等现实状态，一些在社会上原本十分恶劣的行为，在监狱中也可能会再次出现。原来在社会上的黑帮大佬，在监狱中也只是一名普通罪犯，丧失了以前所有的社会资源和条件。这也反映了罪犯对自身安全需要的强烈程度。

第三层次是归属与爱的需要。罪犯在监管改造期间会出现精神紧张恐惧，内心空虚寂寞等心理，希望能够与他人建立情感联系与和谐关系的需要会比常人更加强烈，以期获得倾诉对象、加强安全同盟和参与监狱的活动等，这种情境可以满足罪犯归属感和爱与被爱的需要。

第四层次是尊重需要。缺乏尊重的罪犯往往对尊重的需要更加强烈。由于罪犯在社会上的各种不被社会认同的思维、行为模式，很难获得社会及他人的尊重，进入监狱后，被法律认定为罪犯的身份，更觉得低人一等，自信心会严重不足。罪犯缺乏自信心会让他们感到自卑，缺乏信心和勇气去面对监管改造中所面临的各类现实问题。监狱民警对罪犯人身权利、人格尊严的尊重，会极大地满足罪犯对自尊的需要。使他们感受到他们虽然违法犯罪，受到了法律制裁，但政府亲人并没有放弃他们，相信他们的未来依然是有社会价值的，从而使他们在面对监管改造中的挑战时更加自信。

第五层次是自我实现需要。罪犯要努力实现自己在改造过程中的潜力和能力,实现自己心中的最高目标。这个目标既可能是实现减刑、早日回归社会的目标,也可能是实现他们的兴趣爱好目标。

罪犯在监管改造时期,他们可能会同时出现几种需要,例如某罪犯表现较好,既有期望获得监狱表扬、早日获得减刑、早日恢复自由的需要;也有想让食品更加多样化、赢得其他罪犯羡慕和尊重的需要;还有给亲人带来一些安慰、获得亲人的谅解与关爱的一举多得的需要等。罪犯每一时期的需要中,总有一种需要占支配地位,对行为起决定作用。罪犯的任何一种需要都不会因为更高层次需要的发展而消失。例如罪犯不会因为有获得减刑的需要而放弃获得亲人关爱的需要、改善生活条件的需要等。罪犯各层次的需要相互依赖和重叠,高层次的需要发展后,低层次的需要仍然存在,只是这种低层次需要对行为影响的程度相对减小。例如罪犯获得减刑会增加一些食品供应,如果减刑不能增加食品供应,也不会因此影响罪犯减刑的需要。

马斯洛认为,这五种需要都是人最基本的需要。这些需要是天生的、与生俱来的,他们构成了不同的等级或水平,并成为激励和指引个体行为的力量。

(五)罪犯需要的独特性

罪犯之间的需要不是千篇一律的,而是既有共同性,又有独特性。由于生理、遗传、环境、生活条件等因素不同,罪犯个人的需要都会被塑造得有其独特性。罪犯也会因为年龄、身体条件、生活经历、经济条件等环境因素,会在物质和精神方面产生不同的需要。

第一,年龄差异。不同年龄段的罪犯在物质需要上存在差异。年轻罪犯可能更关注基本生活需要之外的教育、娱乐和技能培训机会,以便为将来重返社会做准备。而老年罪犯可能更需要医疗照顾、适宜的居住环境和便利的生活设施等。

第二,身体条件。身体条件的不同也会导致物质需要的差异。例如,残疾罪犯可能需要特殊的辅助设备和无障碍设施来满足日常生活和学习的需要。患有疾病的罪犯则需要相应的医疗服务和药品。

第三,经济条件。虽然罪犯在监狱中的经济条件相对统一,但他们在入狱前的经济状况会影响他们在监狱中的物质需求和心态。经济条件较差的罪犯可能更渴望通过劳动获得一定的报酬,以改善生活条件或将报酬寄给家人。

第四,生活经历。罪犯的生活经历会对其精神需要产生深远影响。那些有过心理创伤或家庭问题的罪犯可能更需要心理咨询和情绪支持。而有犯罪前科的罪犯可能面临社会认同的困境,需要重建自我价值和信念。

第五,社会关系。良好的社会关系网络对罪犯的精神健康至关重要。与家人和朋友的联系能够缓解他们的孤独感和焦虑情绪。然而,由于犯罪行为的后果,罪犯的社会关系可能受到破坏,导致他们在监狱中更加渴望得到外界的理解和支持。

罪犯的需要与其个性密切相关,在遗传和环境因素的双重作用下,基本可以断言,世界上没有两个人的需要系统是完全相同的。

第二节　罪犯需要的层次

需要是一种特定类型的动机。罪犯的需要是他们改造行为积极性及改造动力的源泉和基础。有了物质和精神方面的需要,罪犯才会产生行为的积极性。

一、罪犯生理需要

罪犯的生理需要是指保存和维持罪犯生命的一些需要,如对饮食、休息、睡眠的需要。生理上的需要是罪犯最原始、最基本的需要,如水、食物、穿衣、性等,这些基本生理需要的出发点是维持体内平衡。每一种生理需要及其满足的方式也都相对独立。例如:饥饿只能通过饮食来解决,困倦只能通过睡眠来解决。

罪犯生理需要在所有需要中占绝对优势,生理需要如果没有得到满足,那么这种需要最有可能成为他的主要动机。例如:一个同时缺乏食物、安全、爱和尊重的罪犯,对于食物的渴望可能最为强烈,其他需要有可能退居幕后。当生理需要达到一定程度的满足后,高一层次的需要就会变得活跃起来。动物往往为了争取食物,放弃安全,以命相搏,人类也有人为财死,鸟为食亡的观念。

（一）罪犯的食物需要

监狱对罪犯的食物有严格的伙食标准。罪犯伙食经费除省财政支出外,还从罪犯劳务经费中提取部分,以确保罪犯的身体健康需要。

日常生活中,监狱民警可能都有过这样的经历,明明罪犯的生活已经达到或部分超过普通城市市民的平均标准，但在罪犯会见亲友时，还会向亲友抱怨监狱生活水平差，难以满足自己的健康需要。这种抱怨主要是罪犯求得亲人的同情关爱动机所致，与实际生活关系不大。

罪犯每天所需摄入的食物需要包括蛋白质、碳水化合物、脂肪、维生素、矿物质和水分。监狱在选择食物时，应保持多样性，适量摄入，避免过多热量，以保持身体健康。

1. 基本食物需要。一是营养均衡。罪犯的食物应确保营养均衡，包含足够的蛋白质、碳水化合物、脂肪、维生素和矿物质等人体必需的营养素。这有助于维持罪犯的身体健康，增强其抵抗力和免疫力。二是种类尽量多样。为了满足不同罪犯的口味和营养需要，监狱应提供多样化的食物种类，包括主食（如大米、面粉）、副食（如蔬菜、水果、肉类、鱼类、豆制品等）、调味品等。同时，还应考虑宗教、民族、饮食习惯等特殊需要，提供相应的清真餐、素食等。三是数量充足。监狱应确保罪犯每日所需的食物量充足，能够满足其正常的生理需要。根据相关规定，罪犯的饮食标准有明确的实物量标准，如粮食、蔬菜、肉食、蛋鱼虾等均有具体的月供应量要求。

2. 特殊食物需要。一是病患饮食。对于患有特殊疾病的罪犯，监狱应根据医生的建议和病情需要提供特殊的饮食，如低盐、低脂、糖尿病餐等。二是宗教信仰。对于信仰宗教的罪犯，监狱应尊重其宗教习俗和饮食禁忌，提供符合其宗教信仰的食物。

3. 食物安全与卫生。一是食物来源。监狱应确保食物来源安全可靠，选择有资质的供应商和生产基地，避免采购过期、变质或不合格的食品。二是加工制作。食物加工制作过程中应严格遵守卫生标准和操作规范，确保食物安全无污染。同时，应加强食品留样制度，以备不时之需。三是储存保管。食物应储存在干燥、通风、防虫防鼠的环境中，避免受潮、霉变或污染。同时，应定期检查食物库存情况，及时处理过期或变质的食品。

（二）罪犯的睡眠和觉醒的需要

睡眠和觉醒是生命活动所必需的两个相互转化的生理过程，也是人类最基本的生理需要。罪犯只有通过睡眠才能恢复精力和体力，参与监狱学习、生产和生活等一系列的改造活动。当睡眠需要产生时会瞌睡，迫使他们由活动趋向于休止。如果强行剥夺罪犯的睡眠权利，会严重影响他们的健康，甚至导致疾病，这是不人道的行为，也是严重违反监狱法律法规的行为。

罪犯进入监狱的初期,容易出现的睡眠障碍:一是睡眠量的不正常。主要表现为入睡困难、早醒等症状,严重时会伴有神经衰弱。二是睡眠中的发作性异常。通常是指罪犯在睡眠过程中出现异常行为,比如磨牙、说梦话、梦游、突然尖叫等。三是入睡困难。罪犯躺在床上,可能会辗转反侧、翻来覆去,甚至半小时或更长时间都无法入睡。四是睡眠不实和早醒。罪犯即使入睡了,也可能会多梦,且容易受惊醒,同时醒后多半会伴随心慌、冒汗等植物神经功能紊乱的症状。五是恐惧和担忧。罪犯往往对睡眠时间、睡眠质量、睡眠环境等产生恐惧和担忧,担心自己的睡眠时间不够、睡眠质量不好等。六是情感与心理状态对睡眠和觉醒有着重要影响。压力、焦虑、抑郁等负面情绪会导致睡眠障碍和觉醒困难;而积极的情感和心理状态则有助于改善睡眠质量和提高觉醒效率。

(三)罪犯的性需要

性是一种自然的人类需要,就像食物和水一样。当然,人类没有性生活也能活下去,而没有食物和水就会存在生存风险,但是从心理需要上,性欲如同食欲是一样的。监狱生活中,食物和水已经完全得到了满足,性的需要就显得更加突出一些。

人类的性需要与饮食需要、睡眠需要有许多不同之处。罪犯的性需要不像饮食需要、睡眠需要那样是维持罪犯生存所必须的。但性需要也是由罪犯内部的某种缺乏所引起,有时甚至是渴望。

由于监狱管理的特殊性,罪犯对性的需要是难以满足。相反,对性的控制越严格,罪犯的欲望就会越高。如有的监狱引入社会演出团队进监演出,往往最受欢迎的节目就是女演员表演的节目。

在动物界,雄性动物为了争夺交配权,不惜以命相搏。在监狱罪犯中,也存在一些性犯罪的罪犯。他们明知自己的行为会被捕入狱,但还是心存侥幸,铤而走险,最后众叛亲离,受到刑法的严惩。

研究表明,男女罪犯对性欲的兴趣程度基本相同,但在某些社会观念影响和主导下,女犯从外表上比男犯表现得更"性冷淡"一些。

性需要与其他需要有其特殊性。一般需要具有单方索取性,但性需要同时还具有赠予性需要和交换性需要等。例如:有的罪犯为了获得某些资源需要(获得其他罪犯的青睐与保护等);有的罪犯出于功利需要(享受更好的性伙伴与性生活);有的罪犯出于改善生活需要;有的罪犯出于获得某些物质的需要等。

性对于女性罪犯来说，一直都是一种重要的"工具"。只要女性愿意，她可以通过出卖自己的身体，来换取某些她想要的东西，这是女性比男性，在性方面更为独特的地方。

研究表明，大多数罪犯的性变态行为（恋物癖、性虐待、窥阴癖、露阴癖等）也是后天学习的结果。

一些性犯罪罪犯中由于扭曲的性观念和性习惯，产生了性变态。罪犯性变态特点为：一是其行为不符合社会认可的正常标准。二是该行为会对他人造成伤害，如恋童癖殃及儿童，窥私癖侵犯他人隐私。三是该行为违反道德准则。性变态者作案一般是有预谋、有计划、有选择的。性变态的类型有：恋童癖、恋物癖、乱伦、恋尸癖、恋兽癖、异装癖、窥阴（淫）癖、裸露癖（或露阴癖）、摩擦癖、犯罪心淫语癖、手淫癖、口淫癖、性虐待狂、受虐淫癖、自虐淫癖、性窒息、性缢死等。

二、罪犯安全需要

安全是指不受威胁、没有危险、危害、损失。安全是人类的本能欲望。中国人一向以安心、安身为基本人生观并以居安思危的态度促其实现。

罪犯在监狱中服刑改造的过程本身也是一个追求安全的过程，在这个过程中，他们对安全的需要可能要大于普通人。监狱是国家机器之一，再加之在监狱服刑的都是经过法院判决的，性质恶劣，手段残忍的罪犯，这些罪犯的攻击性，破坏性是远大于普通人的，因此，罪犯之间都会有强烈的安全需要。

罪犯的某些行为障碍可能是因安全需要没有得到满足的表现，即如果罪犯长期缺乏安全需要，生活在紧张恐惧中，会出现许多行为障碍。

（一）人身安全需要

罪犯的人身安全是指罪犯在监狱环境中身体本身的安全，任何人不得侵犯、危害其自身安全。在监管改造中，民警应切实维护好罪犯的人身安全，避免将他们置于危险之中，当他们在生活中受到安全威胁，应当及时处理，避免他们受到不法侵害。

有心理学家做了一个著名试验：心理学家电击关在笼子里的一群猴子中最厉害的一只，这只猴子受到电击后十分痛苦、愤怒，这只猴子不是去攻击电击它的那个人，而是攻击距它最近的那只猴子。面对过于强大的人类，聪明的猴子知道如果攻击人类可能会遭受更大更多的痛苦，但它的这种痛苦和愤怒就会填充模糊、混乱的客体，由这个客体来充当自己情绪发泄的"替罪羊"。

罪犯的基本生理需要满足后，他们对个人的人身安全的需要就成为最基本的需要，他们迫切需要一个法规健全，秩序井然，公正公平的监狱运行机制。

罪犯对个人人身安全排在第一位的就是来自其他罪犯攻击的不法侵害。

1. 罪犯的攻击行为及其对象

（1）情绪与心境引发的攻击性。罪犯的情绪往往缺乏稳定性，常常会因为一些对其敏感的刺激物（如在改造生活中因生活琐事、生活不顺、家庭变故或与他人的交往矛盾）的出现而产生、变化、爆发并迁怒他人。罪犯攻击性一般是由特定刺激开始，不会无缘无故产生，但也不是特别强烈的刺激物，而恰恰可能是很普通寻常的刺激物，对常人来说可能会"一笑了之"，而对罪犯来说可能就成为特定的敏感的刺激。

特定的刺激物引发情绪后，一旦愤怒成为一种慢性的情绪状态，其指向客体对象（反击目标）后，而在自己的反击目标过于强大而无法实现自己的报复目的时，其反击报复的目标就会发生改变。他们会搜索可能出现的弱者（替罪羊）来填充模糊、混乱的客体空位。如有反社会型人格障碍的罪犯会对素不相识、无冤无仇的人突然展开暴力攻击。而这种暴力攻击也并不能解决、宣泄（受压抑）愤怒的即时释放问题，因为受害对象常是内在难觅目标但又"必须有目标"的"慢性愤怒"的投射的、替代的外在牺牲品。

（2）罪犯的攻击性一般有两种形态：一种是向外攻击型，另一种是向内攻击型。罪犯的向外攻击型是指对他人的攻击，即对自己的情绪对象进行攻击，但也存在指向下序位的身边人，也就是比自己更弱的其他罪犯。向外攻击型要么是攻击其他罪犯，要么是攻击民警甚至是自己的亲友等，主要方式是语言攻击，肢体攻击，器械攻击。

心理学上有一个著名的踢猫理论。一个职员在单位被老板骂后，回家就找碴打老婆，老婆又找碴打自己的孩子，孩子的愤怒无处发泄，就去踢猫，这就是最常见的下序位攻击传递的现象。攻击下序位是最安全的，也是情绪发泄最常见的攻击形式。

监狱中也存在攻击上序位的罪犯，只不过在人群中是少数，他们挑战和攻击的对象往往是监狱民警。这类罪犯一般不是简单的情绪发泄，不是对较低层次的安全需要，而是需要在其他罪犯中树立自己比其他罪犯更勇敢的形象，从而打造自己"天不怕地不怕"的人设，迫使其他罪犯对他尊重、佩服、服从，以此树立自己的"江湖地位"，这属于简单的目的性自我实现的需要。

大部分向外攻击型罪犯争强好胜、戾气重、脾气大，属于监狱中的危险类罪犯。

向内攻击型的罪犯是指对自己的伤害，例如自伤、自残、自杀等。这类罪犯往往呈现出最无害和安全的状态，大多不会受到拒绝和排斥。但是，向内攻击对人的伤害性更大，更具隐蔽性，因为，向内攻击要么是攻击自己的身体，要么是精神。这类罪犯，一般都随顺随缘，没有什么过分的要求，也没有什么底线，别人不能忍的他能忍，过度的妥协让自己承受了太多的压抑，吞咽了太多委屈。实际上，他的心里根本承受不了，于是，那些负面情绪长期郁结在心，他们缺乏对未来生活的信心，这些行为都是对自我信念和精神的攻击。

罪犯的自我攻击往往先来自外在对他的不接纳，后来就逐渐变成了自我的不接纳，这类自我攻击的人，也都或多或少有些表达障碍，最终，压抑的情绪宣泄不出去，就会转向内部，要么攻击，要么消耗。

（3）攻击行为的出现与人类天性中的竞争、欲望和冲突有关。在人类社会中，资源的有限性和差异性导致了人们之间的竞争和冲突，从而衍生出攻击行为。攻击行为既可以是出于自卫和保护利益的需要，也可以是出于获取更多资源、提升地位或满足心理需要的欲望。此外，攻击行为还可以影响他人，改变社会关系和权力结构。攻击行为经常伴随着地位、势力和势力范围的争夺，成为维护或改变江湖秩序的手段之一。

2. 暴力和纠纷预防

暴力和纠纷是威胁罪犯人身安全的重要因素。监狱应建立健全的暴力和纠纷预防机制，通过加强思想教育、心理疏导、矛盾调解等方式，引导罪犯树立正确的价值观和行为规范，减少暴力和纠纷的发生。同时，应建立快速反应机制，一旦发生暴力和纠纷事件，能够迅速介入并妥善处理。

（二）生产安全的需要

《监狱法》规定，罪犯必须严格遵守法律、法规和监规纪律，服从管理，接受教育，参加劳动。监狱的基本原则就是对罪犯实行惩罚和改造相结合、教育和劳动相结合。劳动生产是必不可少的教育改造罪犯的重要手段，也是监狱工作的方针。因此，罪犯进入监狱后，必须过"劳动关"，只有通过辛苦劳动，才能使罪犯认识到人类社会发展进步的过程与意义，使罪犯养成良好的劳动习惯和劳动技能。罪犯能否改造成为一个守法的、自食其力的合格公民，劳动习惯的养成是一个重要评价标准。罪犯的改造离不开劳动生产，而劳动生产又离不开安全生产。

安全生产是指监狱在组织罪犯劳动生产活动的过程中，为了避免造成人员伤害和财产损失的事故而采取相应的事故预防和控制措施，使生产过程在符合规定的条件下进行，以保证罪犯的人身安全与健康，设备和设施免受损坏，环境免遭破坏，保证罪犯劳动生产活动得以顺利进行的相关活动。

监狱在组织罪犯生产活动的过程中，通过罪犯、机器、物料、环境、方法的规范化运作，使生产过程中潜在的各种事故风险和危害因素始终处于有效控制状态，切实保护罪犯的生命安全和身体健康。监狱生产的主体是罪犯，而罪犯的劳动是带有惩罚性、强迫性、竞争性和非自愿性状态下进行的。因此，罪犯在劳动生产时也会不可避免地出现抵触性、反抗性、投机性和破坏性。因此，监狱除做好机器、工具的正常维护保养外，还要另外加装一些特殊的防护措施，如对机器加装防护罩，对锐器尖进行打磨，对剪刀、锤子等加装固定钢丝绳等。这类做法不仅可以有效地防止罪犯行凶伤人，也可以防止罪犯自杀、自伤、自残等监管安全事故的发生。同时，也可以有效地抑制罪犯自杀、自伤、自残心理的萌发，对其他罪犯的安心生产也可以给予心理安慰，提供心理安全感，提升罪犯对民警的信任度和认同感。

生产安全的需要还包括：作业环境安全、防护装备配备安全、应急逃生演练、疾病预防控制、合法劳动权益、隐患排查机制等。

罪犯对生产安全的需要是多方面的、综合性的。监狱管理部门应坚持以人为本、安全第一的原则，积极回应罪犯的合理需要，努力构建安全、高效的生产环境。

（三）秩序安全的需要

罪犯既是社会秩序、法律秩序的破坏者，也是这些秩序的需要者，特别是罪犯进入监狱后，他们对秩序的要求比任何时候都会更加强烈。因为只有秩序才可以使他们身处"危险之地"却能感受到自己的人身安全。

秩序是有条理地、有组织地安排各构成部分以求达到正常的运转或良好的外观的状态。秩序也可理解为在事物的发展进程中，存在着某种程序的可控性、一致性、连续性和确定性。

监狱的监管安全秩序主要是根据国家的法律法规，履行国家赋予对罪犯实施惩罚和改造的职能，通过国家授予的强制权力来维护监狱的正常监管改造秩序。

监管安全秩序稳定的另一个重要原因为：第一，监狱能否认真贯彻落实国家的有关法律、法规、规章、制度，做到公平公正公开。第二，监狱民警能否正确履行其职责，严格遵守宪法和法律，忠于职守，秉公执法，严守纪律，清正廉洁。第三，监狱的人民警察依法管理监狱、执行刑罚、对罪犯进行教育改造等活动的落实是否坚定有力，以及监狱制定的这些规范和规则是否被民警和罪犯广泛遵守和执行。第四，监狱是各种人类丑恶人性最集中的地方，也是矛盾冲突最集中的地方，不可能没有冲突和无序的现象，但把它们控制在一定的范围内，也需要高超的管理能力。

法律法规是监管安全秩序的依靠，良好的秩序也是监狱工作的基本目标。对罪犯的教育改造必须有一个良好的监管安全秩序才能得以顺利进行，良好的秩序是罪犯实现自我改造目标的基础和前提。

（四）司法公正的需要

监狱是刑事执行机关，是人民法院刑事判决后的最终执行者，只有监狱机关卓有成效的工作，法院的刑事判决才能真正具有惩治犯罪、打击犯罪、威慑犯罪的意义。在刑事执行过程中，最重要的工作之一是确保司法公正。

司法公正是依法治监最为核心的问题。监狱是维护刑事执行公平正义的最后一道防线。如果这道防线缺乏公信力，法律公正就会受到普遍质疑，监管安全秩序就难以稳定。

要加强对监狱执法工作和民警队伍的监督，完善党内监督、民主监督、法律监督、舆论监督机制，最大限度减少权力出轨，绝不允许法外开恩，绝不允许在监狱攀关系、走后门、托人情、搞腐败，使每一次对罪犯的奖励处罚都能做到公平公正，向社会输送公平正义的正能量。

三、罪犯归属和爱的需要

归属和爱的需要是人类最重要、最基本、最广泛的社会动机。

罪犯在安全需要得到一定程度的满足后，会对行为的作用力逐渐变弱，归属的需要也会逐渐增加。归属需要是一种与他人建立较亲密关系的渴求，也是融入心仪团队愿望。马斯洛认为，归属和爱的需要如果长期严重受阻可导致行为失调和病态，它是当今社会中各种行为问题最普遍的根源。

归属需要，个人对伙伴、家庭的需要，对受到组织、团体认同的需要，表明人渴望亲密的感情关系，不甘被孤立或疏离，使他们产生良好的归属感，感受到集体的温暖。

(一) 归属需要引发行为

罪犯归属的需要是指罪犯要求与他人建立情感联系以及融入某一群体，并在群体中享有地位，受到尊重的需要。归属的需要包括给他人的爱和接受他人的爱。

罪犯进入监狱服刑后，会出现一个时段的孤独期，有一个紧张、恐惧、烦躁、孤独、融合、适应的渐进过程。监狱与社会一样，会根据性情、地域、兴趣、生活经历、生活水平等形成各类"小圈子"，甚至会结成生活伙伴，以摆脱孤独，形成势力，相互扶持甚至相互包庇、袒护等，以期获得心理慰藉，保障归属需要。

罪犯具有特殊的归属需要，即在监狱中形成并维持服刑期间的良好人际关系的普遍亲和需要。使自己不受他人的歧视，并有资本或能力歧视他人。

那些平时与他人不常交往，较为孤独的罪犯，并非他们不想与他人交往，而多是"三观"不合或过于自卑所致。只要是心理比较正常的罪犯，包括喜欢安静或独处的罪犯，都有基本的归属需要。

归属需要是罪犯在服刑期间的一个重要动机，它会引发罪犯旨在满足这一动机的行为。会尽快与其他罪犯建立相互依存的特殊联系，并对这种关系产生依赖，尽管这种关系可能具有不确定性、伤害性或破坏性。

当罪犯进入监狱服刑后，以前所归属的社会团体、圈子基本处于冷冻状态，即使是亲属关系，也多处于经济资助或精神安慰的状态，他们在一个全新的环境中，孤独感、寂寞感需要通过与人交流来排解，归属团队圈子、寻求保护与尊重、体现存在价值的情感会不可阻挡地油然而生，这种归属需要必然会引发他们产生与人交流、融入团队圈子的行为，哪怕是为此付出一定的代价，如经济支出、情感付出或被违纪处罚等。

罪犯归属需要得不到满足时，他们与他人建立联系的动机往往会更强烈，当归属感缺乏时,他们更有可能寻求社交联系。

归属需要是精神健康的基础。有报告显示,多达15%—30%的罪犯如果长期处于孤独状态,而这种孤独感会导致抑郁、人格障碍、自杀念头或自杀行为的发生率增加。另一方面,有归属感的人患精神疾病的人数相对较低。

在罪犯改造期间,归属需要作为一种重要的心理驱动力,能够引发一系列积极或消极的行为。

1. 积极行为。第一,配合改造。当罪犯感受到来自监狱民警、狱友或其他家庭成员的关心和支持时,他们的归属需要得到满足,自信增强,从而更可能积极进行改造活动。他们可能更加主动地参加政治学习、文化教育和劳动改造等活动,努力提升自己的思想觉悟和劳动技能。第二,增强自我认知。归属需要促使罪犯更加关注自己在监狱中的表现,以及自己如何被他人看待和评价。这种关注有助于他们增强自我认知,认识到自己的错误和需要改进的地方。通过反思和自省,罪犯可能更加明确自己的改造目标和方向,从而更加积极地投入改造。第三,建立良好的人际关系。为了满足归属需要,罪犯会努力与监狱民警和其他狱友建立良好的关系。他们可能会主动帮助他人、分享经验或提供情感支持,以赢得他人的信任和尊重。良好的人际关系有助于减轻罪犯在改造期间的孤独感和无助感,提高他们的改造积极性和自信心。

2. 消极行为。尽管归属需要主要引发积极行为,但在某些情况下也可能导致消极行为的发生。第一,团伙化。部分罪犯为了满足归属需要,可能会选择加入监狱内的某个团伙或帮派。他们通过团伙化来寻找安全感和归属感,但这种行为往往与监狱的改造目标相悖。团伙化可能导致罪犯之间的冲突和暴力行为增加,破坏监狱的秩序和安全。第二,抗拒改造。当罪犯的归属需要得不到满足时,他们可能会产生抗拒改造的情绪和行为。例如,他们可能会拒绝参加监狱组织的活动、不遵守监规纪律或故意挑衅监狱民警等。抗拒改造不仅会影响罪犯自身的改造效果,还可能对监狱的整体改造工作造成不良影响。

(二) 归属需要具有普遍性

监狱罪犯中,无论年龄、地域、文化、性别不同,还是经济状况、生活经历的不同,他们每个人都会归属于某个组织或自发的、互动的小团体,并都会从归属感中受益。罪犯在监狱中存在一种广泛形成和保持最小数量的、持续的、积极的、重要的人际关系的归属需要。这种人际关系小团体,少则二人，多则数十人，维持的时间也是不确定的，少则几年，多则若干年，甚至出狱后仍保持着小团体的情感。这种情感从罪犯心理上看，大多是积极的，有助于他们的身心健康，这种积极的情感往往相互作用，成员相互受益，因此维持的时间较长。但同时也存在消极作用，如为了当前的安全需要，为了巩固自己当前地位的需要等，这种向别人过多索取的需要，维持的时间往往不长，利益的维系往往是相互索取，如果某一方认为自己得不偿失，归属这个团体的驱力就会降低，就会产生归属于更有利自己的新的团体的想法。

归属心理是罪犯的一种强大的、普遍存在的基本动机。罪犯为了建立和维持归属关系会进行自我驱动。归属需要的满足往往取决于两个基本条件：一是曾经与他人保持过较频繁的或者情感上感到愉快的交往经历。很难出现未曾谋面或交往就有与他成为好友，归属于其团体的情感。当然，如果自己单方面对对方敬佩有加，虽然两人互不认识，也会产生归属其团体的主观愿望，如追星等。二是双方交往在时间上稳定，情感相融或利益相通得到持续的，也会产生归属的内驱力。

罪犯中也会出现被其他罪犯排斥的行为，这种行为可以在任何年龄、任何环境下发生，也可以由任何原因引起。例如：被排斥的罪犯年龄有18岁的，也有60多岁的；有发生在罪犯刚刚入狱时，也会发生在罪犯即将出狱时；排斥他人的原因有时是罪犯本人的性格、品质或体质等原因，也有可能是罪犯为了故意打击别人，借以提高自己的威信等原因。但无论如何，每个罪犯都有被亲人、民警甚至其他罪犯接纳、关心、爱护和帮助的归属需要。有心理学家说："我见过很多人说他们没朋友，但我从未见过任何人不想有朋友。"

罪犯的归属需要具有普遍性。归属需要是人类共有的基本心理需要之一，这种需要在罪犯群体中同样存在，并且可能因特殊的监禁环境而显得更为迫切。一是人性本质。归属需要根植于人性之中，是人类天生就具有的情感需要。无论个体处于何种社会角色或生活环境中，这种需要都会存在并影响其行为。二是社会剥夺感。罪犯因犯罪行为被剥夺了自由，被隔离于社会之外。这种社会剥夺感使得他们更加渴望与他人建立联系，寻求归属感和认同感，以减轻孤独感和被排斥的感觉。三是群体压力。在监狱环境中，罪犯形成了一个相对封闭的群体。为了在这个群体中生存并获得尊重，他们需要适应群体规范，建立自己的社交圈子和支持系统。这种群体压力促使罪犯更加关注自己的归属需要。四是心理防御机制。面对监禁带来的心理压力和挑战，罪犯可能会通过寻求归属感来构建自己的心理防御机制。他们可能会通过与他人建立亲密关系、参与集体活动等方式来减轻焦虑、抑郁等负面情绪。

　　认识到罪犯归属需要的普遍性对于监狱管理具有重要意义。监狱民警应关注罪犯的心理需要，通过提供心理咨询、组织集体活动、加强亲情帮教等方式来满足罪犯的归属需要，促进其积极改造并重新融入社会。

（三）归属需要与自尊

　　监狱中的人际关系有一个与社会人际关系不同的地方，即在监狱中，罪犯只能被动地执行监狱民警下达的各类指令，如集体开饭、上卫生间、洗澡以及生产工具、物料的放置、使用、回收及洗漱用品的摆放等。罪犯在监狱中的大小事物，事无巨细，都有明确的要求，即使对睡觉姿势也有明确的要求，如睡觉时不得蒙头等。因此，罪犯的自尊心与归属感普遍要低于普通社会公民。

　　罪犯在改造过程中，形成和维持稳定良好的社会关系的愿望是为了使自己有一个相对稳定的改造生活环境。按一般社会心理学理论，由自己决定或参与决定的事项，会产生最高的自尊心、归属感；由别人决定且自己本应参加却被排除在外的决定，他们的自尊感会最低。在罪犯中也存在着这种现象。只有当罪犯认为，他人的反对导致自己被排斥在外时，他们的自尊才会降低。如果他们被陌生人排斥，被其鄙视的人排斥，他们的自尊也会降低。例如：如果一名罪犯自认篮球打得较好，而在组建监区篮球队时，受到其他罪犯的排斥，不同意他的加入，那他的自尊归属感就会下降。如果他受到权威性的排斥，那他自尊归属感下降的程度会更大。例如：监区长不同意他加入篮球队，他会更加不自信，也就更缺乏对篮球队的归属需要，相反，他会对加入篮球队这一归属需要比平时更加迫切。根据这一原理，我们在教育改造罪犯时，可以选择恰当的时机，人为地制造他们的归属需要，以激发他们更大的改造动机。罪犯更多情况下更在乎别人对自己的看法，而不是自己对自己的看法。

　　罪犯对归属的基本需要会驱使他们做出各种意想不到的行为，以提高他们被团体接纳的可能性，减少被排斥的可能性，这些行为是以他们的认知水平所决定的。这些使接受最大化、排斥最小化的尝试可以形成维持和增强团体关系价值的内驱力。关系价值反映罪犯与团队建立关系的紧密程度及团队对自己重要性。当罪犯感觉自配的关系价值很高时,他们感觉会被接受。但当他们感觉自己的自配关系价值很低时,即会担心自己可能会被排斥,因此会做出试图提高自己关系价值的行为。这些行为中既有积极行为,如遵守监规纪律等,也会有消极行为,如如打架斗殴等。罪犯做出有害或危险行为,有时只是为了给别人留下深刻的印象,从而增加自己的自身关系价值。例如:罪犯试图通过打架斗殴等违纪行为去让群体成员对其认可、敬佩和尊重等。为获得他人的认可,甚至不惜让自己受处罚,这充分说明归属的诱惑力是强大的。

为什么罪犯会对归属的需要那么强烈呢?主要是归属可以起到六个方面的重要作用:一是依恋作用。亲密归属感可以给罪犯带来安全及舒适感,这种依恋,特别是罪犯进入监狱,认罪伏法,对家庭产生愧疚感,害怕被嫌弃、疏离,会对家庭、亲人产生更多的依恋。二是社会整合。通过与他人拥有相同的观点和态度,产生团体归属感。三是价值保证。得到别人支持时所产生的自己有能力、有价值的感觉。四是可靠的同盟感。通过与他人建立良好的关系,意识到当自己需要帮助时,他人会伸出援助之手。五是得到指导。与他人交往可以使我们从他人那里获得有价值的指导等。六是受教育机会。与他人交往,能够使他们有机会接受来自他人的经验教训。

(四)在群体中满足归属需要

罪犯在监狱服刑过程中,会根据一些地域、习惯、年龄、兴趣、社会经历等重要方面的相似性形成自发性群体,但在监管改造的实践中,我们会发现这些自发性群体很容易形成,也很容易离散。有时极其随意、毫无意义的联系都可以形成群体。这个群体一旦形成,便开始对群体内的人表现出偏爱,而对群体外的人表现出敌对或抱有偏见,这一模式被称为内群偏爱。为什么罪犯如此热衷于形成群体?

1. 社会认同理论

社会认同理论认为,人们迅速形成群体并表现出内群偏爱,因为人的自尊的主要来源是群体。

罪犯在监管改造中,由于远离原来的社会群体,会产生孤独、寂寞的情绪,这就使他们迫切地期望在监狱中形成自己的群体,并获得自尊、认同或帮助。群体形成后,他们会自然地将人分为群内人(我们)和群外人(他们)。例如用抽签的方式组织罪犯进行体育竞赛,本队的我们即是群内人,别队的他们即是自己的竞争对手,即使自己原来的好朋友在别的队,自己也会因维护自己队的荣誉而与自己的朋友展开毫不犹豫地竞争。

罪犯之所以会出现这种情况,因为这种不顾朋友友情为群内人争取荣誉的行为,会使其在这个群内获得尊重和威信。竞赛活动还会使罪犯不仅希望归属某个群体,甚至还希望归属更好的群体。罪犯加入群体并成为其成员后,可以凭借群体的实力、威望等获得自尊感和其他利益。当他们在群体中表现良好时,他们的自尊程度也会有所提高。反之,自尊程度就会下降。罪犯感觉与群内人员的关系越亲密,就越会感到被群内人员所接受。

2. 恐惧管理理论

人类具有独特的恐惧未来的想象力,罪犯更是如此。由于罪犯所处的环境是恶人最集中的地方,他们会根据自己的人生经历想象出未来可能遇到的危险。例如被殴打、欺侮等,甚至会想象出各种各样的被害手段和形式。因此,他们可能不得不想方设法地去应对这一因意识而产生的巨大焦虑。其中一个重要的应对机制就是建立、发展或加入一个具有共同世界观的群体。

群体的力量大于个体的力量,这是人类发展过程的一个共识。罪犯一旦加入一个群体,往往会与这个群体共进退,甚至会不惜自己遭受重大损失来维护这个群体的存在。这样他会在群体中赢得荣誉、地位和尊重,也会获得个人的安全需要、自尊需要和更高层次的需要。

罪犯通过促进和捍卫自己所属的群体来应对自身固有的恐惧。如果这个群体能为他们提供自己的人生目标,就会激发出他们与群内人员的团结、协调和一致性。

3. 最优特性理论

群体成员身份是一把双刃剑,在许多方面,它使人们的归属需要与自主需要和能力需要相对抗。一方面,人们希望自己与周围的人相似,被群体所接受。另一方面,人们又会希望自己具有独特性,甚至要优于群体的其他成员,感觉自己能够控制自己的命运,感觉自己好像为该群体作出了独特的重要贡献。

罪犯在加入某一群体后,会不断摇摆于这两种对立的欲望之间。这也是分化瓦解群体成员与之反目的心理基础。一方面,罪犯对同化的渴望意味着他们想与其他群体成员具有相似性,这是由归属需要所驱动的。另一方面,他们也会渴望与群体成员具有差异化,这是由人的自主需要和能力需要所驱动的。在群体环境中这两种欲望是辩证的对立面,满足其中一个就不能满足另一个。他们越是感觉相似,就越想让自己脱颖而出,与众不同。相反,如果他们越是感觉自己独特,就越想与人群相似并融入其中。

罪犯会经常在渴望融入和渴望超群之间陷入思想矛盾,在正常情况下,他们也会通过寻求有助于在同化和差异化之间保持最佳的身份平衡。这意味着希望自己具有独特性,但又不特别另类。例如:某罪犯是篮球队的成员,但乒乓球也比群体成员打得好,那他会把自己首先归于篮球队成员,以爱好的方式定位于乒乓球。这样就可以同时满足他们对同化和差异化的渴望。

罪犯在群体中满足归属需要是他们在监狱环境中一个重要的心理和行为驱动力。归属需要是人类共有的基本需要之一,它促使个体寻求与他人的联系、认同和接纳。在监狱这一特殊的社会环境中,罪犯的归属需要可能因被剥夺自由、社会排斥和孤独感而更加迫切。

（五）对失去归属的反应

罪犯在服刑过程中,很多人都经历过被拒绝、被忽视或被排斥的情况,特别是有些年龄偏大,性格自卑,性情古怪等不太合群的罪犯。排斥的形式多种多样,例如:不理睬、目光蔑视、语言讥讽等。罪犯在遭受排斥时会出现其他负面情绪,例如悲伤、愤怒、恐惧和孤独等,但最常见的负面情绪是伤心。排斥会导致伤心,也会导致情感麻木和身体麻木,而且还会让他们变得愚蠢,会损害其思考认知能力。因此,被欺负或被排斥的罪犯可能会做出一些不理智的决定,这也会给监管改造工作带来一定的风险。

罪犯对失去归属的反应通常是复杂而多面的,这种反应可能因个体差异、犯罪类型、刑期长短以及监狱环境等多种因素而有所不同。然而,从一般心理学角度来看,罪犯在失去归属时可能表现出以下几种典型的反应:一是焦虑与不安。罪犯在被剥夺自由并远离家人、朋友和熟悉环境后,会感受到强烈的孤独感和不安全感。这种失去归属的感觉可能引发他们的焦虑情绪,表现为紧张不安、提心吊胆、恐惧和忧虑等心理状态。二是愤怒与攻击性。一些罪犯在失去归属后,可能会将不满和愤怒情绪转化为攻击性行为。他们可能对监狱民警、其他罪犯或监狱制度产生敌对情绪,表现出挑衅、斗殴或破坏公物的行为。这种反应可能是他们试图通过暴力手段来重新获得某种程度的控制感或归属感。三是抑郁与绝望。长期失去归属和社会支持,以及面对未来的不确定性,可能导致罪犯产生抑郁和绝望情绪。他们可能对自己的前途感到迷茫，对生活失去信心，甚至产生自杀念头。这种心理状态需要得到监狱民警的密切关注和及时干预。四是适应与妥协。尽管失去归属对罪犯来说是一种痛苦的经历，但并非所有罪犯都会表现出消极反应。一些罪犯可能会通过调整自己的心态和行为来适应监狱环境，并寻找新的归属感和支持系统。他们可能会积极参与监狱组织的活动，与同伴建立积极的关系，并努力表现以争取减刑或提前出狱的机会。五是反思与悔改。在失去归属的过程中，一些罪犯可能会开始反思自己的行为，并产生悔改心理。他们可能会认识到自己的错误对他人和社会造成的伤害，并希望有机会弥补这些过错。这种反思和悔改心理有助于罪犯的改造和重新融入社会。

针对罪犯对失去归属的反应，监狱民警应采取多种措施来帮助他们缓解心理压力、增强归属感和适应能力。这包括提供心理咨询和辅导服务、组织多样化的文化体育活动、加强家庭和社会支持系统的建设等。同时，监狱民警还应注重与罪犯的沟通和交流，了解他们的需要和困惑，为他们提供必要的帮助和支持。

（六）归属感与罪犯改造动机

罪犯因犯罪被投入监狱服刑后，会强烈地感受到改造生活严格、孤立与被社会所排斥、指责、疏远，"罪犯"一词既是对他们现实身份的法律认定，也是他们历史行为的"标签"。"罪犯"这个词本身就包含一种巨大的耻辱与压力，意味着他们已经不是一个正常的社会人，而是被社会和大众人群边缘化的人。他们渴望着与亲人、曾经的朋友、曾经的同事甚至共同服刑的罪犯等维持一种充满情感的积极关系，它体现着人类最本质、最原始的归属与爱的需要。在正常状态下，他们往往会反思自己的过去，渴望得到家人和社会关爱的感受会比正常人更为强烈。如果他们缺乏这种归属感时，就会强烈地感受到孤独、被抛弃、被拒绝的痛苦。

罪犯以前的越轨行为或曾经的犯罪行为使他们自己意识到自己与社会规范的对立，在多数的社会群体中难以找到合适的地位与角色。同时，这种"罪犯"的社会标签或自身标签迫使他们在社会生存与生活中感到孤立或被社会所排斥。但他们在社会中试图建立自己较亲近社会关系的需要并没有消失，反而会因为强烈地感受到孤独而更加期望建立一种相互依赖与相互认同的心理关系。

服刑期间的改造生活与罪犯原来的生活相比是严格、单调、枯燥、乏味的，同时也是压抑、孤独的，在这种环境下，罪犯更需要建立起一种相互依赖、相互认同的人际关系，以填充空虚心理，打发寂寞时光。在常规的社会关系中难以获得这种归属感的"社会罪人"被法律以一纸判决不由自主地关押在一起，共同实施改造生活，形成某种程度上的相互依赖与相互认同。这种归属感的结合只是临时性、权宜性的抱团取暖、相互利用性质的归属，但在这个特殊的时间、地点和情境下，既是迫不得已的，也是十分需要的。

罪犯在追求归属需要中，由于其社会标签和社会资源等能力的相对弱势，以及他们犯罪性质、态度与习惯的影响，使得这些归属于团体的罪犯容易相互传授恶习而重新走上错误或犯罪的方向。

长期被戏弄、欺凌或被排斥的罪犯，其负面心理指标（包括羞愧、羞辱、低自尊和抑郁）往往更高。此外，长期被排斥或孤立的罪犯会产生一些自我毁灭倾向。长期缺乏归属感的罪犯也更有可能尝试自杀，以此作为逃避痛苦的手段。

美国一项研究分析了六百多名罪犯的绝命书，研究发现43%的绝命书中明确提到缺乏归属感。

为了预防自杀，民警需要帮助罪犯建立归属感和社会联系。

归属感作为一个重要的心理要素，对罪犯的改造动机和行为模式具有深远的影响，是在监禁环境中寻求心理慰藉、重建自我认知的重要因素。增加罪犯的归属感对罪犯改造动机具有积极意义。

四、罪犯的尊重需要

马斯洛认为生理和安全需要属于较低层次的物质方面的需要，社交、尊重和自我实现的需要，则属于较高层次的、精神方面的需要。

罪犯的安全需要、归属与爱的需要得到一定程度的满足后，尊重的需要会成为影响他们行为的首要动机力量。其中包括自尊的需要和他人尊重的需要。所有的罪犯都希望自己有一个稳定的改造环境、轻松的劳动任务、有趣的学习内容，多样的生活乐趣。同时，也期望获得别人的高度评价，需要自尊和被他人所尊重。

罪犯的尊重需要，包括自己具有内在的自尊心和要求受到别人的尊重，即内部尊重和外部尊重。内部尊重就是罪犯的自尊，是希望自己在改造过程中的各种不同情境中能够获得民警信任，有实力获得奖励、能胜任劳动任务和学习要求、对未来的改造生活充满信心。外部尊重是指罪犯希望自己在组织团队和个人群体中有稳定的改造生活，个人的能力和成绩得到监狱、民警、亲友和其他罪犯及组织或群体的承认，希望有一定的威信和影响力，能够得到别人的尊重、信赖和较高评价。

罪犯在人际交往中，尊重会给他们创造一个安全、温暖的氛围，可以让他们感到自己是受尊重的、被理解的、被接纳的，从而获得自我价值感。尊重需要得到满足，能使罪犯对自己的未来充满信心，体验到自己的用处和价值。尊重是一种寻求对自我积极和高度评价的需要，会导致一种自信的感情。罪犯归属感和爱的需要得到满足时，他们会拥有自信和自我价值感，就会觉得自己的生命是有意义的。然而这些需要一旦受到挫折，就容易使他们产生自卑、弱小以及无能的感觉。这些感觉又会使他们丧失基本的信心，感到无助甚至抑郁。

自尊包括自我价值感、自我尊重、自我控制、自我认同和自我实现等多个方面。只有全面提升自尊，才能更加自信、积极地面对生活和挑战。

（一）罪犯人格尊严需要

人格尊严是指公民作为平等的人的资格和权利应该受到国家的承认和尊重，包括与公民人身存在密切联系的名誉、姓名、肖像等不容侵犯的权利。

1. 罪犯人格尊严的基本内容

第一，罪犯享有有限姓名权。罪犯在犯罪过程中为了逃避法律追究和打击的需要，往往会隐藏自己的真实姓名，在作案时常用假名、化名、他人姓名等来掩饰自己的真实身份。监狱曾多次查获罪犯使用假名或他人姓名骗过法院判决，以他人的名义在监狱服刑。因此，罪犯的真实姓名不能任意更改，以确保其姓名与身份相符。对他人姓名权的侵犯就是对他人人格尊严的侵犯。

第二，罪犯享有有限的肖像权。肖像权是人形象的客观记录，是公民人身的派生物。但罪犯在监狱服刑期间的肖像权部分属于监狱所有，未经监狱批准，罪犯不得将自己在监狱的生活、学习或生产的相关照片对外公布或发表。

第三，罪犯的名誉权仅限于监狱内部。各社会团体一般不得给监狱罪犯授予荣誉称号、奖章或称号等。如果某罪犯确有特殊贡献，可以据实向监狱提请给予内部奖励或提请人民法院依法对其予以减刑。

第四，罪犯的隐私权。隐私是公民个人生活中不想为外界所知的事，他人不得非法探听、传播公民的隐私。在监狱服刑的罪犯基本不享有隐私权。他们的行动必须经过民警批准，会见必须被监听，信件必须经过检查，思想必须向民警汇报，未经批准不得单独行动等。

罪犯虽然是被法律限制部分人身自由的人。但其人格尊严同时也应受到法律的保护。鉴于监狱的特殊性质，在罪犯中还存在一些危害其他罪犯人格尊严的行为，多来自软暴力。软暴力是肉体暴力之外的另一种暴力。一般具有隐蔽性、机动性强、后果长期性等特点。往往通过威胁恐吓、造谣污蔑等表现出来，虽不伤及皮肉，却戕害心灵，是罪犯严重违反监规纪律的行为。

2. 罪犯软暴力的基本行为特征

第一，威胁恐吓。威胁恐吓是指以加害生命、身体、名誉等威胁恐吓其他罪犯，使他人心里感到畏惧恐慌。威胁恐吓其他罪犯，情节严重的可以构成寻衅滋事罪。

第二，诽谤陷害。诽谤是指罪犯故意捏造并散布虚构的事实，足以贬损他人人格，破坏他人名誉的行为。

第三，讽刺挖苦。讽刺挖苦是罪犯故意针对其他罪犯的言行，采用夸张反讽，旁敲侧击或尖刻的语言等方式，从而以达到贬低对方的效果。

第四，冷漠孤立他人。孤立他人是指罪犯个人，更多时是拉拢其他人对另一罪犯进行，使其不能得到他人支持、帮助或关注。喜欢孤立他人的人一般也被人孤立过。孤立他人就是希望别人远离或者可以躲避针对这个人。

（二）自我价值感

罪犯自我价值感，简单来说，就是罪犯对自己的感觉和想法，这是一个带有较强主观色彩的心理学术语。它涵盖了罪犯对自己身体、能力、情感、需要以及在社会中地位和价值的认识和评价。价值感是罪犯对自己在社会中的地位和角色的认知与评价，是他们对自己身份的认同与肯定。罪犯的自我价值感的形成受到多种因素的影响，包括家庭教育、社会环境、个人经历等。具有较高自我价值感的罪犯往往会更加自信和勇敢地面对生活和挑战，而缺乏自我价值感的罪犯则容易产生自卑心理和消极情绪。

1. 自我价值包括三项内容

一是自信。就是罪犯信赖自己有能力取得自己所追求的价值。二是自爱。就是自己知道怎样爱护自己。只有自己爱护自己，才能真正地去爱别人。三是自尊。就是自己尊重自己。

罪犯在服刑过程中会出现很多心理问题，包括自卑心理、好胜心理、虚荣心理、讨好心理、逃避心理等，很多罪犯在监狱缺乏安全感，追根求源，大都是因为自我价值感不够高。确立自我价值感，可以说是罪犯改造过程中十分重要的工作，它可以从根本上解决一些看起来很难解决的问题。比如自卑、易怒、容易和他人发生争执、孤独、情绪容易被他人的评价所影响等问题，病根都可能是自我价值感出了问题。

自我价值感低的罪犯的很多行为，都是想证明自己有力量、有能量、有价值，值得被重视、被认可、被接纳。如果不能相信自己有力量、有价值，他们就会调动自己的所有资源来向他人求助，向外展示，以证明给别人看。

自我价值感，是罪犯对自己所抱有的信心和能力感。自我价值感不是别人对自己的评价，属于自我意识、自我评价。感觉自己能适应挫折，能战胜困难，能解决问题，进而相信自己是有能力的，体验到了自己的能力就能逐步建立自我价值感。这种价值感都必须通过自己努力及体验才能形成。

2. 罪犯自我价值感的影响因素

一是个体因素。罪犯的年龄、性格、教育程度、家庭背景等个体因素都会影响其自我价值感。例如，年龄较大的罪犯可能因社会经验丰富、认知能力较强而拥有较高的自我价值感；而性格内向、教育程度低的罪犯则可能自我价值感较低。二是监狱环境因素。监狱的管理制度、文化氛围、改造资源等环境因素也会对罪犯的自我价值感产生影响。一个积极向上、充满正能量的监狱环境有助于提升罪犯的自我价值感；而一个压抑、冷漠的环境则可能加剧罪犯的自卑心理。三是社会因素。社会对罪犯的看法和评价也会通过监狱系统传递到罪犯身上，从而影响其自我价值感。社会的包容和理解有助于减轻罪犯的心理负担，提升其自我价值感；而社会的歧视和排斥则可能使罪犯更加自卑和绝望。

（三）自尊来源于社会比较

罪犯的自尊不是先天形成的，而是反复的心理强化，通过社会比较形成的。罪犯都会了解自己的需要，特别需要知道自己在组织、群体、民警、亲友及他人心中所处的位置，从而意识到自身的价值。虽然他们也可以通过某些客观的参照标准（例如学习成绩、劳动任务的完成情况，改造表现的积分等数据）来观察了解自己的改造状况。但归根到底，还是只能通过与他人比较才能对自己有一个比较客观公正的了解。没有比较的自尊是盲目自大的自尊，也是无源之水的自尊。

罪犯的自尊在很大程度上来源于社会比较。社会比较是个体在评价自身能力和价值时，倾向于与他人进行比较的一种心理现象。在监狱环境中，罪犯的自尊水平往往受到他们与周围人（如狱友、前科人员以及社会上的普通人）的比较结果的影响。

1. 社会比较的类型

一是向上比较。罪犯可能将自己与那些被认为更成功、更有能力的狱友或前科人员进行比较。这种比较可能会让他们感到自卑和挫败，特别是当他们认为自己在某些方面（如犯罪情节、改造进展、社会支持等）不如他人时。二是向下比较。罪犯也可能进行向下比较，即将自己与那些被认为更糟糕、更无能的个体进行比较。这种比较可能会暂时提升他们的自尊水平，但长期来看，它可能导致自我满足和停滞不前。三是平行比较。更健康的自尊来源于与自己相似或处于相同境遇的个体进行比较。这种比较可以帮助罪犯更准确地评估自己的能力和价值，并找到适合自己的改进方向。

2. 社会比较对自尊的影响

一是自尊的波动。社会比较的结果会直接影响罪犯的自尊水平。当他们认为自己不如他人时，自尊会下降；而当他们认为自己与他人相当或优于他人时，自尊会得到提升。人们常常认为，与比自己强、表现好的人比较会产生嫉妒、敌意、挫折等消极的情感体验，而与比自己能力弱、表现差的人比较则会产生优越、满足、幸福等积极的情感体验。但在较高智商、情商的罪犯认知中无论是与比自己强的人比较，还是与比自己差的人比较，都不会必然导致积极或消极的效果。二是动机的激发。适度的社会比较可以激发罪犯的改造动机。当他们看到他人通过努力取得进步时，可能会受到鼓舞并努力提升自己的表现。三是心理健康的影响。长期的社会比较可能导致罪犯的心理健康问题。过度的向上比较可能让他们陷入自卑和绝望；而过度的向下比较则可能让他们失去前进的动力和追求。

（四）自尊心与罪犯改造动机

自尊心是个体尊重自己，维护自己的人格尊严，不容许别人侮辱和歧视的心理状态，它是在后天环境中逐渐形成的心理。

罪犯都存在自尊心，缺乏自尊的人是危险的人。

罪犯在监狱的改造生活中，更希望亲友、监狱民警，其他狱友对他比较友善，能有一个正面评价，能够尊重自己的人格尊严和法定权利，不向别人卑躬屈膝，不愿让别人看不起自己，更不允许别人歧视自己、侮辱自己。罪犯自尊是希望得到亲友、民警、他人的谅解与尊重的情感，是他们的自尊需要和欲望的正常主观反映。自尊心常常表现为自信、自爱或自负、自卑以及偏执心理。

自卑是自尊消极的一种普遍表现形式，它建立在自信基础上，现实与理想的差距往往是自卑的原因。偏执是自尊心达到了一种无法控制的程度而表现出来的倾向，属于自尊狂妄。

罪犯获得自尊最好的办法，就是通过自己的切实努力成功一次。这种成功必须是经过自己的努力获得的成功，如果是靠运气获得的偶然性成功，会让他们更消极地看待自己。

罪犯的自尊可以分为内在自尊和外在自尊。内在自尊通过自己的努力，形成了自己的实力、优势、成绩而希望得到别人的尊重、欣赏和羡慕等心理和行为。例如，自己比他人劳动任务完成得好，写作水平比他人强，减刑幅度比他人大等；外在自尊则更多地来源于外界力量，同时会受外界力量的控制等，例如：亲属会见时给予的物质比他人多，家里给的零用钱比别人多等，这种外在的自尊常常是一种表面的虚荣心的满足，而罪犯在改造过程中，这种虚荣心的满足不会对罪犯的改造动机起到激发作用，相反，还会起到抑制、消极作用。

罪犯中存在三类自尊，即物质自尊、社会自尊与精神自尊。一是物质自尊。罪犯对物质的需要超出常人，他们也许曾在物质生活方面有所作为，例如，曾经创业成功、发财致富或家境优渥。但更多的是通过不正当的犯罪行为，疯狂榨取钱财来满足自己的物质自尊。服刑后也对物质生活充满渴望，妄想在监狱中过着高人一等的物质生活，只是监狱是一个低消费的特殊场所，有着严格的物质消费要求，使他们感到财富无用武之地，他们虽然感到失落，但也因为曾经拥有或现在仍然拥有一定的财富而倍感自尊。二是社会性自尊，他们犯罪前或曾担任过一定的社会职务，曾经感受过众星捧月带来的快感。在监狱，他们也可能正担任着宣传鼓动员、质检员、监督岗等罪犯职务，也会觉得自己有比其他罪犯高人一等的自尊，一有机会，便会把一点可怜的权力运用得淋漓尽致，在罪犯中作威作福，恃强凌弱，以彰显自己的存在感和自尊。三是精神性自尊。他们有的也许曾有着学术成就或高学历，自己在精神生活方面有所作为,从而赢得过尊敬。改造过程中,他们努力改造自己的世界观,诚心认罪伏法,接受改造,对自己要求比较严格,精神上放下了思想包袱,得到了放松。这三类自尊中,精神生活的价值最高,社会生活的价值次之,物质生活的价值最低。所以,物质性自尊是低层次自尊,社会性自尊是中层次自尊,精神性自尊是高层次自尊。

罪犯自尊心理与攻击等违纪行为呈负相关,随着自尊心的降低,违纪行为会逐渐增多,罪犯如果已经把自己打上了"破罐子"的标签,其结果可能是放弃"修补",只有"破摔"了之。在改造期间,他们也会经过数次努力试图去改变低自尊,如果获得民警或他人的赞赏或成功的次数增加,他们的改造动机就会被激发出来,如果经过努力不能获得别人的认同或成功,他们就更加深信自己确实不行,也会继续对他人或监狱机关产生敌意,成为所谓的顽危罪犯。

自尊心与罪犯改造动机之间存在着紧密的联系。自尊心,作为个体对自我价值和能力的认识和感受,对于罪犯的改造动机和行为具有重要影响。

五、罪犯自我实现的需要

自我实现的需要居于需要层次的顶端,它是马斯洛人本主义心理学的理论核心。自我实现是指人的天赋、能力、潜力的充分开拓利用,是对个人自我价值最充分的肯定和把握,是一种使个人自身朝着更加统一、完整、协调的方向发展的倾向。它是一种超越性和成长性的动机,其动力指向不是弥补欠缺,而是发展潜能、认识世界。

罪犯虽然是被限制自由的人,但绝大多数罪犯刑满后终究要回归社会,过正常的学习生活。监狱只是他们人生中的一个曲折过程,是短暂接受刑法处罚、赎罪悔罪、改恶从善、重新做人的阶段。因此,他们也有自我实现的需要。

罪犯只有通过监狱的痛苦磨炼,重塑世界观、人生观、价值观,去掉个人恶习,才能实现与社会法规、道德、规范相适应的成长与发展,才能成为自由的、健康的、能够达到自我实现的人。

马斯洛晚年又将自我实现划分为两种,即健康型的自我实现和超越型的自我实现。前者是更务实、更能干的一种自我实现,后者是带来丰富超越体验的自我实现。

罪犯在监狱的最大需要就是能够早日实现自由，回归社会，这个目标每个罪犯都会实现，无非是早与晚，快与慢的区别，正常情况下，没有人能在监狱度过一生。但是，罪犯的自我实现应该是思想上天翻地覆、洗心革面、行为习惯上判若两人、焕然一新，精神上脱胎换骨、重获新生，向着自己早日回归社会的目标，充分运用自身才能、品质、能力努力奋进。

需要层次中的最高层，属于成长性需要，在基本需要得到满足后出现。罪犯的自我实现是一个艰辛的过程，它是一点一滴微小进步的积累。

罪犯对某一方面事物需要越强烈，他的积极性就越高，动力就越大。因此，需要总是带有动力性、积极性，而且需要的水平也总是在不断提高。需要总是在不断地更新、不断地增加，需要又总是推动他们去不断地努力，不断地奋斗。

自我实现需要是罪犯基本需要中最高层次的需要，这种需要在罪犯中是难能可贵的。但不是每个人都能自我实现。能自我实现的人是少数。主要原因一是自我实现是人金字塔尖的需要，人数极少，缺乏群体力量的支持，能量较微弱，容易被压抑、控制、更改和消失；二是许多人不敢正视自己自我实现所需要的那种知识、能量和资源，心理上有畏惧，常使自己处于不确定的犹豫状态；三是监狱监管改造环境的影响。由于监狱的主要职能是惩罚和教育改造罪犯，对极少数罪犯的自我实现很难提供相应的资料、设备等条件；监狱的管理方式是集体管理，如果某人长期单独活动，会耗用监狱大量的警力资源，对其他罪犯也有失公允。如果其他罪犯都以此为例，监狱将无法管理。四是自我实现者是由成长性需要而不是匮乏性需要推进的，其发展和持续成长依赖于自己的潜力。

第三节 罪犯需要层次间的关系

罪犯的需要层次及其之间的关系可以基于马斯洛的需要层次理论进行解析，但需要注意的是，监狱环境中的罪犯需要具有其特殊性。罪犯需要层次间的关系主要是递进关系，即低层次的需要得到满足后，高层次的需要才会逐渐显现。各个层次的需要之间相互影响、相互作用，某一层次需要的满足或缺失都可能对其他层次的需要产生影响。罪犯的需要层次并非一成不变，而是随着时间和改造进程的变化而变化。

罪犯的需要层次及其之间的关系是一个复杂而动态的过程。在监狱管理中需要充分关注罪犯的需要特点及其变化规律，通过构建科学合理的激励机制和管理措施来调动罪犯的改造积极性。

一、罪犯需要层次的阶梯性

罪犯需要层次的阶梯性主要体现在不同需要层次之间的递进关系和满足顺序上。罪犯的需要是多样的，无止境的。世上最难满足的是人心，人心即欲望，欲望即需要，需要有层次。欲望与需要是孪生兄弟，和而不同。罪犯某一层次的需要相对满足后，就会向更高一层次发展，追求更高需要层次的满足就成为驱使行为的动力。相应的，获得基本满足的需要就不再具有激励力量。例如：罪犯的生理需要得到满足后，自然会追求更高一层次的安全需要就成了他行为的动力，而生理需要就不再是激发他行为的动力了。

（一）阶梯性的体现

1. 由低到高的递进关系。罪犯的需要虽然在需要的名称上基本与马斯洛的理论相近，但在实质内容上与社会公民有所区别。罪犯只有当低层次的需要得到相对满足后，罪犯才会更多地关注并追求更高层次的需要。不同的需要会像阶梯一样从低到高，按层次逐级递升，但这种次序不是完全固定不变的，在某些特殊情况下需要层次之间的顺序也会有所变化。例如：有的罪犯为了加分自愿主动加班而放弃吃饭、喝水或睡眠等。加分加班是为了减刑需要，而减刑也是为了自我实现的需要，这样，他们把自我实现的需要放在优先地位，而把基本生理需要放在次要地位。

2. 满足顺序的差异性。不同罪犯在不同阶段对需要的满足顺序可能有所不同，但总体上遵循由低到高的原则。例如，刚入监的罪犯可能首先关注的是生理需要、安全需要的满足，而随着服刑时间的延长和改造的深入，他们可能会逐渐关注归属与爱的需要、尊重需要以及实现需要。

3. 相互依赖与促进。各层次需要之间并非孤立存在，而是相互依赖、相互促进的。低层次需要的满足为高层次需要的出现和发展提供了条件，而高层次需要的追求又成为推动罪犯改造的重要动力。

（二）阶梯性对监狱管理的启示

1. 重视低层次需要的满足。监狱民警应重视罪犯低层次需要的满足，如提供安全稳定的改造环境、除保障基本的生活条件外，尽量提高生活质量标准等。这有助于消除罪犯的不安和抵触情绪，为后续的改造工作奠定基础。

2. 引导高层次需要的追求。在满足低层次需要的基础上，监狱民警应积极引导罪犯追求高层次需要，如通过文化教育、技能培训等手段提升罪犯的文化素质和技能水平；通过亲情帮教、社会帮扶等方式满足罪犯的情感需要；通过激励措施鼓励罪犯积极改造、实现自我价值等。

3. 构建科学合理的激励机制。监狱民警应根据罪犯需要层次的阶梯性特征构建科学合理的激励机制。通过设立不同层次的奖励措施和改造目标，激发罪犯的改造积极性和主动性；同时关注罪犯的个体差异和需要变化，及时调整激励策略以适应罪犯的需要变化。

二、罪犯缺失需要与成长需要

罪犯的所有需要可以分为缺失需要和成长需要两大类，其中生理需要、安全需要、归属和爱的需要以及尊重的需要都属于缺失需要，这些需要可能通过外部条件得到满足。这四种需要的满足既要靠罪犯的个人努力，创造满足外在需要的条件才能满足自己的需要，更重要的是这些满足的要素主要来源于外部。例如：罪犯的生理需要、安全需要主要靠监狱法规、政策的支持、保护，而不是罪犯靠自己努力能够满足的。归属的需要、尊重的需要既要靠罪犯自己的努力去满足他人的条件，达到了他人认为的要求，别人才会接纳他，尊重他。如果罪犯恶习较深，经常危害、威胁他人，他人就会拒绝他融入某些群体，更不会对他有所尊重。

罪犯自我实现的需要属于成长需要，它们只有通过内部因素才能得到满足，这些需要的满足可以促进罪犯的进步成长。同一时期，罪犯可能有几种需要，但每一时期总有一种需要占支配地位，对行为起决定作用。任何一种需要都不会因为更高层次需要的发展而消失。例如：在某一犯罪团伙中，某人加入了犯罪组织，而且得到了一定的地位，那他的归属需要、尊重的需要得到了极大的满足，但因为经常为他人出头，替犯罪组织卖命，他的安全经常受到其他团伙的威胁，那他会对安全的需要表现得更加迫切。他也并不因为满足了更高阶层的需要而忽视了更低阶层的需要。

罪犯各层次的需要相互依赖和重叠，高层次的需要发展后，低层次的需要仍然存在，只是对行为影响的程度大大减小。

缺失需要与成长需要在罪犯改造期间，罪犯可能面临着多种需要的缺失

与成长。缺失需要是罪犯在改造中,由于各种原因未能得到满足的基本需要。在罪犯改造期间,这些缺失需要尤为显著,主要包括:

一是生理需要的缺失。虽然监狱通常会提供基本的食宿条件,但部分罪犯可能因个人习惯、健康状况或特殊需要而感到生理上的不满足。例如,对特定食物的偏好、对睡眠环境的特殊要求等。二是安全需要的缺失。安全需要是每个人都有的基本需要,但在监狱环境中,罪犯可能因担心被其他罪犯攻击、对未来不确定性的恐惧等而感到安全感的缺失。三是心理需要的缺失。心理需要是罪犯改造中最为复杂和难以满足的需要之一。罪犯可能因犯罪行为的后果、家庭关系的破裂、社会支持的丧失等而产生孤独、焦虑、抑郁等负面情绪。这些心理需要的缺失会严重影响罪犯的改造效果和心理健康。四是社交归属需要的缺失。人是社会性动物,需要与他人建立联系和归属感。在监狱中,罪犯的社交活动受到限制,他们可能难以与家人、朋友保持联系,也难以在监狱内部建立稳定的社交关系,从而导致社交归属需要的缺失。五是尊重与认可需要的缺失。尊重与认可是个体自我价值感的重要来源。在监狱中,罪犯可能因为过去的犯罪行为而受到社会的排斥和歧视,导致他们感到自尊心受损,缺乏被尊重和认可的感觉。

罪犯改造期间的缺失需要与成长需要是相互关联、相互促进的。在改造过程中,既要关注罪犯的缺失需要,努力满足他们的基本需要;又要注重激发罪犯的成长需要,引导他们积极追求自我发展和自我实现。

三、罪犯高层次需要的非迫切性

从主观上讲,罪犯的高层次需要不像其他需要那样迫切。它们一般不容易被察觉,甚至容易被误解,容易由于暗示、模仿或者错误的信念与其他需要相混淆。例如:某罪犯计划写一部机械加工类的书,其他罪犯并不了解他的真实想法,反而认为他晚上睡眠不好,心事重重,是否有图谋不轨的企图。

越是高层次的需要,对于维持纯粹的生存也就越不迫切,其满足也就越能更长久地推迟,并且,这种需要也就越容易永远消失。例如:某罪犯在写书的过程中,对饮食的需要、睡眠的需要会变得比以前更简单,而且写机械加工类的书需要数年的时间,这种需要也许等到他刑满出狱时也未必能得到满足。即使成功完稿,由于技术更新较快,他的思路也许已经过时,也就失去了出版价值,所以他的这种需要也更容易消失。

高层次需要具有较强的主观性，是一种对自我价值能力的更高追求。例如，某罪犯对安全的需要会比自我实现的需要更执着、更迫切。剥夺高层次需要不像剥夺低层次需要那样容易引起强烈的抵御和应激反应。例如，监狱不同意某罪犯写政治类的书，并不一定会引发罪犯的疯狂抵制，如果监狱对罪犯的食物、安全、尊重保障不到位，就会引发罪犯的严重不满，甚至有可能会酿成群体性事件。

四、罪犯高层次需要具有主观性

罪犯的高层次需要的满足会引起他们心理更切意、更深刻的幸福感、满足感、自豪感和高尚感以及内心生活的丰富感。

罪犯对高层次需要的追求与满足具有服务公众和社会的外在效果。在一定程度上，需要层次越高，个人时间、精力及心理资源付出往往也越大，自私成分也会越少。安全需要等低层次需要一般是以自我为中心的，它唯一的满足方式就是让自己得到满足。即使是归属和爱以及尊重的满足，也必然是求得他人或先满足他人的需要，从而回馈给自己的一种满足方式。

高层次需要具有显著的主观性。这种主观性主要体现在以下几个方面：

一是个体差异。每个罪犯都是独一无二的个体，他们的经历、背景、性格、价值观以及犯罪原因都各不相同。因此，对于高层次需要的理解和追求也因人而异。有的罪犯可能更看重自尊和尊严的恢复，希望通过改造获得社会的认可和尊重；而有的罪犯则可能更关注自我实现的需要，希望在改造过程中发现和发展自己的潜能。这种个体差异使得高层次需要在不同罪犯身上呈现出不同的表现形式和迫切程度。二是动态变化。随着改造进程的推进和罪犯心理状态的变化，他们的高层次需要也会发生动态变化。在改造初期，罪犯可能更关注基本需要的满足，如生存安全、身体健康等。然而，随着这些基本需要被逐渐满足，他们会开始追求更高层次的需要，如情感交流、社会归属感、尊重和自我实现等。这种需要的变化是随着罪犯个体成长和改造进程的深入而不断发生的。三是主观感受与期望。高层次需要的满足往往与罪犯的主观感受密切相关。不同的罪犯对于同一种需要的感受和理解可能存在差异。例如，对于尊重的需要，有的罪犯可能认为获得监狱民警的公正对待和认可就是尊重的体现；而有的罪犯则可能更看重来自家人、朋友或社会的尊重和接纳。此外，罪犯对于高层次需要的期望也会影响其满足程度的主观感受。当期望与现实相符或超越预期时，罪犯会感到满足和幸福；而当期望无法实现或低于预期时，则可能产生挫败感和不满情绪。四是文化和社会背景的影响。罪犯的文化和社会背景也会对其高层次需要产生重要影响。不同的文化背景和社会环境对于尊重、自我实现等高层次需要的理解和表达方式可能存在差异。这种差异使得罪犯在改造过程中对于高层次需要的追求和满足方式也呈现出多样性。

罪犯改造期间高层次需要具有显著的主观性。这种主观性不仅体现在不同罪犯之间的个体差异上，还体现在需要随时间和环境变化的动态性上。

五、罪犯低层次需要更容易满足

罪犯具有两种以上需要的通常会认为高层次需要比低层次需要具有更大的价值，他们愿为高层次需要的满足牺牲更多的资源，而且更容易忍受低层次需要满足的丧失。例如，他们会为了加分减刑而主动加班，为了维护纪律规定而面对威胁，把自己置于危险之中等。有过多种需要满足的罪犯普遍地认为，自我尊重的满足要比饮食上好一些的低层次满足更令人感到愉悦。

在罪犯改造期间，低层次需要确实相对更容易满足，这主要基于以下几点原因：

一是需要的普遍性与基本性。低层次需要，如生理需要和安全需要，是人类生存和发展的基础。这些需要具有普遍性和基本性，即无论个体处于何种环境或状态，这些需要都是必不可少的。低层次需要远比高层次需要更局部化、具体化、易感受化，也更具现实标准。在罪犯改造过程中，监狱系统通常会首先关注并努力满足罪犯的这些基本需要，以确保他们的生存和安全。二是资源的有限性和优先级。监狱系统在面对罪犯多样化的需要时，通常会根据资源的有限性和需要的优先级来进行合理的资源配置。由于低层次需要是生存和发展的基础，因此在资源有限的情况下，监狱系统会优先保障这些需要的满足。例如，确保罪犯有足够的食物、住所、医疗等基本生活条件，以及维护监狱内部的安全和秩序，避免发生暴力冲突和安全事故。三是操作的可行性与即时性。与高层次需要相比，低层次需要的满足往往具有更强的可行性和即时性。监狱系统可以通过制定和执行一系列规章制度、加强管理和监督等措施，确保罪犯的基本需要得到及时、有效地满足。例如，通过制定饮食标准、改善住宿条件、加强医疗保障等方式，保障罪犯的生理需要；

通过加强安全监管、开展安全教育、制定应急预案等方式，维护监狱的安全稳定。四是需要的直观性与可量化性。低层次需要通常具有直观性和可量化性的特点。饥饿和渴集中在罪犯的胃这一局部满足，满足的是食物和水这一具体化的物质，他们的躯体感受与爱相比要明显得多，满足他的这一需要的限度标准可能只需要半斤米饭和一升水就可以。因此，低层次需要的满足远比高层次需要的满足更加切实有形、明显可察。而且，低层次需要之所以更有限度，是因为它们只需较少满足物就可满足这些需要。然而爱、尊重的满足几乎是无限的，难以观察的，有时甚至可能会产生误解等，需要心理上的仔细品味、感受和正确理解。

罪犯改造期间低层次需要之所以更容易满足，主要是因为这些需要具有普遍性与基本性、资源的有限性与优先级、操作的可行性与即时性以及需要的直观性与可量化性等特点。然而，这并不意味着监狱可以忽视罪犯的高层次需要。在保障低层次需要的同时，监狱也应该关注并努力满足罪犯的尊重、社交、自我实现等高层次需要。

六、罪犯需要的层次递进性

人是一个整体，罪犯的基本需要是按优势出现的先后或需要力量的强弱程度排列成需要层次的。任何一种需要出现于意识中时，占优势的需要将会支配他们的意识，并自行组织去充实机体的各种能量。例如：当罪犯感受到自己的安全可能会受到威胁时，这一需要将会支配着他们这一时段的意识，并会自己去想办法，或找朋友帮忙，或报告民警寻求保护，或寻找器械准备反击，以维护自己的安全需要。这时，他们不占优势的需要则被减弱，甚至被遗忘或否定。例如，罪犯受到安全威胁时，这时，他对尊重的需要将会减弱，会全力以赴地应对当前的人身威胁。当一种需要被满足，另一种更高层次的需要就会出现，转而支配意识生活，并成为行为组织的中心，而那些已满足的需要就不再是积极的推动力了。

罪犯的需要是不间断的，除短暂的时间外，很少达到完全满足的状态。一个欲望满足后，另一个迅速出现并取代它的位置，当这个被满足了，又会有一个占领突出位置。需要的层次递进性特征如下：

一是基础层次优先。在层次递进性中，较低层次的需要通常被视为更基本、更迫切的。在监狱环境中，这通常指的是安全需要和物质需要。只有当这些基础层次的需要得到一定程度的满足后，罪犯才有可能追求更高层次的需要。二是逐渐提升。随着基础层次需要的满足，罪犯会逐渐将注意力转向更高层次的需要。这种提升过程可能是渐进的，也可能因个体差异而有所不同。例如，当罪犯感到安全、基本生活得到保障后，他们可能会开始关注精神丰富、情感联系和自我实现等方面的需要。罪犯需要的满足过程是逐级上升的。当低层次需要满足后，就会出现高一层次的需要，由此推动心理发展和行为进步。

罪犯需要的产生由低层次向高层次的发展是波浪式推进的，在低一级需要没有完全满足时，高一级的需要就产生了，而当低一级需要的高峰过去了但没有完全消失时，高一级的需要就逐步增强，直到占绝对优势。三是相互交织。虽然需要层次之间存在明显的递进关系，但各层次之间并非完全孤立。人的五个层次需要不可能被完全满足，需要层次越高，满足难度也会越大。各层次需要互相依赖，彼此重叠。较高层次需要发展后，低层次需要依然存在，只是对他们行为影响的比重有所降低而已。不同层次需要的发展与个体年龄增长相适应，也与社会的经济与文化教育程度有关。四是动态变化。需要的层次递进性不是静态的，而是随着时间和情境的变化而动态发展的。罪犯的需要层次可能会随着其改造进程、心理状态以及外部环境的变化而发生变化。

在实际生活中，不同层次的需要往往相互交织、相互影响。罪犯可能在追求某一层次需要的同时，也保持着对其他层次需要的关注。

第四节 罪犯需要的基本观点

罪犯需要的结构是复杂的，每时每刻都会同时有许多层次的需要影响着他们的行为。这些需要之间并非孤立存在，而是相互关联、相互影响的。需要是罪犯行为的内在驱动力，其促使他们采取行为来满足自己的需要。随着需要的满足和新的需要的出现，他们的行为也会发生变化。

一、罪犯需要满足和性格形成

需要的满足对性格形成具有深远的影响。性格是一个人在长期生活过程中形成的稳定的心理特点，而需要的满足是这一过程中的重要因素之一。

需要的满足与罪犯性格品质的发展紧密相连。罪犯的许多典型品质都是童年时期对爱的缺乏或过度满足后的消极后果。例如，家长经常性的暴力会使他们的童年滋长冷漠、敌视的性格，成年后一般性格怯懦、残忍、暴躁；爱的过度满足也会使他们自负、桀骜不驯、胆大妄为。任何需要的满足，只要是真正的满足，都有性格的形成。不仅如此，任何需要的满足都伴随着个性的改进、巩固和发展。

基本需要越来越多地得到满足，也是心理健康水平在不断地提高。需要满足程度与健康成正比。在其他因素不变的情况下，任何需要的真正满足都有助于健康发展。需要的层次越高，心理治疗就越容易，并且越有效。而在最低的需要层次上，心理治疗几乎没有任何效用，如心理治疗不能止住饥饿。他们对高层次需要的追求和满足是一种心理健康发展方向。

（一）心理满足感与性格积极性

一是正向反馈。当罪犯的需要得到满足时，会产生正向的心理反馈，如幸福感、满足感等。这些积极的情绪状态有助于罪犯形成积极、乐观的性格特征。二是自我肯定。需要的满足往往伴随着罪犯的自我肯定，这种自我肯定能够增强他们的自信心和自尊心，从而促使他们更加勇敢地面对挑战，形成坚韧的性格。在其他因素相同的条件下，一个安全、归属与爱的需要得到满足的人和一个得不到满足的人相比，在感情等方面遭受拒绝、挫折的人更健康。除此之外，他又获得了尊重和赞赏，并且进而发展了自尊心，那么他的心理就会更健康。因此，需要满足的程度与心理健康的程度有确定的联系。

（二）需要层次与性格发展

一是生理与安全需要的满足。最基本的生理需要得到满足时，他们能够生存并感到安全，这为性格的健康发展提供了基础。二是社交与尊重需要的满足。这些需要的满足有助于罪犯建立良好的人际关系，获得他人的认可和尊重，从而增强他们的归属感和自尊心，促进性格的进一步完善。

需要的满足对性格形成具有深远的影响。在满足需要的过程中，罪犯能够形成积极、乐观、坚韧的性格特点；同时，通过挫折教育和反思成长等过程，也能够使他们的性格更加成熟、稳定。

二、罪犯过度需要的满足和病态

人们常常认为，贫穷的生活会导致许多心理疾病，其实，富裕的物质生活也会导致一些心理疾病，例如，罪犯中有厌倦感、自私自利、自以为是等心理病态的明显增多。很显然，在任何一段时间里物质生活或低层次需要的生活本身并不能给人们带来精神层面的满足。

一些罪犯的心理疾病多由心理富裕导致病态的可能。病的起因是由于罪犯之前曾受到无微不至的爱护、关怀，被宠爱所包围，甚至被膜拜到忘情的地步，被推到群体的中心位置，拥有忠诚的追随者，各种欲望随时随地都能得到满足。

满足引起的病态还可能部分地表现为"超越性病态"，这是指生活中缺乏价值感、意义感和充实感。全部基本需要的满足并不能自动地解决归属感、价值体系、生活目的、人生意义等问题。至少对某些人，特别是年轻罪犯，这是在基本需要满足以外需要解决的问题。

罪犯似乎从来就没有长久地感到过心满意足，他们常常容易对自己的幸福熟视无睹，记忆幸福或视之为理所当然，甚至不再认为它有价值。对于许多人来说，即使是最强烈的快乐也会变得索然无味，失去新鲜感。他们只有体验了丧失、困扰、威胁甚至是悲剧的经历之后，才能重新认识其价值。对于这类人，特别是那些对实践没有热情、死气沉沉、意志薄弱、无法体验幸福滋味的人，是十分必要的。

在罪犯改造期间，过度满足某些需要或忽视其他需要可能导致病态心理和行为的出现。

一是生理需要的过度满足。虽然生理需要是基本且必要的，但过度满足可能导致罪犯沉迷于物质享受，忽视了其对精神层面的追求。例如，过度提供食物可能导致肥胖、健康问题，甚至影响罪犯的自律性和改造动力。二是安全需要的过度满足。过度强调安全需要可能导致罪犯产生依赖心理，缺乏面对挑战和困难的勇气。在监狱环境中，这可能表现为逃避劳动、拒绝参与改造活动等行为。然而，如果安全需要得不到保障，如监狱环境恶劣、暴力事件频发等，将严重影响群体罪犯的心理健康和改造效果。三是社交需要的过度满足。社交需要是人类的基本需要之一，但过度追求社交可能导致罪犯忽视个人成长和改造目标。例如，过度参与帮派活动、拉帮结派等行为可能加剧监狱内的紧张氛围和冲突。同时，如果社交需要得不到满足，如被孤立、排斥等，将导致罪犯产生孤独感、无助感等病态心理。四是尊重需要的过度满足。尊重需要是每个人都渴望得到的，但过度追求尊重可能导致罪犯产生虚荣心、攀比心等不健康心态。在改造过程中，这可能表现为追求特权、不服管教等行为。另一方面，如果尊重需要得不到满足，如受到歧视、侮辱等，将严重损害罪犯的自尊心和自信心，影响其改造积极性。五是自我实现需要的过度满足。自我实现是最高层次的需要，但过度追求可能导致罪犯忽视现实条件和自身能力限制，产生不切实际的幻想和期望。在改造过程中，这可能表现为逃避现实、拒绝接受改造等行为。

三、罪犯需要层次中的例外

马斯洛的需要层次理论虽然在大多数情况下具有普遍性，但也存在一些特殊情况或个体差异，这些可以视为该理论的"例外"或补充观点。

在罪犯的需要层次中，确实存在一些例外情况，这些例外往往与罪犯的个体差异、犯罪性质、改造环境以及社会支持等多种因素有关。

对于有些罪犯来说，自尊似乎就比爱更重要，需要层次中的层次颠倒可能出自家庭的观念影响，从小缺乏爱并且寻求爱的罪犯可能表现出对爱的不信任、不可靠、不理解，对他人多有猜疑且具有进攻性。他们所需要的自尊以及自尊在行为上的表现方式，可能是作为达到某种目的的手段，他们的自我表现是为了获得爱，而不是自尊本身。

等级颠倒的另一个原因是，当某种需要长期得到过度满足后，这种需要的价值就可能减弱或消失。从未体验过长期饥饿的罪犯对食物需要的渴望会减弱或消失，他们会把食物看得无足轻重。如果为获得监狱表扬或减刑等这类高层次需要所控制，他们可能为了这个高层次需要而使自己陷入不能满足某种更基本的需要的困境。在这种更基本的需要长期匮乏之后，优势需要将会在曾经将它轻易放弃的人的意识中真正占据优势地位。例如，某罪犯为了自尊而违反监狱纪律打了羞辱他的人被禁闭处分，解除禁闭后他需要在监区大会上公开做检讨，为了以后的进步和自尊，他还是同意在大会上做检讨。

需要的满足并非严格按照由低向高的层次顺序发展的。罪犯需要的层次并不都是一定按这个顺序发生，有时候人的需要是模糊不清的，对某种需要表现的强度也不一样，需要因人而异。这意味着在某些特殊情况下，罪犯可能并不完全按照需要层次的顺序来满足需要，而是可能跳过某些层次或同时追求多个层次的需要。

需要满足具有相对性和动态性。一是相对性。需要的满足程度是相对的，即一种需要在多大程度上被满足，可能受到罪犯个人经历、文化背景、社会环境等多种因素的影响。例如，对于某些罪犯来说，基本的生理需要可能相对容易满足，而更高层次的需要（如尊重和自我实现）则成为更为迫切的追求。二是动态性。罪犯的需要是动态变化的，它们会随着时间、情境和他们在改造中的发展阶段的不同而发生变化。这意味着他们在不同阶段对同一需要的重视程度可能会有所不同，也可能在某一时期同时追求多个不同层次的需要。三是罪犯个体差异和需要的多样性。马斯洛的需要层次理论虽然揭示了人类需要的一般性规律，但罪犯个体差异和需要的多样性也是不可忽视的。不同罪犯之间在需要结构、需要强度和需要满足方式等方面可能存在显著差异。这种差异可能受到遗传、环境、文化和个人经历等多种因素的影响。

在某些特殊情况下，罪犯可能会为了更高层次的需要而牺牲较低层次的需要。例如，有些罪犯在追求成功和自我实现的过程中，可能会暂时忽视或牺牲一些基本的生理或安全需要。这种现象表明，罪犯在特定情境下可能会根据自己的价值观和目标来重新评估和调整自己的需要结构。

马斯洛的需要层次理论中的"例外"或特殊情况主要包括需要的满足并非严格顺序、需要的相对性和动态性、个体差异和需要的多样性以及需要的超越和牺牲等方面。这些特殊情况的存在提醒我们，在应用马斯洛的需要层次理论时需要考虑到具体情境和个体差异的影响。

四、罪犯满足的不同程度

在心理学中，特别是以马斯洛需要层次理论为代表，各种需要的满足程度也有以百分比形式进行描述的方式，用于帮助理解和量化个体或群体在不同需要层面的满足状态。然而，需要注意的是，这种百分比描述是相对的、主观的，并且难以精确量化，因为它依赖于个体的主观感受、社会文化背景、生活经历等多种因素。

如果罪犯的一个需要得到满足，则另一个需要会相继产生，这是需要理论的一个最基本的观点。这个观点虽然正确但不全面，容易造成误解：一个需要必须100%得到满足，更高层次的需要才会出现。在监狱工作的实践中，民警发现罪犯的全部基本需要都是部分得到了满足，又都在某种程度上并未得到满足。也就是说，罪犯的需要只要得到了部分满足，下一个需要就会出现，无需等到全部满足。

如何更加真实地描述需要的层次序列，可以在这个层次序列中逐级减小满足的百分比。例如，可以假定推理一些比例数据，假定罪犯大约满足了80%的生理需要，60%的安全需要，50%的爱的需要，40%的自尊需要就会出现下一个需要。

罪犯需要中的优势需要满足后会出现另一个新的需要，这种需要的出现并不是突然的、跳跃式出现，而是缓慢地渐进式从无到有，有一个从小到大，由慢到快，从雏形到成熟的发展过程。假设：如果优势需要A仅满足了10%时，需要B可能还没有出现，当需要A得到25%的满足时，需要B可能显露出5%，当需要A满足了75%时，需要B也许显露出50%等。当然，人的需要程度很难用具体的数据来测定，因为每个人对需要的理解不同，需要的程度不同，某一阶段的情绪心态不同等，都会影响需要的进展和程度。例如：罪犯的母亲亲吻了罪犯，谁能测定出给百分之多少的爱？需要有时只能是个概念或概数。例如：罪犯餐后可能会说只吃了八分饱，但他的饭量小，可能吃得十分饱了。

这里的百分比更多是象征性的，用于说明需要满足的相对状态。

一是生理需要。包括食物、水、睡眠、性等基本生存需要。这些需要的满足是最低层次的，也是其他需要得以满足的基础。改造实践中发现，如果罪犯的生理需要得到70%以上的满足，或称基本满足（如果不是特别饥饿或极度口渴），这时，安全需要，归属需要就会出现10%以上，在特殊情况下，生理需要只要达到30%以上，上述两项需要可能就会出现，例如，自己的饮食被他人剥夺、占有时，可能安全与归属需要的重要性要超越生理需要。在监狱环境中，即使性的需要完全被禁止，也不会影响出现更高层次的需要。二是安全需要。涉及环境安全、身体安全、经济安全等方面。当罪犯感到身体和心理都处于60%以上的基本安全状态时，其安全需要就可以得到一定程度的满足。其他更高层次的需要就会出现。因为在监狱环境下，面对不同性格、不同恶习、不同罪恶的其他罪犯，很难达到100%的安全。在危险中，他们对安全的需要会远高于社会公民。同样，满足程度也很难准确用具体的百分比来量化，但可以通过观察个体的行为、情绪反应等方面来评估。三是社交需要。包括友情、爱情、归属感等。这些需要的满足程度取决于罪犯与他人的关系质量、社交活动的参与度等因素。在社交需要旺盛的罪犯中，如果他拥有较稳定的社交关系、经常参与社交活动并感受到归属感和被接受感，则可以认为其社交需要满足程度较高。四是尊重需要。包括自尊和他尊两个方面。自尊是指个体对自己的价值、能力和成就感的认同和尊重；他尊则是指来自他人的尊重、认可和赞赏。当罪犯在自我认同和他人认可方面达到40%满意时，其他层次的需要就会出现。

五是自我实现需要。是指罪犯追求自我完善和潜能发挥的需要，这是最高层次的需要，通常只有在前四个层次的需要得到基本满足后才会出现。自我实现需要的满足程度取决于罪犯是否能够在改造过程中是否发挥自己的潜能、实现个人目标和理想。

在实际应用中，可以通过观察罪犯的行为、情绪反应等方面来评估其需要满足状态，但需要注意避免过度量化或简单化的倾向。同时，也要认识到不同罪犯在不同需要层面的满足状态可能存在差异和变化。

五、罪犯需要的功能自主性

需要的功能自主理论认为，不同需要之间并非简单的线性关系，而是各自独立运作，同时又在一定程度上相互影响，共同构成个体复杂多样的动机结构。它关注不同需要系统如何独立且协同地发挥作用，以推动个体的整体发展。例如，生理自主系统主要关注生存需要的满足，而社交自主系统则侧重于对人际关系的建立和维护；两者虽然独立运作，但在某些情境下也会相互支持，共同促进个体的健康发展。

罪犯的高层次基本需要经过长期的满足后，会形成相对的心理稳固性，会变得既独立于它们的更强有力的先决条件，又独立于它们本身的满足。例如，某罪犯从小就得到了众亲友的爱，成年后他会在安全、归属以及爱的满足方面比一般人更加独立，也会比他人更能承受爱和尊严的损失。

罪犯的需要还可能出现高层次需要不是在低层次基本需要的满足后出现，而是在强迫、有意剥夺、放弃或压抑低层次基本需要及其满足后出现。例如：罪犯认为自己可以发明某项专利，他可能会放弃一些基本的生理需要，如减少饮食、睡眠，甚至不被他人理解的排斥、侮辱等需要，坚持自己的行为。

民警掌握了罪犯改造中的需要动机，可以说是拿到了一把打开罪犯心灵的钥匙。掌握罪犯的需要动机意味着民警能够与罪犯进行更深层次的沟通，理解他们的所思所想、所感所悟。这种沟通不仅仅停留在表面，而是要深入罪犯的内心世界，了解他们的需要、愿望、恐惧和挣扎。通过这样的沟通，民警能够建立起与罪犯之间的信任关系，为后续的改造工作奠定坚实的基础。

第四章

罪犯改造的自我认知

罪犯的自我认知是由信念、评价和行为倾向组成的,是他们对自身世界的知觉,这种知觉来自他们的经验以及对环境的认识,它们受外界重要人物(如亲友、民警、群体等)评价的影响,从而有条件地调整自己的行为。

罪犯的自我认知主要分为两大部分:罪犯入狱前的犯罪认知和入狱后需要建立的守法的合格公民的自我认知。我们需要研究的是如何有效建立罪犯正确自我认知的基本原理和方法。监狱的本职工作就是消除罪犯的错误认知,建立新的正确认知。罪犯的记忆是他们一切思想来源的基础,他们的自我认知就是基于其思想之上的对监狱改造环境的反应。

第一节 罪犯自我认知概念

罪犯的自我认知主要来自自己大量的社会实践,其自我认知与他们的行为具有一致性,消除他们过去的错误认知,使他们的改造具有意义和价值,并且在他们面临改造困难时,能够调节、维持有意义的行为。

罪犯的自我认知往往与其犯罪动机紧密相连。民警通过掌握罪犯的自我认知,能够更深入地理解其犯罪的深层次原因,如心理需要缺失、价值观扭曲等。这种理解有助于制定更有针对性的预防措施和矫正方案。

一、罪犯自我认知的含义

罪犯的自我认知是指他们在社会化过程中逐步产生、形成和发展起来的,他们通过对自我的思想观念、主观意识、思维方式、行为习惯的形成,及其与周围环境关系的多方面、多层次的认知和评价,被外界环境刺激后,经由记忆和思想产生的反应,形成对自己所有的思想、情感、意志和态度的总和。

罪犯自我认知是罪犯对自己的观察和理解,自我观察是指罪犯对自己的感知、思维、意向以及情绪状态等方面的觉察。这一过程可以帮助他们清晰地认识自己的内心世界和外部表现。自我评价是指罪犯对自己的想法、期望、行为以及人格特征进行的判断与评估。自我评价是自我调节的重要条件,也是他们积极接受改造的基础。

(一)自我认知的主要组成部分

1. 自我感觉。即罪犯对自身存在和状态的基本感知,这种自我感觉不仅涉及罪犯对自身行为、心理状态及未来前景的认识和评价,还受到监狱环境、改造措施、社会支持等多重因素的影响。

罪犯在改造过程中,通过法律教育、案例分析等方式,逐渐认识到自己犯罪行为的严重性和社会危害性。这种认识促使他们产生内疚、悔恨等情感,进而激发改造的意愿。随着改造的深入,罪犯逐渐接受并认同自己的服刑者身份。他们开始理解并遵守监狱的规章制度,积极参与各项改造活动,表现出对新的社会角色的适应和融入。在改造过程中,罪犯原有的错误价值观受到冲击和挑战。他们通过学习和实践,逐渐树立起正确的世界观、人生观和价值观,为未来的社会生活奠定良好的思想基础。

2. 自我概念。罪犯自我认知的自我概念作为个体心理结构的核心部分,经历着全面的重塑与升华。这一过程不仅关乎罪犯个人内在的成长与蜕变,也为其未来重新融入社会奠定了坚实的基础。

在改造过程中,罪犯逐渐形成了更为清晰、客观的自我特征认知。他们开始正视自己的性格弱点、行为习惯以及潜在的优点与才能。通过参与各类教育、培训和心理辅导活动,罪犯逐渐发现自己的潜在能力,并学会如何将这些能力转化为实际行动力。他们认识到,尽管曾犯下错误,但每个人都有成长和改变的可能,自我特征与能力是可塑且能够不断提升的。

环境认知是罪犯改造中不可或缺的一部分。他们开始意识到,自己所处的环境不仅仅是限制和束缚,更是自我成长和改造的契机。通过对监狱规章制度、社会变迁以及未来可能面临的挑战的认知,罪犯学会了如何适应环境、利用环境资源来促进自己的改造进程。同时,他们也认识到,社会环境的变化将对他们未来的生活产生深远影响,因此必须积极应对并做好准备。

在改造过程中,罪犯经历了深刻的价值体验。他们开始思考自己的人生意义和价值所在,不再仅仅追求物质上的满足和短暂的快乐。通过参与公益等活动，罪犯体会到了帮助他人、回馈社会的快乐和价值。这种价值体验促使他们重新审视自己的人生观和价值观，并逐渐形成积极向上的人生态度。

3. 自我评价。对自己能力、品德、行为等方面的社会价值进行评估，是自我认知中最重要的环节之一。自我认知的深化与提升是推动罪犯走向新生的重要力量。通过系统的改造学习和深刻的自我反省，他们逐渐形成了对自我更为清晰、全面的认识。

罪犯保持真诚的认罪悔罪态度，勇于承认错误，积极反思自己的行为动机和后果，才能赢得社会的宽恕和重新接纳。罪犯不断进行自我认知的反思与剖析，认识到自己性格中的缺陷、行为上的偏差以及思想上的误区，并积极寻求改变和提升的途径。通过心理咨询、自我反省和同伴交流等方式，逐渐形成了更加客观、全面的自我认知。

（二）自我认知的核心要素

在罪犯改造的复杂过程中，自我认知的深化与重构是至关重要的一环。它不仅关乎罪犯个体内心的觉醒与蜕变，更是其重新融入社会、实现自我价值的前提和基础。

1. 自我反省与认知。自我反省是罪犯改造的第一步，它要求罪犯深入剖析自己的犯罪行为、心理动机及背后的深层次原因。通过这一过程，罪犯能够更清晰地认识到自己的问题所在，从而为后续的改造奠定坚实的基础。自我认知则是对自我反省结果的总结与提炼，帮助罪犯形成对自己全面而客观的认识。

2. 错误观念纠正。在犯罪行为的背后，往往隐藏着罪犯错误的价值观、道德观和世界观。因此，在改造过程中，必须重视对罪犯错误观念的纠正。这包括引导罪犯正视自己的错误，认识到犯罪行为的危害性和不可接受性，进而摒弃那些导致犯罪的错误观念，树立正确的道德观和法治观。

3. 积极价值观建立。在纠正错误观念的基础上，帮助罪犯建立积极的价值观是改造工作的重要任务。这包括培养罪犯的责任感、同情心、正义感等优秀品质，引导其形成正确的社会认知和价值判断。通过积极价值观的建立，罪犯能够更加自觉地抵制不良诱惑，遵守法律法规，成为对社会有用的人。

4. 情绪管理与调节。情绪管理是罪犯自我认知提升的重要方面。在改造过程中，罪犯可能会面临各种情绪困扰，如焦虑、沮丧、愤怒等。因此，教会罪犯如何有效地管理和调节自己的情绪至关重要。通过情绪管理的训练和实践，罪犯能够更好地控制自己的情绪反应，保持内心的平静和稳定，为改造工作创造有利的心理环境。

二、罪犯自我认知的功能

自我认知是罪犯对自我内在状态、特质、能力及价值的理解和评估，对自己的日常生活、心理健康及长远发展具有深远影响。它不仅塑造了他们的情绪反应和行为模式，还可以在改造过程中建立自尊自信、维系良好人际关系。

（一）情绪调节

情绪调节是罪犯通过一定的策略和机制，对自己的情绪反应进行监控、评估和修正的过程，以使情绪在生理活动、主观体验、表情行为等方面发生一定的调整，从而适应内外环境的变化。情绪调节关注罪犯如何管理和调整自己的情绪，以达到适应监狱改造环境、保持心理健康和良好人际关系的目的。情绪的自我调节是通过认知和行为两方面来调节、维护或改变自己的情绪状态。

自我认知在情绪调节中发挥着关键作用。当他们能够准确识别并理解自己的情绪状态时，就能更有效地采取适当的应对策略来调节情绪。例如，认识到自己正处于愤怒之中，可以选择冷静下来，寻找问题的根源，而不是冲动地做出反应。自我认知帮助我们建立情绪意识，增强情绪调节能力，从而提升心理韧性。

情绪调节过程模型强调情绪调节是在情绪发生过程中展开的，包括情绪发生前、情绪发生中和情绪发生后三个阶段的调节。其中，情绪发生前的调节主要关注情境选择、情境修正、注意分配和认知改变等策略；情绪发生中的调节则涉及情绪表达的控制、情绪体验的调节等；情绪发生后的调节则是对情绪结果的反思和调整。

认知理论在情绪调节中起着核心作用。改造过程中，罪犯对情境事件的评价和解释在很大程度上决定了罪犯的情绪反应。因此，通过改变罪犯的认知方式和信念，可以有效地调节情绪反应。罪犯对情境事件的评价和解释在很大程度上决定了他们的情绪反应。假设一名罪犯在监狱中因为与室友发生争执而被民警警告。面对这一情境事件，罪犯可能产生不同的评价和解释，从而引发不同的情绪反应。

一是积极评价与解释。如果罪犯认为这次争执只是一个小小的误会，而民警的警告是出于维护监狱秩序的需要，并非针对个人。他可能会感到释然和理解，认为这是一个改正错误、避免未来冲突的机会。因此，他的情绪反应可能是平静甚至带有一些自我反省意识。

二是中性评价与解释。如果罪犯将这次事件视为监狱生活中不可避免的一部分，没有过多地将其与个人价值或尊严联系起来。他可能会以一种较为客观的态度看待警告，认为这只是监狱规则的一部分。在这种情况下，他的情绪反应可能是平淡无奇，没有过多的波动。

三是消极评价与解释。如果罪犯将这次争执视为对自己的不公正待遇，认为民警偏袒室友或故意刁难自己。他可能会感到愤怒、不满和屈辱，认为自己的尊严受到了侵犯。这种消极的评价和解释将引发强烈的负面情绪反应，如愤怒、怨恨和报复心理等。这些情绪反应可能进一步影响罪犯的改造态度和行为表现，甚至导致更严重的违规或犯罪行为。

这个例子说明了罪犯对情境事件的评价和解释如何决定他们的情绪反应。情绪不仅是对外部刺激的简单反应，更是驱动个体行为的重要动机。因此，情绪调节不仅仅是对情绪反应的调整，更是对行为动机的引导和优化。

（二）行为决策

罪犯在改造中通过自己的行为决策，逐步实现自我转变与成长。决策的过程也是对自己的思想观念进行分析、判断和选择的过程，也是一个成长的过程。

1. 自我认识提升。改造的初期，罪犯首先需要正视自己的犯罪行为及其后果，通过深刻的自我反省和教育引导，逐渐提升自我认识。这一过程中，罪犯会重新评估自己的价值观、道德观和行为模式，认识到自身存在的问题与不足。自我认识的提升是改造的基石，它为后续的转变提供了可能性和动力。

2. 情感体验转变。随着自我认识的深入，罪犯的情感体验也会发生转变。他们开始体验到犯罪带来的痛苦与悔恨，同时也感受到改造过程中的温暖与关怀。这种情感体验的转变有助于增强罪犯的改造意愿和动力，使他们更加积极地参与改造活动，努力改正错误。

3. 自我意志强化。改造过程中，罪犯需要不断强化自我意志，以克服各种困难和挑战。他们要学会抵制不良诱惑，控制自己的情绪和行为，坚持执行改造计划。自我意志的强化是改造成功的关键之一，它使罪犯在面对挫折和困境时能够保持坚定的信念和决心。

4. 适应改造环境。罪犯进入改造环境后，需要尽快适应新的生活方式和规则制度。这包括遵守监规纪律、参与劳动改造、接受教育矫治等。适应改造环境不仅是对罪犯行为能力的考验，也是对其心理适应能力的挑战。通过适应改造环境，罪犯可以逐渐融入集体生活，建立正常的人际关系，为后续的改造奠定基础。

行为决策是自我认知的直接体现。清晰的自我认知使他们能够基于自身的能力、价值观和目标来做出决策。

（三）自尊自信建立

自尊和自信是自我认知的重要组成部分。当罪犯能够正视自己的优点和不足，并接受自己的全部时，自尊和自信便得以建立。积极的自我认知使他们相信自己有能力面对挑战、克服困难，并在失败中汲取教训、不断成长。这种正面的自我认知不仅增强了罪犯的自信心，还为他们的改造生活提供了动力和勇气。

1. 认识自我价值。罪犯需要认识到自己作为人的内在价值。尽管他们因犯罪而受到了法律的制裁和社会的排斥，但他们并未丧失作为人的基本权利和尊严。通过教育引导和心理辅导，帮助罪犯认识到自己的价值所在，是建立自尊自信的第一步。监狱可以组织各种形式的自我认知活动，如人生价值讨论会、成功案例分享等，让罪犯在交流中感受到自己的存在意义和价值。

2. 接受并面对过去。罪犯需要正视自己的犯罪行为及其带来的后果，接受现实并勇于面对过去。这并不意味着要沉溺于自责和悔恨之中，而是要以一种成熟和理性的态度来审视自己的过去，从中吸取教训并明确未来的方向。监狱可以提供专业的心理咨询和辅导服务，帮助罪犯处理负面情绪，增强自我接纳能力。

3. 设定并追求目标。在改造过程中，罪犯需要设定合理的目标并为之努力。这些目标可以是短期的（如完成某项学习任务）、中期的（如获得减刑奖励）或长期的（如重新融入社会）。通过设定目标并追求实现它们，罪犯可以体验到成功的喜悦和成就感，从而增强自信心和自尊感。监狱可以设立奖励机制，鼓励罪犯积极参与改造活动并努力实现自己的目标。

罪犯自我认知中自尊自信的建立是一个多方面、多层次的过程。通过认识自我价值、接受并面对过去、设定并追求目标、参与社会活动与技能培训、获得家庭与社会的支持以及建立积极的人际关系等途径，罪犯可以逐步建立起自尊自信。

（四）人际关系

罪犯自我认知中的人际关系不仅关乎罪犯个人的心理健康与改造，也直接影响其改造的成效。

由于罪犯的犯罪行为可能给周围的人带来伤害或损失，因此他们在改造过程中往往难以获得他人的信任。这种信任缺失会进一步加剧其孤独感和自卑感。部分罪犯可能因长期封闭、缺乏沟通而导致沟通能力下降。在改造过程中，他们可能难以准确地表达自己的需要和感受，也难以理解他人的意图和情绪。罪犯在犯罪前往往存在认知偏差，如过度以自我为中心、攻击性较强等。这些认知偏差在改造过程中可能仍然存在，并影响他们与他人建立积极的人际关系。

良好的人际关系能够为罪犯提供情感上的支持和慰藉，缓解其改造过程中的孤独感和焦虑情绪。这有助于罪犯保持积极的心态，更好地面对改造的挑战。通过与他人的互动与合作，罪犯可以逐步认识到自己的价值和能力，从而增强自我效能感。这种积极的自我认知是改造成功的重要基石。在改造过程中，罪犯需要学习并掌握有效的社交技能，以便在未来的社会生活中更好地与他人相处。良好的人际关系为他们提供了实践和提升社交技能的机会。

人际关系关系罪犯的改造成果，民警应通过心理健康教育课程和活动，帮助罪犯了解人际关系的重要性，学会识别并处理情绪问题，培养积极的人际交往态度。

（五）压力管理

在罪犯的改造之路上，面对复杂的心理挑战与外部环境的变化，压力管理成为促进其身心健康、提升改造效果的重要环节。自我认知作为压力管理的核心，引导罪犯正视压力、有效应对，从而实现个人成长与蜕变。要从压力源识别、认知调整、情绪管理、目标设定、社会支持、技能提升以及压力反馈等方面学会并掌握管理策略。

罪犯需要学会识别自己面临的压力源。这包括但不限于对自由限制的适应困难、对未来不确定性的恐惧、家庭关系的疏离、社会评价的负面影响以及改造过程中的挫折感等。通过自我反思和与他人的交流，罪犯可以更加清晰地认识到自己的压力源，为后续的压力管理奠定基础。

在罪犯改造过程中，压力源是多方面的，这些压力源不仅影响着罪犯的心理状态，也直接关系到其改造效果。

1. 家庭与社会压力。罪犯的家人往往对其寄予厚望，希望他们能够改过自新，重新回归社会。然而，长时间的服刑和与家人的分离可能让罪犯感到自己辜负了家人的期望，从而产生愧疚感和压力。罪犯在出狱后往往面临社会歧视和排斥，这种对未来的不确定性和恐惧感会给他们带来巨大的心理压力。

2. 监狱环境压力。监狱的监管制度严格，对罪犯的行为和言论都有明确的限制。这种高强度的约束环境可能会让罪犯感到压抑和不安。监狱中的人际关系复杂，不同罪犯之间可能存在矛盾和冲突。处理这些人际关系需要罪犯具备一定的沟通能力和应对策略，否则可能会引发更大的压力。监狱通常会安排罪犯进行劳动和参加各种改造活动，以帮助他们重新树立正确的价值观和人生观。

压力是罪犯改造过程中不可避免的一部分。当他们能够清晰地认识到压力源、评估自己的应对能力并制定有效的应对策略时，就能更好地管理压力、减轻其负面影响。此外，积极的自我认知还能帮助罪犯保持乐观的心态和韧性，增强对压力的适应性和抵抗力。

三、罪犯自我认知的偏差与调整

罪犯的自我认知，即罪犯对自我内在特质、情感、能力及价值的理解和评价，是形成自我意识和指导个人行为的重要因素。然而，由于认知过程的复杂性以及外部环境的干扰，自我认知往往伴随着各种偏差。这些偏差不仅影响罪犯的情绪状态和行为选择，还可能阻碍其改造成果。因此，认识并调整自我认知的偏差显得尤为重要。

（一）自我认知偏差类型

在罪犯改造过程中，自我认知的偏差是影响其心理状态和改造效果的重要因素。自我认知偏差指的是罪犯对自身能力、价值、性格等方面的认知与实际情况之间存在的不一致。在罪犯群体中，常见的自我认知偏差类型包括：

1. 过度自负或自卑。部分罪犯可能因为过去的犯罪行为而自我膨胀，认为自己是受害者或拥有特殊能力；而另一些罪犯则可能因犯罪行为受到严厉惩罚而深感自卑，认为自己一无是处。

2. 归因偏差。罪犯倾向于将成功归因于自身的能力和努力,而将失败归咎于外部因素或他人。这种偏差导致他们高估自己的能力,低估他人的作用。例如,他们常常将自己的犯罪行为归咎于社会环境或他人诱惑,而忽视自身责任;或在改造中遇到困难时,归咎于监狱条件或他人阻挠。

3. 自我概念固化。他们倾向于寻找、解释和记住符合自己已有观念的信息,而忽视或扭曲与观念不符的信息。这种偏差强化了他们的固有认知,限制了新知识的吸收。即长期形成的固定自我认知难以改变。一些罪犯可能因长期的负面经历而形成固定的自我形象,认为自己无法改变或不值得改变。

4. 自我否认与逃避。基于个别事件或经验,对整体或未来作出不恰当的推断。例如,一次失败就认为自己永远不会成功,或者因为一次被拒绝就认为所有人都会拒绝自己。面对自己的罪行和改造困难时,部分罪犯可能选择否认或逃避现实,拒绝承认自己的错误或面对改造的挑战。

5. 选择性记忆。只记住对自己有利或符合自己观点的信息,而忘记或忽视不利的信息。这种偏差扭曲了他们的记忆,影响了他们对现实的准确判断。

在罪犯改造过程中,选择性记忆是一个值得关注的现象。选择性记忆指的是罪犯在记忆过程中,基于某种动机或需要,对信息进行有选择地保留或遗忘的现象。有些罪犯在服刑期间,可能会选择性地遗忘自己的犯罪事实,尤其是那些严重或令人痛苦的记忆。这种遗忘可能是无意识的,是心理防御机制的一种体现,旨在减轻罪犯的负罪感和心理压力。然而,这种遗忘也可能阻碍罪犯正视自己的罪行,影响其真诚的悔罪态度和改造动力。例如,某些罪犯在回顾自己的犯罪行为时,会选择性地遗忘或淡化那些令人痛苦或对自己不利的细节。他们甚至会编造出一个与事实不符的故事来掩盖自己的罪行。

6. 沉没成本效应。在罪犯改造过程中,沉没成本效应指的是罪犯在已经投入了大量的时间、精力或资源后,即使面临新的选择或挑战,也可能因为不愿承认过去的投入"白费"而继续坚持原有的路径或行为模式。

罪犯对某一事物的执着可能源于他们已经在之上投入了大量的时间和精力。放弃即意味着承认之前的投入是无效的,这会对他们的自尊心和信心造成打击。因此,他们选择继续坚持原有事物,即使它可能不是最高效或最适合他们的途径。

(二) 情绪与行为影响

自我认知的偏差会对罪犯的情绪和行为产生深远影响。首先，认知偏差可能导致不恰当的自我评价和情绪反应，可能让他们变得自大、固执，难以接受他人的批评和建议；而过度概括化则可能引发焦虑、抑郁等负面情绪，影响他们的心理健康。其次，认知偏差还可能导致不理智的行为选择。例如，确认偏差可能导致他们盲目追求与自己观点一致的信息，忽视潜在的风险和机会；沉没成本效应则可能让他们在错误的道路上越走越远，浪费大量的资源和时间。

第二节 罪犯自我认知的形成、维持及调整

塞万提斯曾说："把认识自己作为自己的任务，这是世界上最困难的课程。"老子也曾说过："知人者智，自知者明。"由此可以看出想要准确认识和了解自我是非常困难的，同时也是非常重要的。

一、罪犯自我认知的形成

自我认知，作为个体对自我内在状态、特质、能力及价值的全面理解和评估，是一个复杂而多维的过程。它贯穿于人的整个生命周期，受到多种因素的共同影响。

(一) 生理认知

自我认知的形成首先始于对生理自我的认识。婴儿时期，我们通过感知觉（如触觉、视觉、听觉等）来探索自己的身体，逐渐认识到自己是一个独立的实体，与周围环境相区分。随着年龄的增长，我们对自己的身体特征、健康状况、性别身份等有了更加清晰的认识。这种生理认知构成了自我认知的基础。

物理测量只能解决罪犯认识自己的具体身体数据，但对内心世界则很难用物理的方法解决。可以为罪犯提供身体的具体数据。例如：身高、体重、臂力、身体内部的血压、血脂及自己所拥有的财富等。

(二) 社会评价

在罪犯的改造历程中，他们对社会评价的反映不仅是对外部世界的一种感知与反馈，更是其内心世界变化、价值观重构及未来展望的集中体现。这

一过程复杂而深刻，涵盖了从认知到情感再到行为的多个层面。

二、罪犯认知层面的反应

罪犯改造初期，他们可能对社会评价持有较为消极的认知，认为自己已被社会所抛弃，难以再获得认可与接纳。然而，随着改造的深入，通过教育学习、心理辅导以及实际案例的引导，罪犯开始逐渐转变这种认知，认识到自己的错误行为对社会造成的伤害，同时也意识到社会并未完全放弃他们，依然提供着改造与重新融入社会的机会。他们开始理解并尊重法律制度，认识到法律秩序的重要性，以及作为社会公民应承担的责任与义务。

罪犯的自我认知在很大程度上依赖于社会评价。其中两种社会机制会起到重要作用。一种是社会评价。即通过将自己的特有资源与他人进行比较，由此可以依据自己的特点形成一个客观的评价。自己在本监区的积分排名情况，与第一名的差距有多大？距减刑标准的差距还有多大？如果达到减刑标准，预计可以减几个月等。他们为了获得更加准确的自我认知，常常与自己相似的人进行比较。另一种是反射性评价，即通过观察他人对自己的反应来获得自我认知。例如：有时在人群中谈谈自己的想法，看有多少人支持自己，有多少人反对自己，从而把别人对自己的观点反馈纳入自己的自我认知中去，从而知道自己在别人心中的位置。

三、罪犯情感层面的反应

罪犯在改造过程中，对社会评价的情感反映也经历了由抵触、抗拒到接受、感激的变化。在改造初期，他们可能对社会评价充满敌意，认为是对其人格的贬低与羞辱。但随着时间的推移，当他们感受到来自家庭、朋友、监狱民警乃至社会的关爱与支持时，内心的抵触情绪会逐渐消融，取而代之的是感激与温暖。这种情感上的转变不仅有助于罪犯更好地配合改造工作，也为他们未来的回归社会奠定了情感基础。

罪犯通过体悟他人对自己的评价和别人言行的评价过程，逐渐学会自我评价，这也是自我意识发展的产物，其发展规律是：评价他人的行为→评价自己的行为→评价自己的个性品质，它是自我教育的重要条件。罪犯对自己思想、行为、动机和个性的评价，直接影响他们接受改造的积极性。如果罪犯在改造过程中能正确地认识自己、评价自己、改造自己，也就基本达到了教育改造的目的。

四、罪犯行为层面的反应

罪犯改造期间对社会评价的反映最终会体现在其行为上。随着认知与情感的转变，罪犯会开始主动调整自己的行为模式，以符合社会的期望与要求。

（一）自我评价

罪犯的自我评价是罪犯自我意识的一种形式，是他们对自己的思想、意识、行为、个性特点的判断和评价。罪犯认知的过程主要包括三种过程。首先是主观内省过程。是指罪犯积极主动地反思、接受、认识自己的思维、方向和行为。古代圣贤曾子说："吾日三省吾身。"通过自我反省，他们可以经常地、深刻地对照法律、道德及监规纪律去认识、评价自己对事物的态度、情感和动机。

罪犯改造中，自我评价作为自我认知与反思的重要环节，对于促进罪犯的全面转变具有不可估量的价值。罪犯在改造过程中的自我评价包括有以下内容：

1. 认罪悔罪态度。深刻认识到自己犯罪行为的严重性和危害性，对此深感愧疚和悔恨。真诚悔过，以真诚的态度面对自己的罪行和错误。法律敬畏，完全尊重并接受法院对他的判决，认为这是应得的惩罚，也是对受害者的一种交代。真诚地向受害者及其家属道歉，并承诺将用实际行动弥补过错。在改造过程中，应始终保持认罪悔罪的态度，不断反思自己的行为，增强法律意识，树立正确的道德观念。

2. 法律等知识的学习掌握。深知法律知识的匮乏是导致犯罪的重要原因之一。因此，在改造期间，要积极学习法律知识，包括国家法律法规、政策文件以及典型案例等。通过学习，不仅增强了法律意识，还要学会如何用法律武器保护自己的合法权益，避免再次走上违法犯罪的道路。主动学习，积极参加各类教育课程和技能培训，不断提升自己的文化素养和职业技能。

3. 行为规范遵守。在改造过程中，服从管教。认识到服刑期间必须严格遵守监规纪律，服从监狱民警的安排和指导，以积极的态度配合改造工作。严格遵守监规纪律和各项行为规范，做到言行一致、表里如一。遵守规范，才能获得他人的尊重和信任，才能为将来的社会生活打下坚实的基础。时刻提醒自己要保持清醒的头脑，克制不良欲望，远离违法犯罪活动。

4. 劳动技能提升。为了增强自身的就业能力和社会适应能力，积极参加各类劳动技能培训。通过努力学习和实践操作，不仅要掌握多项实用的劳动技能，还要提高自己的工作效率和质量，为出狱后的就业创业打下坚实的基础。

5. 心理健康状况。在改造期间，注重保持积极向上的心态，积极参与各种心理健康教育和咨询活动。通过这些活动，学会如何调节情绪、缓解压力、保持平稳的心理状态。同时，与周围的狱友建立良好的关系，相互支持、鼓励，共同渡过难关。

6. 人际关系改善。在改造过程中，积极改善与他人的关系，包括与监狱民警、狱友以及家人的关系。尊重他人、理解他人、关心他人，努力营造一个和谐、融洽的改造环境。通过与他人的交流和互动，不仅可以增进彼此的了解和信任，还能学会如何与他人相处、如何建立和维护良好的人际关系。

7. 未来规划设想。对于未来，有着明确的规划和设想。计划在完成改造任务后，积极寻找适合自己的职业和岗位，努力工作、勤奋学习、不断提高自己的综合素质和竞争力。同时，努力修复与家人的关系，重新融入社会大家庭。

（二）自我控制

自我控制是指个体为了达成具有长远利益的目标而有意识地控制自身冲动行为的能力。对于罪犯而言，自我控制是他们在服刑期间和重新融入社会过程中必须掌握的重要技能。它要求罪犯能够抑制自己的不良冲动和欲望，遵守监规纪律，积极改造。

自我控制是罪犯的自我核心功能之一，是一种有意识的个体抑制和调节自身冲动，并且付出努力的自我调节过程，使行为与个人价值和监狱期望相匹配的能力，是抑制、克服冲动、习惯的意识反应，是有意识地掌控自己行为方向的能力。它可以引发或制止特定的行为，如抑制冲动、抵制诱惑、延迟满足、采取适应社会情境的行为方式。对罪犯来说，自我控制是他们监控自己，调整行为，使自己更符合监狱改造要求的过程。

自我控制力差是罪犯的重要缺陷。罪犯正因为缺乏自我控制能力和自我控制意识，自我需要膨胀，严重损害了国家、社会和他人的合法权益，所以才会以身试法，身陷囹圄。因此，提高罪犯自我控制意识和能力，就成为民警工作的重要内容。

自我控制理论在罪犯改造领域占据着核心地位，它指的是罪犯在面临诱惑、冲突或挑战时，能够有意识地调整、抑制冲动行为，转而采取符合社会规范、法律要求及长远利益的行为的能力。在罪犯改造过程中，自我控制能力的提升是促进罪犯积极改造的重要基础。

1. 双系统模型。自我控制的双系统模型为罪犯改造提供了一个有力框架。该模型认为，人类大脑中存在两个相互竞争的系统：冲动系统（倾向于即时满足和短视行为）和控制系统（负责长远规划、自我约束和自我调节）。罪犯改造的关键在于增强控制系统的功能，削弱冲动系统的影响，使罪犯能够在面对诱惑时做出更加理性和负责任的选择。

2. 影响因素。影响罪犯自我控制能力的因素多种多样。一是个人因素。罪犯的年龄、性别、教育背景、犯罪经历等个人因素都会影响其自我控制能力。例如，年轻、受教育程度低、有多次犯罪记录的罪犯可能更难控制自己的行为。二是心理因素。罪犯的心理状态，如焦虑、抑郁、自卑等，也会影响其自我控制能力。这些心理因素可能使罪犯更容易受到冲动和欲望的驱使，难以控制自己的行为。如情绪稳定性、认知灵活性、自我效能感等。三是环境因素。监狱环境、管教方式、社会支持等外部因素也会对罪犯的自我控制能力产生影响。一个公正、关爱的监狱环境，以及有效的管教方式和社会支持网络，有助于提升罪犯的自我控制能力。四是犯罪经历。过往的犯罪历史、服刑期间的改造经历等也会对自我控制能力产生影响。

（三）自我认同

罪犯的自我认同是指罪犯对自己现在的罪犯身份、在群体中所处的位置和对自己性格特点的认知和接受。罪犯自我认同的形成与他们个人的犯罪经历、家庭环境、文化背景等密切相关。具有较高自我认同的罪犯对事物一般能够更加有自己的意见和看法，更加自信和理智地面对周围的人和事。

罪犯自我认同的建立不仅关乎罪犯个体心理结构的重塑，更是其实现社会再适应、预防再犯罪的关键所在。自我认同理论在罪犯改造中的应用，主要聚焦于以下几个方面：

1. 自我认同深化。罪犯自我认同的深化是自我认同重建的第一步。罪犯在改造过程中，需要通过自我反省、心理评估、教育引导等多种方式，深入了解自己的内心世界，包括个人性格、价值观、行为模式等。这一过程旨在帮助罪犯认识自己犯罪行为的根源，理解自身在社会中的角色定位，以及明确未来的人生方向。

罪犯的自我认同是罪犯依据自己以往的学习、生活、成就、犯罪等复杂经历，经过多次反思、总结，综合性地理解自己能力、性格、兴趣、习惯等，并通过监狱的教育改造，参照社会习俗、道德、法规等规范而进行自我反思，由此形成自我认同的过程。

通过自我认识的深化，罪犯能够更加清晰地认识自己，为后续的改造奠定坚实的基础。

2. 情感体验重塑。情感体验重塑是自我认同理论的重要组成部分。罪犯在犯罪前后往往经历了复杂的情感波动，包括内疚、恐惧、愤怒、绝望等。在改造过程中，通过心理咨询、情感疏导、正面情感引导等手段，帮助罪犯重新建立积极的情感体验，如责任感、同情心等。

自我认同与尊严感、价值感之间有着密切的关系。尊严感和自豪感会对罪犯的自我认同的价值充满信心，这些积极情感的建立，有助于罪犯摆脱消极情绪的困扰，增强改造的动力和信心，促进自我认同的积极构建。

3. 自我意志强化。自我意志的强化是自我认同理论的核心内容之一。自我意志是指罪犯在面对诱惑、挑战或困难时，能够坚持自己的信念、目标和行为准则的能力。在罪犯改造中，通过行为训练、目标设定、自我激励等方式，帮助罪犯增强自我控制能力，提高自我约束力。

罪犯的自我认同是能够较理智地看待并接受自己以及外界，能够积极努力地投入改造生活，一般不会沉浸在悲伤、抱怨或悔恨之中，他们往往有明确的人生目标，并且在追求和逐渐接近目标的过程中会体验到自我价值以及监狱的承认与赞许。既从这种认同感中巩固自信与自尊，同时又不会一味地屈从于他人的评价。同时，培养罪犯的责任感和自律精神，使其能够在改造过程中保持坚定的信念和积极的态度，不断克服困难和挑战，实现自我超越。

4. 环境适应与转化。罪犯入狱后需要面对全新的生活环境和社会关系，这对他们的心理和行为构成巨大的挑战。监狱通过提供针对性的教育、心理辅导等支持措施，帮助罪犯逐步适应监狱环境，减少冲突和矛盾。同时，引导罪犯积极参与改造活动，培养良好的行为习惯和社交技能，为将来的社会再适应做好准备。在环境适应的过程中，罪犯的自我认同也会逐渐发生转化，从过去的负面认同向积极、正面的自我认同转变。

5. 积极因素内化。积极因素内化是自我认同理论在罪犯改造中的最终目标。通过一系列的教育、训练和引导措施，帮助罪犯将外部的积极因素（如法律法规、社会道德规范、正面人生榜样等）内化为自身的信念和行为准则。这一过程需要罪犯的主动参与和积极配合，同时也需要监狱民警和社会各界的共同努力和支持。当罪犯能够真正地将这些积极因素内化于心、外化于行时，他们的自我认同将达到一个新的高度，为成功融入社会、预防再犯奠定坚实的基础。

五、罪犯自我认知的维持

自我认知的维持强调罪犯对自身认知的稳定性和连续性，即罪犯如何保持对自我的清晰理解并在不断变化的环境中持续调整和完善这一认知。在改造过程中，无论是对于罪犯的矫正教育还是个体自我提升，自我认知的维持都起着至关重要的作用。

（一）巩固自我认知基础

巩固自我认知基础是自我认知维持的基石。它要求罪犯通过自我探索、心理测评、反馈收集等多种方式，建立对自我性格、能力、价值观、优缺点等方面的全面而深刻的认识。这一过程不仅有助于罪犯明确自己的定位和优势，还能为其后续发展奠定坚实基础。罪犯改造工作的首要任务就是帮助罪犯建立或巩固坚实的自我认知基础。

（二）积极反馈循环

积极反馈循环是维持自我认知的重要手段。当罪犯在某一领域取得进步或成就时，及时给予正面的反馈和肯定，可以激发其内在动力，增强自信心和成就感。这种积极反馈机制有助于罪犯在面临挑战和困难时保持坚韧的精神状态，持续推动自我发展和成长。

在改造过程中，定期进行认知评估与反馈是维持自我认知的重要环节。通过评估，了解罪犯在改造过程中的进展、成就以及存在的问题；通过反馈，让他们及时了解自己的表现，明确改进方向。这种评估与反馈机制有助于罪犯保持对自我的清醒认知，不断调整和完善自我认知。

（三）社会比较策略

社会比较是罪犯在改造生活中不可避免的心理现象。合理的社会比较策略可以帮助罪犯更好地认识自己，发现自己的优势和不足。然而，过度的或不当的社会比较则可能导致自我认知的扭曲和负面情绪的产生。因此，罪犯需要学会运用适当的社会比较策略，如与自己的过去进行比较、与具有相似背景的他人进行比较等，以维持对自我的准确认知。

基于自我认知，帮助罪犯设定具体的、可达成的、有意义的改造目标，并制定相应的规划。目标应既有挑战性又可实现，能够激发罪犯的内在动力。规划则应详细具体，包括时间表、步骤、资源需要等，确保改造过程的有序进行。

（四）自我反思与调整

自我反思是自我认知维持的重要环节。它要求罪犯定期对自己的行为、思想、情感等方面进行深入的思考和评估，发现存在的问题和不足，并制定相应的改进措施。通过自我反思，罪犯可以不断完善自我认知体系，调整自己的目标和策略，以适应不断变化的环境和需要。同时，自我反思还有助于他们培养批判性思维和解决问题的能力。

在目标设定与规划的基础上，指导罪犯按照计划实施改造措施。实施过程中，密切关注他们的进展和变化，及时发现问题并进行调整。调整不仅包括对计划的微调，也包括对他们自我认知的修正和完善。通过实施与调整，确保改造措施的有效性和针对性。

（五）持续学习与反思

持续学习是自我认知维持的不竭动力。在快速变化的时代背景下，罪犯需要不断学习新知识、新技能和新观念，以适应社会的快速发展和变化。通过持续学习，罪犯可以拓宽自己的视野和思维边界，提升自己的综合素质和竞争力。同时，持续学习还有助于罪犯保持对自我认知的敏锐性和前瞻性，及时发现并纠正自己的认知偏差和错误。

改造是一个持续学习和反思的过程。鼓励罪犯不断学习新知识、新技能，提升自己的综合素质；同时，引导他们定期进行自我反思，回顾改造过程中成功与失败的原因。这种持续学习与反思有助于罪犯深化自我认知，优化改造策略。

（六）情感与动机管理

情绪智力是指罪犯识别、理解、表达和调节自己及他人情绪的能力。有效的情绪智力管理对于维持自我认知至关重要。它要求罪犯在面对各种情绪刺激时，能够保持冷静和理智，避免情绪化的决策和行为。通过提高情绪识别能力、增强情绪表达技巧、培养情绪调节策略等方式，使其可以更好地掌控自己的情绪变化,保持对自我认知的稳定性和连续性。

在改造过程中,情感与动机管理至关重要。通过心理疏导、情感支持等方式,帮助他们管理负面情绪,保持积极向上的心态;同时,激发他们的内在动机,增强改造的主动性和积极性。情感与动机的管理有助于他们在改造过程中保持稳定的自我认知。

(七) 环境适应性

环境适应性是指罪犯在面对不同环境和情境时,能够灵活调整自己的行为和认知方式,以适应新的要求和挑战。良好的环境适应性有助于罪犯保持对自我认知的稳定性和连续性。它要求罪犯具备敏锐的观察力和判断力,能够准确感知环境变化并作出相应反应;同时还需要具备开放的心态和包容的态度,愿意接受新思想、新事物和新挑战。

优化改造环境和提供支持系统是维持自我认知的重要保障。通过改善改造设施、营造积极向上的文化氛围等方式,为他们创造一个有利于改造的环境;同时,加强与家庭、社会等各方面的联系与合作,为他们提供全方位的支持和帮助。这种环境与支持的优化有助于罪犯在改造过程中更好地维持自我认知。

六、罪犯自我认知的调整

自我认知的调整理论旨在帮助罪犯深入了解自己、优化自我观念并推动个人的成长与发展。自我认知的调整是一种动态的、发展性的过程,强调罪犯在面临挑战和变化时,如何通过调整自我认知来推动改造行为。

(一) 自我认知深化,自我意识提升

自我意识是自我认知的起点,也是自我调整的前提。罪犯的自我意识提升意味着他们能够更清晰地认识自己的感受、需要和目标。通过冥想、自我反思、日记记录等方法,他们可以加深对自我的理解,增强对内在世界的感知能力。

罪犯改造的第一步是深化自我认知。这包括帮助他们更全面地了解自己的性格、价值观、能力、优点与不足,以及自己在社会中的角色和定位。通过心理测评、自我反思、个别咨询等方式,使他们能够逐步构建起更加清晰、深入的自我认知框架,为后续的改造打下坚实基础。

(二) 自我观察与调整

在提升自我意识的基础上，罪犯需要学会自我观察与分析。这包括对自己的思想、情感、行为以及这些方面之间的相互关系进行细致入微的观察。通过自我观察，他们可以发现自己的盲点、弱点以及潜在的成长点；通过自我分析，使罪犯能够深入理解这些方面的成因、影响及改进方向，为自我评价与调整提供有力支持。

自我评价是自我认知调整的关键环节。罪犯需要基于自我观察与分析的结果，对自己的能力、价值、表现等方面进行客观、全面的评价。在评价过程中，他们应保持开放的心态，勇于接受自己的不足，并积极寻求改进的空间。基于评价结果，可以制定具体的调整计划，包括设定新的目标、改变旧有的思维模式和行为习惯等，以推动自我认知的持续优化。

(三) 情绪管理与调节

情绪管理是改造过程中不可或缺的一环。罪犯需要学会识别、理解、表达和调节自己的情绪，以避免负面情绪对改造过程的干扰。通过情绪管理训练、心理咨询等方式，他们可以提高自己的情绪智力，更好地应对改造中的挑战和困难。

情绪对罪犯的认知和行为具有重要影响。他们可以在面对挑战和困难时保持冷静和理智，避免情绪化决策和行为。同时，还可以通过情绪表达来增进与他人的沟通和理解，促进人际关系的和谐发展。

(四) 行为改变与实践

改造的最终目的是实现行为上的积极变化。基于自我认知的深化和目标设定，罪犯需要努力改变不良的行为习惯，培养健康、积极的生活方式。这包括但不限于遵守规则、积极参与活动、培养社会责任感等。通过持续的努力和实践，他们可以逐步建立起新的行为模式。

罪犯需要将自我调整的成果转化为实际行动，通过持续的努力和实践来巩固和深化自我认知的调整成果。行为改变可能涉及多个方面，如学习习惯的改善、改造态度的转变、人际关系的调整等。在实践过程中，他们需要保持耐心和毅力，勇于面对挑战和失败，不断调整和优化自己的行为方式，以实现个人成长和发展的目标。

七、罪犯心理韧性培养

心理韧性是罪犯在面对挑战和逆境时保持坚韧、积极应对的能力。在罪犯改造过程中，培养心理韧性至关重要。通过面对挑战、克服困难、寻求支持等方式，他们可以逐渐增强自己的心理韧性，更好地应对改造中的不确定性和风险。

（一）自我能量损耗

心理能量理论是自我损耗概念的重要基础，它认为个体的心理资源是有限的，类似于肌肉力量，在持续使用后需要休息和恢复。这一理论强调，心理资源的消耗与恢复是一个动态平衡的过程，当资源被过度消耗而未能及时恢复时，个体就会出现自我损耗现象。

自我能量损耗是指罪犯在改造过程中进入需要自我控制的情境后，其心理资源（如注意力、自控力、决策能力等）被消耗，导致改造表现出现下降的现象。罪犯在改造中，自我能量损耗意味着罪犯在应对监规纪律、参与教育学习、调整心态等改造活动时，其心理资源会逐渐减少，进而影响其改造效果。

自我能量损耗也显示尽管罪犯表面上什么都没做，但是每一次选择、纠结、焦虑等，都会分散精力，损耗心理能量；每次心理能量的消耗，都会导致罪犯执行能力和意志力的下降。

（二）心理能量损耗

一是罪犯的心理能量对自我的执行功能即：自我控制、谨慎的选择、主动性等行为是必然存在的。二是罪犯的心理能量是有限的，短期内只能进行有限次数的自我控制，会随着时间、精力、次数、复杂程度的增加等而逐渐衰减。三是所有的执行功能需要的是同一种资源，一个领域的资源损耗会减少另一领域的可用资源。例如，过于谨慎的选择会损耗主动性。四是罪犯的自我控制成功与否取决于心理能量的多少，例如心理强大健康的罪犯的自我控制成功率会远大于心理脆弱病态的罪犯。五是罪犯自我控制的过程就是消耗心理能量的过程，消耗后需要一段时间才能恢复，类似于肌肉疲劳后需要休息才能恢复。

罪犯对目标任务的认可度和价值判断会影响自我消耗的能量大小。他们如果认为目标任务是自主选择的、当前的行为对未来是有益的，则损耗的心理能量会有所减轻；反之，则损耗的心理能力会加重。如果罪犯认可目标任务的意义和价值或得知自己的努力对他人或自己是有帮助的,则行为会表现得积极。反之,则会表现得消极。如果罪犯不在乎一个行为的结果,那么该行为是不会损耗他的心理能量的。如果罪犯认为某个任务很重要,而该任务又需要自我控制,那么这个过程中就会有自我损耗的产生。当这个任务达到一定难度,如果动机水平适度,那么抵制自我损耗的作用就会增大。在自我损耗发生之后,动机还可以补偿损耗的自我控制能量,作为意志力的替代物,可使他在损耗的状态也能有效率地完成之后的任务。

(三) 能量损耗主要体现

一是自控力下降。罪犯在持续遵守监规纪律、抵制不良诱惑时,其自控力会逐渐消耗,导致更容易出现违规行为。二是注意力分散。改造活动往往要求罪犯保持高度集中,但长时间的注意力集中会消耗大量心理资源,使罪犯难以持续高效地学习或参与改造项目。三是情绪调节困难。面对改造中的挫折和困难,罪犯需要调动心理资源来调节情绪,保持积极心态。然而,长期情绪调节的努力会加剧心理资源的消耗,使罪犯更容易陷入消极情绪中。例如:李犯在入狱初期表现出较强的改造意愿,积极参与各项改造活动。然而,随着时间的推移,李某逐渐感到疲惫不堪,自控力下降,开始频繁违反监规纪律,如偷窃他人物品、与狱友发生冲突等。同时,他的注意力也难以集中,在学习新知识时总是心不在焉。这些表现都是李某在改造过程中自我能量损耗的体现。

虽然自我能量损耗主要关注心理资源的消耗与恢复,但其生理基础也不容忽视。长期的压力、焦虑、抑郁等负面情绪会对罪犯的身体健康造成不良影响,进而影响其心理资源的恢复。此外,睡眠不足、营养不良等生理因素也会加剧自我能量损耗的程度。

(四) 自我能量损耗的原因

一是持续的自我控制需要。罪犯在监狱中需要持续地进行自我控制,以遵守监规纪律、参与改造活动等。这种长期的自我控制需要会不断消耗他们的心理能量。二是心理压力和情绪困扰。罪犯在监狱中可能面临孤独、焦虑、抑郁等心理压力和情绪困扰。这些负面情绪会进一步消耗他们的心理能量,降低自我控制能力。三是人际关系的紧张。监狱中的人际关系往往比较复杂和紧张。罪犯之间以及罪犯与监狱民警之间的冲突和矛盾可能加剧他们的心理压力,进一步导致自我能量损耗。

（五）自我能量损耗的影响

一是冲动行为增加。自我能量损耗后，罪犯可能更难以控制自己的冲动行为，如暴力攻击、自杀自伤等。二是违规违纪行为频发。心理能量的减少会使罪犯在遵守监规纪律方面表现得更加困难，最终导致违规违纪行为频发。三是改造效果下降。自我能量损耗还会影响罪犯的改造效果，使他们可能无法集中精力参与改造活动，无法有效吸收教育内容和技能培训内容。

改造实践中我们也会发现，有些罪犯平时改造表现比较积极，但过段时间后，他的表现越来越差，民警常常表述为：这个罪犯的改造表现出现了反复。这类情况并非个例，而是具有一定的普遍性。自我能量损耗理论为理解罪犯改造过程中的心理资源消耗与恢复提供了重要视角。通过实例分析和应对策略的提出，民警可以更好地指导罪犯改造实践。

（六）自我控制的双系统模型

自我控制的双系统模型是一个心理学理论框架，用于解释个体在面对诱惑、冲突或压力时如何调节自身行为。该模型强调了两个主要系统，即冲动系统与自我控制系统及之间的相互作用，以及调节变量如何影响这两个系统的平衡。

很多人会把自我控制简单地理解为自律、自我约束。准确地说，自控就是自我控制的能力，即能够完全自觉地、有意识地控制自己的情绪，支配自己行动的能力，是个人意志力与情商的重要体现。

1. 冲动系统。冲动系统，作为自我控制双系统模型的一部分，负责快速、自动且通常基于直觉或情感反应的行为。这一系统倾向于追求即时的满足和快感，而不考虑长远后果。在生物学层面，冲动系统可能与大脑中的某些区域（如杏仁核）紧密相关，这些区域对情绪刺激和奖励信号高度敏感。

罪犯在面对诱惑时会自动激起一个相应的不考虑后果的冲动欲望，感情强烈且很难用理性控制的冲动行为。冲动系统中的行为极易被激活，特别是与犯罪相关的行为。这些行为通常包括正向的享乐评价和接近诱惑的行为趋势，即自动情感反应和自动接近或回避反应。

冲动行为可分为精神运动兴奋和物质偏好渴望。例如：罪犯王某因犯强奸罪被判刑，在改造过程中表现出情绪失控、易冲动等问题。通过心理评估和诊断，发现王某存在严重的心理问题，包括自卑、焦虑、抑郁等情绪障碍以及冲动、易怒等行为问题。这些冲动行为往往与罪犯的短期利益和即时满足相关，而忽略了长期利益和后果。

2. 自我控制系统。自我控制系统与冲动系统相对，自我控制系统则负责通过深思熟虑、评估和规划来抑制冲动，以实现更长远、更有利的目标。这一系统需要消耗认知资源，并依赖于个体的意志力、自我监控和策略性思考等能力。前额叶皮层等大脑区域在自我控制过程中发挥着关键作用。

罪犯的自我控制是抵制冲动进而进行自我控制的过程，在面对诱惑时罪犯往往需要面对两种心理矛盾的力量：一种是呼吁自己做出理智行为的自我控制力量，另外一种是鼓励自己自由做出满足欲望行为的冲动力量。因此，深入了解冲动行为与自我控制的心理机制，对加强罪犯的自我控制很有必要。

自我控制系统使罪犯能够抵制即时诱惑，坚持长期目标，例如，完成学习计划，努力完成生产任务或遵守法律等。在罪犯改造中，他们面对诱惑时更高层次的心理需要就会启动，他们内心会思考评价冲动行为的后果和抑制标准。有研究证实深思熟虑的评价和抑制标准都依赖自我控制加工，但二者是两种不同的决定行为的心理加工方式，均通过行为与标准的判断的控制加工来完成。增强自我控制系统是减少再犯率、促进积极行为改变的关键。

罪犯的自控主要表现在两个方面：一是约束、规范自己的行为，迫使自己去做该做的事情；二是善于抑制自己的欲望，让理性战胜情感。在罪犯的改造生活中，自控力无处不在，它也无时无刻不在影响着他们的改造生活。有着较强自控力的罪犯，往往不会放纵自己，由着性子去做"高兴的事""得意的事"，说话办事也不会只图痛快，一味追求完全放飞自我，那不是自控，而是失控。控制系统通过生成抑制冲动行为的策略来对抗冲动系统的激活，当控制系统成功抑制冲动行为时，罪犯能够表现出更高的自我控制水平，并做出符合社会规范和法律要求的行为。

3. 调节变量。调节变量是指影响冲动系统与自我控制系统之间平衡的外部或内部因素。这些变量可以强化或削弱自我控制系统的功能，从而改变个体的行为选择。

外部调节变量包括环境刺激、社会支持、法律约束等。一个支持性的监狱环境、明确的法律界限和有效的惩罚机制都可能增强罪犯的自我控制能力，减少冲动行为。

内部调节变量涉及罪犯的心理状态、情绪、动机和价值观等。例如，积极的自我认同、强烈的道德感、对未来的乐观预期以及自我效能感都可能促进自我控制。相反，压力、疲劳、负面情绪和认知负荷过重则可能削弱自我控制系统，增加冲动行为的风险。

4. 双系统模型的交互作用。一是竞争与合作。冲动系统和控制系统在自我控制过程中处于竞争状态，各自试图影响罪犯的行为选择。哪个系统占据主导地位取决于多种因素，如情境特征、罪犯心理资源状态、长期目标和价值观等。二是最终行为选择。罪犯最终的行为选择是冲动系统和控制系统交互作用的结果。当控制系统占据优势时，他们能够抑制冲动行为，表现出更高的自我控制水平；反之，则可能受到冲动行为的驱使。

自我控制的双系统模型为民警理解罪犯行为提供了有力的理论框架。通过深入分析冲动系统、自我控制系统以及调节变量之间的相互作用，民警可以更加精准地制定干预策略，促进罪犯的积极改造行为。

八、罪犯自我认知的影响因素

罪犯自我认知，是罪犯对自我身份、能力、价值观、情感及动机等方面的理解和评价，是人格发展的重要组成部分。自我认知的形成与发展是一个复杂而动态的过程，受到多种因素的共同影响。

（一）生理特征与心理特性

罪犯的生理特征，如外貌、身高、体重等，以及心理特性，如性格、情绪、智力等，都会对自我认知产生影响。生理特征往往是他们自我认知的第一印象来源，而心理特性则决定了罪犯如何解释和处理这些印象。例如，一个相貌出众的人可能更容易形成积极的自我认知；而一个性格内向、情绪波动大的人则可能更容易受到外界评价的影响，形成消极的自我认知。

首先，罪犯通过自身的感官（如视觉、听觉、触觉等）来感知世界，这种感知过程也是自我认知的基础。通过感知自己的身体状态、情绪变化等，他们能够逐渐认识到自己的内心世界和感受。

其次，即通过观察自身行为、反思内心活动等方式，罪犯能够逐渐了解自己的性格、能力、价值观等方面的特点。这种自我知觉过程需要他们具备一定的自我反思能力和自我意识。

（二）家庭环境与教育

家庭是罪犯最早接触的社会环境，对自我认知的形成具有基础的、持久性的影响。父母的教育方式、家庭氛围、经济地位等都会潜移默化地影响孩子的自我认知。例如，积极的教育方式和温馨的家庭氛围有助于孩子形成积极的自我认知，而消极的教育方式和紧张的家庭氛围则可能导致孩子形成消极的自我认知。

原生家庭环境是自我认知形成的最初土壤。家庭氛围、父母的教养方式、家庭成员间的互动模式等都会深刻影响个体的自我认知。例如，在温暖、支持性家庭环境中成长的个体，往往拥有更高的自尊和自信；而在冲突频繁、缺乏关爱的家庭环境中，个体可能形成自卑、不安全的自我认知。

（三）社会环境与文化

监狱环境以及社会文化背景，都会对罪犯的自我认知产生深远影响。不同的社会环境和文化背景塑造了不同的价值观、行为规范和期望，这些都会影响他们如何认识自己、评价自己以及如何与他人相处。

教育与知识水平也是影响自我认知的重要因素之一。教育不仅传授知识和技能，还塑造了他们的思维方式、价值观念和对世界的理解。随着知识水平的提高，他们对自我的认知也会更加深入和全面，能够更准确地评估自己的能力和潜力。

社会文化与价值观是塑造自我认知的宏观背景。不同的社会文化背景下，人们对自我价值的评价标准、社会角色的期待以及成功的定义都有所不同。这些差异会直接影响个体的自我认知，使其在不同文化环境中展现出不同的自我形象和自我认同。

（四）人际关系与反馈

人际关系是自我认知的重要来源之一。罪犯通过与他人的交往和互动，获得他人关于自己的反馈和评价，进而形成和调整自我认知。积极的反馈可以增强罪犯的自尊和自信，而消极的反馈则可能引发自我怀疑和否定。因此，建立健康、支持性的人际关系对于促进积极的自我认知至关重要。

罪犯在监狱环境中与他人进行互动时，会获得来自他人的评价和反馈。这些反馈对于他们形成自我认知具有重要影响。例如，父母的肯定或否定、民警的表扬或批评、狱友的接纳或排斥等，都会在一定程度上影响罪犯对自我的认知和评价。

社会期望和规范也会对罪犯的自我认知产生影响。他们在改造过程中会逐渐接受并内化社会的期望和规范，形成对自我的期待和判断标准。当他们认为自己符合社会期望和规范时，会增强自我认同感和自信心；反之，则可能产生自我怀疑和否定。

（五）自我反思与独立性

自我反思是罪犯主动审视和评估自己思想、情感和行为的过程。通过自我反思，他们能够更深入地了解自己的内心世界和外在表现，从而更准确地把握自己的优点和不足。同时，独立性也是影响自我认知的重要因素之一。具备独立性的罪犯能够自主思考、自主决策，不轻易受他人影响，从而更加坚定地维护和发展自己的自我认知。

自我反思是罪犯主动审视自己思想、行为、情感等方面的过程，是维持和调整自我认知的重要手段。通过自我反思，罪犯可以更加清晰地认识自己，发现自己的不足和潜力，从而制定合适的目标和计划进行改造。同时，他们还需要学会接受自己的不完美和错误，以开放的心态面对批评和挑战，不断调整和完善自我认知。

自我认知的形成与发展是一个复杂而多维的过程，受到原生家庭环境、教育与知识水平、社会文化与价值观、人际关系与反馈、个人经历与实践、自我反思与独立性以及情感状态与心理健康等多种因素的共同影响。

第三节　罪犯的自我归因过程

自我归因过程理论是心理学中一个重要的理论框架，它探讨了个体如何解释自己行为结果（成功或失败）的原因，并进而影响其后续行为、情绪及动机。

一、罪犯自我归因的内外源维度

内外源维度是自我归因过程理论的基础，它区分了导致行为结果的原因是来自个体内部（如能力、努力）还是外部环境（如任务难度、运气）。内部归因强调个体自身的特质和努力程度，如"我成功了是因为我聪明且努力"；而外部归因则将结果归因于外部不可控因素，如"我失败了是因为这次任务太难了"。

（一）内部归因

内部归因是指罪犯将行为结果的原因归结于自身内部的因素，这些因素包括能力、努力、个性特点、情绪状态等。当他们认为自己的成功或失败主要由内部因素决定时,他们倾向于从自身寻找原因。其特点一是自主性。内部归因强调罪犯对自身行为结果的掌控感,认为通过调整自身的努力程度、改变策略或提升能力,可以改变未来的行为结果。二是责任感。将成功归因于内部因素时,他们可能感到自豪和有成就感;而将失败归因于内部因素时,则可能产生自责和挫败感,但同时也可能激发其改进和努力的动力。三是持久性。内部归因通常具有跨时间和跨情境的一致性,即他们认为这些内部因素是相对稳定且持久的,能够影响其在不同情境下的表现。

内部归因对罪犯的自信心、动机水平、自我效能感以及后续行为策略选择等方面会产生深远影响。积极的内部归因(如将成功归因于努力和能力)能够增强罪犯的自信心和动力,促进罪犯成长和发展;而消极的内部归因(如将失败归因于能力不足)则可能导致罪犯产生自卑、无助和消极情绪,影响他们的心理健康和行为表现。

(二)外部归因

外部归因是指罪犯将行为结果的原因归结于外部环境或他人因素,如任务难度、运气、他人的帮助或阻碍等。当他们认为自己的行为结果主要受外部环境影响时,他们就倾向于从外部寻找原因。其特点一是不可控性。外部归因强调外部环境或他人因素对行为结果的决定性影响,这些因素往往超出自己的控制范围。二是情境性。外部归因通常与特定的情境或事件相关联,即罪犯认为行为结果是由特定情境下的外部因素决定的,而非普遍适用的规律。三是依赖性。将成功归因于外部因素时,他们可能感到幸运和感激;而将失败归因于外部因素时,则可能产生抱怨和不满情绪,但同时也可能减少对自我能力的质疑。

外部归因同样对罪犯的心理与行为产生重要影响。虽然外部归因能够减轻他们在失败时的心理压力和自责感,但过度依赖外部归因则可能导致他们忽视自身努力和能力的提升,影响其在未来任务中的表现。此外,长期将成功归因于外部因素也可能削弱他们的自信心和内在动机。

二、罪犯自我归因的稳定性维度

归因稳定性维度理论是归因聚焦于个体在解释行为结果时,对原因稳定性的判断与考量。这一理论不仅揭示了人们如何根据事件的性质将其归因于稳定或不稳定的因素,还进一步阐述了这种归因方式对个体后续行为、情感反应及决策过程的影响。

罪犯归因稳定性维度关注的是导致罪犯行为结果的原因是稳定不变的，还是随情境变化而变化的。稳定的归因认为原因具有跨时间、跨情境的一致性，如"我在改造过程中每月都能获得监区表扬"；而不稳定的归因则认为原因是特定情境下的产物，如"我这次获得监区表扬走运了"。

在归因稳定性维度理论中，稳定归因是指将行为结果归因于持久、不变的因素。当罪犯认为某行为结果是由稳定的内部特质（如能力、性格）或外部条件（如监狱环境）所导致时，他们会倾向于认为这种结果在未来也会持续发生。例如，一名罪犯将改造成绩好归功于自己的自我控制力好，就会认为自己在未来的改造中也能取得好成绩。

非稳定归因则是指将行为结果归因于暂时、可变的因素。这种归因方式使罪犯认为行为结果是偶然的、不可预测的，且不太可能在未来重复出现。例如，一个罪犯将自己参加体育比赛的失利归因于当天的状态不佳或天气影响，就不太可能因此对自己的竞技能力产生怀疑。

稳定归因往往激发罪犯维持或增强当前行为的动机，因为他们认为成功（或失败）是可控的、可预测的。相反，非稳定归因可能削弱罪犯的动机，因为他们认为结果不受控制且难以预测。稳定归因还可能引发更强烈的情感反应，如自豪感或羞耻感，因为这些情感与罪犯的自我认同紧密相连。而非稳定归因则可能引发较为温和的情绪反应，因为他们认为这些结果不反映其真实能力或价值。

三、罪犯自我归因的可控性维度

可控性维度关注的是罪犯对行为结果原因的控制程度。可控的归因认为原因是可以通过自己努力改变的，如"如果我再努力一点，就能取得更好的成绩"；而不可控的归因则认为原因是个人无法控制的，如"我的失败是因为运气不好，这是我无法改变的"。

在归因理论中，可控性维度指的是罪犯对导致行为结果的原因是否具有控制能力的判断。简单来说，如果罪犯认为某一行为结果是由自己可以控制的因素导致的，那么这一因素就被视为可控的；反之，如果他们认为该因素超出了自己的控制范围，则被视为不可控的。可控性的判断不仅影响他们对行为结果的解释，还会进一步影响其后续的行为选择、情感反应和动机水平。

可控因素是指那些罪犯能够通过自身的努力、选择或决策来改变或影响行为的原因。罪犯为达成目标所付出的时间和精力，努力程度是可控的，因为他们可以自主选择是否投入更多的努力。虽然技能的提升需要时间和努力，但他们可以通过持续的学习和实践来提高自己的技能水平。罪犯对自身情绪、冲动和欲望的管理能力，自我控制也是可控的，因为他们可以通过训练和实践来增强自己的自我控制能力。

不可控因素是指那些罪犯无法直接通过自身的努力、选择或决策来改变的行为原因。包括不可预测且无法控制的因素（如政策变化、天气变化等），外部设定、无法由他们改变的任务特性（例如劳动任务的复杂程度等），来自社会环境、他人期望或突发事件等。

第五章

罪犯改造的情绪

民警学习和掌握罪犯改造的情绪动机理论，有助于更深入地理解罪犯的内心世界，把握其改造过程中的情感变化和心理需要。通过精准识别罪犯的情绪动机，能够制定更具针对性的改造方案，实施个性化干预，从而提升改造工作的科学性和有效性。

第一节 罪犯情绪的概念

罪犯情绪的概念涉及他们在犯罪前后及服刑期间所体验到的各种情感和心理状态。这些情绪不仅反映了罪犯的内心世界，还对其行为、改造过程以及监狱安全等方面产生深远影响。

一、罪犯情绪的定义

情绪是以个体的愿望和需要为中介的一种心理活动，是人对客观事物的态度体验及相应的行为反应。当客观事物或情境符合主体的愿望和需要时，就能引起积极的、肯定的情绪；而当客观事物或情境不符合主体的需要和愿望时，就会产生消极、否定的情绪。

罪犯情绪是指罪犯在特定情境下，对自身行为、外界环境以及未来预期等因素所产生的情感体验和心理反应。这些情绪具有多样性、复杂性和动态性等特点，既可能包括积极的情绪如希望、悔悟，也可能包含消极的情绪如愤怒、恐惧、沮丧等。

情绪动机是指由个体内心的情感体验所引发的行为驱动力。在罪犯改造的情境中，情绪动机表现为罪犯因特定的情感状态（如恐惧、希望、悔恨、愤怒等）而产生的改造或抗拒改造的动机。

罪犯的情绪是多维的，常变的，分析情绪的组成部分有利于监狱民警更好地理解情绪的实质。总的来说，情绪是一种主观的、生理的、有目的的社会现象。

二、罪犯情绪的来源

罪犯的情绪能够产生动机，情绪与动机密不可分，但并非情绪的所有方面都是有意识的情感体验。罪犯的情绪主要来源于以下几个方面：

（一）个人因素

罪犯在改造过程中，常常会出现对自我认知的偏差，如过高或过低地评价自己。这种认知偏差会导致他们产生不同的情绪体验，如自卑、自负、焦虑等。这些情绪体验会影响他们的改造态度和行为。

罪犯的情绪管理能力普遍较弱，他们往往难以有效地管理和控制自己的情绪。在改造过程中，面对各种压力和挑战，他们容易产生极端的情绪体验，如暴怒、绝望等。这些情绪如果得不到及时的管理和疏导，就会对改造工作产生负面影响。

（二）环境因素

监狱的封闭性、严格的管理制度和限制自由的生活方式，都可能对罪犯的心理产生压力。这种压力会导致他们产生焦虑、抑郁等负面情绪。

在监狱中，罪犯的人际关系相对复杂，他们需要与民警、同监罪犯建立一定的关系。如果关系处理不当，就可能引发冲突和矛盾，进而产生愤怒、怨恨等情绪。

监狱的改造氛围也是影响罪犯情绪的重要因素。如果监狱注重心理健康教育和罪犯情绪管理，为罪犯提供积极向上的改造氛围，那么他们的情绪就会相对稳定和积极。反之，如果改造氛围沉闷、压抑，那么罪犯的情绪就会更加不稳定。

（三）社会因素

罪犯的家庭背景往往比较复杂，如家庭关系破裂、父母离异、家庭贫困等。这些因素都可能导致他们在成长过程中缺乏关爱和支持，从而产生自卑、孤独等情绪。在改造过程中，这些情绪可能会得到一定程度的缓解或加剧。

罪犯在改造过程中需要得到社会的支持和认可。如果他们感到自己被社会抛弃或排斥，就会产生绝望和愤怒等情绪。相反，如果他们能够得到社会的关注和帮助，就会更加积极地投入改造生活。

(四) 具体情绪来源

部分罪犯在犯罪过程中可能会获得短暂的满足和快乐，但在改造过程中，他们往往会对自己的行为感到悔恨和自责。这种复杂的情绪体验会对他们的改造产生深远的影响。

罪犯在改造过程中也会思考自己的未来。他们可能会担忧自己刑满释放后如何重新融入社会，也可能会对未来的生活充满希望。这种情绪体验会影响他们的改造动力和积极性。

罪犯的情绪来源是多方面的，包括个人因素、环境因素和社会因素等。为了提高改造效果，监狱需要加强对罪犯的心理健康教育和情绪管理，为他们提供积极向上的改造氛围和社会支持。同时，也需要引导罪犯正确认识自己的情绪体验，学会用正确的方式表达自己的情感和需要。

三、情绪动机的定义

情绪动机是指由情绪或情感引发的行为驱动力。在犯罪情境中，罪犯的情绪动机可能源于对财富、权力、复仇、逃避现实等多种需求的过度渴望或不满，这些情绪进而转化为实施犯罪行为的内在动力。

四、罪犯情绪动机

罪犯的情绪动机是一个复杂且多样的概念，它涉及罪犯在改造过程中的心理状态和情感驱动。罪犯在服刑期间，情绪动机扮演着至关重要的角色。

罪犯的情绪动机是指由特定的情绪或情感状态所激发的行为驱动力。情绪动机可能来源于罪犯对自由、家庭、社会认同等需要的渴望，也可能来源于对刑罚的恐惧、对未来的不确定性等负面情绪的驱使。

(一) 恐惧与惩罚的驱动力

在探讨罪犯改造情绪动机理论时，恐惧与惩罚作为重要的外部驱动力，对激发罪犯的改造意愿和行为起着不可忽视的作用。

1. 恐惧心理的作用机制。罪犯被判刑后，面对的是失去自由的监禁生活以及可能伴随的长期刑罚。这种对刑罚本身的恐惧感，包括对监禁条件的担忧、对未来不确定性的恐惧，以及对自由生活的渴望，都会成为推动其改造的内在力量。罪犯会意识到，通过积极改造，可以减少服刑时间、改善服刑条件，从而缓解内心的恐惧。

除了对当前刑罚的恐惧外，罪犯还可能担心出狱后再次犯罪所面临的更加严厉的惩罚。社会对于累犯的打击力度往往更大，这使得罪犯在服刑期间就开始考虑如何避免重蹈覆辙。因此，恐惧成为他们努力改造、避免再次犯罪的重要动机。

2. 恐惧与惩罚转化为改造动力的路径。在恐惧与惩罚的驱使下，罪犯开始重新审视自己的行为模式和价值观念。他们逐渐认识到，犯罪并不能带来真正的自由和幸福，反而会导致更多的痛苦和失去。这种认知转变促使他们产生改变现状、积极改造的意愿。

恐惧与惩罚作为外部压力，激发了罪犯内心的改造动机。他们希望通过积极表现、接受教育、掌握技能等方式，来减轻刑罚、改善自身状况，并最终实现回归社会的目标。这种动机激励着他们不断努力，争取更好的改造效果。

（二）对未来的期望

对未来的期望是罪犯改造的重要情绪动机之一。当罪犯看到改造后可以重新获得自由、回归社会并过上正常生活的可能性时，他们可能会因此而产生强烈的改造意愿。

对未来的期望是罪犯改造的强大情绪动机。在罪犯改造的复杂过程中，对未来的期望作为一股不可忽视的情感力量，为罪犯提供了强大的内在驱动力。当罪犯看到通过改造能够重新获得自由、回归社会并过上正常生活的光明前景时，这种对未来的憧憬和期待便成为他们积极改造的重要情绪动机。

对未来的期望的激励作用。罪犯对未来的期望如同一盏明灯，照亮了罪犯前行的道路。它让罪犯意识到，只要努力改造，就有可能摆脱过去的阴影，重新开始新的生活。这种积极的心理预期可以极大地激发罪犯的改造动力，使他们更加珍惜改造机会，积极投入于各种教育、劳动改造中去。

随着改造的深入，罪犯会逐渐发现自己的变化和进步。当他们感受到自己的能力和价值在逐步提升时，对未来的信心也会进一步增强。这种自我效能感的提升不仅有助于巩固改造成果，还能激励罪犯继续向前迈进，为实现更大的目标而努力。

罪犯对未来的期望是心理健康的重要标志之一。当罪犯对未来充满信心和期待时，他们的心理状态会更加稳定、积极。这种良好的心理状态有助于他们更好地应对改造过程中的困难和挑战,减少负面情绪的影响,保持积极向上的生活态度。

(三) 悔恨与赎罪

部分罪犯在犯罪后会产生深刻的悔恨与赎罪之情,他们希望通过改造来赎罪,弥补对受害者和社会造成的伤害。这种赎罪心理成为他们积极改造的重要动力。

悔恨与赎罪可以成为罪犯改造的内在动力。在罪犯群体中,有一部分人在犯罪后经历了深刻的心理转变,他们被深深的悔恨所包围,同时萌生出强烈的赎罪愿望。这种悔恨与赎罪的情感交织,成为他们积极投身改造、寻求自我救赎的重要驱动力。

1. 悔恨情感的深刻性。罪犯服刑后,部分罪犯开始深入反思自己过去的行为,他们意识到自己的错误不仅伤害了无辜的受害者,也违背了社会道德和法律规范。这种自我反省会让他们对犯罪行为有更加清晰和深刻的认识。悔恨往往伴随着内心的痛苦和煎熬。罪犯会反复思考自己的罪行,想象受害者所承受的痛苦和损失,这种强烈的负罪感让他们无法释怀。他们渴望找到一种方式来减轻内心的痛苦和不安。

2. 赎罪愿望的强烈性。罪犯在悔恨的基础上,可能会产生强烈的赎罪愿望。他们希望通过自己的努力和改造来弥补对受害者和社会造成的伤害。无论是通过经济赔偿、公开道歉还是积极投身公益活动,他们都可能希望能够为受害者和社会做出一些实质性的事。赎罪不仅是对外在伤害的弥补,更是罪犯们寻求自我救赎的过程。他们希望通过改造来洗刷自己的罪行,重新获得社会的认可和尊重。这种自我救赎的愿望促使他们更加积极地投入改造活动。

(四) 愤怒与报复

少数罪犯可能因对监狱的政策规定或民警、他犯不满、心怀怨恨而产生愤怒和报复心理。然而,这种情绪动机通常不会直接推动其积极改造,反而会导致抗拒改造或其他的报复行为。

愤怒与报复可能会使罪犯在改造中产生消极情绪和动机。在探讨罪犯改造的复杂心理机制时,愤怒与报复心理作为少数罪犯可能持有的情绪动机,其影响不容忽视。它们不仅不会促进罪犯的积极改造,反而可能成为阻碍改造进程,甚至引发不良后果的负面因素。

1. 愤怒情绪的根源。一些罪犯可能对监狱、民警或其他罪犯感到极度不满，认为监狱政策过于严格或自己受到了不公正的待遇。这种不满情绪会逐渐转化为愤怒，使他们对司法系统产生抵触和敌意。在改造过程中，自己总是感到难受和别扭。因此，这些罪犯可能将愤怒和怨恨的矛头指向他们，认为他们是导致自己难受的"罪魁祸首"。

2. 报复心理的表现。持有愤怒与报复心理的罪犯往往对改造持消极态度，他们不愿意参与教育、劳动等改造活动，甚至可能故意违反监规纪律，以此作为对监狱机关或特定人员的反抗和挑衅。少数罪犯在狱中可能就开始策划出狱后的报复行动，将愤怒和怨恨转化为实际行动。他们可能会寻找机会对民警或其家属进行报复，以此来宣泄内心的愤恨和不满。

3. 愤怒与报复心理的负面影响。愤怒与报复心理会削弱罪犯的改造动力，使他们难以投入积极的改造活动。这种消极情绪还会影响罪犯与他人的关系，增加改造难度和成本。

五、罪犯情绪动机的作用机制

情绪动机的作用机制理论是一个复杂而多维的心理学领域，它探讨的是情绪如何作为动机推动罪犯改造行为的过程。

（一）情绪动机的作用机制

1. 情绪唤醒与激活。当罪犯面临某种情境或刺激时，其情绪系统会被唤醒并激活。这种唤醒和激活过程涉及神经递质的变化、脑部电活动的调整以及身体生理反应的增强。例如，当罪犯看到自己特别喜欢的物品时，可能会产生愉悦和兴奋的情绪，这种情绪会唤醒其想要获得的动机，并促使其采取行动。

2. 认知评估与归因。罪犯在情绪唤醒后，会进行认知评估，即对外界事件或刺激进行解释和评价，以判断其对自己的意义和价值。当归因过程涉及将行为结果归因于内部因素（如能力、努力）或外部因素（如运气、环境）。这种归因会影响罪犯的情绪反应和后续行为。例如，当罪犯成功完成一项任务时，如果他将其归因于自己的努力和能力，他会感到自豪和满足；如果他将其归因于外部因素，则可能不会产生强烈的情绪反应。

3. 情绪放大与驱动。情绪在动机过程中起着放大的作用。当罪犯的某种需要或愿望被激发时，相应的情绪会放大这种需要或愿望的强度，从而增强动机的驱动力。例如，在罪犯受到他犯威胁的情况下，他们会产生强烈的恐惧感、愤怒感和急迫感，这些情绪会放大补充威胁的安全需要，并驱使其采取行动控制威胁。

4. 情绪调节与适应。罪犯在情绪动机的驱动下采取行动时，还需要进行情绪调节以适应不同的情境和需要。情绪调节包括抑制不必要的情绪反应、增强有益的情绪体验以及调整情绪表达的强度和方式等。例如，在公共场合中，罪犯可能需要抑制愤怒或悲伤的情绪反应，以避免对他人造成不良影响。

（二）情绪动机的理论支持

1. 情绪动机理论。情绪动机理论认为情绪是动机的源泉之一，是动机系统的一个基本成分。它能激励人的活动，提高人的活动效率。适度的情绪兴奋可以使身心处于最佳活动状态，推动人们有效地完成任务。

2. 归因理论。韦纳提出的归因理论指出，归因会影响个体的情绪反应和后续行为。将成就行为归结为内部原因时，个体会产生强烈的情绪反应；而归因为外部原因时，情绪反应则相对较弱。

3. 情绪动力学。情绪动力学研究人的情绪产生释放与相关行为之间的动力作用机制。它强调情绪在驱动行为过程中的重要作用，并认为情绪是多元、复杂的综合事件。

情绪动机的作用机制涉及情绪唤醒与激活、认知评估与归因、情绪放大与驱动以及情绪调节与适应等多个方面。这些机制共同作用于个体内部，推动其采取特定的行为以满足需要或达到目标。

第二节 罪犯情绪的种类

情绪的种类理论是一个复杂而多维的领域，它涉及心理学、神经科学等多个学科。

一、罪犯基本情绪分类

理解罪犯基本情绪的意义对于罪犯改造动机以及心理健康都至关重要。基本情绪，如快乐、愤怒、悲哀和恐惧等，是人和动物共有的、不学而会的情绪反应，它们具有深刻的意义和作用。在心理学界，基本情绪的分类虽有所争议，但通常认为快乐、愤怒、悲哀和恐惧是四种基本情绪形式。这些情绪是对一系列主观认知经验的统称,是多种感觉、思想和行为综合产生的心理和生理状态。保罗·埃克曼等研究者提出了六种基本情绪理论,这些情绪被认为是人类共有的基本情感。

(一) 快乐情绪

快乐情绪是一种积极、愉悦的心理状态,它通常与满足、成就、幸福等正面体验相关联。快乐情绪在个体的心理健康、社交互动、生理健康以及整体生活质量等方面都发挥着重要作用。在罪犯改造过程中,快乐情绪的培养和维持对于提升改造质量、促进罪犯积极面对改造生活具有重要意义。

1. 快乐情绪在罪犯改造中的作用。快乐情绪能够激发罪犯的改造积极性,使他们对未来充满希望,更加主动地参与改造活动,如学习技能、遵守监规纪律等。积极的情绪状态有助于缓解罪犯的焦虑、抑郁等负面情绪,降低心理问题的发生率,提升他们的心理健康水平。快乐情绪能够增强罪犯之间的友善互动,减少冲突和矛盾,营造和谐的改造氛围。

2. 如何培养罪犯的快乐情绪。通过心理健康教育课程,向罪犯普及情绪管理知识,帮助他们认识和理解自己的情绪,学会调适和控制负面情绪。如"合理情绪疗法",指导罪犯建立合理的思维模式,避免被不良情绪所绑架。组织丰富多彩的文化娱乐活动,如体育比赛、文艺演出、阅读分享等,为罪犯提供展示自我、释放压力的平台。这些活动能够增强罪犯的归属感和成就感,提升他们的快乐情绪。开展社会帮教活动,让罪犯感受到社会的关爱和温暖,增强他们的改造信心。通过与亲人、社会的互动,帮助罪犯建立更加积极的情感联系,减少孤独感和无助感。

快乐情绪在罪犯改造中发挥着重要作用。通过心理健康教育、文化娱乐活动、社会帮教活动、正面激励机制以及改善改造环境等多种措施的综合运用,可以有效培养罪犯的快乐情绪并促进他们的积极改造。

(二) 悲伤情绪

悲伤是一种消极的情绪状态,通常与失去、失败或痛苦的经历相关联。在悲伤状态下,人们可能会感到沮丧、无助和失落。

在罪犯改造过程中,悲伤情绪是一个不容忽视的心理现象。悲伤情绪通常与失落、绝望、自责、内疚等负面情绪紧密相关,可能对罪犯的改造进程产生深远影响。

1. 悲伤情绪的成因。罪犯在服刑期间,可能面临家庭成员的离世、疾病或其他不幸事件,这些变故会给他们带来巨大的心理冲击,引发深深的悲伤和哀痛。罪犯与家人、朋友或同监犯人的关系紧张或破裂,也会导致罪犯产生孤独感和悲伤情绪。这种情感的缺失会让他们感到更加无助和绝望。

随着改造的深入,一些罪犯开始深刻反省自己的罪行,意识到自己的行为给家人和社会带来的伤害,从而产生强烈的自责和内疚感,进一步加深悲伤情绪。

2. 悲伤情绪的表现。一是情绪低落。罪犯可能表现出持续的沮丧、沉默寡言、对周围事物失去兴趣等情绪低落的症状。二是睡眠障碍。悲伤情绪可能导致罪犯出现失眠、早醒等睡眠障碍,进一步影响他们的身心健康。三是食欲下降。食欲不振是悲伤情绪的常见表现之一,罪犯可能因此出现体重减轻、营养不良等问题。四是自我封闭。为了避免进一步的心理痛苦,罪犯可能会选择自我封闭,减少与他人的交流和互动。

3. 悲伤情绪对改造的影响。悲伤情绪会削弱罪犯的改造动力,使他们失去对未来的希望和信心,从而降低罪犯参与改造活动的积极性。长期的悲伤情绪可能导致罪犯产生消极的人生观和价值观,增加他们再次犯罪的风险。悲伤情绪如果得不到及时有效的疏导和干预,可能引发更严重的心理问题,如抑郁症、焦虑症等。

(三) 愤怒情绪

愤怒是一种强烈的负面情绪,通常发生在罪犯感到被冒犯、受到不公平对待或面临威胁时。愤怒状态下的人们可能会表现出攻击性、敌意或挑衅行为。

1. 愤怒情绪的成因。一是感受到不公正待遇。罪犯可能因受到不公正的待遇、侮辱或伤害而产生强烈的愤怒情绪。这种感受可能来自监狱环境、监狱民警或其他罪犯。二是挫折与阻碍。在犯罪服刑期间,当罪犯的目标受到阻碍或无法达成时,他们可能会感到沮丧和愤怒。例如,对减刑的期望未实现、与家人的关系紧张等都可能成为愤怒情绪的触发点。三是自我认知与价值观冲突。罪犯在改造过程中,随着自我认知的深入和价值观的逐步建立,可能会对自己过去的罪行产生强烈的悔恨和愤怒。这种情绪可能指向自己,也可能指向社会或他人。

2. 愤怒情绪的表现。愤怒情绪可能导致罪犯产生攻击性行为,如身体攻击、侵犯他人财产等。这些行为不仅会对受害者造成伤害,还会进一步加剧罪犯的犯罪行为的严重性。愤怒情绪还可能导致罪犯在情感上对受害人或其他人产生敌意和报复心理。这种心理状态会加剧罪犯的负面情绪，并可能引发更严重的犯罪行为。愤怒情绪会使罪犯失去冷静和理智，导致他们做出冲动的决策和行为。这些行为往往是缺乏深思熟虑的，可能会给罪犯自己和其他人带来严重的后果。

3. 愤怒情绪对改造的影响。愤怒情绪会削弱罪犯的改造动力，使他们更加抵触改造活动，甚至产生反抗心理。长期的愤怒情绪可能导致罪犯形成扭曲的价值观和世界观，增加他们再次犯罪的风险。愤怒情绪如果得不到及时有效的疏导和干预，可能会引发更严重的心理问题，如焦虑症、抑郁症等。

（四）恐惧情绪

恐惧是对潜在危险或威胁的情绪反应，它促使罪犯采取防范措施以保护自己免受伤害。恐惧状态下的人们可能会感到紧张、不安和焦虑。

1. 恐惧情绪的成因。罪犯在犯罪后，往往担心自己会受到法律的制裁和严厉的惩罚，如监禁、罚款甚至死刑等。这种对惩罚的恐惧会让他们产生极大的心理压力。同时，服刑期间，罪犯也时刻担心自己的行为是否违反了监规纪律，从而受到额外的惩罚或失去某些特权。罪犯对未来充满不确定性，不知道自己的刑期何时结束，对出狱后的生活感到迷茫和担忧。此外，监狱环境对许多罪犯来说是陌生的，他们不确定自己能否适应这种封闭、严格的生活。罪犯担心自己服刑结束后，无法被社会所接受和容纳，害怕受到歧视和排斥。这种恐惧感会进一步加剧他们的孤独感和无助感。

在监狱中，罪犯需要与其他罪犯建立一定的关系以维持自己的生存和地位。然而，他们也可能因为害怕被欺负、被排挤而产生恐惧情绪。同时，与家人和朋友的分离也让他们对人际关系产生不安和恐惧。

2. 恐惧情绪的表现。罪犯可能表现出沉默寡言、躲避他人、紧张不安等行为异常现象。在严重的情况下，他们可能会出现自残、自杀等极端行为以逃避恐惧。罪犯的情绪可能变得极不稳定，时而暴躁易怒，时而沮丧低落。他们可能经常失眠、做噩梦等，表现出明显的焦虑和恐惧症状。恐惧情绪还可能引发罪犯的身体反应，如心跳加速、呼吸急促、出汗等生理症状。长期的恐惧还可能导致他们免疫力下降、容易生病等身体问题。

（五）惊讶情绪

惊讶通常是在面对意外事件时产生的情绪反应。它可能伴随着生理上的惊吓反应,如眼睛睁大、眉毛抬起等。惊讶是一种短暂而强烈的情绪体验。

罪犯的惊讶情绪在犯罪心理学及改造过程中是一个值得探讨的现象。惊讶情绪通常表现为对外界刺激或突发事件的强烈反应,对于罪犯而言,这种情绪可能由多种因素触发,并产生特定的行为和表现。

在罪犯改造过程中,惊讶情绪作为一种基本的情绪反应,其成因、表现和影响都是复杂而多维的。

1. 惊讶情绪的成因。当罪犯接收到与其原有认知或预期不符的信息时,会产生惊讶情绪。这些信息可能是关于自身罪行的严重后果、改造政策的变动、或是其他改造过程中的突发事件。在改造过程中,随着对罪犯自身行为的深入反思和对外部世界的新认识,罪犯可能会发现自己的价值观、行为准则与外界存在巨大差异,这种认知上的冲突也可能引发惊讶情绪。突如其来的表扬、批评、惩罚或奖励等外界刺激,如果超出了罪犯的预期,也可能导致惊讶情绪的产生。

2. 惊讶情绪的表现。惊讶情绪在面部表情上的表现最为明显,常表现为眉毛上扬、眼睛睁大、嘴巴张开等,形成典型的"惊讶脸"。这种表情是自动且难以掩饰的,能够直观地反映出罪犯的内心状态。除了面部表情外,罪犯在惊讶时还可能伴随身体后撤、手部动作突然停止等肢体语言,表现出对信息的强烈反应。在惊讶情绪的影响下,罪犯的言语反应可能变得迟缓或混乱,甚至出现短暂的失语现象。这是因为惊讶情绪占据了大脑的主要处理资源,使得其他思维活动受到抑制。

3. 惊讶情绪的影响。惊讶情绪可能促使罪犯对自己的行为进行重新审视和反思,认识到自己的错误和不良行为对社会的危害。这种反思有助于激发罪犯的改造动力,促进其积极改造。当罪犯对改造过程中的某些事实或政策产生惊讶情绪时,他们可能会更加关注并积极参与改造活动。这种积极性有助于提高改造效果,促进罪犯的顺利回归社会。过度的惊讶情绪也可能给罪犯带来心理压力和适应困难。特别是当惊讶情绪与恐惧、焦虑等负面情绪交织在一起时,可能加重罪犯的心理负担,影响其改造进程。因此,监狱民警需要密切关注罪犯的情绪变化,及时给予心理支持和帮助。

(六) 厌恶情绪

厌恶是一种对令人不快的事物或情境的情绪反应。它可能源于多种原因,如令人不快的味道、景象或气味。厌恶的表情通常包括皱鼻子、卷上唇等面部特征。

罪犯的厌恶情绪在改造过程中是一个重要的心理现象,它可能源于对特定事物、环境或人际关系的反感。

1. 厌恶情绪的成因。监狱环境的压抑、封闭和严格的管理制度可能让罪犯感到极度不适,从而产生对环境的厌恶情绪。监狱内的生活条件以及人际关系等因素也可能成为罪犯产生厌恶情绪的来源。罪犯在犯罪前或犯罪过程中可能经历了某些不愉快或创伤性的事件,这些经历可能使他们对某些事物或人产生厌恶感。罪犯在服刑期间可能遭遇的不公正待遇、歧视或欺凌等也可能加剧其厌恶情绪。

罪犯在改造过程中,随着自我认知和价值观的逐渐清晰,可能会对过去的行为和生活方式产生厌恶感。同时,监狱内的教育、引导和社会支持也可能使罪犯意识到自己的错误和罪行的严重性,从而产生对自身的厌恶情绪。

2. 厌恶情绪的表现。罪犯可能通过拒绝参与改造活动、不遵守监规纪律等方式来表达对某种事物或环境的厌恶。在极端情况下,罪犯甚至可能采取暴力、自残或自杀等行为来摆脱厌恶情绪的困扰。罪犯可能对周围的人或事物表现出冷漠、不关心甚至敌对的态度。他们可能对自己的未来感到绝望,对改造生活失去信心和动力。

厌恶情绪可能导致罪犯的认知发生扭曲,他们可能无法客观地看待事物和他人。他们会用消极、负面的眼光来看待一切,认为周围的人都对自己充满敌意和偏见。

这六种基本情绪在跨文化研究中得到了广泛的认可,它们构成了人类情感表达的基础。每种基本情绪都有其独特的生理机制、内部体验和外部表现,并能在不同的文化背景下被准确地识别和表达。这些情绪不仅影响着我们的心理健康和社交互动,还对我们的行为和决策产生着深远的影响。

需要注意的是,虽然这六种情绪被认为是基本的,但人类情感世界远不止于此。情绪是一个复杂且多维度的现象,它们可以相互交织、相互影响,并随着个体经历、文化背景和社会环境的变化而发生变化。

二、罪犯复杂情绪分类

罪犯复杂情绪分类理论是犯罪心理学中的一个重要组成部分,它旨在深入理解罪犯在特定情境下所表现出的复杂情绪状态。情绪是人类心理活动的重要组成部分，它影响着罪犯的行为决策和人际关系，罪犯的情绪状态往往与其犯罪行为密切相关。罪犯在犯罪前、犯罪中及犯罪后可能经历多种复杂的情绪体验，如愤怒、恐惧、悲伤、焦虑、希望、悔悟等。这些情绪不仅反映了罪犯的内心世界，也对其改造过程产生深远影响。

（一）复合情绪

复合情绪是由两种或两种以上的基本情绪组合而成的，具有更加复杂的情感体验。例如，爱恨交织，在双方关系中，罪犯可能同时体验到对方的爱意和因某些原因产生的怨恨或不满，这种情绪体验就是爱恨交织。悲喜交加是在面临重大变故时，如亲人去世但同时获得某种重要成绩时，罪犯可能同时感受到悲伤和喜悦，形成悲喜交加的情绪状态。

（二）社会情绪

社会情绪是指与人际交往、社会关系和道德规范等紧密相关的情绪体验。这些情绪通常具有更加复杂的社会性和文化性特征。例如，当罪犯意识到自己的行为或表现不符合社会规范或他人期望时，会产生羞耻感。这种情绪通常伴随着自我贬低、内疚和不安等复杂情感体验。当罪犯取得重要成绩或受到他人认可时，会产生自豪感。这种情绪不仅是对自身价值的肯定，也是对社会认同和尊重的追求。

（三）自我意识情绪

自我意识情绪是指与罪犯自我评价、自尊和自我价值感等密切相关的情绪体验。这些情绪通常伴随着对自我形象的反思和评估。例如，当罪犯面临未来不确定性或潜在威胁时，会产生焦虑情绪。这种情绪不仅涉及对外部环境的担忧，也包含对自我能力和应对能力的质疑。当罪犯长期感到沮丧、失去兴趣和活力时，可能陷入抑郁情绪。这种情绪与自我价值感的降低、对未来的悲观预期以及社交退缩等特征密切相关。

（四）其他复杂情绪

除了上述分类外，还有许多其他复杂情绪类型，如嫉妒、羡慕、感激、同情等。这些情绪通常也包含多个基本情绪的成分，并且具有独特的情感体验和表达方式。

复杂情绪是人类情感世界中的重要组成部分，它们不仅丰富了人们的情感体验，也对人们的认知、行为和社交关系产生深远影响。

三、罪犯情绪状态分类

情绪作为罪犯心理活动的重要组成部分，深刻影响着他们的思维、行为及生理反应。

关于情绪的种类，生物定向观和认知定向观的看法是不一样的。生物定向观强调先天的、不学而能的基本情绪（如愤怒、害怕等），不重视习得的、次级的情绪。认知定向观承认基本情绪的重要性，但也强调个体、社会和文化体验中产生的更丰富的情绪体验。

1. 生物定向情绪。生物定向情绪主要关注罪犯情绪的生物学基础，即情绪反应如何受到生理机制、神经递质、遗传等因素的影响。一是生理机制。罪犯在面临压力、冲突或刺激时，其生理反应（如心跳加速、血压升高、肾上腺素分泌增加等）可能更为强烈或异常，从而引发特定的情绪反应。这种生理机制可能受遗传因素影响，某些罪犯可能具有更易产生强烈情绪的生理基础。二是神经递质。大脑中的神经递质在情绪调节中起着关键作用。例如，多巴胺、血清素等神经递质的失衡可能导致情绪障碍，如焦虑、抑郁等。罪犯可能由于神经递质的异常而表现出特定的情绪状态，如易怒、冷漠或抑郁等。三是遗传因素。研究表明，情绪稳定性和反应性在一定程度上具有遗传性。某些罪犯可能由于遗传因素而具有更高的情绪反应性或更低的情绪调节能力。需要注意的是，生物定向情绪并不意味着罪犯的情绪完全由生物学因素决定，而是强调生物学因素在情绪产生和调节中的重要作用。

2. 认知定向情绪。认知定向情绪则更加关注罪犯情绪的心理过程和认知因素，即罪犯如何解读情境、评估威胁并产生相应的情绪反应。

一是情绪认知评价。罪犯在面对不同情境时，会根据自己的认知图式（即个体对世界的解释和预期）来评价情境的威胁性和意义，从而产生特定的情绪反应。例如，一个具有敌对认知图式的罪犯可能更容易将他人的善意行为解读为挑衅或威胁，从而引发愤怒或攻击性情绪。二是情绪调节策略。罪犯在情绪调节方面可能存在困难，他们可能缺乏有效的情绪调节策略或无法正确运用这些策略。这可能导致他们在面对负面情绪时无法有效缓解或管理情绪，进而加剧其情绪问题并影响其行为选择。三是情绪与行为的关系。罪犯的情绪状态可能直接影响其行为选择。例如，在愤怒或冲动情绪的影响下，罪犯可能更容易做出攻击性或暴力行为。同时，罪犯的认知过程也可能在情绪与行为之间起到中介作用。他们可能根据自己对情境的认知评价来决定如何行动，而这种评价又受到其情绪状态的影响。

3. 两者关系与对比。生物定向观和认知定向观在罪犯改造和犯罪学研究中各有侧重，但又相互补充。生物定向观强调生物因素对罪犯改造行为的潜在影响，为我们理解改造行为的生物学基础提供了重要视角；而认知定向观则更加关注罪犯的心理过程和认知特征，为我们制定针对性的预防和干预措施提供了有力支持。在实际应用中，我们需要综合考虑生物因素和认知因素在改造行为中的作用，以制定更加全面和有效的罪犯改造方案。

第三节　罪犯情绪的机能

在罪犯改造的复杂过程中，情绪作为心理活动的关键组成部分，对他们的认知、行为及社会适应等方面会产生深远的影响。情绪认知与理解是情绪管理的基础，对于罪犯而言，首先要认识到自己情绪的存在及其背后的原因，包括对触发情绪的具体情境、个人需求、价值观及过往经历的深刻理解。通过教育引导和心理辅导，帮助罪犯建立正确的情绪认知观念，认识到情绪是正常的人类体验，而非不可控的洪水猛兽。

一、罪犯情绪的适应功能

情绪是机体适应生存和发展的重要方式。罪犯在监狱改造的过程中，会面对各种环境变化和刺激，情绪作为对这些变化的反应，有助于他们采取适当的应对策略。例如，恐惧可以促使他们远离危险，愤怒则可能激发他们保护自身或他人的行为。

（一）情绪认知与调节

情绪认知是罪犯理解自身情绪状态及其原因的过程。通过情绪认知，罪犯能够识别出自己当前的情绪状态，如愤怒、焦虑、抑郁等，并意识到这些情绪是如何被触发和维持的。

情绪认知与调节是罪犯心理健康与自信感的重要基石。它不仅关乎罪犯如何理解、体验和管理自己的情绪，还深刻影响着他们的行为模式、人际关系及身心健康。

1. 情绪认知基础。情绪是人类对内外环境变化所产生的生理、心理及行为反应的综合体现。它包括基本情绪（如快乐、悲伤、愤怒、恐惧等）和复杂情绪（如嫉妒、尴尬、羞耻等）。情绪认知是指个体对自身及他人情绪状态的识别、解释和评价过程。情绪的产生涉及复杂的生理与心理机制，包括大脑中的情感回路、神经递质的释放、身体反应（如心跳加速、血压升高）以及认知评估等。理解这些机制有助于罪犯更深入地认识情绪的本质和作用，以良好的情绪投身于改造活动中去。

2. 认知调整策略。认知重构是一种通过改变消极思维模式来影响情绪的方法。它包括识别并挑战自动化负性想法、培养积极自我对话、学会从不同角度审视问题等技巧。注意力管理是通过控制注意力焦点来影响情绪体验的策略。例如，将注意力从负面信息上转移，专注于当下积极的事物或活动，以减少负面情绪的影响。

3. 情绪表达技巧。情绪表达需要考虑情境、文化和个人差异。适当的情绪表达有助于增进沟通、建立信任；而不适应的情绪表达则可能导致冲突和误解。非言语表达（如面部表情、肢体语言）和言语表达（如语言选择、语调）都是情绪表达的重要方式。掌握这些技巧有助于更准确地传达自己的情感状态和需要。

4. 情绪接纳与理解。罪犯要学会接纳情绪的要求，接纳自己的情绪是情绪调节的重要前提，这意味着要认识到情绪是自然且可管理的心理现象，不必过分压抑或否认。深入探索情绪背后的原因和需要，有助于更好地理解自己和他人的情绪状态，从而采取更有效的调节措施。

5. 身心健康与调节。身体健康状况直接影响罪犯的情绪状态。保持良好的习惯、适量的运动等有助于提升情绪稳定性和自信心。培养积极的心态、增强自我效能感、建立社会支持系统等都是促进心理健康和有效调节情绪的重要途径。

监狱民警在情绪调节中发挥着重要作用。家人、民警、朋友等提供的情感支持和实际帮助有助于罪犯更好地应对情绪挑战。

（二）应对外界刺激

在罪犯改造的复杂过程中，应激是不可避免的心理现象。罪犯因犯罪行为而被剥夺自由，置身于陌生的监狱环境中，面临着身份、角色、社会关系的巨大转变，这些因素共同构成了其心理应激的主要来源。

罪犯面临着诸多外界刺激，如管理约束、人际冲突、生活变故等。这些刺激往往会引发罪犯的负面情绪反应。然而，具备一定的情绪适应能力的罪犯能够更好地应对这些刺激，通过调整自己的情绪状态来减少负面影响。他们可能采用积极的问题解决策略，如向民警汇报思想，寻求帮助等，而不是采取攻击性或逃避性的行为。

1. 罪犯的应激模型。应激模型是应对外界刺激理论中的重要组成部分。它认为，当罪犯面临监狱生活等外部环境中的威胁或挑战时，会产生一种适应和应对反应，即应激反应。应激反应涉及多个系统的相互作用，包括神经系统、内分泌系统、免疫系统等，以帮助他们应对刺激并恢复内环境的稳定。

应激反应通常包括三个阶段：警觉期、抵抗期（或耐受期）和衰竭期。在警觉期，罪犯会调动一切资源来应对刺激，表现为身体机能的增强和防御机制的启动；在抵抗期，他们会逐渐适应刺激，并表现出一定的抵抗能力；若刺激持续存在或过于强烈，他们可能进入衰竭期，表现为身体机能的衰退和防御机制的崩溃。

一是应激源识别。应激源是引发罪犯产生应激反应的各种刺激因素。应激源主要包括以下几个方面：监狱环境因素，如监舍条件、监规纪律、安全管理等，这些因素可能对罪犯产生物理和心理上的限制与压迫。人际关系因素，罪犯与民警、同监犯人之间的相处关系，包括合作、竞争、冲突等，均可能成为应激源。罪犯的犯罪经历、心理状态、身体状况、家庭背景等个体差异，也会对其在改造过程中的应激反应产生影响。二是应激反应机制。应激反应是罪犯在面临应激源时，通过心理、生理和行为层面的变化来应对挑战的过程。罪犯应激反应机制包括：心理反应，如焦虑、抑郁、愤怒、恐惧等负面情绪的出现，以及自尊心受损、自我价值感降低等心理问题的产生。生理反应，如心率加快、血压升高、免疫系统功能下降等生理变化，这些生理反应可能进一步加重心理负担。行为反应，包括逃避、攻击、自残、破坏监规纪律等行为问题的出现，以及改造积极性的下降或消失。

2. 罪犯自我认知评价模型。在罪犯改造的过程中，自我认知作为罪犯心理结构的核心部分，对改造效果起着至关重要的作用。认知评价模型强调罪犯个体在应对外界刺激时的认知过程。由此，罪犯对刺激的认知评价是决定其应对方式的关键因素。他们会根据自己的经验、信念和价值观来评估刺激的性质、意义和影响，从而采取相应的应对策略。例如，在面临同样的改造压力时，乐观的罪犯可能会将其视为挑战和机遇，采取积极的应对方式；而悲观的罪犯则可能将其视为威胁和负担，采取消极的应对方式。

罪犯自我认知评价模型理论旨在通过系统化地评估罪犯在改造过程中的自我认知变化，为制定个性化的改造方案、提高改造质量提供理论依据。

一是自我罪行认知。自我罪行认知是罪犯改造的第一步，也是最为关键的一步。它要求罪犯对自己的犯罪行为有清晰、深刻的认识，包括犯罪动机、手段、后果以及对自己、他人和社会造成的伤害。通过引导罪犯进行自我反思和忏悔，帮助其建立正确的罪责感，为后续改造奠定基础。二是法律判决认同。法律判决认同是罪犯接受改造的重要前提。罪犯需要理解并接受法律对其行为的判决，认识到法律的公正性和权威性。这有助于罪犯树立正确的法律观念，自觉遵守监规纪律，积极参与改造活动。同时，对法律判决的认同也能增强罪犯的改造动力，促进其积极改造。三是改造必要性评价。改造必要性评价是罪犯对自我改造需求的主观认知。它要求罪犯认识到自己行为的危害性，明确改造对于个人成长、家庭和谐以及社会稳定的重要意义。通过教育和引导，帮助罪犯建立正确的改造观念，认识到改造不仅是法律的要求，更是自我救赎、重新做人的必由之路。四是改造态度评估。改造态度评估是评价罪犯在改造过程中是否积极主动、配合改造的重要指标。它关注罪犯的改造意愿、努力程度以及参与改造活动的积极性。通过观察和评估罪犯在改造过程中的表现，可以及时发现并解决其消极抵触情绪，激发其改造积极性，推动改造工作顺利进行。五是心理障碍识别。心理障碍识别是罪犯改造过程中不可或缺的一环。由于罪犯在犯罪前后可能经历了种种心理创伤和困扰，导致其心理状态复杂多变。因此，在改造过程中需要密切关注罪犯的心理变化，及时发现并识别其可能存在的心理障碍，如焦虑、抑郁、自卑等。通过专业的心理辅导和干预，帮助罪犯克服心理障碍，促进其心理健康发展。

3. 行为主义模型。在罪犯改造领域，行为主义模型理论以其独特的视角和实操性，为改造工作提供了有力的理论支撑。该理论强调通过观察和分析罪犯的行为模式，运用行为矫正技术，逐步改变其不良行为习惯，培养其符合社会规范的行为模式。

行为主义模型则侧重于罪犯在应对外界刺激时的行为反应。它认为，行为是刺激与反应之间的直接联系，即刺激导致反应。在行为主义模型中，罪犯通过学习来建立刺激与反应之间的联系，并通过强化和惩罚来塑造其行为。

需要注意的是，行为主义模型在解释复杂情绪和社会行为时存在一定的局限性。它忽视了认知和情感在行为产生中的作用，以及个体内部的动机和意愿对行为的影响。一是行为矫正基础。行为矫正作为行为主义模型理论的核心，是改造工作的出发点和落脚点。它基于一个基本假设：人的行为是后天习得的，且可以通过学习、训练或惩罚等方式改变。在罪犯改造中，行为矫正旨在通过系统的、结构化的方法，逐步消除罪犯的不良行为，培养其积极向上的行为模式。二是关注罪犯行为。行为主义模型理论强调对罪犯行为的直接观察和记录。民警需要密切关注罪犯在日常生活中的各种行为表现，包括言语、动作、情绪等，以便准确了解其行为习惯、问题所在及潜在的改变动机。通过行为观察，可以为他们制定个性化的改造方案提供数据支持。

4. 经典条件作用。经典条件作用，又称巴甫洛夫条件作用，是行为主义理论中的重要概念之一。在罪犯改造中，经典条件作用可以被用来建立或改变罪犯对某些刺激的反应。例如，通过将特定的正面刺激（如表扬、奖励）与罪犯的良好行为联系起来，可以增强其行为动机；相反，将负面刺激（如惩罚、批评）与不良行为相联系，则可以抑制其再次发生。

5. 操作条件作用。操作条件作用，又称斯金纳条件作用，强调通过强化或消退来影响行为的频率。在罪犯改造中，操作条件作用的应用尤为广泛。通过给予正强化（如奖励、赞扬）来增强罪犯良好行为的出现频率；同时，通过忽视或撤销负强化（如取消特权、减少关注）来使不良行为逐渐消退。这种方法鼓励罪犯通过积极行为来获取满足感和成就感，从而逐步改变其行为模式。

6. 惩罚理论。惩罚理论在行为主义模型理论中占据重要地位。然而，值得注意的是，惩罚并非单纯的报复或体罚，而是一种旨在减少不良行为频率的手段。在罪犯改造中，惩罚应当谨慎使用，并与教育、引导等正面手段相结合。通过合理的惩罚措施，让罪犯认识到其不良行为的后果，从而激发其改变行为的内在动力。

7. 强化与消退。强化与消退是操作条件作用中的两个核心概念，也是罪犯改造中的关键策略。强化用于增强某种行为的出现频率，包括正强化和负强化；而消退则用于减少不良行为的频率，通过不予理睬或逐渐减弱对不良行为的反应来实现。在改造过程中，民警需要根据罪犯的具体情况和改造进展，灵活运用强化与消退策略，以达到最佳改造效果。

行为主义模型理论为罪犯改造提供了一种科学、系统的方法论指导。通过关注罪犯行为、运用经典条件作用、操作条件作用等原理，结合合理的惩罚、强化与消退策略，我们可以有效地改变罪犯的不良行为习惯，培养其积极向上的行为模式。同时，我们也应认识到，改造工作是一个复杂而长期的过程，需要监狱民警具备高度的责任心、耐心和专业知识，以确保改造工作的顺利进行。

(三) 行为驱动

罪犯的情绪对行为具有强大的驱动力。在改造过程中，积极的情绪（如希望、乐观）能够激发罪犯的改造动力，促使其更加积极地参与改造活动，如学习技能、遵守监规、参与劳动等。相反，消极的情绪（如绝望、愤怒）则可能抑制罪犯的改造意愿，甚至引发反改造行为。因此，情绪管理对于引导罪犯形成积极行为模式具有重要意义。

行为驱动理论在罪犯改造中的运用，主要基于心理学中的行为主义理论，强调通过外部刺激和内部动机来引导、塑造和改变罪犯的行为。

1. 理论基础。行为驱动理论（或行为主义理论）主张心理学应关注行为本身，通过研究刺激与反应之间的关系来预测和控制行为。在罪犯改造中，该理论被用于分析罪犯的不良行为模式，并通过设置合理的刺激条件来引导其向积极方向转变。

行为驱动理论是研究人的行为如何被推动和维持的理论。它认为，人的行为不是无缘无故产生的，而是由一系列内部和外部因素共同作用的结果。这些因素包括需要、动机、目标、环境刺激等，它们共同构成了行为的动力系统。

2. 具体运用。一是行为矫正计划。首先明确罪犯需要矫正的具体行为，如暴力倾向、逃避劳动等。根据行为矫正理论，设计相应的刺激条件，包括正性刺激（如奖励、表扬）和负性刺激（如惩罚、批评）。在改造过程中，密切监控罪犯的行为变化，及时给予正性刺激以强化积极行为，同时适当使用负性刺激以减少不良行为。二是经典条件反射。利用无条件刺激（如食物、安全）与条件刺激（如特定行为）之间的关联，建立新的条件反射。例如，将遵守监规纪律与获得更好的生活条件（如改善伙食、增加娱乐活动）相结合，使罪犯逐渐形成积极的行为习惯。三是操作条件作用。通过强化理论来塑造和改变罪犯的行为。强化物可以是物质的（如食品、用品），也可以是精神的（如表扬、荣誉）。在改造过程中，对于罪犯的积极行为给予及时、明确的强化，以增强其再次发生该行为的动机。四是社会学习理论。强调观察学习和模仿在行为形成中的重要作用。通过组织罪犯观看正面榜样（如改过自新的案例）的视频或演讲，激发其模仿和学习积极行为的欲望。

3. 注意事项。在运用行为驱动理论进行罪犯改造时，应充分考虑罪犯的个体差异和具体情况，制定个性化的改造方案。同时，应坚持正面引导为主、惩罚为辅的原则，避免过度使用负性刺激导致罪犯产生抵触情绪或反社会行为。此外，还应加强与社会的联系和合作，为罪犯提供就业安置、技能培训等支持措施，帮助其更好地融入社会生活。

4. 行为驱动理论的主要观点。一是需要与动机。需要是一切行为产生的源泉。当罪犯在生理上或心理上出现对某些必需因素的缺失或不足时，会产生一种内部的紧张状态，这种紧张状态就是需要。动机则是将需要转化为实际行动的桥梁。动机既能发动行为，同时也为行为提供方向和动力。动机的产生和维持与罪犯的需要、目标、期望等密切相关。二是目标导向。行为驱动理论强调行为的目标导向性。罪犯在行为过程中会明确自己的目标，并通过一系列有目的的行动来实现这些目标。目标的设定和实现过程对行为的维持和改变起着关键作用。三是环境刺激。环境刺激是行为驱动理论中的重要因素之一。外部环境的变化会对罪犯的需要、动机和行为产生影响。例如，监狱行为规范、纪律制度等都会对罪犯的行为产生一定的引导和约束作用。四是认知与情感因素。虽然行为驱动理论主要关注行为的外部表现和动力系统，但近年来越来越多的研究开始将认知和情感因素纳入其中。认知过程如注意、记忆、思维等会影响罪犯对信息的加工和处理方式，进而影响其行为选择，而情感因素如兴趣、情绪、价值观等则会对行为的动机和强度产生重要影响。

行为驱动理论是一个复杂而重要的心理学理论框架，它为我们理解人类行为的产生、维持和改变提供了有力的理论支持和实践指导。

二、罪犯情绪的动机功能

罪犯情绪是动机系统的一个基本成分，它能激励罪犯的改造行为，提高他们的改造成绩。适度的情绪兴奋（如快乐、热爱等）会提高他们的活动能力，推动他们有效地完成任务。相反，消极的情绪（如恐惧、痛苦等）可能会降低他们的活动积极性。

(一) 组织功能

情绪心理学家认为，情绪作为脑内的一个检测系统，对其他心理活动具有协调或破坏的作用。中等强度的愉快情绪有利于提高认知活动的效果，而消极情绪则可能对操作产生负面影响。这种组织功能表现在情绪对注意力、记忆、思维等认知过程的调节上。其中组织功能作为情绪功能的一个重要方面，对于罪犯的心理重建和行为改变具有显著的影响。

情绪的组织功能指的是情绪在罪犯的心理过程中起着组织和整合的作用，帮助形成内在的心理结构和情感体验。正性情绪如喜悦、希望等往往起到协调、促进的作用，而负性情绪如悲伤、愤怒等则可能引发破坏、瓦解或阻断的作用。在罪犯改造过程中，这种组织功能可以通过引导罪犯的情绪体验，促进其内在心理结构的重建和积极行为模式的形成。

1. 激发积极情绪，促进自我认知。通过学习教育等方式，引导罪犯认识到自己的犯罪行为对社会、家庭及自身的伤害，同时激发其改过自新的愿望和积极向上的情绪。帮助他们在面对负面情绪时能够保持冷静和理智，避免情绪失控导致的行为偏差。

2. 利用情绪动机，推动行为改变。同罪犯共同制定改造计划，设定具体的、可实现的改造目标，如掌握一项技能、完成一定数量的劳动任务等。这些目标将成为激发罪犯积极行动的重要动机。对罪犯的改造进展给予及时的反馈和肯定，增强其成就感和自信心，从而进一步激发其改造动力。

3. 强化正向体验，削弱负面情绪。通过组织文化活动、技能培训等丰富多彩的活动，让罪犯在改造过程中获得成就感和归属感，增强其正向情绪体验。对存在严重心理问题的罪犯进行专业的心理干预和治疗，如认知行为疗法等，帮助其摆脱负面情绪的困扰，重建健康的心理结构。

情绪的动机功能中的组织功能在罪犯改造中发挥着重要作用。通过激发积极情绪、推动行为改变、强化正向体验和构建支持网络等具体的运用方式，可以有效地促进罪犯的内在心理结构重建和积极行为模式的形成。

(二) 社会功能

情绪在人际具有传递信息、沟通思想的功能。这种功能通过情绪的外部表现，即表情来实现。表情是思想的信号，如微笑表示友好，点头表示默认等。在社交互动中，情绪表达是非语言交流的重要组成部分，它可以帮助人们建立和维护社会关系。

情绪的动机功能中的社会功能在罪犯改造中扮演着至关重要的角色。社会功能指的是情绪在人际交往、社会适应以及促进或阻碍社会行为方面的作用。在罪犯改造过程中，正确运用情绪的社会功能，可以有效促进罪犯融入社会和再社会化。

1. 促进罪犯人际交往。通过情绪教育，引导罪犯理解和体验他人的情绪，增强其同理心。这有助于改善罪犯与同犯、民警以及家庭成员之间的人际关系，减少冲突和暴力行为。在改造过程中，鼓励罪犯真诚地表达自己的情感和需要，同时学会倾听和尊重他人的意见。这种开放、坦诚的沟通方式有助于建立信任关系，为后续的改造工作打下良好的基础。

2. 提高罪犯社会适应能力。培养情绪管理能力，教育罪犯如何识别、表达和管理自己的情绪。这包括在面对挫折、压力和冲突时，能够保持冷静和理智，避免情绪失控导致的行为偏差。通过角色扮演、小组讨论等方式，模拟社会生活中的各种情境，让罪犯在安全的环境中学习和适应社交规则，提高其在社会中的适应能力。

3. 促进罪犯积极社会行为。激发积极情绪，利用积极心理学的方法，如感恩练习、积极暗示等，激发罪犯的积极情绪。这些情绪可以促使罪犯更加主动地参与改造活动，如学习技能、完成劳动任务等。明确社会责任，在改造过程中，强调罪犯作为社会成员的责任和义务。通过教育引导，让罪犯认识到自己的犯罪行为对社会的危害，并明确自己改造后的社会责任和目标。

（三）识别功能

情绪的识别功能体现在对他人情绪的觉察能力上，这种能力被称为同理心。具有同理心的人能够设身处地站在别人的立场，为别人设想，从而更准确地理解他人的情感和需要。这种能力在社交互动中尤为重要，它有助于增进人与人之间的理解和沟通。

情绪的动机功能中的识别功能在罪犯改造中的运用主要体现在以下几个方面：

1. 增强自我认知。情绪识别与自我反省，罪犯通过识别自己的情绪反应，可以更加深入地了解自己内心深处的想法、需要和冲突。这种自我反省有助于他们认识自己犯罪行为背后的情绪动机，如愤怒、沮丧、无助等。通过情绪识别训练，罪犯可以学会在特定情境下观察自己的情绪变化，并分析这些情绪如何影响他们的决策和行为。这种能力对于罪犯自我认知的提升至关重要。情绪的识别功能有助于罪犯提高自我觉察能力，即更加敏锐地感知自己的情绪状态和心理变化。这种觉察能力可以帮助罪犯在情绪波动时及时调整自己的心态，避免冲动行为的发生。

2. 促进情绪管理与调节。在识别情绪的基础上，罪犯可以学会采用积极的情绪调节策略来应对负面情绪。例如，通过深呼吸、冥想、放松训练等方法来缓解紧张和焦虑情绪，从而保持冷静和理智。罪犯还可以学习如何通过认知重构来改变自己的负面情绪。通过重新评估事件的意义和结果，他们可以以更积极的心态来看待问题，从而减少负面情绪的影响。

情绪的识别功能为罪犯提供了一个情绪管理的工具。通过识别和管理自己的情绪，罪犯可以更好地控制自己的行为，减少冲动和暴力行为的发生。这对于罪犯的改造和重新融入社会具有重要意义。

3. 提升社交技能。情绪的识别功能有助于罪犯在社交中更好地理解他人的情绪状态和需要。通过识别他人的情绪反应，罪犯可以更加敏感地感知到他人的情感和需要，从而建立更加和谐的人际关系。情感共鸣使得罪犯能够站在他人的角度思考问题，增强同理心和包容心，减少冲突和矛盾的发生。

识别情绪还有助于提升罪犯的沟通能力。通过准确地表达自己的情绪和需要，以及倾听和理解他人的情绪反应，罪犯可以更好地与他人进行沟通和交流。这种良好的沟通能力有助于他们在改造过程中获得他人的支持和帮助。

4. 增强改造动力。通过识别自己的情绪动机和内心需要，罪犯可以更加清晰地认识到自己的改造目标和方向。这种明确的目标感可以激发他们的改造动力，使他们更加积极地参与改造活动。识别并管理自己的情绪有助于罪犯保持积极的心态。在改造过程中遇到困难和挫折时，他们能够及时调整自己的心态，保持信心和希望，从而更加坚定地走向改造成功的道路。

情绪的动机功能中的识别功能在罪犯改造中的运用是多方面的。它不仅有助于罪犯增强自我认知、提升情绪管理与调节能力、提升社交技能，还能够激发他们的改造动力，为他们的重新融入社会打下坚实的基础。

（四）健康功能

情绪状态对罪犯的生理健康有着深远的影响。长期的积极情绪有助于提升免疫力、促进身心健康；而消极情绪则可能导致身心疾病的发生。因此，保持良好的情绪状态对于罪犯的健康至关重要。在罪犯改造过程中，正确运用情绪的健康功能，对于提升罪犯的身心健康水平、增强其改造效果具有积极作用。

1. 促进身体健康。积极的情绪状态（如喜悦、满足等）能够激活身体的免疫系统，增强抵抗力，减少疾病的发生。在罪犯改造过程中，通过心理辅导、情绪管理训练等方式，帮助罪犯培养积极的情绪状态，有助于提升他们的身体健康水平。

2. 提升心理健康。罪犯在改造过程中往往面临着巨大的心理压力（如自我认知的冲突、对未来的不确定感等），通过情绪的识别和管理，罪犯可以学会有效地缓解这些心理压力，保持心理健康。消极的情绪状态是心理疾病的重要诱因之一。在罪犯改造过程中，通过心理辅导和情绪管理训练，帮助罪犯识别并管理消极情绪，有助于预防心理疾病的发生。

3. 增强改造效果。积极的情绪状态能够激发罪犯的改造动力，使他们更加主动地参与改造活动（如学习技能、遵守监规等），这种积极性的提升有助于增强改造效果。

情绪的健康功能还有助于促进罪犯之间以及罪犯与民警之间的人际关系和谐。通过情绪管理和沟通训练，罪犯可以学会更好地表达自己的情感和需要，减少冲突和矛盾的发生，为改造创造更加有利的环境。

情绪的机能涵盖了适应、动机、组织、社会和识别等多个方面，它们在罪犯改造生活中发挥着不可或缺的作用。

（五）应对功能

应对功能在罪犯改造中的运用主要体现在以下几个方面：

1. 增强问题解决能力。罪犯在面对改造过程中的各种挑战和困难时，需要具备有效的应对策略。通过情绪应对训练，罪犯可以学会识别不同情境下的情绪反应，并根据情况采取合适的应对策略，如积极面对、寻求帮助、调整心态等。情绪动机促使罪犯采取行动以解决问题。在改造过程中，民警应教育他们掌握解决问题的技巧（如分析问题、制定计划、执行并评估结果等），使罪犯可以更加有效地应对各种难题，减少逃避和消极行为。

2. 促进适应性行为。监狱环境对罪犯来说是一个全新的、受限制的环境。通过情绪应对训练，罪犯可以学会更好地适应这种环境，减少因不适应而产生的焦虑、抑郁等负面情绪。情绪的应对功能促使罪犯根据环境变化调整自己的行为。在改造过程中，通过引导和训练，罪犯可以学会如何控制自己的行为，避免冲动和暴力行为的发生，从而更好地适应监狱生活并为将来的重新融入社会做好准备。

3. 增强心理韧性。改造过程中，罪犯可能会遇到各种挫折和失败，通过情绪应对训练，罪犯可以学会如何以积极的心态面对挫折，从中吸取教训并继续努力。这种心理韧性有助于他们在改造过程中保持动力和信心。提高情绪的应对能力也有助于增强罪犯的抗压能力。在面对压力和挑战时，他们能够保持冷静和理智，采取有效的应对措施来减轻压力的影响。

情绪在动机功能中的应对功能在罪犯改造中的运用是多方面的。通过提高问题解决能力、促进适应性行为、增强心理韧性以及实施相应的策略措施，可以有效提升罪犯的改造效果和社会适应能力。

第四节 情绪与罪犯改造动机

情绪是罪犯改造动机结构中的一环，它与改造行为动机的生理性、习得性与认知性共同构成了完整的罪犯改造动机结构。情绪是罪犯改造动机中重要的主观体验、并与其他动机维度密切联系、相互作用。

罪犯改造动机的情绪性动力不仅指向情绪性的结果性预期目的，还具有对行为的激发、维持力量，同时指向行为、活动过程本身的情绪体验，即过程或结果预期所具有的动力作用。

人类高层次水平的社会性情感主要有道德感、正义感和理智情感等，而这些情绪与情感都会在动力的增加与减少、激动与平静、紧张与轻松等方面表现与自我认知相结合后出现两极性的特征。这些情绪与情感的类别或状态都可能在罪犯改造行为中体现出来。消极的罪犯改造动机会出现歪曲的"公平正义感"和自私的自我价值感与低级的活动愉悦感。

一、追求快乐与罪犯改造动机

快乐是人遇到喜事时，感到高兴或满意的一种状态，是人们心情的一种表达方式，是典型的积极情绪。从情绪的本质上看，所有人类行为的目标都是追求快乐或避免痛苦。罪犯的犯罪行为也正是他们追求损人利己的低级快乐，给他人造成痛苦的结果。

罪犯在监狱改造生活中，所追求的快乐可以说是痛苦中求快乐；严格中求轻松；囚禁中求自由。因此，他们的快乐、轻松和自由只是相对的，与社会公民是不能比拟的。也正是在这种特殊的环境中,他们的快乐、轻松和自由就显得弥足珍贵。

(一) 追求快乐的本质

追求快乐是人类的一种基本心理需要,它驱动着人们寻求满足和愉悦的体验。然而,这种追求在不同的个体和情境下可能表现出不同的形式和程度。在罪犯群体中,由于他们正面临着法律制裁、社会排斥和内心矛盾等多重压力,追求快乐的方式和动机也可能异于常人。

罪犯也具有人类的相等属性,同样是追求快乐而避免痛苦的物种,即具有趋利避害的要求。追求快乐是人类行为活动的基本出发点与归宿。

犯罪行为是罪犯违背社会道德和法律的行为,也是他们极端自私本能,追求个人及时享乐、过分享乐、罪恶式享乐的原动力。本能在人格结构中属于本我的核心成分,其机能执行及时快乐原则(即及时地满足自己的欲望与要求,及时地体验到快乐是心理与行为活动第一原则)。当他们一味地追求快乐而放纵本能冲动时,就会迅速建立起犯罪动机与引发犯罪行为。

心理学家的调查表明,只有10%~20%的人经过理性判断后,感受到了生活中的快乐。快乐情绪及其对于快乐的追求行为所产生的动力作用,与人的行为激活系统(产生积极情绪情感奖赏体验的多巴胺系统)的活跃程度、行为抵制系统的相对不活跃是联系在一起的。

罪犯对于快乐的追求是一种适应性行为,在不同的环境中,他们对快乐感的追求是不同的。这种对快乐的追求并不必然导致亲社会性;如果罪犯对快乐追求的方式违背社会的基本道德或法律、制度、纪律范围,这种追求快乐的动机力量就可能成为违法违纪行为的动力。有些积极性的情绪或情感并不会对罪犯自身或他人产生积极的行为结果,如果行为人突破社会规范或道德原则,则可以成为破坏的力量。

(二) 罪犯改造中快乐情绪的主要来源

罪犯改造中快乐的主要来源是多元化的,旨在通过正面激励和心理健康的促进,帮助罪犯积极面对改造过程,重拾生活的希望和信心。

1. 成就感。当罪犯在改造过程中取得进步,如完成一项技能培训、参与文化活动并获奖,或是在劳动生产中表现优异时,他们会获得成就感。这种成就感能够激发罪犯的自信心和自尊心,促使他们更加积极地参与改造活动。

2. 社交互动。在监狱环境中,与他人的良好互动和友谊也是快乐的重要来源。通过参加集体活动、小组讨论、运动竞赛等，罪犯能够建立健康的人际关系，减少孤独感和隔阂感，感受到归属感和支持。

3. 学习与成长。教育和学习是罪犯改造的核心部分。通过学习新知识、提升技能、反思自身行为并改正错误，罪犯能够实现个人成长和进步。这种自我提升的过程本身就是一种快乐，因为它让罪犯看到了自己改变的可能性和未来的希望。

4. 心理支持与治疗。心理健康的支持和治疗对于罪犯来说至关重要。通过心理咨询、心理治疗、情绪管理训练等，罪犯能够学会如何更好地应对压力、处理负面情绪，保持心理平衡。这种内心的平静和稳定也是快乐的重要来源之一。

5. 家庭联系与亲情。与家人保持联系，获得家人的关心和支持，对于罪犯来说是一种巨大的精神慰藉。监狱通常会安排亲情会见或视频通话，让罪犯能够感受到家庭的温暖和关爱，从而增强改造的动力和信心。

6. 目标设定与实现。为罪犯设定明确的改造目标和计划，并帮助他们逐步实现这些目标，可以激发罪犯的积极性和动力。当罪犯看到自己正在朝着积极的方向前进，并逐步实现自己的目标时，他们会感到快乐和满足。

（三）追求快乐与罪犯改造动机的关系

探讨追求快乐与罪犯改造动机之间的关系，是一个复杂但具有深刻意义的议题。从心理学和犯罪学的角度来看，这种关系可以从多个层面进行理解。

1. 追求快乐是基本心理需求。追求快乐是人类的基本心理需求之一，它驱动着人们的行为和决策。对于罪犯而言，尽管他们可能因犯罪行为而面对法律制裁和社会排斥，但内心深处对快乐的追求并未因此消失。在改造过程中，这种对快乐的追求可能以不同的形式表现出来，如获得他人的认可、改善生活条件、实现自我价值等。

2. 罪犯改造动机的多维性。罪犯改造动机是一个多维度的概念，它涉及罪犯在服刑期间的多种心理需求和行为动力。根据心理学理论，罪犯改造动机通常受到改造需要、外界压力（或诱惑力）和改造目标吸引力三种因素的影响。这些因素的力量对比不同，会导致罪犯形成不同性质的改造动机，包括积极改造、消极改造和抗拒改造等。

3. 追求快乐与改造动机的关联。一是积极改造动机。当罪犯对自由的渴望、对家庭的思念、对未来的憧憬等积极因素占据主导地位时，他们更容易产生积极改造的动机,这种动机促使他们积极参与改造活动。真诚的积极改造动机往往与罪犯对自由生活的向往、对家庭和社会的责任感以及对未来的美好憧憬等因素相关。在这种动机的驱使下,罪犯会积极参与改造活动,努力改正错误,以期早日回归社会并重新获得快乐和满足。表面的积极改造动机虽然可能带有一定的功利性(如为了减刑、假释等),但同样可以激发罪犯的改造积极性。在这种动机下,罪犯也会努力表现自己,以期获得相应的奖励和认可,从而间接地追求快乐和满足。二是消极与抗拒改造动机。如果罪犯缺乏改恶从善的内在需要,外界压力较弱而不良诱因较强,或者改造目标缺乏吸引力,他们可能会产生消极改造或抗拒改造的动机,混刑度日的改造动机表现为罪犯既不积极也不抗拒改造,他们可能对生活失去信心,对未来感到迷茫,追求快乐对他们来说可能变得遥不可及或变得异常复杂。这种情况下,如通过违规行为满足物质欲望或逃避改造责任,这种行为只会加剧他们的困境并使他们远离真正的快乐。

(四)追求快乐与改造动机的相互影响

追求快乐与改造动机之间存在着相互影响的关系。这种关系在罪犯改造过程中尤为重要,因为它不仅影响着罪犯的心理状态,还直接关系其改造的积极性和效果。

1. 追求快乐对改造动机的激发作用。追求快乐是人类的基本需求之一,也是行为的重要驱动力。对于罪犯而言,在改造过程中,对自由的渴望、对家庭团聚的期盼、对美好生活的向往等快乐体验的追求,能够激发其积极改造的动机。这种动机促使罪犯主动参与改造活动,努力改正错误,争取早日回归社会。当罪犯在改造过程中取得进步或获得奖励时,他们会体验到成就感和快乐感。这种积极的情绪体验有助于增强罪犯的改造信心,使他们相信自己能够通过努力改变现状,进而更加坚定地追求改造目标。

2. 改造动机对追求快乐的导向作用。改造动机是罪犯在改造过程中形成的内在动力,它引导着罪犯的行为方向。当罪犯形成积极的改造动机时,他们会将追求快乐与改造目标相结合,通过正当途径努力实现自我价值和社会认同。这种导向作用有助于罪犯在改造过程中保持正确的方向,避免偏离改造轨道。积极的改造动机有助于罪犯在改造过程中保持良好的心理状态。当罪犯将追求快乐作为改造的动力时,他们会更加关注自己的内心世界和情感体验,从而更容易形成积极向上的心态和情绪状态。这种心理健康状态有利于罪犯更好地适应改造环境，提高改造效果。

3. 追求快乐与改造动机的相互影响机制。追求快乐与改造动机之间存在着相互促进的关系。一方面，追求快乐为改造动机提供了动力源泉和情绪支持；另一方面，积极的改造动机又有助于罪犯实现自我价值和社会认同，从而获得更多的快乐体验。这种相互促进的关系有助于形成良性循环，推动罪犯改造进程不断向前发展。

然而，追求快乐与改造动机之间也可能存在相互制约的情况。如果罪犯过于追求短期快乐而忽视改造目标的长远意义，就可能导致其改造动机减弱或丧失；反之，如果改造动机过于强烈而忽视了罪犯的个性化需求和情感体验，就可能导致其追求快乐的动力不足或产生抵触情绪。因此，在罪犯改造过程中需要平衡好追求快乐与改造动机之间的关系，确保它们能够相互促进、相互制约并共同推动改造进程的顺利进行。

二、理智情感与罪犯改造

理智情感是人们在认知需要的作用下进行认知事物、探究活动中所体现的理性情感控制能力。即个体具有辨别是非、明确利害和控制自己行为能力的体验。

理智情感在罪犯改造动机中的作用主要体现在理智情感的高低水平对罪犯改造动机水平及行为类型的影响力。

（一）理智情感理论基础

理智情感理论强调个体在决策、行为及情感反应中理智与情感的相互作用与平衡。该理论认为，理智负责逻辑分析、判断与决策，而情感则提供动机、价值导向及情绪体验。在罪犯改造的语境下，理智情感理论为理解罪犯行为背后的复杂心理机制、制定有效的改造策略提供了重要的理论支撑。

1. 犯罪的主要原因是犯罪人的低理智情感。他们也许是高智商的罪犯，但他们的情商，特别是在自我情绪、理智情感的控制力方面是低能的。低能者的判断力与理解力往往较差，缺乏自主性，易受暗示或诱惑，也易兴奋冲动，自私自利，物质欲望强烈，因此具有一定犯罪动机。

罪犯的低理智情感，会导致他们缺乏足够信心学习新事物和适应社会进步发展的能力，因而常常成为竞争中的弱者，并可能受到他人的歧视，并可能因此产生极低或极高的个人自尊。这类罪犯极易产生难以压抑的犯罪冲动并采取反社会的报复行为。

2. 罪犯理智情感的另一极端是高理智情感。即自我对认知活动具有极高的情感自我控制能力。具有高理智情感而不具备高认知能力水平的罪犯大多表现为眼高手低，虽然向往的自我目标较高，也具有较高的动机水平，但往往由于现实目标的难度超出了自己的认知或实践能力，因而不仅难以体验成功的喜悦快乐感，反而会常常体验来自现实的残酷挫折与失败感。

3. 具有高智能和高理智情感的罪犯，一般具有解决问题的自信、动力与解决问题的智慧与知识，他们容易成为社会的成功者，较少会与犯罪者联系在一起。但是，当他们在社会比较情境中感受到不公平感、高自尊感或孤独感的体验时，在低下道德品质的驱动下，或因制度缺陷、管理不力等环境的诱使，也可能以自己所谓的高"智慧"、高"能力"钻法律法规的空子，以权谋私，打击报复对手，对抗社会。这种以高理智情感导致的犯罪动力，主要体现于隐蔽性较强的智能犯罪类型（如金融犯罪、计算机犯罪、职务性犯罪）中。他们通过犯罪计划的周密严谨性、新颖性、对抗性与有效性来展示、证明其智慧的创造性，从犯罪中体验到自我陶醉的高理智情感与成就感。在改造过程中，这类罪犯一般会比一般刑事犯罪的罪犯显得守纪律、懂规矩。很容易成为监狱罪犯中的"智多星"，许多反改造的言论、行为、活动出自他们之手。他们会常常卖弄自己所谓的"聪明才智"。反之，如果民警对这类罪犯多加教育帮助，他们也会对监管改造秩序有所帮助。

这类罪犯改造动机在"英雄主义"或者人格障碍的作用下还可能会演化成为职业性罪犯，甚至是强迫性、疯狂性、残忍性的动力状态。

(二) 情感因素在改造中的作用

情感因素无论是针对罪犯的改造还是其他类型的改造（如心理康复、行为矫正等），都扮演着至关重要的角色。

1. 增强改造动力。情感因素能够激发罪犯的内在动机，使其更加主动地参与改造。例如，罪犯对自由的渴望、对家人的思念等积极情感，可以成为其改造的重要驱动力。当罪犯在改造过程中体验到成功和进步时，会产生积极的情感反应，如成就感、满足感等。这些情感反应有助于增强他们的自我效能感，使其更加坚信自己能够改变并成功回归社会。

2. 促进心理调适。改造过程中，罪犯可能会面临各种挑战和困难，从而产生焦虑、抑郁等负面情绪。情感支持可以帮助他们缓解这些负面情绪，保持心理平衡和稳定。通过情感引导和心理疏导，可以帮助他们建立积极的心态，增强面对困难和挑战的信心和勇气。这种积极心态有助于他们更好地适应改造环境，提高改造效果。

3. 强化社会支持。情感交流是建立良好人际关系的重要途径。在改造过程中，通过情感互动和沟通，可以增进罪犯与他人的关系，建立信任和支持网络。当罪犯在改造中表现出积极的变化和进步时，会获得来自家庭、社会等方面的认同和赞扬。这种社会认同有助于增强他们的归属感和自我价值感，进一步促进其改造进程。

三、自我价值感与罪犯改造动机

人本主义心理学的潜能理论与自我实现理论认为，人类个体具有自发向上发展的力量，从低层次需要向高层次需要的满足逐步发展。发展过程中，越是高层次需要的满足，越是需要复杂的、丰富的社会资源的支持。然而，社会普通公民在追求自我的价值目标时并不具有这些条件，因此，在个人认知与能力有限的情况下，其中大部分人就必然会遇到挫折与阻碍，其自我价值感就不可能如期实现。

自我价值感是个体对自身价值的肯定和认识，包括自信、自尊和自强等方面的情感体验。具有较高自我价值感的人通常表现出积极的生活态度和行为模式，而自我价值感较低的人则容易产生自卑和自暴自弃的情绪。

监狱中，大多数罪犯的自我价值感普遍不高，他们大多数来自低自我价值感的家庭或社会群体，但他们同样甚至于更加强烈地向一般社会公民追求着自我价值感。

多数罪犯虽然自我目标受阻，但为了实现自己难以实现的自我价值，其获得自我价值感的愿望并没有随之降低或消失，反而会成为强有力追求的目标（即"蔡加尼克效应"）。当他们通过多次努力不能实现时，必然产生挫折感与失落感。随着压力的增加，其满足自我价值感的力量就越来越大，行为人就容易在外力和外界消极诱因的作用下，常常采取危害他人，谋利自己的违反道德、违反法律的手段来实现自我价值。

心理学研究表明，当罪犯感受到自己的价值被认可，拥有实现自我价值的途径时，其内在的积极动机便会被极大地激发。对于罪犯而言，这一原理同样适用。当他们在改造过程中逐渐认识到自己的价值所在，看到改变的希望与可能,其改造动机将自然而然地增强。这种动机不仅仅是出于对法律制裁的恐惧或减刑的功利考虑,更是一种深层次的、源自内心的自我救赎与成长渴望。

(一) 自我价值感是自信的基石

自我价值感源自罪犯对自我能力、品质及存在意义的肯定与认同,是构成其心理健康与自信的基石。然而,对于许多罪犯而言,长期的犯罪行为与社会的负面评价往往导致他们自我价值感的严重缺失。他们可能认为自己一无是处,被社会抛弃,这种深刻的无助与绝望感,无疑成为改造道路上的沉重枷锁。

对于许多罪犯而言,长期的犯罪行为不仅是对法律的挑战,更是对自我认知的一种扭曲和破坏。他们在违法乱纪的过程中,往往忽视了自己的价值与尊严,将自我贬低为"社会的弃儿"。与此同时,社会的负面评价如同锋利的刀刃,不断切割着他们本就脆弱的自我认同。媒体的渲染、公众的指责、亲友的失望……这些外界的声音汇聚成一股强大的力量,将罪犯推向了自我价值感缺失的深渊。

在自我价值感严重缺失的状态下,罪犯往往会陷入深深的自责与绝望之中。他们可能认为自己一无是处,无法被社会所接纳和认可。这种深刻的无助与绝望感,不仅严重影响了他们的心理健康,更成了他们改造道路上的巨大障碍。他们可能失去了对未来的希望与憧憬,对改造措施产生抵触情绪,甚至陷入自暴自弃的境地。

然而,监狱民警必须认识到,每个人都有其独特的价值和潜力,罪犯也不例外。尽管他们曾经犯罪,但这并不意味着他们就应该被全盘否定。相反,民警应该给予他们重新认识自我、肯定自我的机会。通过心理辅导、教育引导、技能培训等多种方式,帮助他们重建自我价值感,找回对生活的信心与热爱。

当罪犯开始重新审视自我时,他们会发现自己的身上其实有着许多被忽视的优点和潜力。他们可能会发现自己具有某种特殊的才能或技能,或者拥有改变现状的决心和勇气。这些发现将为他们带来前所未有的动力和希望,使他们更加积极地投入改造。

(二) 价值感与罪犯自我认知

对于罪犯而言,构建稳固的自我价值感,首先需要他们踏上一段自我发现与认知的旅程。这不仅仅是对外在行为的审视，更是对内心世界的一次深刻探索。

一是自我认知的重要性。了解自己的优点、缺点、兴趣、价值观以及潜能，是每个人成长过程中的必修课。对于罪犯而言，这一过程尤为重要。长期的犯罪行为可能让他们对自己的认知产生了偏差，甚至扭曲。因此，通过自我反思、探索和实践，重新找回真实的自我，成为他们构建自我价值感的第一步。二是自我反思。自我反思是自我认知的起点，它要求罪犯静下心来，与自己进行一场深刻的对话。在这个过程中，他们需要诚实地面对自己的过去，包括那些错误的选择和行为。同时，也要勇于承认自己的不足和缺陷，这是成长和改变的前提。通过自我反思，罪犯可以逐渐摆脱外界的负面评价对自己的影响，找回内心的平静与力量。三是探索与实践，发现真实的自我。在自我反思的基础上，罪犯需要进一步通过探索和实践来发现真实的自我。这包括了解自己的兴趣所在、价值观的形成以及潜在的能力。他们可以尝试参加各种改造活动、技能培训或兴趣小组，通过实践来发现自己的长处和兴趣点。同时，也可以通过与他人的交流和互动，了解自己在社会中的位置和角色。这些经历将帮助他们更加清晰地认识自己，为构建稳固的自我价值感打下坚实的基础。四是构建自我价值感。随着自我认知的深入，罪犯将逐渐找回对自我的肯定与认同。他们开始意识到，尽管自己曾犯下错误，但这并不意味着自己一无是处。相反，他们拥有独特的价值和潜力，只要愿意努力改变和成长，就能够重新赢得社会的尊重和认可。这种积极的自我认知将激发他们内心的动力和希望，促使他们更加积极地投入改造。

自我价值感建立在深刻的自我认知之上。对于罪犯而言，通过自我反思、探索和实践来重新认识自己、肯定自己，是构建稳固自我价值感的关键步骤。这不仅有助于他们实现个人的成长与蜕变，更为他们未来的重新融入社会奠定了坚实的基础。

（三）自我接纳是自我价值感的关键

在自我价值感中，自我接纳无疑是其不可或缺的重要环节。罪犯改造过程中，这一环节尤为关键，因为它要求罪犯能够无条件地接受自己的全部，无论是光辉的成就还是难以启齿的过错，无论是耀眼的优点还是不尽如人意的缺点。

一是自我接纳的深刻内涵。自我接纳并非一种放纵或逃避，而是一种深刻的理解和宽容。它意味着罪犯能够正视自己的不足之处，不再为此感到羞愧或自责。相反，他们以平和的心态去拥抱这些部分，因为它们同样是构成完整自我的不可或缺的元素。这种接纳让罪犯的心灵得到了真正的释放和安抚，使他们在面对挑战和困难时能够更加坚韧。二是自我接纳的力量。自我接纳的力量是巨大的。它能够帮助罪犯打破内心的枷锁，摆脱自我否定的阴影。当罪犯开始接纳自己时，他们会发现自己的内心变得更加宽广和包容，不再被过去的错误所束缚。这种内心的自由让他们能够更加专注于当下的改变和成长，积极投入改造。同时，自我接纳也增强了罪犯的自尊和自信，使他们相信自己有能力克服一切困难，实现自我价值。三是从接纳到改变的桥梁。自我接纳并不是终点，而是通往改变和成长的桥梁。当罪犯真正接纳自己时，他们会更加清晰地认识到自己的优点和潜力所在。这种认识将激发他们内在的动力和创造力，促使他们积极寻求改变和成长的机会。同时，自我接纳也让他们更加愿意接受外界的帮助和指导，从而加速改造的进程。四是实践中的自我接纳。在实践中，民警可以通过多种方式帮助罪犯实现自我接纳。首先，可以通过心理辅导和教育引导来帮助他们认识到自我接纳的重要性及其带来的益处。其次，可以提供具体的技巧和方法帮助他们进行自我反思和情绪管理，从而更好地接纳自己。最后，还可以通过社会支持网络的建立让罪犯感受到来自他人的关爱和认可，从而进一步巩固自我接纳的成果。

自我接纳是塑造自我价值感的关键。对于罪犯而言它不仅是心灵自由的象征，更是改变和成长的起点。通过自我接纳他们能够更好地认识自己、肯定自己并最终实现自我价值的升华。

四、避免痛苦与罪犯改造

痛苦是个体目标不一致时，情绪阻碍个人目标达成的情绪，是一种因厌恶性、威胁性事件而产生的消极体验。

罪犯在监狱被迫接受改造的过程，其实就是接受失去自由、接受法律惩罚的痛苦，只是这种痛苦主要体现在精神、心理层面，物质生活质量是完全可以保证他们身体健康。

罪犯在监狱中的快乐，主要是精神层面的快乐，即使社会上很简单的活动方式，在狱中也是比较稀缺、珍贵的。例如，进行打羽毛球、踢足球、打乒乓球等活动。监狱中的快乐，是最简单的快乐，但也是最珍贵、对改造动机最有效的快乐。罪犯追求快乐目标的过程，也是努力避免痛苦的过程，或者其行为就是为了避免痛苦。

（一）罪犯改造中的主要消极情绪

在罪犯改造过程中，主要的消极情绪包括但不限于以下几个方面：

1. 焦虑。焦虑是罪犯改造中常见的心理状态，主要表现为内心不安、紧张和担忧。这种情绪可能源于对未来的不确定性、对刑罚的恐惧以及对自身处境的担忧。焦虑会影响罪犯的心理状态和情绪稳定性，导致他们难以集中注意力，情绪波动较大，容易产生烦躁、易怒等情绪。这不仅会影响罪犯自身的心理健康，还可能使其与其他罪犯或监管人员发生冲突，破坏改造环境的和谐稳定。

2. 抑郁。抑郁是一种以情绪低落、失去兴趣和快乐感为主要特征的心理状态。在罪犯中，抑郁的发生率相对较高。抑郁会使罪犯失去改造的动力和信心，对自己的未来感到绝望，认为自己无法改变现状，从而放弃努力。这种消极的心态会严重影响他们参与改造活动的积极性，甚至可能导致自暴自弃的行为。同时，抑郁的罪犯往往自我封闭，不愿意与他人交流和沟通，这不仅会影响他们的人际关系，还会阻碍他们接受心理疏导和教育改造。

3. 疲劳。疲劳在罪犯改造中也是一个不容忽视的问题。它包括身体疲劳和心理疲劳两个方面。长时间的劳动改造、紧张的学习任务以及单调的生活环境等因素都可能导致罪犯的身体疲劳。身体疲劳会使罪犯的体力下降，影响他们完成劳动改造任务的能力，同时还会使罪犯情绪低落，对改造产生抵触情绪。心理疲劳则会使罪犯对改造活动感到厌倦和无聊，缺乏创新和进取精神。此外，疲劳还可能导致罪犯注意力不集中、反应迟钝，增加工作中的安全风险。

4. 压力。罪犯在改造过程中面临着来自多方面的压力，如刑罚的压力、家庭的压力、社会的压力等。这些压力可能导致罪犯产生焦虑、抑郁等不良情绪，进一步影响他们的心理健康和改造效果，过大的压力还可能使罪犯产生逃避、抗拒改造的情绪和行为。

5. 心理躁动。心理躁动表现为情绪不稳定、对环境不适应、心理压力大等。在罪犯入监后的数月内，特别是第3个月至第6个月期间，这种现象尤为明显。心理躁动期是各种矛盾的多发期，罪犯可能表现出敏感、多疑、恐惧、焦虑、烦躁、忧郁、愤怒、自卑、固执、偏见、不满等负面情绪。这些负面情绪不仅影响罪犯的心理健康和改造效果,还可能引发脱逃、行凶、自杀、斗殴、争吵等极端行为。

(二) 罪犯消极情绪的来源

心理学认知理论认为:人的情绪来自人对所遭遇到的事情的信念、评价、解释或观点,而并非来自事情本身。罪犯大多数时候的痛苦其实都是自找的,也就是说,他们所遇到的大多数痛苦完全是可以避免的。而想要让他们从"痛苦"的情绪中走出来,需要我们采取一些在"认知"方面的方法。

1. 心理需要未得到满足。罪犯可能在日常生活中长期感受到自我价值感的缺失,他们的某些需要,如安全、尊重、爱与归属等,可能长期得不到满足。当这些需要受阻时,会产生诸如嫉妒、怨恨、敌视等消极情绪体验。自我价值感的缺失容易导致自我认同危机,进而产生消极情绪。这种缺失的自我价值感可能源于社会对他们的负面评价、自身行为的悔恨以及对未来的不确定感。负面情绪的不断积累,可能促使罪犯采取极端行为以寻求心理平衡。

2. 情绪调节能力低下。罪犯往往存在认知偏差,如过度概括化、以偏概全等,导致他们难以客观地看待自己和周围的事物。这种认知偏差会加剧他们的消极情绪体验,并使他们难以采取有效的情绪调节策略。罪犯在情绪表达方面存在的障碍,如难以用适当的方式表达自己的情感和需要,这种障碍可能导致他们积压大量的消极情绪,而无法通过有效的途径进行宣泄和调节。

3. 社会环境因素。罪犯在回归社会的过程中可能面临社会排斥和歧视,这种经历会进一步加剧他们的消极情绪体验。社会的不接纳和排斥感会使他们感到孤立无援,从而增加再犯罪的风险。

4. 监狱环境因素。监狱生活本身就是一个充满压力的环境。监狱的规章制度、人身自由受限、生活条件的艰苦等都可能给罪犯带来沉重的心理负担,从而引发消极情绪。监狱中可能存在的冲突和暴力事件也会加剧罪犯的消极情绪体验。这些事件不仅威胁到罪犯的人身安全,还可能破坏他们的心理平衡,使他们感到更加无助和绝望。

(三) 避免痛苦理论与罪犯改造

避免痛苦理论通常与"认知失调"概念紧密相关。认知失调是指罪犯在认知上产生的不一致状态,这种不一致会导致心理上的紧张和不愉快体验,即"失调感"或"痛苦感"。为了避免这种痛苦,他们会倾向于调整自己的认知或行为,以恢复认知上的一致性。

避免痛苦理论强调减少个体在生活中遭受的不必要的痛苦，这与罪犯改造中的人性化教育改造理念相契合。在改造过程中，尊重罪犯的人格与尊严，关注他们的心理需求，减轻其心理负担和痛苦感，是人性关怀的重要体现。避免痛苦理论与罪犯改造在目标上具有共同性，即都致力于促进个体的积极变化和发展。避免痛苦理论希望个体能够远离痛苦，追求幸福；而罪犯改造则希望通过一系列的教育和矫正措施，帮助罪犯认识到自己的错误，改变不良行为，重新融入社会，实现自我价值。

避免痛苦理论与罪犯改造之间的关系，可以从多个维度进行探讨。

1. 认知重构与自我反省。罪犯在改造过程中，常常需要面对由自己过去的错误和罪行所带来的痛苦和自责。通过认知重构，即改变对自身行为及其后果的看法，罪犯可以减轻这种痛苦感。监狱和教育系统可以引导罪犯进行深入的自我反省，帮助他们认识到自己的错误，并理解这些错误背后的原因和动机。通过这种方式，罪犯能够重新构建自己的认知体系，减少认知失调带来的痛苦。

2. 设定合理目标与挑战。为了避免改造过程中的痛苦和挫败感，监狱可以为罪犯设定具有挑战性的但合理的改造目标。这些目标应该既能够激发罪犯的改造动力，又不会让他们感到目标遥不可及。通过逐步实现这些目标，罪犯可以获得成就感，从而减少因失败而产生的痛苦感。同时，这种成就感也会激励他们继续努力，争取更好的改造成果。

3. 行为矫正与习惯养成。罪犯的不良行为习惯是导致其犯罪的重要原因之一。通过行为矫正训练，监狱可以帮助罪犯逐步改变这些不良习惯，并建立起新的、健康的行为模式。在这一过程中，监狱需要注重培养罪犯的坚持精神和自律能力，帮助他们逐步克服懒惰习性，通过持续的努力和坚持，罪犯可以逐渐摆脱不良习惯的束缚，走向新生。

五、认知失调与罪犯改造

罪犯在改造过程中，想要避免"痛苦"，就一定要知道痛苦的源头——"认知失调"。认知失调也被称为认知的不和谐，就是人在认知一致性的倾向上发生了认知不一致的情况，就会导致自己认知上的失调。失调的认知会引起心理上的紧张，从而产生不愉快的体验，这种感觉便是"失调感"。

(一) 认知失调理论概述

认知失调理论由美国社会心理学家利昂·费斯廷格 20 世纪 50 年代提出,主要探讨个体在面对认知元素之间不一致或相互矛盾时所产生的心理压力,以及为减少这种心理压力所采生的种种心理和行为反应。在罪犯改造的语境中,认知失调理论为理解罪犯如何面对自身犯罪行为与道德、法律标准之间的冲突提供了重要视角。

在罪犯的改造过程中,认知失调是一个普遍存在且不容忽视的心理现象。它指的是罪犯的现有认知结构(包括信念、态度、价值观等)与其行为或外部环境之间存在的不一致或矛盾状态。这种失调不仅影响罪犯的自我认知与情绪管理,也直接关系其改造的成效与未来重新融入社会的可能性。

罪犯服刑后,往往会面临自身行为与社会规范、道德观念或法律标准之间的巨大反差,这种反差导致了认知失调。例如,一个长期秉持正直价值观的人在偶然间犯罪后,会体验到深刻的内心冲突和不安,即认知失调。

费斯廷格对"认知失调"做过一种阐释:人们由于做了某项与态度不一致的行为而引发的不舒服的感觉,或者两个认知元素之间不一致,就是认知失调。例如:吸烟有害健康,于是罪犯王某下定决心戒烟。可是某一天,罪犯组长出于礼貌递过来一支烟,王某接过烟之后便会陷入"认知失调"。如果不吸这支烟,可能会得罪组长,以后会遇到许多麻烦,如果吸了这支烟,自己又刚刚下定了决心戒烟。其实王某就因为认知失调而纠结,这便是一种"痛苦"的情绪表现。事实上让王某感到痛苦的,不是烟本身,而是来自自己对于吸烟这件事的认知感受。认知的失调,会给人带来不同程度的精神压力,造成心理紧张感和不愉快体验,这就是人类"痛苦"的重要根源之一。

(二) 认知失调的表现

在罪犯改造的复杂过程中,认知失调作为一种心理现象,对改造的成效起着至关重要的影响。认知失调指的是罪犯在认知体系内部出现的不一致状态,这种状态往往伴随着心理上的不适与压力,进而引发一系列行为和情绪上的反应。

1. 认知元素矛盾。认知元素矛盾是认知失调最直观的表现之一。罪犯在改造过程中,常常面临自身行为与社会规范、法律法规之间的巨大反差。他们一方面意识到自己的错误和罪行,另一方面又可能因长期的犯罪习惯、价值观扭曲等原因,难以完全接受并认同改造的必要性。这种矛盾导致罪犯在认知上产生冲突，难以形成统一的自我认知。

2. 内心紧张体验。内心紧张体验是认知失调带来的直接后果。由于认知上的矛盾与冲突，罪犯的内心往往处于高度紧张的状态。他们可能经常性地反思自己的过去，对未来的不确定性感到恐惧和焦虑。这种紧张体验不仅影响罪犯的心理健康，还可能阻碍其积极参与改造活动。

3. 思想斗争激烈。思想斗争激烈是罪犯在改造过程中常见的心理现象。他们需要在原有的犯罪思维模式与新的、符合社会规范的思维模式之间进行选择。这种选择过程往往伴随着激烈的思想斗争，罪犯需要不断权衡利弊、调整心态，以寻找最适合自己的改造路径。

4. 不服从改造行为。当认知失调达到一定程度时，罪犯可能会表现出不服从改造的行为。他们可能对改造措施产生抵触情绪，拒绝参与改造活动或故意违反监规纪律。这种行为不仅损害了改造工作的顺利进行，还可能对其他罪犯产生负面影响。

5. 极端情绪反应。极端情绪反应是认知失调在情绪层面的体现。罪犯在改造过程中可能因认知上的困扰而产生愤怒、抑郁、焦虑等极端情绪。这些情绪不仅影响罪犯自身的心理状态，还可能引发暴力冲突、自杀等严重后果。

6. 自我认知偏差。自我认知偏差是罪犯在认知失调状态下常见的现象。他们可能对自己的罪行缺乏正确的认识，或者对自己的改造能力产生怀疑。这种偏差导致罪犯难以形成积极的自我形象，从而影响其改造的积极性和效果。

7. 他人认知偏差的影响。除了自我认知偏差外，罪犯还可能面临来自他人的认知偏差。社会对罪犯的刻板印象和偏见可能导致他们在改造过程中受到不公正的待遇和歧视。这种外部的认知偏差进一步加剧了罪犯的心理压力，使其更难以融入社会、实现改造目标。

鉴于认知失调在罪犯改造中的重要作用和影响，监狱和社会应加强对罪犯的心理健康教育，帮助他们正确认识自己、接纳自己；同时，通过广泛的宣传和教育活动，提高社会对罪犯的理解和接纳程度，为罪犯创造更加宽松和包容的改造环境。

第六节　罪犯积极情绪的作用

罪犯的心情愉悦时，会感到充满活力，思维敏捷，并伴有强烈的行动意向，愿意与他犯交流，敢于尝试新鲜事物；相反，当其情绪低落时，通常会感到身心疲惫，思维迟缓，不愿意活动，对周围的人和事物也缺乏兴趣。这就是情绪对人的行为和行为倾向的重要影响作用。

一、罪犯积极情绪概述

积极情绪是指个体在面对内外环境刺激时所产生的正向、愉悦的情感体验，包括但不限于快乐、满足、希望、乐观、感激等。在罪犯改造的情境下，积极情绪尤为关键，它不仅是罪犯心理健康的重要标志，也是推动其自我转变和积极适应改造环境的重要动力。积极情绪能够促使罪犯以更加开放和接纳的心态面对自身问题，增强对未来的信心和期待。

积极情绪有助于罪犯拓宽认知视野，减少对负面信息的过度关注，从而更加全面、客观地看待自己和周围环境。这种认知扩大效应能够促进罪犯形成更加积极的自我认知和评价，提高自我效能感。

在罪犯改造过程中，积极情绪与动机是相互关联且相互促进的重要因素。它们对罪犯的改造态度、行为以及最终效果都起着至关重要的作用。

（一）罪犯积极情绪定义

积极情绪理论是心理学领域的一个重要研究方向，它关注个体在经历积极情绪时的心理机制、表现及其对个人成长和发展的影响。

罪犯积极情绪可以定义为罪犯在认罪伏法、接受教育改造过程中，所展现出的正向、积极、有利于改造和回归社会的情感状态。这种情感状态不仅体现在罪犯对自身罪行的认识与反思上，更体现在他们参与改造活动、遵守监规纪律、提高自我认知、增强社会适应性等方面的积极态度和行为中。

1. 罪犯积极情绪的内容。一是认罪伏法。罪犯能够正视自己的罪行，承认犯罪事实，并愿意接受法律的制裁和改造。这种认罪伏法的态度是积极情绪的重要体现。二是改造信心与动力。罪犯对改造过程充满信心，能够保持积极向上的心态，主动配合管教人员的工作，积极参与各项改造活动。三是遵守监规纪律。罪犯能够自觉遵守监规纪律，服从管理，展现出良好的纪律性和自我约束能力。四是劳动生产积极性。在劳动改造中，罪犯能够认真完成劳动任务，积极参与劳动生产，展现出较高的劳动生产积极性和职业素养。五是学习提升意愿。罪犯具有强烈的学习提升意愿，愿意通过学习来提高自己的文化素养和职业技能水平，为回归社会做好充分的准备。六是人际关系和谐。罪犯能够与同改人员和谐相处，建立良好的人际关系网络，通过互帮互助、共同进步来增强自己的社会适应性和归属感。

2. 罪犯积极情绪的特征。积极情绪具有以下核心特征：一是愉悦性。积极情绪总是伴随着一种内在的愉悦感受，使罪犯感到舒适和满足。二是扩展性。积极情绪能够拓宽罪犯的思维与行动范畴，促进他们的自我约束性和适应性。三是建设性。积极情绪有助于罪犯积极接受改造，促进身心健康，并对未来持有乐观的态度。

罪犯积极情绪是罪犯在改造过程中展现出的一种积极、向上、有利于改造和回归社会的情感状态。

（二）积极情绪的作用机制

积极情绪的作用机制理论最具影响力的理论之一是"拓展建构理论"，由美国心理学家芭芭拉·弗雷德里克森提出。该理论深入探讨了积极情绪如何影响个体的认知、行为、社会关系以及心理健康，揭示了积极情绪在个体成长和发展中的重要作用。

1. 拓展思维与行动范畴。积极情绪能够拓宽罪犯的思维与行动范畴，使他们在改造过程中反思问题和采取行动时更加积极和自觉。当罪犯体验到积极情绪时，他们的注意力更加分散，能够同时处理多个信息源，从而在更广泛的领域中进行思考和想象。这种拓展的思维模式有助于罪犯接受更多的积极信息。

在罪犯改造的实践中，拓展思维与行动范畴是提升改造效果、促进罪犯全面发展的重要途径。一是拓展思维范畴。罪犯往往因过去的犯罪行为而被标签化，导致他们在思维上容易陷入狭窄的认知框架。因此，拓展思维范畴的首要任务是引导罪犯建立多元化认知，打破固有偏见和限制，以更加开放和包容的心态看待自己和周围的世界。在罪犯改造中，应注重培养罪犯的创新思维能力，鼓励他们勇于尝试新事物、新方法，通过解决问题和创造价值的过程来重塑自我形象，增强自信心。批判性思维能够帮助罪犯更加理性地分析问题、评估信息、做出决策。监狱民警应加强对罪犯的批判性思维训练，提高他们辨别是非、独立思考的能力，防止再次陷入错误的思维模式和行为方式。二是行动范畴。罪犯改造的最终目的是让他们重新融入社会并成为有益的一员。因此，在行动范畴上应注重实践导向，鼓励罪犯积极参与各种社会实践活动，通过亲身体验来增强社会适应性和责任感。

2. 建构持久资源。通过反复体验积极情绪，罪犯可以逐渐积累起一系列持久的个人资源，如心理韧性、生活满足感等。这些资源不仅有助于罪犯应对日常改造生活中的挑战和压力，还能提升他们的主观积极性。积极情绪能够增强罪犯的心理韧性，使他们在面对逆境时更加坚韧。

建构罪犯改造中的持久资源，引导罪犯重新审视自己的犯罪行为，理解其背后的原因和后果，从而培养他们的批判性思维和自我反思能力。引导罪犯学会识别、表达和管理自己的情绪，尤其是消极情绪，培养他们的情绪调节能力。通过成功经验和正面反馈的积累，帮助罪犯逐渐建立自信心。

（三）罪犯情感对推理的影响

人类在漫长的进化过程中获得了远比一般动物更复杂、更精致、从而也更强大的情感能力，这种能力动物虽然也部分拥有，例如，公兽对母兽、小兽，对家庭成员也拥有一定的情感，但那种情感只是简单的动物性情感，远没有人类的高级复杂。例如，进化使人类具备了一种反感粗暴对待无辜者的善良、同情、关爱性质的情绪，这种本能情感倾向可以使人类发展到不顾自己的生命去反抗强者。达尔文将其原因归纳为三：第一，情绪能够在情境尚未提供客观理性所需要的信息时，立即给予行为实际上有用的指导。例如，遇到危险迅速逃离，逃离不了立即抵抗等。第二，情绪促进决策的情形比阻碍决策的情形更常见。例如，我们常见的是人有了情绪很快就会有行为，很少见有了行为被情绪阻止而停止行为的。第三，情绪有助于人们的行动快速而果断。

罪犯的情感确实会影响其正常推理过程，这不仅影响着他们的行为和决策，也深刻地影响着他们的认知功能，包括推理能力。在罪犯这一特殊群体中，情感的影响尤为显著。

1. 情感对认知资源的影响。情感会占用罪犯的认知资源，使他们在处理复杂问题时可能分心或注意力不集中。当罪犯处于强烈的情感状态（如愤怒、恐惧、焦虑等）时，他们的思维可能变得狭隘，难以全面、客观地分析问题，从而影响推理的准确性和效率。

2. 情感对推理逻辑的影响。情感还可能干扰罪犯的逻辑思维和判断能力。在强烈的情感驱使下，罪犯可能会倾向于采用符合自己情感倾向的推理方式，而忽视或拒绝接受与自己情感相悖的事实和证据。这种情感化的推理方式往往缺乏客观性和理性，容易导致错误的结论和决策。

3. 情感对行为动机的影响。情感还会影响罪犯的行为动机和决策过程。当罪犯受到某种情感的驱使时，他们可能会为了满足自己的情感需要而采取不理智的行为。例如，在愤怒和复仇心的驱使下，罪犯可能会实施暴力犯罪；在恐惧和逃避心理的驱使下，他们可能会选择逃避惩罚或抗拒改造。这些行为都是情感影响推理和决策的典型表现。

4. 情感对人际关系的影响。情感还会影响罪犯在监狱中的人际关系。良好的人际关系可以为罪犯提供情感支持和帮助，有助于他们更好地适应监狱生活并积极参与改造。然而，当罪犯受到情感困扰时，他们可能会变得孤僻、敌视或攻击性增强，从而影响与他人的交流和合作。这种人际关系的紧张状态会进一步加剧罪犯的情感压力和心理负担，进而影响其推理和决策能力。

5. 情感与推理的交互作用。情感与推理之间并非简单的对立关系。事实上，它们之间存在着复杂的交互作用。在某些情况下，情感可以激发更加深入和全面的推理过程。例如，对某个话题的强烈兴趣或热情可以促使他们投入更多时间和精力去收集信息、分析数据和形成见解。此外，情感还可以作为推理的动机来源，推动他们去探索和解决那些与自身情感密切相关的问题。

情感影响推理的理论观点为我们提供了一个全新的视角来审视和理解人类的认知与决策过程。它强调了情感在推理中的重要作用和复杂性，并为我们如何更好地应对情感影响提供了有益的启示。

（四）情感是一种内化行为

情绪可以成为行动的动机，虽然情绪不是导致行为的直接原因，但是情绪中包含着以某种方式表明对目的、方向的"相信"成分，用以作为动机的情绪驱使行动。

当罪犯情绪涉及行为选择时，他们会相信行为的结果是"使预期的获利最大化"。他们在面对复杂而笼统的问题时，往往依据的是情绪中的可能性而非理性中的概率来进行决策，从而产生的行为结果会偏离经典行为模型系统，而此时情感的作用恰恰填补了理性决定行为和信念欲望所留下的空隙。

1. 内化行为的定义。内化行为通常指的是罪犯内部的心理过程，主要涉及情绪、态度和价值观的转变。这些转变往往是隐蔽的、不易被直接观察到的，但它们对罪犯的行为和决策产生深远影响。内化行为可以包括恐惧、退缩、焦虑等情绪反应，以及他们对外部规范、价值观念的认同和接纳。

2. 情感的定义。情感是罪犯对外部刺激或内部心理状态的主观体验和感受，它涉及愉快、悲伤、愤怒、恐惧等多种情绪状态。在罪犯改造过程中，情感是罪犯心理变化的重要组成部分，对其改造态度、行为表现和最终成效产生重要影响。

3. 罪犯改造中的情感与内化行为。一是情感的产生与转化。罪犯在改造过程中会经历各种情感体验，如悔恨、自责、愤怒、无助等。这些情感的产生往往与罪犯的犯罪经历、家庭背景、社会环境等因素密切相关。随着时间的推移和改造措施的深入实施，罪犯的情感会逐渐发生转化，从消极向积极转变，这是一个典型的内化过程。二是情感的认同与接纳。在改造过程中，监狱民警会通过各种方式帮助罪犯认识到自己情感问题的根源，并引导其学会正确表达和调节情感。当罪犯逐渐认同和接纳这些情感时，他们也在内心深处完成了对自我行为的重新审视和评价，这是一个深刻的内化过程。三是情感的积极作用。当罪犯能够积极面对和处理自己的情感问题时，他们的改造态度和行为表现也会发生积极变化。他们会更愿意参与改造活动、遵守监规纪律、努力学习技能和文化知识等。这些积极变化都是情感内化行为的体现，对罪犯的改造成效具有重要意义。

（五）情绪的宣泄和引导

罪犯情绪宣泄作为一种心理干预方法，其效果与潜在问题是多方面的。

1. 宣泄的心理干预效果。一是缓解负面情绪。宣泄疗法通过为罪犯提供一个安全的封闭空间，引导其哭诉、呐喊或进行物体攻击等方式，帮助他们发泄内心的负面情绪，从而缓解精神紧张感。这种方式对于积累已久的负面情绪尤其有效，能够像排毒一样将心中的积郁与痛苦倾吐出来。二是改善心理状态。适当的宣泄有助于改善罪犯的心理状态，使其从负面情绪中解脱出来，重新获得心理的平衡和稳定。这对于患有与情绪压抑相关的心身疾病的罪犯，如胃溃疡、乳腺癌、甲状腺疾病等，具有积极的治疗作用。研究表明，乳腺癌患者经过宣泄疗法干预后，心理状态明显好转，抑郁和焦虑评分显著降低。三是增强心理韧性。通过宣泄，罪犯能够更好地面对挫折和困难，增强其心理韧性。这种韧性有助于他们在未来的生活中更好地应对各种挑战和压力。

2. 情绪宣泄存在的问题。一是提升攻击性。尽管宣泄理论传统上认为发泄能够有效地缓解愤怒情绪和攻击冲动,但现代研究揭示了宣泄的潜在问题。关于直接宣泄、间接宣泄及目标宣泄对攻击性影响的大量实验研究表明,宣泄不但不能降低愤怒,反而可能通过认知加工等因素提升攻击性。这可能是因为宣泄过程中激发了更多的攻击性思维和情感。我们可以试想:如果在一个假人身上贴上某人的姓名供罪犯击打去宣泄情绪,那么,罪犯对这个人的好感度、攻击性会提升还是下降呢?二是依赖性与反弹性。长期依赖宣泄作为主要的情绪调节方式可能会导致罪犯在面对情绪问题时缺乏其他有效的应对策略。同时,过度的宣泄也可能导致情绪的反弹性,即在宣泄后的一段时间内情绪会变得更加不稳定。三是社会适应问题。如果罪犯过于依赖宣泄来应对情绪问题,可能会忽视其他更为重要的社会适应策略,如沟通、协商和妥协等。这可能会对其罪犯与他人的关系产生负面影响。四是心理暗示。过度宣泄还可能带来过多负面的心理暗示,使他们过度关注生活中的痛苦和困难,从而加重其心理负担。

宣泄作为一种心理干预方法,在适当的情况下可以缓解负面情绪、改善心理状态和增强心理韧性。然而,其潜在的危害性也不容忽视,包括提升攻击性、依赖性与反弹、社会适应问题以及心理暗示等。因此,在使用宣泄疗法时,应根据罪犯的具体情况和需要进行科学合理的评估和指导。同时,还需要结合其他心理干预方法如沟通、认知调整等,以形成更为全面和有效的心理干预方案。

二、积极情绪对罪犯改造的作用

积极情绪会通过多种机制影响罪犯的心理和行为。首先,它能够激活大脑中的奖赏系统,释放多巴胺等神经递质,使罪犯感受到愉悦和满足,从而增强行为的内在动机。其次,积极情绪还能够促进信息加工和决策制定过程,使罪犯在面对问题时更加冷静、理智,做出更加合理的选择。最后,积极情绪还能够缓解罪犯的紧张、焦虑等负面情绪,提高其心理健康水平。

(一)增强改造动力

积极情绪在罪犯改造过程中起着至关重要的作用,它能够显著增强改造动力。

1. 激发内在动力。积极情绪如希望、乐观等能够激发罪犯的内在动力，使他们对未来持有积极态度，相信通过努力可以改变现状，重新融入社会。这种内在动力是推动罪犯积极参与改造活动的根本力量，促使他们主动寻求自我提升和成长的机会。

2. 提高自我效能感。积极情绪能够提升罪犯的自我效能感，即他们对自己能够成功完成某项任务或达成某个目标的信心。当罪犯在改造过程中取得一定的进步或成就时，积极情绪会进一步强化他们的自我效能感，使他们更加坚信自己能够克服各种困难，实现自我转变和成长。这种自信心的提升有助于增强改造动力，使罪犯更加坚定地走向改造之路。

3. 促进自我反思与认知重构。积极情绪有助于提升罪犯的自我认知能力，使他们能够更加客观地审视自己的犯罪行为和社会危害。在积极情绪的影响下，罪犯更容易产生自我反思和悔过之心，从而主动寻求改变和成长的机会。通过自我反思和认知重构，罪犯能够认识到自己的错误并找到正确的改造方向，进而增强改造动力。

4. 增强社会适应性。积极情绪还能够增强罪犯的社会适应性。在改造过程中，罪犯需要学习如何与他人相处、如何适应社会环境等。积极情绪能够使罪犯更加愿意与他人交流、合作，建立良好的人际关系。这种社会适应性的提升不仅有助于罪犯在监狱中的生活，更为他们未来的回归社会奠定了坚实的基础。当罪犯感受到社会的接纳和认可时，他们的改造动力会进一步得到增强。

积极情绪通过激发内在动力、提高自我效能感、促进自我反思与认知重构以及增强社会适应性等多个方面来增强改造动力。这种增强的改造动力将促使罪犯更加积极地参与改造活动，不断提升自己的综合素质和能力水平，最终实现自我转变和成长的目标。

(二) 提高认知水平

积极情绪在提高罪犯改造的认知水平方面发挥着重要作用。一是促进自我反思与认识深化。积极情绪有助于罪犯更加客观地审视自己，增强自我意识。在积极情绪的影响下，罪犯更容易认识到自己的错误和不足，从而主动寻求改变。积极情绪能够激发罪犯的内心反省，使他们深入思考犯罪行为的根源和社会危害，进而产生悔过之心。这种反省过程有助于罪犯深化对犯罪行为的认识，增强改造的自觉性和主动性。二是提升对改造重要性的认知。

积极情绪如希望、乐观等能够激发罪犯对未来的憧憬和信心，使他们对改造持有积极态度。这种态度转变有助于罪犯认识到改造对于自身成长和回归社会的重要性。在积极情绪的影响下，罪犯更容易设定明确的改造目标，并为之付出努力。这种目标导向的思维方式有助于罪犯在改造过程中保持清晰的方向和动力。三是提高学习和适应能力。积极情绪能够提升罪犯的学习动力，使他们更加主动地接受教育和培训。通过学习新知识、新技能，罪犯能够不断提升自己的综合素质和能力水平，为未来的回归社会打下坚实基础。积极情绪还能够增强罪犯的适应能力，使他们更快地适应监狱环境和生活方式。这种适应能力的提升有助于罪犯更好地参与改造活动，提高改造效果。

第六章 罪犯改造目标动机

在罪犯改造活动中，罪犯的大多数行为是有目的、有意识的，可以说，他们是在目标的引导下从事各种活动的。目标对人类活动有着不容忽视的影响。

民警学习和掌握罪犯改造目标动机不仅有助于民警深入理解罪犯的心理和行为模式，还能有效提升罪犯改造工作的针对性和实效性。

第一节 罪犯目标动机概念

心理学界一直把动机所激发的行为称作目标指向行为。在早期的动机理论中，目标作为一种具有导向作用的外在条件或刺激，是动机激发不可缺少的构成成分。德裔美国心理学家勒温就指出，那些能够满足个人需要的目标具有正的效价，会促使个体产生趋近行为，个体与目标的心理距离越近，目标的动机力量就越大。

一、罪犯改造目标动机概述

目标动机理论指出，目标是行为的重要驱动力，它能够激发个体的动机，引导其朝着特定的方向努力。该理论认为，当个体设定了明确、具体且具有一定挑战性的目标时，他们的动机水平会显著提高，进而促进行为的产生和持续。

（一）罪犯改造目标动机的定义

朱智贤主编的《心理学大词典》中，目标被定义为"行为所需达到的目的，又是引起需要、激发动机的外部条件刺激，它是行为动机的诱因，能刺激人们为达到自己的目的而行动"。这一定义既包含了结果、目的的意思，也包含了目标物、诱因。

罪犯改造目标是罪犯的改造行为所需要达到的目的,是引起改造需要、激发改造动机的外部条件刺激,它是改造行为动机的诱因,能刺激罪犯为达到自己的改造目的而行动。罪犯改造目标是罪犯对改造活动预期结果的主观设想,是在头脑中形成的一种主观意识形态,也是活动的预期目的,为活动指明方向。

罪犯改造目标动机是指罪犯在服刑期间,基于某种内在需要或在外界因素刺激下,形成的一种推动其采取积极改造态度和行为的内部动力。这种动机的产生往往与罪犯的改造需要、外界压力(或诱惑力)以及改造目标的吸引力密切相关。

罪犯改造目标动机包括以下几个方面:一是罪犯内在改造需要。罪犯可能出于希望改恶从善、重新做人的愿望,而主动寻求改造。他们可能意识到自己的错误,并希望通过改造来纠正行为,重新获得社会的认可和接纳。二是缩短刑期、恢复自由的愿望。许多罪犯都希望通过积极改造来缩短刑期,早日恢复自由。这种愿望成了他们改造的重要动力之一。他们会努力表现,争取获得减刑或假释的机会。三是人格的自我实现。在改造过程中,罪犯可能会寻求自我价值的实现和人格的完善。他们希望通过学习新知识、新技能,提升自己的综合素质和能力水平,从而在未来的生活中更好地融入社会。四是外界压力和诱惑力。除了内在需求外,外界的压力和诱惑力也可能成为罪犯改造的动机。监狱民警的教育和感化、家庭的支持和期待、社会的宽容和接纳等外部因素都可能对罪犯产生积极的影响,激发他们的改造动机。

罪犯改造目标动机是一个动态变化的过程。在不同的阶段和情境下,罪犯的改造动机可能会发生变化。因此,监狱民警需要密切关注罪犯的心理变化和行为表现,及时调整改造策略和措施,以激发和巩固罪犯的改造动机。

总之,罪犯改造目标动机是促使罪犯自觉接受改造和重新做人的内在动因。它对于罪犯的改造表现和未来的发展都具有重要的影响。

(二)改造目标动机的基本内容

罪犯改造是一个复杂而多维度的过程,其动机的产生与多种因素密切相关。以下是关于罪犯改造目标动机的基本内容:

1. 改造需要。改造需要是罪犯内心深处对自我改变和提升的渴望。这种需要可能源于对自身犯罪行为的反思,对未来生活的憧憬,或对家庭、社会的责任感。当罪犯意识到自己的犯罪行为给社会、家庭和个人带来的负面影响时，他们可能会产生强烈的改造需要，希望通过改变自己的行为，重新获得社会的认可和尊重。

2. 外界压力影响。外界压力是影响罪犯改造动机的重要因素之一。这些压力可能来自监狱的管理制度、监管人员的严格要求、家庭和社会的期望等。在严格的监管和约束下，罪犯可能会感到不得不遵守监规纪律，积极参与改造活动。同时，家庭和社会的支持也可能对罪犯的改造产生积极影响，激励他们更加努力地改变自己。

3. 改造目标吸引力。改造目标的吸引力是激发罪犯改造动机的关键因素。当罪犯看到通过改造可以获得更好的生活机会或更和谐的人际关系时，他们可能会更加积极地投身于改造活动。这些目标可能是获得减刑、假释的机会，或是掌握一项新的职业技能，为出狱后的就业打下基础。

4. 积极改造动机。积极改造动机是罪犯为了实现自我提升和改变而付出的努力。这种动机可能源于对未来的乐观预期、对自我价值的追求或对家庭、社会的责任感。积极改造的罪犯通常会表现出较高的参与度、合作精神和自律能力，他们愿意接受教育和培训，努力提升自己的综合素质。

5. 消极改造动机。消极改造动机则可能源于对现状的不满、对未来的迷茫或对改造过程的逃避。这种动机可能导致罪犯在改造过程中表现出消极的态度、缺乏动力或不愿意配合监管人员的要求。消极改造的罪犯可能需要更多的关注、引导和支持，以帮助他们重新找回改造的动力和信心。

6. 抗拒改造动机。抗拒改造动机是罪犯对改造过程的抵制和反抗。这种动机可能源于对改造的误解、对自由的渴望或对惩罚的反抗。抗拒改造的罪犯可能会表现出不服从监规纪律、不接受教育和培训或故意制造麻烦等行为。对于这类罪犯，需要采取更加有效的教育、引导和心理干预措施，以帮助他们克服抵触情绪，积极投身于改造活动。

7. 信念与情感作用。信念和情感在罪犯改造过程中发挥着重要作用。坚定的信念可以激发罪犯的改造动力，帮助他们保持积极向上的心态。而情感的支持和关怀则可以帮助罪犯缓解内心的压力和孤独感，增强他们的归属感和自信心。监狱和社会应该为罪犯提供积极的情感支持和关怀，帮助他们建立健康的心理状态和人际关系。

8. 赎罪与重新融入。赎罪和重新融入是罪犯改造的最终目标。通过赎罪行为，罪犯可以表达自己的悔意和诚意，向受害者和社会作出补偿。重新融入社会是罪犯实现自我价值和重建人生的关键步骤，为了实现这一目标，罪犯需要积极参与教育和培训活动，提升自己的综合素质和就业能力。同时，社会也应该为罪犯提供必要的支持和帮助，为他们重新融入社会创造有利条件。

罪犯改造目标动机是一个复杂而多维度的过程，涉及多个方面的因素。为了有效地激发罪犯的改造动机，监狱和社会应该采取综合措施，关注罪犯的内心需求和情感变化，提供积极的教育、引导和支持。通过共同努力，我们可以帮助罪犯实现自我提升和改变，重新融入社会并成为守法公民。

二、罪犯改造目标动机的特征

（一）罪犯改造目标动机的主观性

在罪犯改造的过程中，除了客观条件的支持和外部措施的引导外，罪犯自身的主观能动性同样扮演着至关重要的角色。改造目标的主观性是指罪犯在内心深处对自我转变、自我提升所持有的态度、意愿及其实施的行为表现。目标是对活动预期结果的主观设想，反映了罪犯的主观意识。罪犯改造目标动机的主观性，主要源于以下几个方面：

1. 内在需求与动机的关联性。罪犯改造目标动机的形成首先与罪犯的内在需求紧密相连。这种内在需求可能包括对自由的渴望、对家庭的思念、对未来生活的向往等。当罪犯意识到通过改造可以满足这些内在需求时，他们就会产生积极的改造动机。这种动机是基于罪犯个人内心的渴望和追求，因此具有强烈的主观性。

2. 价值观与认知的影响。罪犯在改造过程中，其价值观和认知体系会发生转变。这种转变是主观性的重要体现。一方面，罪犯在改造过程中会逐渐认识到自己过去的错误和危害，从而产生悔罪心理，这种心理变化是主观的、内在的。另一方面，通过教育引导和心理辅导等手段，罪犯会逐渐树立正确的价值观，形成对社会的正确认识。这种价值观的重塑和认知的提升，都是基于罪犯个人的主观体验和思考。

3. 自我认知与成长的作用。在改造过程中，罪犯会逐渐形成对自我的全面认知。他们会反思自己的行为、思想、情感等方面，从而认识到自己的不足和错误。这种自我认知的过程是主观的，因为它依赖于罪犯个人的感知、理解和判断。同时，随着改造的深入，罪犯在知识、技能、品德等方面也会得到提升和成长。这种成长感会进一步增强罪犯的改造动机和信心，因为它来自罪犯个人内心的感受和体验。

4. 社会责任感的激发。在改造过程中，罪犯还会逐渐认识到自己作为社会一员的责任和义务。这种社会责任感的激发也是主观性的表现。当罪犯意识到自己的改造不仅关系个人前途和命运，还关系家庭、社会乃至国家的和谐与稳定时，他们就会更加积极地投入改造。这种社会责任感的形成和激发是基于罪犯个人内心的思考和认同。

罪犯改造目标动机具有主观性是因为它源于罪犯的内在需求、价值观和认知的转变、自我认知与成长以及社会责任感的激发等多个方面。这些方面都是基于罪犯个人内心的体验和感受而形成的，因此具有强烈的主观性。在罪犯改造过程中，应充分尊重和理解罪犯的主观性动机和需求，以更加科学、有效的方式引导他们走向正确的道路。

（二）罪犯改造目标动机的方向性

罪犯改造目标是罪犯改造活动的预期目的，为活动指明了方向。方向性主要体现在明确、具体且具有导向性的改造方向和路径上。这些方向性特征确保了改造工作的有序进行和有效达成。

1. 明确的目标导向。罪犯改造目标是改造活动所指向的具体方向，它为改造过程提供了明确的指引。无论是从法律角度、社会角度还是个体角度，罪犯改造的目标都是将罪犯转变成为守法公民，重新融入社会。这一目标的设定，使得改造活动有了清晰的方向和路径，避免了盲目性和随意性。

2. 多层次的目标体系。罪犯改造目标并非单一、孤立的目标，而是一个多层次、多维度的目标体系。这个体系包括短期目标、中期目标和长期目标，以及不同领域的具体目标（如行为矫正、心理矫治、思想教育、技能培训等）。这些目标相互关联、相互促进，形成了一个有机整体，共同指向最终的改造目标。这种多层次的目标体系，使得改造过程更具方向性和系统性。

3. 动态的目标调整。罪犯改造是一个复杂而长期的过程，其中涉及的因素众多且不断变化。因此，改造目标也需要根据罪犯的实际情况和改造进展进行动态调整。这种调整旨在更好地适应罪犯的变化需求，确保改造活动始终沿着正确的方向前进。同时，动态调整也体现了改造工作的灵活性和针对性，有助于提高改造效果。

4. 内外因相互作用的结果。罪犯改造目标的实现是内外因相互作用的结果。内因方面，罪犯自身的积极因素和主观能动性对于改造目标的实现具有决定性作用；外因方面，监狱的改造措施、社会环境、家庭支持等因素也会对改造目标产生影响。内外因的相互作用使得改造过程充满了不确定性和挑战性，但同时也为改造目标的实现提供了更多的可能性和机会。因此，在设定改造目标时，需要充分考虑内外因的相互作用和影响。

罪犯改造目标之所以具有方向性，是因为它明确了改造活动的指引方向、构建了多层次的目标体系、支持动态调整以适应变化需求，并且是内外因相互作用的结果。这些特点共同构成了罪犯改造目标的方向性特征。

（三）罪犯改造目标动机的现实性

罪犯改造的现实性是指罪犯改造目标的价值性和可操作性构成了其改造的现实性，即目标必须是可实现的，并且具有明确的标准和衡量方式。

罪犯改造作为刑事司法体系中的重要环节，其目标设定不仅需要具备理想性，更需紧密贴合现实需要，以确保改造工作的有效性和可持续性。罪犯改造目标具有现实性，这一论断主要基于以下几个方面：

1. 法律与政策基础。我国法律明确规定了对罪犯进行惩罚与改造的原则。这一原则不仅是法律上的要求，也是实践中的必然选择。新中国成立以来，通过一系列法律、政策和实践探索，已经形成了较为完善的罪犯改造体系。这一体系为罪犯改造目标的设定和实现提供了坚实的法律和政策基础。

2. 历史与成功案例。新中国在罪犯改造方面取得了显著成效。历史上，包括末代封建皇帝和战争罪犯在内的大多数罪犯都被成功改造为无害于他人、有益于社会的守法公民。这些成功案例不仅证明了罪犯改造的可行性，也彰显了改造目标的现实性。这些案例表明，通过科学、系统、有针对性的改造措施，罪犯是可以被改造成为符合社会要求的新人的。

3. 科学依据与心理学原理。罪犯改造目标的设定和实现还依赖于科学依据和心理学原理。现代心理学、教育学、社会学等学科的研究成果为罪犯改造提供了丰富的理论支持和实践指导。通过深入了解罪犯的心理需求、行为模式和社会环境等因素，可以制定出更加科学、合理的改造方案和目标。这些方案和目标的实施有助于激发罪犯的内在动力，促进其思想、行为和社会适应能力的全面提升。

4. 社会实践与经验积累。在长期的司法实践中，各级司法行政机关和监狱系统积累了丰富的改造经验。这些经验包括对不同类型罪犯的改造策略、方法和技术等方面的探索和总结。通过不断地实践、反思和改进，逐渐形成了符合我国国情和罪犯特点的改造模式。这种模式的形成和发展为罪犯改造目标的实现提供了有力的实践支持。

5. 社会需求与和谐稳定的要求。罪犯改造目标的现实性还体现在其符合社会需求和维护社会和谐稳定的重要性上。罪犯作为社会的一员，其改造状况直接关系到社会的安全和稳定。通过有效地改造罪犯，可以减少其再次犯罪的可能性，降低社会犯罪率，维护社会的和谐与安宁。同时，改造后的罪犯能够重新融入社会，成为对社会有用的一员，这也有助于促进社会的进步和发展。

（四）罪犯改造目标动机的社会性

罪犯改造的社会性是指罪犯改造目标受社会政治、经济制度、文化传统、意识形态等因素的制约，因此目标都是一定社会的目标，具有社会性。

罪犯改造目标的社会性，指的是在罪犯改造过程中，所设定的改造目标不仅仅局限于罪犯个体的心理、行为等方面的转变，而是更广泛地涉及罪犯重新融入社会、成为对社会有益成员的目标。这一目标的社会性体现在以下几个方面：

1. 目标设定的社会性。罪犯改造目标的设定通常基于社会的需求和期望。社会要求通过改造，使罪犯能够认识到自己的错误，树立正确的价值观，掌握必要的生存技能，从而在未来能够遵守法律、积极工作、回馈社会。这种目标的设定，体现了社会对罪犯改造的期望和要求，具有强烈的社会性。

2. 改造手段的社会性。为了实现罪犯改造目标，通常会采用多种社会化的改造手段。这些手段包括但不限于教育、培训、心理辅导、职业技能培训等，旨在帮助罪犯提高文化水平、掌握谋生技能、增强社会适应能力。这些改造手段的实施，需要社会各界的支持和参与，如政府部门的政策支持、社会团体的帮助、家庭的理解和支持等，从而体现改造手段的社会性。

3. 改造结果的社会性。罪犯改造的最终目标是为了使其重新融入社会，成为对社会有益的成员。当罪犯经过改造后，能够顺利回归社会并遵守法律，积极参与社会建设，为社会作出贡献时，其改造结果将对社会产生积极的影响。这种影响不仅体现在减少犯罪率、维护社会稳定等方面，还体现在提升社会公众对司法制度的信任度和满意度等方面。因此，改造结果的社会性也是罪犯改造目标社会性的重要体现。

4. 法律法规的社会要求。我国法律法规对罪犯改造提出了明确的社会要求。这些要求旨在促进罪犯的社会化进程,帮助其更好地融入社会。例如,《监狱法》等法律法规规定了监狱应当对罪犯进行思想、文化、职业技术教育,以及组织罪犯参加生产劳动等内容。这些规定都是为了实现罪犯改造目标的社会性而制定的。

5. 罪犯个体的社会属性。罪犯虽然触犯了法律,但他们仍然是社会的一部分成员。他们的犯罪行为对社会造成了危害,但同时也反映了社会在预防、教育、矫正等方面存在的问题。因此,对罪犯的改造不仅仅是为了惩罚他们,更是为了使他们重新融入社会,成为对社会有用的人。这种改造过程本身就具有强烈的社会性。

(五) 罪犯改造目标动机的实践性

罪犯改造的实践性是指罪犯改造目标具有为实践活动指明方向的作用,只有通过实践活动才能实现目标。罪犯改造工作作为刑事司法体系中的重要环节,其实践性直接关系改造效果和社会安全。

罪犯改造目标的实践性,主要指的是在罪犯改造过程中,所设定的改造目标及其实现方式都应当具备可操作性和实效性,即能够在实际操作中得以落实,并能够通过具体的改造措施和方法达到预期的改造效果。罪犯改造目标的实践性体现在以下几个方面:

1. 目标设定的可行性。罪犯改造目标的设定必须基于对罪犯实际情况的深入了解和科学评估,确保目标既符合法律法规的要求,又符合罪犯个人的实际情况和改造潜力。这样的目标才具有可行性,能够在实践中得以落实。

2. 改造措施的具体性。为了实现罪犯改造目标,需要制定具体、可行的改造措施。这些措施应当针对罪犯的具体问题和需求,包括思想教育、心理矫治、技能培训等多个方面。同时,这些措施还应当具备可操作性,能够在监狱等改造场所中得到有效实施。

3. 改造过程的连续性。罪犯改造是一个长期而复杂的过程,需要持续不断地努力和投入。因此,罪犯改造目标的实践性还体现在改造过程的连续性上。监狱等改造机构应当为罪犯提供持续的改造机会和支持,确保改造工作的连续性和稳定性。

4. 改造效果的可评估性。罪犯改造目标的实践性还体现在改造效果的可评估性上。通过科学的评估方法和手段,可以对罪犯的改造效果进行客观、准确的评估,从而了解改造工作的成效和不足,为后续的改造工作提供参考和借鉴。

5. 与社会需求的衔接性。罪犯改造的最终目的是帮助罪犯重新融入社会,成为对社会有益的一员。因此,罪犯改造目标的实践性还体现在与社会需求的衔接性上。改造工作应当充分考虑社会对罪犯的需求和期望,为罪犯提供符合社会需求的改造内容和服务,以提高其社会适应能力和竞争力。

罪犯改造目标的实践性是一个多维度、全方位的概念,它要求我们在设定改造目标、制定改造措施、实施改造过程、评估改造效果等方面都要充分考虑实际情况和需求,确保改造工作具有可操作性和实效性。

三、罪犯改造目标的类型

(一) 罪犯改造中明确的目标与模糊的目标

罪犯改造中明确的目标是指那些对罪犯提出了具体要求或改造成效标准的目标。明确的目标为他们提供了努力的方向和评估改造成效的具体标准,通过它可以清楚地使他们认识到自己需要做什么和做到什么程度。

模糊的目标是指那些宏观性质的远景性目标,很难给予具体指标,要求比较含糊的目标。例如,"你们要好好改恶从善,痛改前非,早日回归社会与亲人团聚"等。对于罪犯来说,这个目标的要求很不明确,相比之下,前一种目标具有更强的操作性,对罪犯的推动力量也更大。一般说来,具体明确的目标比模糊目标具有更大的激励作用。

罪犯在监狱中的改造目标,明确与模糊之间存在显著差异,这些差异对改造效果和罪犯的未来发展具有深远影响。

1. 明确的目标。明确的目标在罪犯改造过程中具有以下几个方面的优势:一是导向性。明确的目标为罪犯提供了清晰的改造方向,使他们能够有针对性地调整自己的行为和态度,朝着既定的目标努力。这种导向性有助于减少罪犯在改造过程中的迷茫感和无所适从感。二是动力性。明确的目标能够激发罪犯的改造动力,使其认识到改造的必要性和重要性。当罪犯看到自己的改造目标与未来的生活紧密相连时,他们会更加积极地参与改造活动,努力提高自己的综合素质。三是可评估性。明确的目标便于监狱管理部门对罪犯的改造进度进行评估和考核。通过对比罪犯的实际表现与预设目标的差距，管理部门可以及时调整改造策略和方法，确保改造工作的顺利进行。

在监狱工作实践中，明确的目标通常包括认罪悔罪、遵守监规纪律、学习文化知识和劳动技能、增强法律意识和道德素养等方面。这些目标的具体内容会根据罪犯的实际情况和改造需要进行个性化设定。

2. 模糊的目标。在罪犯改造过程中，设定模糊的目标相比于明确、具体的目标，有时能展现出一些独特的优势。一是激发内在动力与自我探索。模糊的目标能够激发罪犯的内在动力，让他们更加主动地参与到改造过程中来。当目标不是外在强加的具体任务时，罪犯会更倾向于从内心深处去寻找改变的意义和价值，从而增强自我探索和自我驱动的能力。例如，设定一个"成为更好的自己"或"重新获得社会认可"的模糊目标，可以让罪犯在改造过程中不断反思自己的行为和思想，积极寻求改变和成长。二是增强适应性与灵活性。在复杂的改造环境中，模糊的目标能够帮助罪犯更好地适应各种变化和挑战。由于目标不是固定的、具体的，罪犯可以根据自身情况和外部环境的变化灵活调整自己的改造计划和策略。这种灵活性和适应性有助于罪犯在改造过程中保持积极的心态和行动，更好地应对可能出现的困难和挫折。三是促进全面发展与多元化成长。模糊的目标往往涵盖了多个方面和领域，如思想、行为、技能、心理等，这有助于促进罪犯的全面发展和多元化成长。当罪犯不再仅仅关注于某个具体目标的达成时，他们会更加关注自身的整体提升和多方面发展。这种全面发展不仅有助于罪犯在改造过程中取得更好的成果，也为他们未来的社会生活打下坚实的基础。四是激发潜能与创造力。模糊的目标能够为罪犯提供更多的发挥空间和可能性，激发他们的潜能和创造力。当目标不是固定的、已知的解决方案时，罪犯需要自己去思考、去尝试、去创新。这种创造性的思维和行动不仅有助于解决改造过程中的实际问题，也有助于培养罪犯的创新精神和创造能力。五是建立长期愿景与持续动力。模糊的目标能够帮助罪犯建立长期的愿景和持续的动力。与短期、具体的目标相比，模糊的目标更能够激发罪犯对未来的憧憬和期待。这种长期愿景不仅能够为罪犯在改造过程中提供方向和指引，也能够为他们在出狱后重新融入社会提供强大的动力和支持。

以"成为守法公民并重新融入社会"这一模糊目标为例，它涵盖了罪犯在改造过程中需要关注的多个方面，如认罪悔罪、法治教育、劳动技能培养、心理健康教育等。这样的目标没有具体的量化指标和时间限制，但能够激发罪犯的内在动力和自我探索能力。在改造过程中，罪犯会不断反思自己的罪行、学习法律知识、掌握劳动技能、调整心理状态等，逐步向成为守法公民并重新融入社会的目标迈进。

（二）短期目标与长期目标

根据达成目标所需时间的长短，可以将目标分为长期目标和短期目标。长期目标是指那些需要较长时间才能完成的目标；短期目标则是指那些完成期限较短的目标。

那么到底设置什么样的目标比较好呢？对于这个两难问题，美国心理学家卡罗尔·里夫提出，一种可能的解决途径就是：为那些本身缺少吸引力的任务设置一些短期的目标，以增加积极强化与反馈的机会；而对于那些有意思的、吸引人的任务则应该设置较长期的目标，以免损害个体对活动的内在兴趣。

1. 罪犯改造的短期目标。罪犯改造的短期目标在罪犯改造过程中具有重要意义，它们为改造工作提供了明确的方向和阶段性评估标准。

一是优点。短期目标明确，便于操。短期目标通常具体、明确，如罪犯积分考核等，便于监狱民警和罪犯本人理解和执行。短期目标可以给罪犯提供及时的反馈信息，强化他们的活动积极性，有助于提高个人完成复杂任务的自我效能感，使他们获得成就感和满足感，从而对任务目标的完成起到积极的作用。这种明确性有助于减少模糊性带来的困惑和不确定性，提高改造工作的效率和效果。短期目标侧重于罪犯在较短时间内实现的具体改变，如掌握一项技能、改善某种行为等。这种快速改变有助于增强罪犯的自信心和改造动力，为他们后续的改造和重返社会打下坚实基础。短期目标的设定使得改造工作具有可评估性。通过定期评估罪犯在短期目标上的完成情况，监狱民警可以及时发现问题并调整改造计划，确保改造工作的针对性和有效性。短期目标的设定要求罪犯对自身进行反思和审视，明确自己的改造方向和努力目标。这种自我反思有助于激发罪犯的内在动力，促使他们更加积极地参与到改造工作中来。二是缺点。短期目标可能忽视长期效果，过分强调短期目标可能导致监狱民警和罪犯忽视长期效果。例如，为了追求快速改变而忽视了对罪犯心理、价值观等深层次问题的关注和解决，这可能影响罪犯的长期改造效果和社会适应能力。短期目标的设定可能会促使一些人采取急功近利的方式来实现目标，如过分追求表面上的改变而忽视实际效果的提升。这种急功近利的方式可能不利于罪犯的全面发展和社会适应能力的提高。短期目标的设定可能具有一定的刚性，难以适应罪犯个体差异和改造过程中的变化。当罪犯在改造过程中遇到困难和挑战时，可能需要调整短期目标以适应实际情况。然而，这种调整可能会受到一定的限制和阻碍。但由于完成时限通常比较短，具有紧迫性，因此过多地设置短期目标也会给人一种压力感和被控制感，进而损害个人活动的内在动机。对于一些罪犯来说，短期目标的设定可能会给他们带来一定的焦虑和压力。当罪犯感到自己难以达到目标或担心目标无法实现时，可能会产生消极情绪和行为反应，如逃避、反抗等。

罪犯改造的短期目标在促进罪犯快速改变和便于评估调整等方面具有明显优势，但也存在忽视长期效果、可能导致急功近利等缺点。因此，在制定和执行短期目标时，需要充分考虑罪犯的个体差异和改造过程中的变化因素，确保改造工作的针对性和有效性。

2. 罪犯改造的长期目标。长期目标是罪犯改造的终极目标，它们更加关注罪犯的全面发展和回归社会的适应能力。这些目标需要较长时间的努力和积累才能实现，但它们对于罪犯的终身发展具有重要意义。

一是优点。长期目标强调对罪犯进行深层次的改造，不仅关注行为上的改变，更注重心理、价值观等方面的重塑。这种根本性的改变有助于降低罪犯再犯罪的风险，提高他们未来社会生活的稳定性。通过长期改造，罪犯能够逐渐掌握适应社会生活所需的各种技能和知识，如沟通技巧、团队合作、问题解决能力等。这些能力的提升将使他们更容易融入社会，减少与社会脱节的风险。长期目标中的预防再犯罪和教育罪犯成为有益于社会的成员，有助于增强罪犯的社会责任感。这种全面的发展不仅有助于罪犯在改造期间保持积极向上的心态，也为他们未来的社会生活提供了更多的可能性。二是缺点。长期目标可能耗时较长，资源投入大。实现长期目标需要较长时间和大量的资源投入，包括人力、物力、财力等。这可能会给监狱系统带来一定的压力和挑战，尤其是在资源有限的情况下。由于长期目标涉及多个方面的改变和发展，其效果往往需要较长时间才能显现。相对而言，长期目标虽不会给人以压迫感，但由于完成目标需要的时间很长，无法对他们的努力和进步情况提供及时的反馈和强化训练，因此不利于维持他们完成任务的自信心。这使得短期内的评估变得困难，难以准确判断改造工作的成效。由于罪犯的背景、经历、性格等都有所不同，这使得他们在改造过程中的需要和进展也存在很大的差异。长期目标的设定和实现需要充分考虑这种个体差异，但这也增加了改造工作的复杂性和难度。

四、罪犯改造目标的动机作用机制

心理学研究表明，目标与个体活动效率之间有密切关系。设置合理的目标能够激发个体的动机，提高活动效率。目标存在本身就具有激励作用，它对个体行为有激发、定向和调控作用。

罪犯改造目标的动机激发作用在监狱管理中扮演着至关重要的角色。合理的改造目标能够激发罪犯的内在动力，引导他们积极参与改造活动，从而加速其回归社会的进程。

（一）目标激发动机

罪犯改造目标之所以具有激发动机的作用，主要源于以下几个方面的综合影响：

1. 心理动因的激活。罪犯改造动机是罪犯在服刑期间采取某种改造态度和改造行为的心理起因。根据动机激励理论，动机是推动人从事一定活动的心理动因，个人的一切活动都是由一定动机所引发的，并指向于一定的目的。改造目标作为罪犯期望达成的结果，能够直接激发其内在的改造动机。当罪犯认识到改造目标与其个人需求、利益或价值观相契合时，这种认知会转化为强烈的动机，推动其积极投身于改造活动中。

2. 外界压力的转化。在罪犯改造过程中，外界压力（如监规纪律、社会舆论、家庭期望等）也是激发改造动机的重要因素。改造目标的存在，使得这些外界压力有了明确的方向和着力点。罪犯在追求改造目标的过程中，会感受到来自外界的支持和鼓励，同时也会因为对目标的执着追求而自觉抵制不良诱惑和干扰。这种外界压力的转化，进一步强化了罪犯的改造动机。

3. 内在需要的满足。罪犯在服刑期间，往往面临着多种内在需要，如安全需要、归属与爱的需要、尊重需要以及自我实现的需要等。改造目标的设定和实现，能够为罪犯提供满足这些内在需要的途径。例如，通过积极改造获得减刑、假释等机会，可以满足罪犯对自由和安全的需要；在改造过程中建立良好的人际关系，可以满足其归属与爱的需要；通过学习和技能提升，可以满足其尊重和自我实现的需要。这些内在需要的满足，可以进一步激发罪犯的改造动机。

4. 目标激励的作用。根据目标激励理论，设置适当的目标能激发人的积极行为动机。在罪犯改造过程中，通过设置明确、具体、可衡量的改造目标，可以引导罪犯将注意力集中在改造任务上，减少不必要的分心和干扰。同时，这些目标还能为罪犯提供持续的动力和方向感，使其在不断追求目标的过程中保持积极向上的心态和状态。当罪犯实现一个个小目标时，他们会感受到成功的喜悦和满足感，这种正向反馈会进一步增强其改造动机和信心。

5. 综合因素的协同作用。罪犯改造动机的激发是一个复杂的过程，涉及多个因素的协同作用。除了上述提到的心理动因、外界压力、内在需要和目标激励外，还包括罪犯的个人经历、性格特点、家庭背景等多种因素。这些因素在相互作用中共同影响罪犯的改造动机和行为。因此，在罪犯改造过程中，需要综合考虑各种因素的作用，采取针对性的措施和方法来激发罪犯的改造动机。

(二) 目标引导行为

罪犯改造目标能够引导行为，主要基于以下几个方面的原因：

1. 明确方向性。罪犯改造目标是罪犯在服刑期间期望达到的具体状态或结果。这些目标为罪犯提供了明确的改造方向，使其能够清晰地了解自己在改造过程中应该追求的目标和完成的任务。明确的改造目标有助于减少罪犯在改造过程中的迷茫和无所适从，使其能够集中精力、有的放矢地进行改造。

2. 增强动力性。改造目标作为罪犯期望达成的结果，能够激发其内在的改造动机和动力。当罪犯认识到通过积极改造可以实现自己的目标时，这种认知会转化为强烈的改造愿望和行动动力。改造目标的存在使得罪犯在改造过程中有了明确的奋斗方向和追求目标，从而能够持续保持积极向上的改造态度和行为。

3. 促进自我反思。改造目标的设定和实现过程也是罪犯自我反思和自我教育的过程。在追求改造目标的过程中，罪犯需要不断审视自己的思想、行为和表现，找出存在的问题和不足，并努力加以改进和完善。这种自我反思和自我教育的过程有助于罪犯更好地认识自己、了解自己，并找到适合自己的改造路径和方法。

4. 引导行为规范。改造目标不仅为罪犯提供了明确的改造方向，还对其行为规范产生了积极的影响。为了实现改造目标，罪犯需要遵守监规纪律、积极参加改造活动、努力学习文化和职业技能等。这些行为规范的遵守和践行有助于培养罪犯的良好行为习惯和道德品质，促进其全面发展和社会适应能力的提升。

5. 形成正向反馈。当罪犯在改造过程中取得一定的进展和成果时，这种正向反馈会进一步增强其改造信心和动力。改造目标的逐步实现使罪犯感受到自己的努力和付出是有回报的，从而更加坚定地走在改造的道路上。同时，这种正向反馈也会对其他罪犯产生积极的影响和示范效应，促进整个监狱改造工作的顺利开展。

（三）目标维持努力

罪犯改造目标能够维持罪犯的努力，主要基于以下几个方面的深层次原因：

1. 目标的长期牵引力。改造目标通常不是短期内就能实现的，它往往跨越了一个相对较长的时间段。这种长期性为罪犯的努力提供了一个持续的牵引力。罪犯为了达成目标，需要保持长期的努力和坚持，这种长期的追求使得罪犯在改造过程中不易放弃，能够维持持续的努力状态。

2. 目标实现的自我激励。改造目标的设定通常与罪犯的个人需求和价值观相关联。当罪犯意识到通过努力可以实现这些与自己切身利益相关的目标时，他们会受到强烈的自我激励。每一次向目标迈进的小步骤，都会让罪犯感受到自己的进步和成长，这种正向反馈会不断强化他们的努力意愿，从而维持其努力状态。

3. 避免负向后果的动机。在改造过程中，如果罪犯未能达到既定的改造目标，可能会导致一些负向后果的发生，如不能获得减刑、受到某些处罚、失去亲人的信任与帮助，增加改造难度等。这种对负向后果的担忧和避免动机也会促使罪犯维持努力。他们不愿意因为自己的懈怠而承受这些不良后果，因此会保持持续的努力以达成目标。

4. 社会支持和认同的强化。在改造过程中，罪犯通常会受到来自监狱民警、心理咨询师、狱友以及家人的社会支持和认同。当他们积极追求改造目标并表现出努力的态度时，这种支持和认同会进一步强化他们的努力意愿。社会支持和认同为罪犯提供了情感上的慰藉和动力，使他们更愿意持续努力以赢得更多的认同和尊重。

5. 目标实现的期待与满足。改造目标的最终实现对于罪犯来说具有巨大的期待和满足感。这种期待和满足感成为他们维持努力的重要动力源泉。在追求目标的过程中，罪犯会不断憧憬和想象自己达成目标后的情景和感受，这种美好的期待会激励他们不断努力前行。而当目标最终实现时，巨大的满足感和成就感会让他们觉得所有的努力都是值得的，这种正向的心理体验会进一步巩固他们的改造成果并激发他们未来的努力意愿。

目标与动机相互作用，动机强化目标。强烈的动机能够增强罪犯对目标的认知和认同，使目标更加具有吸引力和驱动力。这种动机强化作用有助于罪犯更加积极地追求目标，提高目标实现的可能性。目标能够反馈动机，目标的实现情况也会反过来影响动机的强度。当他们发现自己离目标越来越近时，会感受到更多的成就感和满足感，这种积极的情感体验会进一步增强动机水平；反之，如果目标实现受阻或失败，则可能会削弱动机水平。

五、罪犯改造目标的作用动因

动因是指引起事物发生或发展的动力或原因。它强调了事物发展的动力和原因，它是推动事物发展的内在因素。罪犯改造目标的作用动因是一个复杂而动态的过程，它涉及罪犯内部心理与外部环境的相互作用。

（一）内部心理动因

罪犯改造目标作用的内部动因，主要是指推动罪犯积极追求并努力实现改造目标的内在心理力量和因素。这些动因源于罪犯自身的心理需求、价值观、情感体验以及对未来的期望，具体可归纳为以下几个方面：

1. 改恶向善的内在愿望。在监狱环境中，通过教育和自我反省，罪犯的道德观念和良知可能得到复苏，促使他们渴望摆脱过去的罪恶，重新做人。罪犯自我悔恨与改过自新的心理需求复苏，对自己犯罪行为的深刻认识和悔恨，促使罪犯产生强烈的改过自新的愿望，希望通过改造来弥补过错。

2. 罪犯对未来生活的积极期望。监狱生活限制了罪犯的自由，他们往往对出狱后的自由生活充满渴望，这种期望成为他们积极改造的重要动力。他们也渴望回归社会后能够过上正常、稳定、有尊严的生活，这种对美好生活的向往驱使他们努力改造自己。

3. 个人价值的实现与社会认同的追求。通过学习新技能、参与劳动改造等方式，罪犯可以提升自己的能力和价值感，这种自我价值的提升是他们改造的重要动力之一。罪犯希望通过积极改造来赢得社会的认同和尊重，从而重新融入社会，建立健康的人际关系。

4. 应对心理压力与诱惑的能力。改造过程中，罪犯可能会面临各种心理压力和挑战，如孤独感、挫败感等。他们需要具备足够的抗压能力来应对这些困难，保持改造的积极性和稳定性。监狱环境中可能存在各种不良诱惑，如拉帮结派、赌博等。罪犯需要具备坚定的意志和正确的价值观来抵制这些诱惑，保持改造的纯洁性和有效性。

5. 改造目标的明确性与可实现性。明确的改造目标为罪犯提供了清晰的努力方向，使他们能够有针对性地制定改造计划并付诸实施。当罪犯认识到自己的改造目标是切实可行、有望实现时，他们会更加积极地投入改造，努力实现自己的目标。

(二) 外部环境刺激

罪犯改造目标与外部刺激之间存在着紧密的联系，这种联系既有正面的促进作用，也有可能产生反面的阻碍作用。

1. 正面作用。外部刺激，如法律法规、监狱管理制度以及社会期望等，为罪犯设定了明确的改造目标和方向。这些目标具有指导性和约束性，有助于罪犯在改造过程中保持清晰的思路和坚定的信念。正向的外部刺激，如奖励机制、家庭支持和社会认同等，能够激发罪犯的改造动力。例如，通过计分考核和奖惩制度，罪犯在劳动改造、学习教育等方面取得的成绩可以得到相应的奖励，从而增强其改造的积极性和主动性。同时，来自家庭和社会的关爱和支持也能够给予罪犯巨大的精神鼓舞和动力。外部刺激还能够帮助罪犯进行自我反省和认识错误。在监狱环境中，罪犯通过参加心理辅导、文化教育和劳动改造等活动，可以逐渐认识到自己犯罪行为的危害和错误，从而增强改造的自觉性和主动性。

2. 反面作用。当外部刺激过于严厉或不合理时，可能会引发罪犯的抵触情绪。例如，过重的劳动负担、不公正的奖惩制度以及缺乏人文关怀的管理方式等都可能使罪犯对改造产生反感和抵触心理，从而影响其改造效果。负面的外部刺激，如社会歧视、家庭抛弃以及改造过程中的挫折和失败等，都可能削弱罪犯的改造信心。这些因素会使罪犯感到无助和绝望，进而放弃改造努力或产生逃避心理。在某些情况下，外部刺激还可能助长罪犯的不良行为。例如，监狱中的"亚文化"现象就可能使一些罪犯受到不良影响，形成投机耍滑、消极怠工等不良习惯和行为方式。这些行为不仅不利于罪犯的改造，还可能对监狱的安全和秩序造成威胁。

罪犯改造目标与外部刺激之间存在着正反两方面的作用。为了充分发挥外部刺激的正面作用并减少其反面影响，监狱管理部门应当采取科学合理的措施来制定和执行改造计划。这包括完善法律法规、优化监狱管理制度、加强心理矫治和辅导、提供教育和培训资源以及建立有效的奖惩机制等。

（三）动机作用动因的综合表现

动机，作为推动个体行为发生、发展和维持的内部力量，在心理学中占据着举足轻重的地位。它不仅是人类行为的核心驱动力，也是解释和预测个体行为的关键因素。

1. 主导动机的形成。在内部心理动因和外部环境刺激的共同作用下，罪犯会逐渐形成起支配作用的主导改造动机。这个主导动机决定了罪犯在改造过程中的主要行为表现和方向。

在罪犯的改造过程中，内部心理动因（如自我悔悟、对未来的渴望、道德复苏等）与外部环境刺激（如法律法规的约束、监狱管理制度的引导、家庭和社会的支持等）相互作用，共同促进主导改造动机的形成。这个主导动机是罪犯在改造过程中最为关注、最为强烈的动机，它支配着罪犯的主要行为表现和方向。主导动机的形成标志着罪犯在改造道路上迈出了重要的一步，为后续的改造工作奠定了坚实的基础。

2. 动机的强化与巩固。为了确保罪犯能够持续保持改造的热情和动力，监狱管理部门需要通过多种方式对其主导改造动机进行强化和巩固。罪犯通过监狱进行的文化教育、法律教育、道德教育等多种方式，帮助罪犯树立正确的世界观、人生观和价值观，增强其对犯罪行为的认知能力和道德责任感。加强心理疏导。针对罪犯在改造过程中可能出现的心理问题，提供专业的心理疏导服务，帮助他们缓解心理压力、调整心态、增强自信心和自控力。

3. 动机的动态变化。罪犯的改造动机是一个不断发展变化的动态体系。随着改造进程的推进和外部环境的变化，罪犯的改造动机可能会发生变化。这些变化可能源于罪犯自身心理状态的调整、对改造目标的重新认识以及对未来生活的重新规划等因素。因此，监狱管理部门需要密切关注罪犯的心理变化和行为表现，及时调整改造策略和措施，以适应罪犯改造动机的动态变化。同时，也需要通过持续的教育引导、心理疏导和技能培训等手段，帮助罪犯保持稳定的改造热情和动力，确保改造工作的顺利进行。

4. 动机冲突。罪犯改造动机冲突是指罪犯在同一时间内存在两个或两个以上相互矛盾或冲突的动机，导致罪犯在行为选择上产生困惑和焦虑。常见的动机冲突类型包括双趋冲突（两个目标均吸引，但只能选择其一）、双避冲突（两个目标均威胁，但必须面对其一）、趋避冲突（同一目标既有吸引力又有排斥力）以及多重趋避冲突（多个目标各自具有吸引和排斥的双重性质）。动机冲突的存在增加了行为的复杂性和不确定性，也对罪犯的改造状态和心理素质提出了挑战。

在罪犯的改造过程中，这种动机冲突尤为显著，因为它不仅涉及罪犯内心的挣扎和斗争，还受到监狱环境、家庭关系、社会期望等多重因素的影响。

第一，双趋冲突。在双趋冲突中，罪犯可能同时面临两个具有吸引力的目标，但由于现实条件的限制，他只能选择一个。例如，罪犯可能既希望尽快完成改造以获得减刑或假释的机会，又渴望通过学习新技能或知识来提升自己，为将来回归社会做好准备。这两个目标都是积极的，但时间、资源和精力的有限性使得罪犯必须在它们之间做出选择，从而产生冲突。

第二，双避冲突。双避冲突是指罪犯面临两个具有威胁性的目标，且必须至少面对其中一个。在改造过程中，罪犯可能既害怕改造失败被长期关押，又担心改造成功后无法适应外部社会的变化和挑战。这种冲突让罪犯感到无论选择哪条路都充满了不确定性和风险，从而产生极大的心理压力和焦虑。

第三，趋避冲突。趋避冲突是更为复杂的一种动机冲突，它涉及罪犯对同一目标同时存在的吸引和排斥感。例如，罪犯可能渴望与家人团聚以弥补过去的错误和缺失，但又担心家人无法接受自己的过去，或者担心自己的回归会给家庭带来新的负担和困扰。这种矛盾的心理使得罪犯在是否采取行动时犹豫不决，难以做出决定。

第四，多重趋避冲突。多重趋避冲突则是趋避冲突的升级版，它涉及多个目标各自具有吸引和排斥的双重性质。在改造过程中，罪犯可能需要同时考虑多个方面的因素，如身体健康、职业技能、家庭关系、社会支持等。每个方面都可能带来积极和消极的影响，使得罪犯在做出决策时感到无比复杂和困难。

5. 强度与效率。动机的强度与效率之间存在一定的关系。一般来说，中等强度的动机水平最有利于罪犯行为的发挥和效率的提升。过强的动机可能导致紧张和焦虑，反而降低行为效率；而过弱的动机则可能缺乏足够的驱动力，使行为显得无力和低效。因此，在实际生活中，罪犯需要根据自己的实际情况和目标需求，合理调整动机的强度水平，以实现最佳的行为效率和效果。

在探讨罪犯改造动机强度与效率之间的关系时，我们可以借鉴耶基斯·多德森定律的原理，该定律揭示了动机强度与工作效率之间的倒 U 型曲线关系。这一原理同样适用于罪犯改造的情境，即中等强度的改造动机最有利于罪犯行为的积极发挥和效率的提升。

第一，中等强度动机的优势。中等强度的动机为罪犯提供了足够的驱动力，使他们能够保持对改造过程的积极参与和投入。这种动机水平有助于罪犯保持心理的平衡状态，既不会因动机过弱而缺乏行动力，也不会因动机过强而产生过度的紧张和焦虑。在中等动机水平下，罪犯能够更有效地执行改造计划，提高行为效率，从而更快地实现改造目标。

第二，过强动机的负面影响。过强的改造动机可能导致罪犯产生巨大的心理压力和焦虑感，急功近利，干扰他们的正常思维和行为。过度的关注可能使罪犯的注意力过于集中在某些细节上，而忽视了其他同样重要的改造方面。面对过高的期望和压力，罪犯可能会产生逃避或抗拒改造的情绪和行为，形成欲速则不达的效果。

第三，过弱动机的局限。过弱的改造动机使罪犯缺乏足够的动力去参与改造活动，导致行为无力和低效。在这种动机水平下，罪犯可能对改造过程持消极态度，缺乏主动性和积极性。缺乏足够动力的改造行为往往难以持久，难以达到预期的改造效果。

罪犯改造动机强度与效率之间存在密切的关系。为了实现最佳的改造效果，罪犯需要合理调整动机的强度水平并保持适中的动机状态。

六、罪犯实现目标与其他变量

内在动机不仅关注目标本身的实现，还关注罪犯在过程中的成长和发展。在追求目标的过程中，他们会不断学习新知识、掌握新技能并提升自己的综合素质和能力水平。

（一）实现目标与内在动机

实现目标与内在动机之间存在着紧密而复杂的关系。

1. 内在动机的定义与特性。内在动机是指罪犯因为对改造活动本身的兴趣、满足感或成就感而参与活动的动力。它关注的是活动本身的内在价值，而非外部奖励或惩罚。内在动机具有以下几个特性：一是自发性。内在动机驱使下的行为是自发产生的，不需要外部的强制或诱导。二是持久性。内在动机能够持续激发罪犯的行动力，使其在长时间内保持对活动的热情和投入。三是高效性。在内在动机的驱动下，罪犯往往能够获得出更高的改造成绩。

2. 实现目标与内在动机的关系。一是目标设定激发内在动机。当罪犯为自己设定一个具有挑战性、有意义且可实现的目标时，这个目标本身就能够激发其内在动机。他们对目标的认同感和追求欲会促使他们主动投入时间和精力去实现它。例如，一个热爱烹饪的罪犯可能会为自己做出一个新的菜品目标而兴奋。这个目标不仅与他的兴趣相符，还能够为他带来成就感和满足感，从而激发他的内在动机。二是内在动机推动目标实现。内在动机是实现目标的重要驱动力。在内在动机的驱使下，罪犯会更加专注于目标本身，积极寻找解决问题的方法和策略。同时，内在动机还能够增强他们的自我控制力和毅力，使他们在遇到困难或挫折时能够坚持不懈地努力下去。三是目标实现强化内在动机。当罪犯通过努力成功实现目标时，他们会获得成就感和满足感等积极的情感体验。这些情感体验会进一步强化他们的内在动机，使他们更加热爱和投入于相关活动。同时，目标实现还能够为个体树立信心和自尊心，使他们在未来的活动中更加勇敢和自信地面对挑战。

3. 内在动机对实现目标的重要性。一是提高效率和创造力。内在动机能够激发罪犯的积极性和创造力，使他们在实现目标的过程中更加高效和灵活。相比于外在动机（如金钱奖励等）驱动下的行为，内在动机驱动下的行为往往更加具有创新性和持久性。二是增强自我驱动力。内在动机使罪犯更加自主地追求目标，减少对外部因素的依赖和干扰。这种自我驱动力有助于他们在面对困难和挑战时保持坚定的信念和持久的动力。三是促进全面发展。实现目标与内在动机之间存在着相互促进、相互强化的关系。内在动机是实现目标的重要驱动力之一，而目标实现又能够进一步激发和强化内在动机。

（二）实现目标与自我效能感

罪犯改造中，目标指引着他们的改造方向，而自我效能感则是驱动他们向目标迈进的重要力量。两者之间相互依存、相互促进，共同构成了实现目标过程中的关键要素。

1. 目标设定的重要性。罪犯改造目标设定是实现改造目标的第一步。明确、具体、可衡量的目标能够为他们提供清晰的方向和动力。一个合适的目标能够激发他们的潜能，促使他们采取行动，并在过程中保持专注和坚持。同时，目标设定也是提升自我效能感的重要途径之一，因为当他们看到自己正在逐步接近目标时，会增强对自己能力的信心。

2. 自我效能感定义。自我效能感，是指罪犯对自己能否成功完成改造中的某一任务或达成某一目标的信念和预期。它是罪犯自我认知的重要组成部分，影响着他们的行为选择、努力程度以及面对困难时的坚持性。高自我效能感的罪犯更有可能设定并追求具有挑战性的目标，并在过程中展现出更高的适应性和创造力。

3. 目标难度与自我效能感。目标难度与自我效能感之间存在着微妙的关系。适度的挑战能够激发他们的潜能，提升自我效能感；而过高的难度则可能导致挫败感和自我怀疑。因此，在设定目标时，民警需要根据他们自身的实际情况和能力水平进行合理评估，确保目标既具有挑战性又不至于遥不可及。这样既能保持前进的动力，又能避免因挫败感而削弱自我效能感。

4. 成功经验累积效应。成功经验的累积是提升自我效能感的重要途径之一。当罪犯成功地完成一项任务或达成一个目标时，会获得一种成就感和自信心，这种积极的情感体验会转化为对自我能力的肯定和提升。随着时间的推移，成功经验的不断累积会形成一种良性循环，使他们在面对新的挑战时更加自信和有力量。

5. 失败反馈与调整。失败是成长过程中的必经之路，但它并非不可逾越的障碍。关键在于罪犯如何对待失败并从中吸取教训。失败反馈能够帮助他们认识到自己的不足和需要改进的地方，而积极地调整和应对策略则能够帮助他们重新振作起来并继续前进。重要的是，他们要将失败视为一次学习的机会而非终点，从中汲取力量和智慧以提升自我效能感。

6. 外界支持与自我效能感。外界的支持和鼓励对于提升自我效能感同样具有重要作用。当罪犯感受到来自家人、朋友或同事的支持和肯定时，会增强对自己能力的信心和动力。这种积极的情感氛围能够激发他们的潜能并促进其成长。

7. 目标分解与实现路径。将大目标分解为若干个小目标并规划出具体的实现路径是提升自我效能感的有效策略之一。这样做不仅可以使目标变得更加具体和可操作化，还能够帮助他们逐步建立自信心和成就感。每当完成一个小目标时，他们都会获得一种成就感并增强对自我能力的信心，从而更加坚定地朝着大目标迈进。

8. 自我反思与调整策略。自我反思是实现目标和提升自我效能感过程中不可或缺的一环。通过定期反思自己的行为和结果，他们能够更加清晰地认识到自己的优点和不足，并据此制定出更加有效的调整策略。这种持续改进的精神不仅能够提升他们的能力水平，还能够增强他们的自我效能感并促进他们的个人成长。

（三）目标动机与努力程度

1. 目标对动机的影响。目标是动机的重要来源之一。明确、具体且具有挑战性的目标能够激发罪犯的内在动机，使他们产生强烈的追求欲望和动力。同时，目标也为他们提供了行动的方向和参照点，有助于他们将动机转化为实际行动。因此，目标设定对动机的激发和维持具有重要作用。

2. 互动机制探讨。目标动机与努力程度之间存在着复杂的互动机制。一方面，目标设定能够激发和维持动机水平；另一方面，动机又能够驱动罪犯付出更多的努力来追求目标。这种互动机制使得他们在追求目标的过程中形成了一种良性循环：目标激发动机→动机驱动努力→努力促进目标实现→目标再激发动机……如此循环往复，推动他们的目标动机水平不断向前发展。

3. 个体差异与情境因素。目标动机与努力程度之间的关系还受到个体差异和情境因素的影响。不同的罪犯在动机类型、目标设定和努力程度等方面存在差异；同时，不同的情境因素（如社会环境、文化背景、任务性质等）也会对他们的动机和努力程度产生影响。因此，在分析和应用这一关系时，需要充分考虑个体差异和情境因素的作用。

4. 目标影响任务策略的唤醒和使用。实现目标的过程是一个有组织的活动过程，选择一个新的、恰当的策略是至关重要的，特别是对那些复杂的任务来说。管理情境中的研究发现，设置具体的、高难度有挑战性的目标可以促使罪犯积极思考，包括在行动前制订活动计划，在活动过程中自觉地调整任务策略，摒弃无效的策略，选择新的有效策略。这些策略的运用对目标的最终实现很有作用。

研究发现，当罪犯面对一个陌生的、挑战性的任务时，高难度的目标会引起他们的恐慌和紧张情绪，导致他们频繁地、无系统地尝试各种可能的策略，反而不利于有效策略的搜寻和任务目标的完成。因此在面临陌生的、复杂的任务情境时，应当先设置一个较低水平的目标，让他们可以没有压力地尝试各种可能的策略，并做出恰当选择；或者在任务开始之前，给予他们一定的有效策略训练，提供一些有关形成适当策略的背景资料，提高他们发现和运用适当策略的自我效能感，这样高难度的目标才可能促进有效策略的选择和使用。

第二节 罪犯改造目标设定与目标追求的心理机制

在罪犯改造领域，目标设定与目标追求不仅是教育改造工作的核心组成部分，更是推动罪犯积极转变、重归社会的关键心理机制。这一机制通过激发内在动力，增强自我效能感，促进心理健康等多方面作用，深刻影响着罪犯的改造进程与效果。

目标设定与目标追求有助于罪犯建立积极的心态，促进心理健康。当罪犯有了明确的目标后，他们的注意力会更多地集中在如何实现这些目标上，从而减少了对过去罪行的反思和对未来的担忧。

一、罪犯改造目标设定的过程

（一）目标原则五要素与罪犯改造动机

目标原则的五要素，即具体、可衡量、可达成、相关性和时限性。五要素与罪犯改造动机目标之间存在着紧密的联系。这种联系体现在以下几个方面：

1. 具体。在罪犯改造过程中，设定具体的目标能够为罪犯提供清晰的方向和预期成果。例如，设定具体的改造行为目标，如"在接下来的三个月内完成 200 小时的技能培训课程"，比笼统的"努力改善自己"更能激发罪犯的改造动机。具体目标让罪犯明白需要做什么，以及达到什么标准，从而增加其改造的针对性和有效性。

2. 可衡量。可衡量的目标使得罪犯改造的进展和成果能够被量化评估。通过设定可衡量的指标，如学习成绩、行为表现得分等，罪犯可以清晰地看到自己的进步和成绩，这种正面的反馈会进一步增强其改造动机。同时，民警也能够根据量化指标及时调整改造计划，确保改造效果的最大化。

3. 可达成。目标的可达成性是激发罪犯改造动机的重要因素之一。设定过高的目标可能会导致罪犯感到挫败和无力，从而降低其改造积极性；而设定过低的目标则可能缺乏挑战性，无法充分激发罪犯的潜能。因此，在设定罪犯改造目标时，需要充分考虑罪犯的实际情况和改造能力，确保目标既具有挑战性又可实现。

4. 相关性。罪犯改造目标的设定需要与其个人需求、改造需求以及社会期望紧密相关。只有当罪犯认为目标对自己有意义、有价值时，才会产生强烈的改造动机。例如，设定与罪犯未来就业相关的技能培训目标，或者设定与家庭团聚相关的良好行为表现目标，都能够更好地激发罪犯的改造动机。

5. 时限性。为罪犯改造目标设定明确的时间限制，可以增加其紧迫感和责任感。时限性要求罪犯在规定的时间内完成特定的改造任务或达到一定的改造标准，这种压力会促使罪犯更加努力地投入改造。同时，时限性也有助于监狱民警对改造进度进行监控和评估，确保改造计划的顺利实施。

目标原则的五要素与罪犯改造动机之间存在着紧密的联系。通过运用目标原则来设定罪犯改造目标，可以更加有效地激发罪犯的改造动机，提高其改造的积极性和有效性。

（二）目标的明确性与具体性

在罪犯改造的道路上，设定明确且具体的目标至关重要。这些目标不仅为他们的行动提供了方向，还是衡量进度和评估成果的重要基准。

1. 目标明确性定义。目标的明确性指的是目标描述的清晰度和精确性，即能够准确传达出想要达到的结果或状态。一个明确的目标应当无歧义，能够被理解者直接领会其意图和范围。明确的目标有助于减少误解，提高执行效率。

2. 具体性量化标准。具体性要求目标不仅要清晰，还要能够量化。量化标准可以是具体的数字、百分比、时间节点等，用于衡量目标的达成程度。例如，"罪犯个人的生产效率"是一个模糊的目标，而"在一季度内将生产效率提升2%"则是一个具体且可量化的目标。

3. 分解目标策略。将大目标分解为一系列小目标（或子目标）是实现明确具体目标的有效策略。这样做有助于降低难度，提高可操作性，同时也便于管理和调整。分解目标时，应确保每个小目标都符合目标原则。

4. 实践与反馈机制。建立有效的实践与反馈机制是确保目标实现的关键。通过定期回顾进度、收集反馈意见、评估成果并进行调整，可以不断优化目标设定和执行过程。

5. 持续改进与优化。目标的明确性与具体性并非一成不变，随着环境和条件的变化，需要不断对目标进行审视和调整。通过持续改进和优化目标设定方法，可以更好地适应变化，提高目标的实现效率和质量。

目标的明确性与具体性是实现成功的基石。通过遵循目标原则、分解目标、建立实践与反馈机制以及持续改进优化，我们可以更加高效地设定和实现目标，推动个人和组织不断向前发展。

(三) 罪犯改造目标的可衡量性

在罪犯改造的实践中，目标的可衡量性是评估改造效果、调整改造策略的重要基础。

1. 行为改变评估。一是量化标准设定。行为改变是罪犯改造的直接体现，其可衡量性通过量化标准来实现。例如，设定具体的违规违纪次数减少目标，如从每月违规 3 次降低到每月不超过 1 次；或设定劳动任务完成率提升指标，如从原先的 60% 提高到 80% 以上。这些具体的量化标准使得行为改变变得可观察和可评估。二是行为观察记录。为了准确评估行为改变，需要建立系统的行为观察记录机制。通过日常监管、视频监控、同改人员反馈等多种方式，收集罪犯在改造期间的行为数据，包括正面行为和负面行为，以便进行纵向和横向的比较分析。

2. 心理认知转变。一是心理测试与评估。心理认知的转变难以直接观察，但可以通过专业的心理测试与评估工具来间接衡量。例如，使用认罪悔罪量表评估罪犯的悔罪程度；运用心理健康量表监测罪犯的心理状态变化；通过认知功能测试考查其思维方式、价值观念等是否发生积极变化。二是访谈与自我反思。除了量化评估外，定期的访谈和自我反思也是衡量心理认知转变的重要手段。通过与罪犯的深入交流，了解其思想动态、价值观变化及对未来生活的规划；鼓励罪犯撰写自我反思报告，记录自己在改造过程中的心路历程和感悟，从而更全面地评估其心理认知的转变情况。

3. 社会适应能力。一是技能培训与考核。社会适应能力主要通过技能培训与考核来评估。根据罪犯的实际情况和兴趣特长，提供职业技能培训、法律知识教育、社交技巧培训等，并通过模拟演练、实践操作等方式进行考核，评估其是否具备了一定的社会生存能力和适应能力。二是社会适应性测试。在罪犯即将回归社会前，可以组织专门的社会适应性测试。通过模拟社会场景、设置社交障碍、考验应变能力等方式，评估罪犯在面对现实生活中的挑战时是否能够保持冷静、理智和积极的态度，以及是否具备有效的应对策略。

4. 再犯罪风险评估。一是风险因子识别。再犯罪风险评估的基础在于准确识别风险因子。通过综合分析罪犯的犯罪历史、家庭背景、社会关系、心理特征、行为模式等多方面因素，确定其再犯罪的可能性及主要风险。二是动态评估与干预。再犯罪风险评估不是一次性的工作，而是需要随着改造进程的推进进行动态评估。根据罪犯在改造过程中的表现变化，及时调整风险评估等级和干预措施。对于高风险罪犯，应加强监管和教育引导，提供个性化的改造方案和支持系统；对于低风险罪犯，则可以在保证其顺利回归社会的同时，适当放宽监管措施，促进其更好地融入社会。

通过制定具体的量化标准、运用专业的评估工具和方法、建立系统的监测与反馈机制等措施，可以实现对罪犯改造效果的全面、客观和科学的评估。

（四）目标的挑战性与可实现性

在罪犯改造的复杂过程中，目标设定是引领罪犯走向新生的关键一步。这些目标不仅需要具有挑战性，以激发罪犯的内在潜能和改造动力，同时也必须确保可实现性，避免过高或过低的设定导致挫败感或缺乏动力。

1. 挑战性。一是激发潜能与动力。挑战性目标的核心在于其能够激发罪犯的潜能和改造动力。与日常生活或低标准的要求相比，挑战性的目标要求罪犯付出更多的努力、展现出更高的能力和更强的自我控制力。这种挑战不仅是对罪犯当前状态的超越，更是对其未来可能性的探索。当罪犯意识到自己有能力实现这样的目标时，他们会感到自豪和满足，这种积极的情感体验将进一步激励他们持续努力。二是促进自我反思与成长。挑战性目标还促进了罪犯的自我反思与成长。在实现目标的过程中，罪犯需要不断审视自己的行为、态度和技能，发现自身的不足并寻求改进。这种自我反思的过程有助于罪犯形成更加清晰的自我认知，明确自己的优势和劣势，从而制定出更加有效的改造策略。同时，通过克服挑战，罪犯也能积累宝贵的经验和信心，为未来的成长奠定坚实的基础。

2. 可实现性。一是避免挫败感与放弃。虽然挑战性对于罪犯改造至关重要，但目标的可实现性同样不可忽视。过高的目标设定可能会让罪犯感到遥不可及、无法实现，从而产生挫败感和沮丧情绪。这种负面情绪不仅会降低罪犯的改造积极性，还可能导致其放弃努力、重蹈覆辙。因此，在设定罪犯改造目标时，必须充分考虑罪犯的实际情况和改造能力，确保目标既具有挑战性又可实现性。三是增强信心与积极性。可实现的目标能够增强罪犯的信心和改造积极性。当罪犯看到自己的努力逐渐转化为实际成果时,他们会感到自己的努力是有价值的、有意义的。这种积极的反馈会进一步增强他们的信心和动力,促使他们更加积极地投入改造。同时,可实现的目标也为罪犯提供了明确的方向和期望成果,有助于他们制定出更加切实可行的改造计划并付诸实施。

罪犯改造目标的挑战性与可实现性是相互依存、相互促进的两个方面。在设定罪犯改造目标时,需要充分平衡这两个因素,以确保目标既能够激发罪犯的潜能和动力,又能够确保其实现的可能性。只有这样,才能真正实现罪犯的有效改造和社会的和谐稳定。

(五)目标的可相关性

罪犯改造目标的可相关性,是确保改造活动有效性和针对性的重要原则。它要求设定的改造目标必须与罪犯的个体情况、犯罪原因、改造需求以及社会期望等方面紧密相关,以实现罪犯的全面改造和顺利回归社会。

1. 罪犯情况的相关性。一是心理特点与需要。罪犯改造目标应根据罪犯的心理特点、性格特征、情感需求等个体差异来设定。例如,针对具有自卑心理的罪犯,可以设定增强其自信心和自尊心的目标;对于具有攻击性行为的罪犯,则应设定控制情绪、改善人际关系的目标。二是教育背景与技能水平。罪犯的教育背景和技能水平也是设定改造目标时需要考虑的因素。根据罪犯的实际情况,可以设定提升文化素养、学习职业技能等目标,以增强其回归社会后的竞争力。

2. 犯罪原因的相关性。一是犯罪动机与原因。深入了解罪犯的犯罪动机和原因,有助于设定更具针对性的改造目标。例如,对于因贫困而犯罪的罪犯,可以设定培养其就业能力、改善生活条件的目标;对于因冲动而犯罪的罪犯,则应设定提高其自我控制能力的目标。二是犯罪类型与特点。不同类型的犯罪往往具有不同的特点和影响,因此改造目标也应有所不同。例如,对于财产型罪犯,可以设定培养其正确金钱观、增强法律意识的目标;对于暴力型罪犯,则应设定学习非暴力冲突解决方式、改善人际关系等目标。

3. 改造需要的相关性。一是个人成长与发展。罪犯改造不仅是惩罚犯罪的手段,更是帮助罪犯实现个人成长与发展的重要途径。因此,改造目标应关注罪犯的个人成长需求,如提升自我认知、增强社会责任感等。二是社会适应与回归。罪犯最终需要回归社会，因此改造目标应与社会期望和需求相衔接。设定有助于罪犯适应社会、融入社会的目标，如培养良好行为习惯、掌握社会交往技能等，对于促进罪犯的顺利回归具有重要意义。

罪犯改造目标的相关性是确保改造活动有效性和针对性的关键。在设定改造目标时，应充分考虑罪犯的个体情况、犯罪原因、改造需要以及社会期望等多方面因素，以实现罪犯的全面改造和顺利回归社会。

（六）目标设定中的自我效能感与期望

在罪犯改造领域，自我效能感与期望作为关键的心理因素，不仅各自独立地影响着改造进程，还通过复杂的互动关系共同作用于改造目标的设定与实现。

自我效能感，源自班杜拉的社会学习理论，是指个体对自己能够成功执行某一特定任务或达成某个目标的能力的信念。在罪犯改造的语境下，自我效能感表现为罪犯对改变自己不良行为、掌握新技能、适应社会规则等方面能力的信心。

期望理论，又称"效价—手段—期望理论"，由弗鲁姆提出，主要关注的是个体动机的激发与实现。该理论认为，个体是否采取某一行为，取决于他对该行为所能带来的结果（效价）的期望以及该结果对其个人目标的吸引力（期望）。在罪犯改造中，期望理论可应用于分析罪犯对改造目标的预期实现程度及其对个人成长的积极影响。

在罪犯改造的复杂过程中，目标设定不仅是引导罪犯走向积极转变的指南针，也是激发其内在动力、促进自我成长的关键环节。其中，自我效能感与期望作为影响目标设定及其实现的重要因素，扮演着至关重要的角色。

1. 自我效能感。罪犯的自我效能感是指罪犯对自己能否成功改变不良行为、习得新技能、适应社会生活等方面的信心和预期。这种信念直接影响着罪犯的改造动力、努力程度和坚持性。一是激励作用。自我效能感高的罪犯往往更加自信，他们相信自己有能力克服困难、实现目标，因此更愿意付出努力，持续投入积极改造过程。相反，自我效能感低的罪犯可能因缺乏信心而犹豫不决、畏缩不前，影响改造效果。二是目标设定。自我效能感还影响着罪犯对改造目标的设定。自我效能感高的罪犯倾向于设定更具挑战性的目标，因为他们相信自己能够达成；而自我效能感低的罪犯则可能设定较为保守、容易达成的目标，以避免失败带来的挫败感。三是应对策略。面对改造过程中的挑战和困难，自我效能感高的罪犯更可能采取积极的应对策略，如寻求帮助、调整方法、坚持努力等；而自我效能感低的罪犯则可能采取逃避、放弃等消极应对策略。

2. 期望设定。在罪犯改造中，合理的期望设定同样至关重要。期望是指罪犯对自己或他人在未来某一时间点上可能达到的状态或成果的预测。合理的期望设定应基于罪犯的实际情况、改造需求和潜力，既不过于乐观也不过于悲观。一是具体性与可行性。期望设定应具体明确，便于罪犯理解和执行。同时，期望必须具有可行性，即符合罪犯的实际能力和改造环境。过高的期望可能导致挫败感，而过低的期望则可能缺乏挑战性，无法激发罪犯的潜能。二是灵活性。期望设定应具有一定的灵活性，以适应改造过程中的变化。监狱民警应定期评估罪犯的改造进展，根据实际情况调整期望水平，确保期望始终与罪犯的实际能力和改造需求相匹配。

3. 自我效能感与期望两者关系。自我效能感与期望在罪犯改造目标设定中呈现出紧密的互动关系。一方面，自我效能感的高低直接影响罪犯对改造目标的期望水平。高自我效能感的罪犯更倾向于设定具有挑战性的目标，并对实现这些目标抱有更高的期望；反之，低自我效能感的罪犯则可能设定较为保守的目标，甚至对改造前景持悲观态度。另一方面，期望的达成情况又会反过来影响自我效能感。当罪犯通过努力成功实现改造目标时，其自我效能感会得到增强；反之，若目标未能达成，则可能削弱其自我效能感。

二、罪犯改造目标追求中的心理动力

罪犯改造目标追求中的心理动力是一个复杂而多维的概念，它涉及罪犯的内在需求、信念、期望以及外界环境对其心理状态的影响。

（一）内在动机与外在动机对目标的作用

在探讨人类行为的动力源时，内在动机与外在动机是两个核心概念。内在动机与外在动机在罪犯改造目标中各自扮演着重要的角色，它们对罪犯的改造行为和成果产生深远的影响。

1. 内在动机的定义与作用。内在动机源自罪犯内部的需要、兴趣、好奇心或成就感，它促使罪犯从事某项活动仅因为活动本身带来的满足感和愉悦感，而非外部奖励或惩罚。内在动机具有自发性、持久性和创造性的特点，是推动他们积极改造的重要力量。

内在动机对目标的作用主要体现：一是自主性与积极性。内在动机促使罪犯主动参与改造活动，而不是被动接受管教。这种自主性使得罪犯能够更加积极地面对改造过程中的挑战和困难，从而提高改造效果。二是持久性。相比外在动机，内在动机更具有持久性。当罪犯意识到改造对自身的积极意义，如改善生活质量、重获自由、获得社会尊重等，这种动力将长时间支撑其努力改变。三是自我驱动力。内在动机是罪犯自我改变的根本动力。它促使罪犯反思自己的罪行，认识到改变的必要性，并产生强烈的自我驱动力，推动其不断努力改造。

2. 外在动机的定义与作用。外在动机是由外部因素（如奖励、惩罚、社会认可等）引发的行为动力。它使罪犯为了获得某种外部奖励或避免惩罚而采取行动。外在动机在短期内可能效果显著，但其持续性较弱，且可能削弱内在动机的作用。

外在动机对目标的作用包括：一是即时性。外在动机能够迅速激发罪犯的改造行为。例如，当罪犯知道遵守监规、积极参加劳动和学习可以获得减刑、假释等奖励时，他们会立即采取行动以获取这些利益。二是明确性。外在动机往往具有明确的目标和奖励机制，使得罪犯能够清晰地知道自己的行为将带来何种结果。这种明确性有助于引导罪犯按照既定目标进行改造。三是互补性。内在动机和外在动机在罪犯改造过程中是相互补充的。外在动机可以通过设置合理的奖励和惩罚机制来激发罪犯的内在需求，从而促进其内在动机的形成和发展。

3. 两者相互作用。在实际改造过程中，内在动机和外在动机并不是孤立存在的，而是相互作用、共同推动罪犯的改造进程。一是相互促进。当外在动机激发罪犯的改造行为并取得一定成果时，这种成就感会增强罪犯的自信心和自我价值感，进而激发其内在动机；而内在动机的增强又会使罪犯更加主动地追求改造目标，从而获得更多的外在奖励和认可。二是相互制约。在某些情况下，内在动机和外在动机之间也可能产生冲突或相互制约。例如，当外在奖励与罪犯的内在价值观不一致时，可能会导致其产生抵触情绪或反感心理；而当罪犯过度依赖外在奖励时，一旦奖励消失或不足，其改造动力也可能随之减弱。

在罪犯改造过程中，应注重培养和激发罪犯的内在动机，同时合理利用外在动机的激励作用，以实现两者之间的相互促进和互补。只有这样，才能有效地推动罪犯的改造进程，促进其顺利回归社会。

(二) 反馈机制对目标追求的影响

反馈机制在罪犯改造目标追求中起着至关重要的作用，它影响着改造过程的效率、效果以及罪犯的积极性和自我认知，有效的反馈机制对于促进改造目标的顺利实现具有不可估量的价值。

反馈机制是指在罪犯改造过程中，通过收集、分析并传递改造进展信息，以指导改造策略调整、优化资源配置、激励罪犯积极参与改造活动的一种系统性机制。它贯穿于改造的全过程，是连接改造目标与实际操作的桥梁。反馈机制对罪犯改造目标追求的具体影响：

1. 增强目标导向性。一是明确改造方向。通过定期的反馈，罪犯可以清晰地了解到自己在改造过程中的表现与既定目标之间的差距，从而明确下一步的改造方向。二是调整改造计划。基于反馈结果，罪犯和民警可以共同分析存在的问题和不足，并据此调整改造计划，确保改造活动更加有针对性和有效性。

2. 激发内在动力。一是增强自我认知。反馈机制为罪犯提供了一个认识自我、评价自我的机会，有助于他们更加清晰地认识到自己的优点和不足，从而增强改造的内在动力。二是提升自信心。当罪犯在改造过程中取得进步或获得认可时，正面的反馈可以极大地提升其自信心和成就感，激励其继续努力追求改造目标。

3. 促进沟通与合作。一是增进了解与信任。反馈机制为罪犯与民警之间建立了一个良好的沟通平台，有助于双方增进了解、建立信任关系，为改造工作的顺利开展奠定基础。二是协作解决问题。面对改造过程中的困难和挑战，通过反馈机制可以及时发现并协作解决问题，确保改造工作的连续性和有效性。

4. 提高改造效率与效果。一是及时发现问题。反馈机制能够及时发现罪犯在改造过程中存在的问题和不足，为民警提供及时、准确的信息支持，以便其采取针对性措施进行干预和纠正。二是优化资源配置。基于反馈结果，民警可以更加合理地配置改造资源，如教育、心理干预、技能培训等，以提高改造效率和效果。

5. 可能出现的负面影响。一是可能导致挫败感。如果反馈过于严厉或频繁地指出罪犯的不足和错误，可能会导致他们产生挫败感和自卑心理，进而影响改造的积极性。因此，在提供反馈时需要注意方式方法和时机，避免对罪犯造成不必要的心理压力。二是产生依赖心理。部分罪犯可能会过度依赖外界的反馈来评价自己的表现，而忽视了内心的自我反省和自我评价能力。这种情况下，一旦外界反馈不足或消失，罪犯可能会感到迷茫和无所适从，影响改造的持续性和稳定性。三是影响公平公正。在反馈过程中，如果存在主观偏见或信息不对称等问题，可能会导致反馈结果不够公平公正。这不仅会损害罪犯的合法权益，还会影响改造工作的权威性和公信力，甚至引发不必要的矛盾和冲突。

三、罪犯改造目标障碍

（一）目标追求过程中可能遇到的障碍

罪犯改造是一个复杂而长期的过程，其中涉及个体心理、社会环境、制度设计等多个层面。在这一过程中，罪犯往往会遇到各种障碍，这些障碍不仅阻碍了改造目标的实现，还可能对罪犯的再社会化产生负面影响。

1. 认知水平有限。罪犯的认知水平有限可能表现为对自己犯罪行为的认知不足、对法律规范的误解以及对改造意义的模糊理解。这种认知局限导致他们难以深刻反思自己的罪行，也缺乏明确的改造方向和动力。

认知理论指出，人的行为和决策往往受其认知框架的制约。罪犯的认知框架可能因长期生活在非法或边缘化的环境中而扭曲，影响了他们对改造的正确认识和接受程度。因此，提高罪犯的认知水平，帮助他们建立正确的价值观和世界观，是克服这一障碍的关键。

2. 消极心理严重。罪犯在改造过程中可能面临各种消极心理，如自卑、绝望、敌意等。这些消极心理不仅影响他们的情绪状态，还可能导致他们抗拒改造，甚至采取极端行为。

心理学理论表明，人的情绪和行为是相互作用的。消极心理往往源于对过去错误的过度自责、对未来的无望以及对当前环境的敌对态度。为了克服这一障碍，需要运用心理干预和辅导技术，帮助罪犯调整情绪，建立积极的心态，增强对改造的信心和动力。

3. 激励机制不足。在改造过程中，如果缺乏有效的激励机制，罪犯可能缺乏足够的动力去参与改造活动，甚至产生懈怠和抗拒情绪。

激励理论指出，人的行为受到动机的驱使，而动机则来源于满足自身需要的期望。在改造过程中,需要设计合理的激励机制,如奖励制度、减刑假释政策等,以激发罪犯的改造积极性。同时,激励机制的公平性和透明度也是确保其有效性的重要因素。

4. 家庭关系破裂。家庭是罪犯获得社会支持的重要来源之一。由于犯罪行为导致家庭关系破裂,罪犯在改造过程中可能失去家庭的支持和关爱,进一步加重其心理负担。

家庭关系理论强调家庭在个体成长和发展中的重要作用。家庭关系的破裂不仅影响罪犯的心理健康,还可能削弱其改造的动力和信心。因此,在改造过程中,需要重视家庭关系的修复和重建工作,通过家庭访问、亲情帮教等方式加强罪犯与家庭成员之间的联系和沟通。

在罪犯改造目标追求过程中,可能会遇到多方面的障碍,这些障碍不仅影响改造的顺利进行,还可能对改造效果产生负面影响。

(二) 坚持与放弃的决策过程

罪犯在改造过程中,其心理状态经历了从最初的醒悟到可能的动摇与反复,再到最终的心理调适与稳定巩固,这一过程充满了挑战与转折。

1. 醒悟初变。在改造的初期,罪犯往往经历一个从否认到逐渐接受现实的过程。随着法律的威严、监狱环境的压力以及教育引导的深入,部分罪犯开始醒悟,认识到自己的错误,并对未来产生初步的改造意愿。这一阶段的心理变化是改造的起点,为后续积极改造奠定了基础。

2. 积极改造。一旦确立了改造目标,许多罪犯会表现出强烈的改造意愿和行动。他们积极参与各项改造活动,如学习法律知识、提升职业技能、接受心理辅导等,以期通过实际行动来弥补过去的错误,并为未来的重归社会做准备。这一阶段,罪犯的心态积极向上,对改造充满信心和期待。

3. 动摇反复。然而,改造之路并非一帆风顺。随着时间的推移,罪犯可能会遇到各种困难和挑战,如长期隔离带来的孤独感、改造进度缓慢带来的挫败感、外界负面信息的干扰等。这些因素可能导致罪犯的心理状态出现动摇和反复,甚至产生放弃改造的念头。

4. 心理调适。面对动摇和反复,罪犯需要进行有效的心理调适。这包括通过自我反思来重新审视改造目标的意义和价值,通过与他人交流来寻求支持和理解,以及通过参加心理辅导等活动来提升自我认知和情绪管理能力。心理调适的目的是帮助罪犯重新找回改造的动力和信心。

5. 稳定巩固。经过一段时间的调适和努力，部分罪犯能够逐渐克服动摇和反复的情绪，重新稳定下来并巩固改造成果。他们开始更加坚定地追求改造目标，积极参与改造活动并展现出良好的行为表现。这一阶段的心理状态是改造过程中的重要里程碑。

6. 放弃与再坚持。并非所有罪犯都能顺利完成上述过程。有些罪犯在面对重大挑战时可能会选择放弃改造目标；而另一些人则可能在经历短暂的低谷后重新振作起来并坚持改造。这一阶段的决策取决于罪犯的个人意志力、社会支持以及改造环境的稳定性等多种因素。

罪犯改造目标的坚持与放弃的决策过程是一个复杂而多元的过程，它受到心理状态、社会支持、改造环境以及改造策略等多个因素的影响。为了促进罪犯成功实现改造目标，民警需要从多个方面入手，为罪犯提供全方位的支持和帮助。

第三节 罪犯改造目标设置

目标设置理论最早是由美国心理学家洛克提出来的，主要用于解释个体在工作情境中的动机行为绩效。该理论的前提假设是：人类的活动是有目的的，它受有意识的目标的引导。个体的工作表现之所以会不同，就是因为他们为自己设置了不同的绩效目标。

一、罪犯改造的目标设置

罪犯改造是一个系统工程，需要科学、系统地设置改造目标，并通过一系列措施和步骤逐步实施。目标设置理论对罪犯改造动机具有具体性、挑战性与反馈性的影响。

监狱民警在设定改造目标之前，首先需要对罪犯的个人背景进行详细调查，包括其家庭状况、教育背景、犯罪前职业、社会关系以及犯罪动机等。这些信息有助于了解罪犯的成长经历、心理状态及行为模式，为后续的目标制定提供重要依据。还要分析罪犯所犯罪行的类型、性质及严重程度，以及深入探讨其犯罪背后的社会、心理及环境因素。通过剖析犯罪原因，可以更准确地把握罪犯的改造需要和重点方向。

（一）目标制定理论

罪犯改造作为刑事司法体系中的重要环节，旨在通过一系列教育、矫正与康复措施，促使罪犯回归社会，成为守法公民。这一过程涉及复杂的社会学、心理学、法学等多学科理论，其中，科学合理地制定改造目标至关重要。对罪犯改造目标制定过程中需要体现的主要理论有：

1. 人格改造理论。根据人格改造理论，罪犯的行为偏差往往源于其人格缺陷或发展不完善。因此，改造目标应聚焦于促进罪犯人格的健全发展，包括道德观、价值观的重塑，情感调控能力的提升，以及自我认知的深化。通过心理咨询、心理辅导、团体治疗等手段，帮助罪犯识别并修正不良行为模式，培养其健康、积极的人格特质，为重新融入社会奠定坚实基础。

2. 行刑个别化理论。行刑个别化理论主张，每个罪犯都有其独特的犯罪原因、背景、心理特征及改造需要，因此，改造目标的制定应充分考虑个体差异，实施个别化、差异化的改造方案。这一理论要求监狱管理部门在评估罪犯风险与需要的基础上，量身定制改造计划，如进行政治文化教育、技能培训、心理辅导等，以确保改造措施的有效性和针对性。

3. 行刑教育化理论。行刑教育化理论强调教育在罪犯改造中的核心作用。它认为，通过系统的知识传授、技能培训和道德教育，能够提升罪犯的文化素养、职业技能和社会责任感，从而降低再犯风险。因此，改造目标应明确包含教育目标，如完成基础教育、职业教育课程，获得相应证书或资格，以及培养良好的学习习惯和终身学习的意识。

4. 认知与行为理论。认知与行为理论在罪犯改造中的应用，侧重于改变罪犯的错误认知和行为模式。该理论认为，人的行为和情感反应受其内在信念、价值观和思维模式的影响。因此，改造目标需包括帮助罪犯识别并挑战其不合理信念，学习并实践积极的应对策略，从而改变其消极行为模式，增强自我控制能力和问题解决能力。

5. 法律法规依据。罪犯改造目标的制定必须严格遵循国家法律法规，确保改造活动的合法性、规范性和有效性。相关法律法规不仅为改造工作提供了基本原则和框架，还明确了改造目标的具体要求，如促进罪犯的再社会化、保障其合法权益等。因此，在制定改造目标时，必须深入研读相关法律法规，确保各项措施合法合规。

6. 实践经验总结。实践经验是制定有效改造目标的重要参考。通过对国内外成功改造案例的深入分析和总结，可以提炼出共性的、可复制的经验做法，为制定改造目标提供有力支撑。同时，也应关注失败案例的教训，避免重蹈覆辙。

7. 科学与人文并重。在制定罪犯改造目标时，应坚持科学与人文并重的原则。科学意味着要运用心理学、教育学、社会学等学科的最新研究成果，确保改造措施的科学性和有效性；人文则强调要关注罪犯的个体差异、情感需要和尊严，尊重其人格和权利，营造人性化的改造环境。只有科学与人文相结合，才能制定出既符合社会发展需要又贴近罪犯实际的改造目标。

（二）罪犯改造的目标设置

罪犯改造作为刑事司法体系的关键环节，其核心在于通过科学、系统的目标设置与实现过程，促进罪犯的全面发展与再社会化。

1. 改造理论基础。罪犯改造的理论基础多元化，主要包括心理学、社会学、教育学等学科的理论成果。心理学理论如认知行为理论强调改变罪犯的错误认知与行为模式；社会学理论如再社会化理论，关注罪犯与社会环境的互动与融合；教育学理论则强调通过教育提升罪犯的文化素养与职业技能。这些理论共同构成了罪犯改造目标设置的理论基石。

2. 目标设定原则。在设定罪犯改造目标时，应遵循以下原则：一是合法性原则：目标必须符合法律法规的规定，确保改造活动的合法性与规范性。二是针对性原则：根据罪犯的个体差异、犯罪类型及改造需要，设定个性化的改造目标。三是可行性原则：目标应具体、明确且可实现，避免过于理想化或脱离实际。四是全面性原则：目标应涵盖认知、情感、行为、技能等多个方面，促进罪犯全面发展。五是动态性原则：目标应随着改造进程的推进和罪犯状况的变化而适时调整。

3. 改造目标内容。一是认知改造。提升罪犯的法律意识、道德观念和社会责任感，使其认识到犯罪的危害性和改造的必要性。二是行为矫正。通过行为训练、心理辅导等手段，改变罪犯的不良行为习惯，培养积极的生活方式。三是技能培训。提供职业教育与技能培训，提升罪犯的就业能力和社会适应能力。四是再社会化准备。教育罪犯如何融入社会，预防再犯，成为对社会有用的人。

（三）目标的选择

罪犯改造作为刑事司法系统的重要组成部分，旨在通过系统的干预与教育,促使罪犯实现内在与外在的全面转变,最终成功回归社会并成为遵纪守法的公民。这一目标实现过程离不开明确且具体的改造目标设定。

1. 人格改造。人格改造是罪犯改造的核心目标之一。它关注于罪犯内在性格、道德品质及价值观念的重塑。通过心理咨询、心理治疗、道德教育等手段,帮助罪犯认识到自身人格的缺陷,如自私、冷漠、冲动等,并引导其逐步培养起诚实、守信、宽容、责任感等积极的人格特质。人格改造的目标在于促使罪犯形成稳定而健康的人格结构,为其未来的社会生活奠定坚实的心理基础。

2. 行为矫正。行为矫正是罪犯改造的直接目标。它针对罪犯的不良行为模式进行干预,通过行为训练、行为约束、奖惩机制等手段,逐步改变其违法犯罪的行为习惯。行为矫正不仅要求罪犯在改造期间遵守监规纪律,更强调培养其自我约束、自我管理的能力,使其在离开监狱后能够自觉抵制诱惑,远离违法犯罪活动。

3. 思想转化。思想转化是罪犯改造的重要任务之一。它旨在通过思想政治教育、法治教育等方式,提高罪犯的法律意识、道德观念和社会责任感。通过引导罪犯反思自身犯罪行为对社会、家庭及个人造成的危害,激发其悔罪改过之心,进而树立正确的世界观、人生观和价值观。思想转化的目标在于帮助罪犯形成正确的思想观念,为其回归社会后的道德生活提供思想保障。

4. 劳动技能培养。劳动技能培养是罪犯改造的重要内容之一。它通过职业技能培训、实习实训等方式,帮助罪犯掌握一技之长,提高其就业能力和社会适应能力。劳动技能培养不仅有助于罪犯在监狱内获得劳动报酬,减轻经济负担,更重要的是为其出狱后顺利融入社会、实现自我价值提供有力支持。通过劳动技能培养,罪犯可以学会自食其力,减少再犯风险。

罪犯改造的目标选择理论是一个多维度、系统化的体系。通过人格改造、行为矫正、思想转化、劳动技能培养等目标的设定与实现,可以全面提升罪犯的综合素质和社会适应能力,促进其成功回归社会并成为遵纪守法的公民。

(四)目标承诺

罪犯改造的目标承诺理论,强调的是在罪犯改造过程中,通过明确的目标设定、愿景共享、希望感培养、行动指导等关键要素,促进罪犯对改造目标的深度认同与积极践行,从而实现有效的改造效果。

1. 目标设定明确。明确的目标设定是目标承诺理论的首要前提。改造目标应具体、可衡量、可实现，并与罪犯的实际情况和改造需要紧密相关。监狱管理部门需与罪犯共同制定个性化改造计划，明确改造的具体目标、步骤和时间表，确保双方对改造目标有清晰的认识和共识。

2. 愿景共享。愿景共享是指将改造目标转化为罪犯内心深处的渴望与追求，使其成为推动改造进程的重要动力。通过教育引导、心理辅导等方式，帮助罪犯认识到改造的意义和价值，激发其内在的改变动力。同时，监狱民警应与罪犯建立信任关系，鼓励其表达个人愿景，并将其融入改造目标之中，形成共同的改造愿景。

3. 希望感培养。希望感是罪犯在改造过程中保持积极态度的重要支撑。监狱管理部门应关注罪犯的心理状态，通过成功案例分享、正面激励等方式，培养罪犯对未来的希望和信心。同时，为罪犯提供实现小目标的机会和平台，让其体验到成功的喜悦和成就感，从而增强对改造目标的信心和承诺。

4. 行动指导。行动指导是将改造目标转化为具体行动计划的关键环节。监狱管理部门应根据改造目标制定详细的行动计划，包括具体的改造措施、时间节点、责任分配等。同时，对罪犯进行必要的技能培训和行为指导，帮助其掌握实现目标所需的技能和方法。通过持续的行动指导，确保改造计划的有效实施和目标的顺利达成。

5. 持续监督。持续监督是确保改造目标得到有效执行的重要保障。监狱管理部门应建立健全的监督机制，对改造计划的实施情况进行定期检查和评估。通过数据分析、个案研讨等方式，及时发现并解决改造过程中存在的问题和困难。同时，鼓励罪犯自我监督和相互监督，形成积极向上的改造氛围。

二、影响罪犯目标设置的因素

影响罪犯改造目标设置的因素是多方面的，这些因素不仅关乎罪犯个体特征，还涉及社会环境、司法制度等多个层面。

（一）罪犯个人因素

影响罪犯改造目标设置的因素中，罪犯个人因素占据着举足轻重的地位。这些因素直接关联到罪犯的改造动力、接受程度以及最终改造效果。

1. 心理因素。一是心理状态。罪犯的心理状态是影响其改造目标设置的重要因素。一些罪犯可能存在心理问题，如焦虑、抑郁、自卑等，这些问题可能导致他们对改造持消极态度，难以设定并积极追求改造目标。因此，在改造过程中，需要重视罪犯的心理健康，通过心理咨询、心理治疗等手段，帮助他们调整心态，增强改造信心。二是认知水平。罪犯的认知水平也是影响改造目标设置的关键因素。文化水平低、认知能力差的罪犯可能难以理解改造的意义和必要性，无法清晰、明确地设定改造目标。针对这类罪犯，需要加强教育引导，提高他们的文化素养和认知能力，帮助他们树立正确的世界观、人生观和价值观。

2. 犯罪背景与经历。一是犯罪类型与严重程度。不同类型的犯罪和不同程度的犯罪严重程度，会影响罪犯的改造需要和目标设置。例如，暴力犯罪的罪犯可能更需要行为矫正和心理治疗，而经济犯罪的罪犯则可能更注重法律知识和职业道德的培养。因此，在设置改造目标时，需要充分考虑罪犯的犯罪类型和严重程度。二是犯罪经历与习惯。有多次犯罪经历和养成一定犯罪恶习的罪犯，其改造难度相对较大。这类罪犯往往存在较深的心理依赖和行为惯性，难以轻易改变。在设置改造目标时，需要更加细致地了解他们的犯罪经历和习惯，制定针对性的改造计划和目标。

3. 个人特质与需要。一是个性特征。罪犯的个性特征也是影响改造目标设置的重要因素。不同性格的罪犯在改造过程中可能表现出不同的态度和行为。例如，内向的罪犯可能更需要情感支持和心理关怀，而外向的罪犯则可能更善于接受新事物和新挑战。因此，在设置改造目标时，需要充分考虑罪犯的个性特征，制定符合其特点的改造计划。二是个人需要与期望。罪犯的个人需要和期望也是影响改造目标设置的重要因素。每个罪犯都有自己的改造需要和期望，如获得家庭原谅、重新找到工作、恢复社会身份等。在设置改造目标时，需要深入了解罪犯的个人需要和期望，将其纳入改造计划中，以增强其改造动力。

4. 社会支持系统。一是家庭关系。罪犯的家庭关系对其改造过程有着重要影响。家庭的支持和关爱可以帮助罪犯建立积极的改造态度，增强改造信心。相反，家庭的冷漠和排斥则可能使罪犯感到孤立无援，丧失改造动力。因此，在设置改造目标时，需要充分考虑罪犯的家庭关系，并努力争取家庭的支持和配合。二是社会联系。罪犯在社会中的联系和关系网也对其改造过程产生一定影响。良好的社会联系可以为罪犯提供情感支持、信息交流和资源获取等帮助，有利于其顺利回归社会。因此，在设置改造目标时，需要关注罪犯的社会联系情况，并努力拓展其社会支持网络。

(二) 社会环境因素

人是社会性的动物，人们每天都不可避免地与其他人或群体进行接触，并在相互接触的过程中发生互动。一个人的思想和行为影响着其他人，同时也受到其他人思想和行为的影响。目标设置理论认为，个体对目标的选择与承诺也受到群体以及群体中的其他人的影响。

影响罪犯改造目标设置的监狱环境因素是多方面的，这些因素直接关联到罪犯在监狱内的生活体验、心理状态以及改造动力。

1. 监狱法律与制度环境。一是法律规范。监狱作为执行刑罚的机构，必须严格遵守国家法律法规。这些法律规范为罪犯改造提供了明确的法律框架和行为准则，使罪犯明确知晓自己的权利和义务，进而在改造过程中设定合理、合法的目标。二是监管制度。监狱的监管制度对罪犯的改造目标设置具有直接影响。严格的监管制度能够规范罪犯的行为，使其逐步适应监狱生活，并在此过程中形成守法意识。同时，合理的奖惩制度能够激励罪犯积极改造，设定并实现更高的改造目标。

2. 监狱人文环境。一是人际关系。监狱内的人际关系对罪犯的改造目标设置具有重要影响。良好的人际关系能够缓解罪犯的孤独感和焦虑情绪，增强其归属感和信任感。在与其他罪犯和民警的互动中，罪犯可以学习到新的知识和技能，形成积极向上的价值观，从而设定更加明确、具体的改造目标。群体影响着罪犯个人对目标的选择。当他们看到群体中的其他人都选择了较高的任务目标时，他也会倾向于为自己设置一个较高的目标。另外，群体中的常模信息也为他们的目标选择提供了参照。如果一个目标只有群体中的少数人可以达到，其他人几乎是不可能实现的，就说明该目标的难度很大，那么在实际活动中，多数人将不会选择该水平的目标。二是教育与培训。监狱为罪犯提供的教育和培训服务是其改造工作的重要组成部分。通过教育和培训，罪犯可以提升自己的文化素养和职业技能水平，增强自信心和适应能力。同时，教育和培训也有助于引导罪犯树立正确的人生观和价值观，为其设定并实现改造目标提供有力的思想支持。

3. 监狱心理环境。一是心理辅导与干预。监狱应加强对罪犯的心理辅导和干预工作。通过专业的心理辅导和干预手段，可以帮助罪犯缓解心理压力、调整心态、增强自我认知和自我控制能力。这些工作有助于罪犯设定更加符合自身实际情况的改造目标，并为其实现目标提供必要的心理支持。二是改造氛围的营造。监狱应努力营造积极向上的改造氛围。通过举办各类文化活动、开展职业技能竞赛等形式多样的活动，可以激发罪犯的改造积极性和创造力。同时，这些活动也有助于形成一种良好的改造风尚和舆论氛围，进一步推动罪犯设定并实现改造目标。

在群体规范和群体影响下，罪犯的目标承诺也往往反映出群体的态度，如果群体对指定目标的态度是积极的，鼓励他们努力完成目标，那么群体成员对该目标的承诺水平也会有所提高。

监狱环境因素对罪犯改造目标设置的影响是多方面的、复杂的。为了优化监狱环境、提高改造效果，监狱管理者应充分考虑上述因素并采取相应的措施加以改进和完善。

三、目标设置与罪犯改造效率

美国心理学教授埃德温·洛克等人关于目标设置理论的研究强调了目标难度在个体活动中的重要性。他们认为，目标的难度水平对个体在活动中的表现、投入的努力程度以及最终的成就水平都有着显著的影响。

（一）目标的内容与改造成效

罪犯改造目标的内容对改造成效具有显著作用，其正面作用在于为改造工作提供明确的方向和指导，促进罪犯的全面转变和顺利回归社会；而负面作用则可能因目标设置不当或执行偏差而导致改造效果不佳，甚至引发新的问题。

1. 正面作用。一是明确方向，提升动力。当罪犯改造目标明确且具体时，能够为罪犯提供清晰的改造方向，激发其内在动力，促使其积极参与改造活动。明确的改造目标有助于罪犯在改造过程中保持专注和投入，从而提高改造成效。二是多元化内容，全面提升。改造目标内容的多元化涵盖了道德认知、行为习惯、职业技能、法律意识等多个方面，有助于对罪犯进行全面而深入的改造。通过多样化的改造内容，可以弥补罪犯在各方面的不足，提升其综合素质和适应能力，为回归社会打下坚实基础。三是科学方法，提高效果。科学的改造方法是实现改造目标的关键。运用心理学、教育学、社会学等多学科的理论和方法，对罪犯进行针对性的干预和引导，可以更有效地纠正其错误观念和行为习惯，培养其良好的心理素质和社会适应能力，从而提高改造成效。

2. 负面作用。一是目标模糊，动力不足。如果改造目标设置模糊或不明确，将难以激发罪犯的改造动力。模糊的改造目标容易使罪犯感到迷茫和无所适从，降低其参与改造活动的积极性和主动性，从而影响改造成效。二是内容单一，效果不佳。改造内容过于单一或片面可能导致改造效果不佳。仅注重某一方面或几方面的改造而忽视其他重要方面，将难以达到全面改造的效果。此外，单一的改造内容还可能使罪犯产生厌倦情绪或逆反心理，进一步降低改造成效。三是方法不当，适得其反。改造方法不当或缺乏科学依据可能导致改造效果不佳甚至产生反作用。例如，过于严厉或粗暴的改造方法可能使罪犯产生抵触情绪或报复心理；而过于宽松或放任的改造方法则可能使罪犯缺乏约束性和自律性，难以真正转变其错误观念和行为习惯。四是评估失真，误导决策。成效量化评估体系如果设置不合理或执行不严格可能导致评估结果失真。失真的评估结果将难以准确反映罪犯的改造成效和存在的问题，从而误导改造工作的决策和方向。这种误导可能使改造工作偏离正确轨道甚至走向反面。五是反馈不足，调整滞后。如果改造过程中缺乏有效的反馈机制或反馈不及时、不准确将导致改造工作调整滞后。滞后的调整将难以及时发现和解决改造过程中存在的问题和困难，从而影响改造成效的持续提升和优化。

为确保罪犯改造成效的积极性和有效性，应确保改造目标的明确性、内容的多元化、方法的科学性、评估的客观性、反馈的及时性以及回归准备的充分性。同时，还应密切关注改造过程中可能出现的问题和困难，及时进行调整和优化以确保改造工作的顺利进行和改造成效的持续提升。

（二）相关变量与改造成效

1. 自我效能感。目标设置理论认为，目标和自我效能感分别对成绩有着直接的影响，同时二者之间又存在着相互作用。自我效能感，这一概念由阿尔伯特·班杜拉提出，指的是个体对自己能否成功完成某一行为的主观判断与信念。

在罪犯改造的语境下，自我效能感不仅关乎罪犯对改变自身行为的信心，更是其能否顺利融入社会、预防再犯罪的关键因素。一是信心驱动行为改变。自我效能感是行为改变的内在动力源泉。当罪犯相信自己有能力改变过去的错误行为，掌握新的生活技能时，他们更有可能积极投身于改造活动中。例如，一名曾因盗窃入狱的罪犯，在认识到自己具备学习一门新技能（如电工）

的潜力,并相信自己能通过这门技能获得社会认可后,他便会更加努力地学习,以期在出狱后能找到一份正当工作,避免重蹈覆辙。二是应对挑战与逆境的韧性。改造之路并非坦途,罪犯在此过程中难免会遇到各种挑战和逆境。高自我效能感的罪犯更能够保持坚韧的精神状态,勇于面对困难,寻找解决问题的方法。相反,自我效能感低下的罪犯则容易在挫折面前丧失信心,甚至放弃改造。三是社会适应能力的提升。自我效能感还直接关系罪犯出狱后的社会适应能力。一个对自己能够融入社会、建立良好人际关系充满信心的罪犯,更有可能积极寻求支持资源,如参加职业培训、心理咨询等,以提升自己的社会适应能力。这种积极的心态和行为模式有助于减少再犯罪的风险。四是增强自我效能感的策略。成功体验积累,为罪犯提供小步骤、可达成的目标,让他们在不断成功的过程中积累自我效能感。例如,在职业技能培训中,设置阶段性考核,让罪犯在完成每一个小目标后都能感受到自己的进步和成就。五是正面反馈与鼓励。监狱民警应给予罪犯正面的反馈和鼓励,肯定他们的努力和进步,帮助他们建立积极的自我认知。正面的社会支持网络也是提升自我效能感的重要因素。角色模范与榜样学习。通过展示成功改造的案例,让罪犯看到身边人通过努力改变命运的实例,从而激发他们的内在动力。

2. 满足感。当罪犯经过各种努力最终达到目标,得到了所希望的报酬和奖赏时,就会产生满足感。如果没有得到预料中的奖赏,他们就会感到不满意。目标越重要,成功或失败所带来的情绪体验就越强烈。满足感不仅关乎罪犯内在的心理平衡与和谐,更是驱动其积极改变、融入社会的关键力量。

一是需要层次与满足。根据马斯洛的需要层次理论,人类的需要从生理、安全、社交、尊重到自我实现逐层递进。在罪犯改造过程中,满足不同层次的需要是激发其内在动力、提升改造效果的基础。通过提供基本的食宿条件、保障人身安全,满足罪犯的生理和安全需要;通过组织集体活动、促进人际交往,满足其社交需要;通过表扬、奖励等方式,提升罪犯的自尊心和价值感,满足其尊重需要;最终,通过引导罪犯参与有意义的活动,实现个人潜能的发挥,满足其自我实现的需要。二是心理激励机制。心理激励机制是增强罪犯满足感、促进改造成效的重要手段。通过设立明确的目标、提供及时的反馈、给予合理的奖励,可以激发罪犯的积极性和主动性。同时,采用正向激励与负向激励相结合的方式,既要肯定罪犯的进步和努力,也要对违规行为进行适当惩罚,以维护改造秩序和效果。三是劳动改造的成效。劳动改造作为罪犯改造的重要手段之一,其成效与罪犯的满足感密切相关。通过参与劳动,罪犯可以学习新的技能、提升自我价值感、增强社会责任感。同时,劳动过程中的成就感和满足感也能激发其改造的积极性,促进其更好地融入社会。

3. 反馈。反馈作为罪犯改造过程中的关键环节,不仅是对改造活动效果的评价,更是推动改造计划不断优化、提升改造质量的重要手段。

反馈效应是指在某一系统或过程中,输出结果以某种方式返回到输入端,对系统或过程产生影响的现象。在罪犯改造领域,成效反馈特指对改造活动效果的评价信息反馈给相关主体(如罪犯、干警、监狱机关等),进而影响后续改造决策和行为的现象。这种反馈机制有助于及时调整改造策略,确保改造目标的实现。

四、罪犯改造目标的形成

目标的形成是多种因素共同作用的结果。罪犯既可能在情境因素的影响下,表现出与周围环境一致的目标定向,也可能在不同的成就情境中显示出相同的目标定向。

目标的形成是罪犯或组织在追求成功与满足过程中不可或缺的一环。它不仅是行动的指南针,更是激发潜能、实现自我超越的驱动力。

(一) 认知过程

罪犯改造是一个复杂而深入的过程,其改造目标的形成不仅涉及外部环境的引导与约束,更关键的是罪犯内部认知机制的运作与转变。

改造目标的设定是罪犯改造工作的起点。这一目标通常由司法机构、改造机构及专业人员根据法律法规、政策导向、罪犯个人情况等因素综合确定。改造目标应明确具体、切实可行,既符合社会对罪犯改造的期望,又符合罪犯自身发展的需要。设定改造目标时,需充分考虑罪犯的犯罪原因、心理状态、能力水平及回归社会的可能性等因素,确保目标的科学性。

1. 认知过程概述。认知过程是指罪犯获取、处理、存储和应用信息的过程,包括感知、记忆、思维、想象等多个环节。在罪犯改造目标形成的过程中,认知过程起着至关重要的作用。通过认知过程,罪犯能够逐步认识到自己的错误和不足,明确改造的方向和目标,进而采取积极的行动去实现这些目标。

  2. 感知阶段。感知是认知过程的第一步，也是改造目标形成的基础。在这个阶段，罪犯通过感官系统接收外部信息，如法律法规的宣传、监狱民警的教育引导、社会舆论的评价等。这些信息将直接作用于罪犯的感官器官，形成初步的感觉印象。感知阶段的顺利进行有助于罪犯对改造环境产生初步的认知和了解，为后续的认知活动奠定基础。

  3. 知觉形成。在感知阶段的基础上，罪犯会对接收到的信息进行加工和整合，形成更为完整和有意义的知觉。这一过程涉及对信息的选择、组织和解释，使罪犯能够对改造环境、改造目标等有更深入的认识和理解。知觉的形成有助于罪犯明确自己在改造过程中的角色和定位，为制定个人改造计划提供依据。

  4. 记忆与回忆。记忆是认知过程中不可或缺的一环。罪犯在改造过程中会接触到大量的信息和知识，这些信息需要通过记忆机制进行存储和巩固。同时，当罪犯需要制订改造计划或回顾改造进展时，会依赖回忆机制从记忆中提取相关信息。记忆与回忆的顺利进行有助于罪犯保持对改造目标的持续关注和努力。

  5. 思维与推理。思维与推理是认知过程中的高级阶段。在这个阶段，罪犯会运用已有的知识和经验对改造目标进行深入的思考和分析，制定出符合自身实际情况的改造计划。同时，罪犯还会通过推理来预测和评估改造过程中可能出现的各种情况和问题，以便采取相应的措施加以应对。思维与推理的活跃性有助于提高罪犯的改造积极性和主动性。

  6. 注意与选择。注意是认知过程中的一个重要环节。它使罪犯能够集中精力于特定的信息或任务上，从而更有效地进行改造活动。在选择阶段，罪犯会根据自身的兴趣、能力和改造目标的需求等因素，对接收到的信息和任务进行筛选和取舍。这种注意与选择的过程有助于罪犯保持对改造目标的专注和投入。

  7. 想象与创造。想象与创造是认知过程中的创造性环节。在这个阶段，罪犯会运用想象力来构想未来的改造成果和回归社会后的生活场景，这种构想能够为罪犯提供动力和希望。同时，罪犯还会通过创造性思维来探索新的改造方法和途径，以应对改造过程中遇到的各种挑战和困难。想象与创造的发挥有助于促进罪犯的全面发展和自我超越。

罪犯改造目标的形成是一个复杂而深入的认知过程。在这个过程中，罪犯通过感知、知觉、记忆、思维、推理、注意、选择以及想象与创造等环节的相互作用和协同作用，逐步明确改造目标并制定出符合自身实际情况的改造计划。这一认知过程的顺利进行将有助于提升罪犯的改造积极性和主动性，促进改造目标的顺利实现。

(二) 价值判断

改造目标的形成与罪犯个人价值判断之间存在着深刻的关联，这种关系对于罪犯的改造过程和成效具有至关重要的影响。

1. 价值判断基础与改造起点。罪犯的个人价值判断，即其对善恶、是非、美丑等问题的基本看法和态度，是其行为选择和改造起点的内在依据。这种价值判断受到多种因素的影响，包括家庭环境、教育背景、社会经历以及个人性格等。因此，在制定改造目标时，必须充分考虑罪犯的价值判断基础，以确保改造目标的合理性和可行性。

2. 改造目标与价值认同。改造目标的设定应当与罪犯的个人价值判断相契合，以激发其价值认同和改造动力。当改造目标能够反映罪犯内心的价值追求和期望时，罪犯更容易产生认同感和归属感，从而积极投身改造。这种价值认同不仅有助于罪犯在改造过程中保持稳定的情绪和积极的态度，还能够促进其自我反省和自我改造的深入。

3. 价值冲突与改造挑战。在改造过程中，罪犯的个人价值判断与社会主流价值观之间往往存在冲突。这种冲突可能导致罪犯对改造目标产生抵触情绪或怀疑态度，从而影响改造效果。因此，监狱民警需要通过教育引导、心理疏导等方式，帮助罪犯正确认识和处理价值冲突，引导其逐步接受并内化社会主流价值观。

4. 公平感与价值重塑。公平感是罪犯在改造过程中产生的一种重要心理体验。当罪犯感受到改造过程的公平、公正时，会更容易接受改造目标并积极配合改造工作。这种公平感不仅能够增强罪犯的改造动力，还能够促进其价值观的重塑和升华。因此，监狱民警需要注重维护改造过程的公平性和透明度，确保罪犯在改造过程中得到公正对待。

5. 实践效果与反馈调整。改造目标的实践效果是检验改造工作成效的重要标准。通过对改造目标的实施情况进行跟踪评估，可以及时了解罪犯的改造进展和价值判断变化情况。同时，根据实践效果反馈，监狱民警可以对改造目标和策略进行适时调整和优化,以确保改造工作的针对性和有效性。这种基于实践效果的反馈调整机制有助于实现改造目标的动态优化和持续改进。

6. 教育与文化影响。教育引导和文化熏陶在改造目标的形成与罪犯个人价值判断关系中扮演着重要角色。通过系统的教育培训和丰富多彩的文化活动,可以帮助罪犯树立正确的世界观、人生观和价值观,提高其道德素质和法律意识。这种教育和文化的影响能够潜移默化地改变罪犯的价值判断体系,促进其从内心深处接受改造目标并付诸实践。

改造目标的形成与罪犯个人价值判断之间存在着密切的关系。监狱民警应当充分认识和把握这种关系,通过科学合理的改造策略和有效的教育引导手段,帮助罪犯树立正确的价值判断体系并激发其改造动力,最终实现罪犯的顺利回归社会。

(三) 经历与环境

罪犯的经历和所处的环境对改造目标的形成具有极其重要的影响。这些因素不仅塑造了罪犯的个体特征,还与他们接受改造的动机、态度以及最终改造效果有直接关联。

1. 罪犯的经历对改造目标形成的影响。家庭是罪犯成长的第一环境,家庭中的教育方式、亲子关系、经济状况等都可能对罪犯的价值观和行为模式产生深远影响。不良的家庭环境,如家庭暴力、父母离异、经济困难等,可能增加他们犯罪的风险,并影响其未来改造目标的设定。

教育水平的高低直接影响着罪犯的认知能力和价值观念。缺乏良好教育背景的罪犯可能更容易受到不良信息的诱导,形成错误的价值观和目标追求。在改造过程中,他们可能需要更多的教育和引导来树立正确的价值观,明确改造目标。

罪犯在犯罪前的社会经历,包括工作经历、社交圈子等,也可能对其改造目标的形成产生影响。例如,曾经受到社会排斥或歧视的罪犯可能更加渴望得到社会的认可和接纳,从而设定更加积极的改造目标。

犯罪过程本身对罪犯的心理和行为产生了深刻的影响。罪犯在犯罪过程中可能经历了紧张、恐惧、兴奋等复杂的情绪体验,这些体验可能改变他们的心理结构,影响他们对未来的规划和目标设定。犯罪后的法律后果,如被判刑、失去自由等,也可能促使罪犯反思自己的行为,重新评估自己的人生价值和目标。这种反思和评估是形成改造目标的重要前提。

2. 罪犯所处的环境对改造目标形成的影响。监狱中的行为规范、惩罚措施和改造机会等都是由法律所规定的。这些法律环境为罪犯设定了明确的行为准则和改造目标，促使他们遵守监规纪律，积极参与改造活动。

监狱中的人际关系，包括民警与罪犯之间、罪犯与罪犯之间的关系等，也对罪犯的改造目标产生影响。良好的人际关系有助于建立信任和支持的改造氛围，促进罪犯之间的互助和合作，共同实现改造目标。

罪犯在监狱外所处的社会环境同样对其改造目标的形成产生影响。社会对于罪犯的态度、接纳程度以及提供的就业机会等都会影响罪犯重新融入社会的信心和动力。一个包容、支持的社会环境有助于罪犯设定更加积极的改造目标，并为之努力奋斗。

罪犯的经历和所处的环境对改造目标的形成具有重要影响。在改造过程中，应充分考虑这些因素的作用，为罪犯提供有针对性的改造措施和支持，帮助他们树立正确的价值观和目标追求。

（四）明确度与难度

目标的明确度和难度是影响其实现效果的重要因素。明确的目标能够指导罪犯清晰地了解自己的奋斗方向和预期成果，从而激发其积极性和动力。而适度的难度则能够挑战他们的潜能和极限，促进其不断学习和进步。然而，过度的难度可能导致他们产生挫败感和退缩心理，因此需要在设定目标时保持适度的平衡。

罪犯改造目标的明确度与难度之间存在着密切的关系。明确、具体、切实可行的改造目标能够指导罪犯的改造过程，降低改造难度，提高改造成效；而模糊、笼统、不切实际的改造目标则可能增加改造难度，甚至导致改造失败。

1. 明确度对难度的降低作用。一是提供方向感。明确的改造目标为罪犯提供了清晰的改造方向，使他们能够明确自己在改造过程中应该努力的方向和重点，从而减少迷茫和困惑，降低改造难度。二是激发动力。具体的改造目标能够激发罪犯的改造动力。当罪犯意识到自己的改造目标具有可行性和实际意义时，他们会更加积极地投入改造活动，努力实现目标，从而降低改造过程中的阻力。三是便于评估和调整。明确的改造目标有助于改造机构和民警及时评估罪犯的改造进展，并根据实际情况对改造计划进行适时调整。这种动态的评估和调整机制能够确保改造过程的顺利进行，降低因计划不当而导致的难度增加。

2. 模糊度对难度的增加作用。一是缺乏方向感。模糊的改造目标无法为罪犯提供明确的改造方向，导致他们在改造过程中感到迷茫和无所适从，增加了改造难度。二是降低动力。当罪犯发现改造目标过于笼统或遥不可及时，他们可能会产生消极情绪，降低改造动力。这种情绪状态会进一步影响他们的改造行为，增加改造难度。三是难以评估和调整。模糊的改造目标使得监狱机关和民警难以准确评估罪犯的改造进展，也无法根据实际情况对改造计划进行适时调整，可能导致改造过程的失控和难度增加。

第七章

罪犯改造动机的归因原理

归因理论是心理学中探讨个体如何解释他人或自己行为原因的一套理论体系。它关注人们如何对观察到的行为进行因果归因，即判断行为是出于内部因素（如性格、能力、动机等）还是外部因素（如环境、情境、任务难度等）。

掌握罪犯的心理动态和改造动机，有助于民警及时发现并处理监狱中的不稳定因素，维护监狱的安全稳定。有助于提升监狱民警的整体素质和专业能力。

例如，王犯因变化较大，本季获得奖励，反思自己应该早些努力，而刘犯虽然也获得了同样的奖励，但他认为是任务较轻，没有什么值得高兴的。俩人的变化是偶然发生的，还是与他们对自己成绩的解释之间存在着某种必然的联系？在这一章中，将对这个问题进行探讨。

第一节 罪犯改造归因的理论基础

一、罪犯改造归因的基本概念

归因理论起源于20世纪50年代末至60年代初的社会心理学研究，特别是关于人们对他人行为解释的研究。其中，弗里茨·海德被认为是归因理论的奠基人，他提出了归因的基本框架，即行为的原因可以归结为内部或外部两类。随后，伯纳德·韦纳等学者进一步发展了这一理论，引入了归因的多个维度和具体分类。

（一）基本定义

1. 罪犯改造归因的定义

罪犯改造归因是指罪犯在监狱改造期间，对他人或自己行为产生的原因进行推论的过程。具体而言，就是罪犯对他人或自己的行为过程所进行的因果解释和推论，这种推断过程不仅影响着罪犯对当前行为的理解，还对其未来的行为模式、改造态度及效果产生深远影响。

2. 归因的主体与对象。归因主体可以是罪犯自身，也可以是其他观察者（如民警、心理咨询师等）。归因对象包括罪犯改造过程中的行为变化以及他人的相关行为。

3. 归因的类型与维度。一是内归因与外归因。内归因强调行为由个体内部的特质、动机、情绪或态度等因素决定。外归因则认为行为主要受外部环境（如社会条件、家庭背景、教育经历等）的影响。二是行为过程归因。关注行为发生、发展及演变的全过程，分析行为背后的动态因素。三是成功与失败归因。涉及罪犯对行为结果的解释，如将成功归因于内部因素（能力、努力），将失败归咎于外部因素（运气、环境）。四是情境与特质归因。情境归因侧重于行为发生的具体环境，特质归因则关注罪犯的固有特质。五是意图与倾向归因。意图归因强调行为的内在动机，倾向归因则关注罪犯的行为倾向性。

4. 归因对改造的影响。积极归因有助于提升罪犯的自我效能感，促进积极改造态度的形成。消极归因可能导致罪犯产生自责、绝望等负面情绪，阻碍改造进程。

（二）基本观点

1. 罪犯改造的归因维度。归因理论通常将事件的原因分为内因和外因两种。内因指的是罪犯内部的因素，如情绪、态度、人格、能力等；外因则是指外部环境或情境的因素，如外界压力、天气、情境等。一是罪犯内部因素。内部因素是罪犯改造归因的基础，它涵盖了罪犯的个人特质、心理特征、价值观、道德观念等方面。这些因素直接影响罪犯的行为选择、认知方式及情感反应。例如，罪犯的性格类型、自我控制能力、情绪管理能力等都会对其改造过程产生重要影响。因此，在制定改造计划时，必须充分考虑罪犯的个体内部因素，采用个性化的改造策略。二是外部改造环境。外部改造环境是罪犯改造的重要外部条件。这包括家庭环境、经济条件、文化背景等多个方面，家庭关系紧张、缺乏社会支持、经济条件恶劣等外部环境因素也可能成为罪犯犯罪的诱因，同时也是其改造过程中的重要障碍。因此，在罪犯改造过程中，需要关注并改善其外部生活环境，为其创造一个有利于改造的外部环境。三是成长历史背景。罪犯的成长历史背景是其行为模式和价值观形成的重要基础。通过了解罪犯的成长经历、家庭教育、学校教育及社会交往等方面的信息，可以更加全面地理解其犯罪行为的根源和改造的难点。例如，童年时期的创伤经历、家庭暴力、教育缺失等都可能成为罪犯犯罪的潜在因素。在改造过程中，需要针对这些成长历史背景制定相应的矫治措施，帮助罪犯克服心理障碍，树立正确的价值观。四是犯罪表现评估。犯罪表现评估是罪犯改造归因的重要环节。通过对罪犯的犯罪行为、犯罪动机、犯罪手段及犯罪后果等进行全面评估，可以了解罪犯的犯罪性质、犯罪严重程度及犯罪心理特征等方面的信息。这些信息对于制定个性化的改造计划、评估改造效果及预测再犯罪风险等方面都具有重要意义。五是服刑表现评估。服刑表现评估是对罪犯在监狱中表现的综合评价。它涵盖了罪犯遵守监规纪律、参与劳动生产、接受教育改造等方面的表现。服刑表现评估不仅可以反映罪犯的改造态度和努力程度，还可以为监狱民警提供重要的决策依据。通过对服刑表现的持续跟踪和评估，可以及时调整改造计划，提高改造效果。六是心理疾病矫治。许多罪犯在犯罪前或犯罪过程中都存在不同程度的心理问题或心理障碍。这些问题可能是其犯罪的直接原因或诱因，也可能是其改造过程中的重要障碍。因此，在罪犯改造过程中，需要重视心理疾病的矫治工作。通过专业的心理咨询、心理治疗及药物治疗等手段，帮助罪犯缓解心理压力、改善心理状态、增强自我控制能力，从而为其接受改造奠定良好的心理基础。

2. 归因的原则。一是共变原则。指某个特定的原因在许多不同的情境下和某个特定结果相联系，该原因不存在时，结果也不出现，则可以把结果归于该原因。具体来说，如果在一个或多个不同情境中，每当某个特定原因出现时，都伴随着某个特定结果的发生，而在该原因不存在或减弱的情境下，该结果也不出现或减弱，那么可以合理推断这个特定原因是该结果的一个重要或决定性因素。例如：某罪犯对减刑要求迫切，只要有加改造分的活动都十分踊跃，如果没有加分，即使给较高的其他奖励也不感兴趣。这样，加分的原因就是导致行为结果的主要归因。二是排除原则。如果内外因某一方面的原因足以解释事件，就可以排除另一方面的归因。排除原则是在分析因果关系时采用的一种简化逻辑，它基于这样的假设：如果事件可以由单一的原因（无论是内因还是外因）完全解释，那么其他可能的原因就可以被合理地排除。这一原则有助于我们聚焦于最可能或最关键的影响因素，减少归因过程中的复杂性和不确定性。例如：某罪犯只要亲人来会见后，他的改造表现会很好，但如果连续半年不来，他就会情绪低落，改造表现也随之变差。这种变化多次出现。由此，可以推断，这名罪犯对家庭的依赖感强烈。虽然资金激励也可以使其情绪高涨一些，但在此情境下可以被排除为主要归因。

（三）罪犯改造动机与归因原理

罪犯改造动机与归因原理之间存在着密切的联系，这种联系体现在多个方面，共同影响着罪犯改造的整个过程和结果。

罪犯改造动机是指罪犯在服刑期间，采取某种改造态度和改造行为的心理起因。它是在罪犯改造需要、外界压力（或诱惑力）、改造目标吸引力三种因素的作用下产生的。这些因素的力量对比不同，会导致罪犯产生不同类型的改造动机，如积极改造动机、抗拒改造动机或消极改造动机。

1. 归因原理在罪犯改造中的应用。归因原理是指人们对自己或他人的行为进行分析，推论出这些行为原因的过程。在罪犯改造中，归因原理的应用主要体现在以下几个方面：一是内部因素的归因。罪犯的改造动机很大程度上受其内部因素的影响，如性格特征、认知水平、价值观等。通过归因原理，可以分析这些因素如何影响罪犯的改造动机和行为，从而制定针对性的改造策略。二是外部环境因素的归因。家庭、社会、法律和政策等外部环境因素也对罪犯的改造动机产生重要影响。归因原理帮助理解这些因素如何作用于罪犯，如何促进其改造或阻碍其进步，进而优化改造环境。三是犯罪历史与表现的归因。罪犯的犯罪历史与在押期间的表现是评估其改造潜力和制定改造计划的重要依据。通过归因原理，可以深入分析罪犯犯罪的原因和动机，以及他们在改造过程中的表现，为个性化改造提供基础。

2. 罪犯改造动机与归因原理的关系。一是相互影响。罪犯的改造动机与归因原理之间存在相互影响的关系。一方面，归因原理的应用有助于揭示罪犯改造动机的根源和影响因素，为改造工作提供科学依据；另一方面，罪犯的改造动机又会影响其归因方式和结果，进而影响其改造行为和效果。二是相互促进。正确的归因有助于激发罪犯的积极改造动机。当罪犯认识到自己犯罪行为的根源和后果时，可能会产生强烈的悔罪感和改造愿望。同时，积极的改造动机也会促使罪犯更加主动地参与改造活动，接受教育和矫治，从而形成良性循环。三是共同作用于改造过程。罪犯改造动机与归因原理共同作用于改造过程，影响着罪犯改造的效果。通过综合运用归因原理和改造动机理论,可以制定更加科学、合理、有效的改造方案,提高罪犯的改造质量和回归社会的成功率。

二、重要的归因理论与罪犯改造

(一) 海德的朴素归因理论

海德的朴素归因理论最初是在《人际关系心理》一书中被提出来的,他认为人的行为原因可分为内部原因和外部原因。内部原因是指存在于行为者本身的因素,如需要、情绪、兴趣、态度、信念、努力程度等;外部原因则是指行为者周围环境中的因素,如他人的期望、奖励、惩罚、指示、命令,以及天气的好坏、工作的难易程度等。海德还指出,人们归因时通常使用不变性原则,即寻找某一特定结果与特定原因间的不变联系。强调人们在归因时会寻求一致性,即寻找能够使情境中各种因素达到平衡的归因。通常,人们倾向于将行为归因于外在、不稳定、不可控的因素,而非内在、稳定、可控的因素。

海德归因理论能够帮助罪犯深入剖析自己的犯罪行为,将犯罪原因归结为内部因素(如个人价值观扭曲、自我控制能力不足等)和外部因素(如社会环境压力、不良诱惑等)。这种分析有助于罪犯更清晰地认识到自己犯罪的根源,从而增强自我认知。

1. 识别罪犯的归因倾向。罪犯在解释自己犯罪行为时,可能倾向于内部归因(如认为自己是因为性格缺陷、能力不足等而犯罪)或外部归因(如认为是因社会环境不公、家庭背景不佳等而犯罪)。通过了解罪犯的归因倾向,民警可以更准确地把握其心理状态和犯罪动机,为制定个性化的改造计划提供依据。

2. 引导罪犯形成正确的归因认知。对于倾向于内部归因的罪犯,应引导其认识到自己行为的可控性和可改变性,鼓励其通过努力改变自己的行为模式。对于倾向于外部归因的罪犯,应帮助其认识到外部环境虽然对行为有影响,但并非决定性因素。同时,通过改善其外部环境,减少不良因素对行为的负面影响。

3. 促进自我认知与反思。海德的归因理论还强调了个体对自我行为的认知和反思。在改造过程中,通过引导罪犯运用归因理论进行自我分析,可以帮助他们更加清晰地认识到自身行为的原因和后果,进而增强自我认知和自我控制能力。通过对犯罪原因的深刻反思，罪犯能够意识到自己在犯罪过程中所扮演的角色和所承担的责任。这种反思能够激发罪犯的良知和道德感，促使其重新审视自己的行为和价值观，为未来的改造奠定基础。

4. 增强改造动力与信心。当罪犯能够主动地将犯罪行为归因于自身内部因素时，他们更有可能从内心深处产生改变的意愿。这种自我归因的过程能够激发罪犯的改造动力，促使其更加积极地参与改造活动，努力改正错误。通过归因分析，罪犯可以认识到自己并非无可救药，而是可以通过努力改变自己的行为和命运。这种认识有助于提升罪犯的改造信心，使他们更加坚信自己能够积极改造并重新融入社会。

(二) 琼斯和戴维斯一致性推断理论

琼斯和戴维斯的一致性推断理论，也称为对应推论说，这一理论揭示了人们在观察他人行为时，会如何根据行为的外在表现来推断行为者的内在特质，如动机、态度、能力等。

1. 理论概述与核心概念。琼斯和戴维斯的一致性推断理论强调，人们在解释他人行为时，会尝试将行为与行为者的内在特质联系起来。这种联系并非随意建立，而是基于行为者的行为表现、行为的社会合意性、行为的自由选择性等因素。当行为表现出非期望性、非顺从性或自由选择性时，人们更倾向于进行对应推断，即认为行为反映了行为者的内在特质。

2. 理论对罪犯改造的指导意义。一是深入理解罪犯行为动机。一致性推断理论有助于民警理解罪犯行为的深层次原因。通过观察罪犯的行为表现，结合其个人背景、经历等因素，可以更准确地推断出罪犯的犯罪动机和内在需求。这有助于监狱制定更具针对性的改造计划，满足罪犯的个性化需求。二是制定个性化的改造策略。基于一致性推断理论，监狱民警可以根据罪犯的行为表现和内在特质，制定个性化的改造策略。例如，对于表现出强烈攻击性的罪犯，可以对其加强心理干预和情绪管理训练；对于缺乏自信心的罪犯，可以提供职业培训和就业指导，帮助其重建自信。三是激发罪犯的内在改变动力。一致性推断理论还强调，个体在行为选择时具有一定的自由性和主动性。这意味着，罪犯在改造过程中并非完全被动地接受改造，而是可以发挥自己的主观能动性，积极参与改造过程。因此，民警应该注重激发罪犯的内在改变动力，引导他们认识到自己行为的错误性和危害性，并鼓励他们主动寻求改变。通过提供正面的激励和支持，我们可以帮助罪犯建立起积极的自我认同和改造信心,从而更有效地推动其个人转变。

3. 实践应用中的注意事项。一是避免过度推断。在应用一致性推断理论时,民警需要避免过度推断。即不能因为罪犯的某个行为表现就轻易断定其内在特质或未来行为。人的行为和内在特质是复杂多变的,需要综合考虑多种因素才能做出准确的判断。二是注重个体差异。每个罪犯的犯罪原因、个人背景、性格特点等都有所不同。因此,在应用一致性推断理论时,我们需要注重个体差异,制定个性化的改造计划。三是加强沟通与反馈。在罪犯改造过程中,我们需要加强与罪犯的沟通与反馈。通过定期与罪犯进行谈心交流、了解其思想动态和改造需求等方式,我们可以更好地了解罪犯的内心世界和行为动机。这有助于我们更准确地应用一致性推断理论来指导罪犯的个人改造工作。

(三) 凯利的协变分析理论

1. 协变性。协变是指多个事件之间同时出现的现象,如果两件事情总是同时出现,它们之间就是高协变性,如果只是偶尔同时出现则是低协变性。例如,每次罪犯组长发言时王犯都会话,这就是高协变性,而如果每次罪犯组长发言时王犯偶尔会插话,这就是低协变性。监狱民警想要了解某个结果出现的原因,就应该考查结果与各种可能的原因之间的协变性,将结果归因于协变性最高的原因。例如,罪犯组长发言与王犯插话之间的协变性很高,就可以推测王犯质疑组长的能力,可能认为他自己比组长更能胜任这个职务。

2. 行为的三个因素。凯利认为,人们在进行协变信息评估时,会考虑与行为相关的三种因素,即特异性、一贯性、一致性。特异性指行为者对其他对象是否以同样方式做出反应;一贯性指在其他情境、其他时候行为者的这种行为是否发生;一致性指该行为者的行为是否与其他人的行为相一致。例如,罪犯李某近期频繁与其他罪犯发生冲突,引起了民警的注意。为了找出冲突的原因,民警对李犯的行为进行了详细观察和记录,并尝试运用凯利的理论进行分析。民警发现,李犯的冲突行为并非针对所有罪犯,而是主要集中在与几位特定罪犯之间。这表明李犯的冲突行为具有特异性,他可能对这些特定罪犯持有某种特殊的态度或情感。通过查阅李犯的过往记录,民警了解到李犯在过去也曾多次与这些特定罪犯发生冲突。这表明李犯的冲突行为具有一贯性,他在不同时间、不同情境下都对这些特定罪犯表现出了相似的冲突行为。民警还注意到,除了李犯之外,其他罪犯并未与这些特定罪犯发生冲突。这表明李犯的冲突行为与其他罪犯的行为不一致,他的冲突行为是独特的,并非由共同的环境或情境因素引起的。综合以上分析,民警可以得出以下结论:李犯的冲突行为主要源于他与特定罪犯之间的个人恩怨或矛盾。这种恩怨或矛盾可能源于过去的冲突、误解或性格不合等因素。由于李犯的冲突行为具有特异性和一贯性,且与其他罪犯的行为不一致,因此可以推断出这种冲突行为是李犯个人的内在特质或心理状态的外在表现。

3. 借鉴作用。凯利的协变分析理论与罪犯改造相对应的借鉴作用主要体现在以下几个方面:一是多维度归因分析。凯利的协变分析理论强调归因过程中的多维度考虑,包括区别性、一贯性和一致性。这种分析方法帮助罪犯从个人因素(如性格、动机)、环境因素(如家庭背景、社会环境)和情境因素(如犯罪时的具体情境)等多个维度深入理解犯罪行为的根源。这种深入的理解有助于罪犯更加全面地认识到自己犯罪行为的多重原因,为后续的改造提供坚实的认知基础。二是精准识别改造需要。通过学习协变分析理论,民警能够更准确地识别罪犯在改造过程中需要重点关注和解决的问题。这包括心理层面的问题(如心理扭曲、情绪失控)、行为层面的问题(如不良习惯、暴力倾向)以及社会适应层面的问题(如人际关系障碍、就业困难等)。这种精准的识别有助于制定更加个性化的改造方案,确保改造措施的针对性和有效性。三是激发自我改造的意愿。通过学习协变分析理论,民警能够认识到罪犯行为的可改变性和改造的必要性。这种认识有助于帮助罪犯激发他们的自我改造意愿,使他们更加主动地参与到改造过程中来。帮助他们认识到自己有能力通过努力和改造来摆脱过去的阴影,重新融入社会并过上正常的生活。四是强化改造的动力。协变分析理论还强调了归因过程中的一致性因素,即他人是否对同一刺激物做出相同的反应。这种一致性因素在罪犯改造过程中表现为社会的认可和支持。当罪犯看到自己的改变得到民警和亲人们的认可和肯定时,他们会更加坚定地继续自己的改造之路,从而进一步强化改造的动力。

(四)罗特的控制源理论

1. 基本观点。罗特认为,人们对于积极或消极事件原因的预料是各不相同的。有的人认为自己有能力控制事件的发生,罗特称之为内控者;有的人则认为事件的发生与自己无关,而是由外部因素造成的,则称之为外控者。倾向于进行内部归因的人,控制感较强,他们倾向于认为自己是事件发生的原因、事件是受自己支配的；而倾向于进行外部归因的人控制感较低，他们认为事件都是由自己以外的外部因素造成的。

罗特和他的同事们的研究表明，控制源对于成功期望有重要影响。他们发现，在成功经历后，如果被试者成功归因于自己的技能，他们对于下次成功的期望就比较高；如果将成功归于机遇，那么对下次成功的期望就比较低。相反，在失败经历后，如果将失败归因于自己的技能，对于下次成功的期望就降低；如果将失败归因于运气，对于下次成功的期望就升高。

罗特还认为，控制源是一种较为稳定的倾向，它反映着个体看待世界、解释世界的特定方式。

内控与外控的区分：内控者倾向于认为事件的结果是由自己的能力和努力所控制的，他们相信通过自身的努力可以改变和影响事件的结果。外控者则认为事件的结果是由外部因素（如命运、机遇、他人等）所控制的，他们往往感到自己无法对事件的结果产生实质性影响。

罗特还认为，个体对于事件结果的归因会影响他们对未来成功的期望和动机。内控者更倾向于将成功归因于自身能力，从而对未来成功抱有更高的期望和更强的动机；而外控者则可能将成功归因于外部因素，对未来成功的期望和动机相对较低。

2. 控制源理论对罪犯改造的作用主要表现在以下方面：一是控制源对罪犯改造的影响。在罪犯改造过程中，控制源倾向对罪犯改造效果会产生显著影响。内控罪犯更倾向于积极参与改造活动，主动寻求改变，因为他们相信通过自己的努力可以实现个人转变。而外控罪犯则可能缺乏改造的动力和积极性，甚至可能产生抵触情绪，因为他们认为改造结果受外部因素控制，自己无法改变。二是罪犯内控的培养。为了提升罪犯的改造效果，需要培养他们的内控倾向。这可以通过以下方式实现：提供成功体验，让罪犯在改造过程中体验到成功的滋味，增强他们的自信心和成就感。强化责任，通过明确的任务分配，让罪犯感受到自己的价值和重要性，增强他们的责任感。引导积极归因，通过心理辅导和归因训练，引导罪犯学会从内部因素寻找成功的原因，形成积极的归因风格。三是强化价值与改造。在罪犯改造中，强化价值是一个重要的概念。通过正向强化（如表扬、奖励）和负向强化（如惩罚、批评）等手段，可以激发罪犯的改造动力，促使他们形成积极的行为模式和价值观念。同时，强化价值还有助于培养罪犯的自我效能感和自尊感，提升他们的自我控制能力。四是预期在改造中的作用。预期是指罪犯对行为结果的预期和信念。在罪犯个人改造中，预期对改造效果产生重要影响。当罪犯对改造结果持有积极预期时，他们更可能积极参与改造活动，努力实现个人转变。因此，监狱民警需要通过教育和引导，帮助罪犯形成积极的预期和信念，增强他们的改造信心和动力。

（五）贝姆的自我知觉理论

贝姆的自我知觉理论主要阐释了行为如何影响态度，并对个体如何通过观察自身行为来推断自己的态度、情感和内部状态进行了深入探讨。

1. 贝姆自我知觉理论的基本内容。一是行为影响态度。理论核心观点是，当个体被问及对某事物的态度时，他们往往会根据自己与该事物相关的行为来推断态度。即态度是在行为之后形成的，用于为已发生的行为赋予意义。例如，一个人开始每天进行体育锻炼（行为），经过一段时间的锻炼后，这个人可能会爱上运动带来的活力和健康感，从而更加珍视和重视身体健康（态度变化）。锻炼行为带来了身体和心理上的积极变化，这些变化促使个体对健康和锻炼形成更加积极的态度。二是自我归因过程。个体通过观察自己的外显行为以及行为发生的情境，来推知自己的态度、情感和内部状态。这一过程类似于旁观者通过行为来推断他人的内在状态。三是内外线索的作用。当内部线索（如直接的情绪感受、明确的价值观）微弱或模糊不清时，外部行为成为推测内部状态的主要依据。然而，在外部压力显著的情况下，个体可能将行为归因于外部原因，而非真实态度。四是自愿选择的重要性。自愿选择的行为更有可能被个体视为真实态度的表达。只有当行为是自动发生而非在外界控制下产生时，个体才更可能根据行为来推断态度。

2. 贝姆的自我知觉理论对罪犯改造的指导意义。一是行为影响态度。贝姆的自我知觉理论认为，态度往往是在行为之后形成的，用以解释和赋予已发生行为的意义。行为实践促进态度转变。罪犯通过参与改造活动，如劳动改造、教育学习、心理辅导等，他们可以逐渐改变自己的行为模式，进而形成和巩固对改造的积极态度。例如，一个原本对劳动持消极态度的罪犯，在持续参与劳动改造后，可能会逐渐认识到劳动的价值和意义，从而转变对劳动的态度。二是罪犯行为反馈可以强化改造效果。当罪犯的行为得到积极反馈，如表扬、奖励等，他们会更加倾向于认为改造是有意义的，进而增强改造的动力和信心。反之，如果行为得到负面反馈，如批评、惩罚等，则可能削弱他们的改造积极性。三是自我归因过程对罪犯改造的作用。贝姆的理论还指出，个体通过观察自己的外显行为以及行为发生的情境，来推知自己的态度、情感和内部状态。在罪犯改造中，这一自我归因过程同样发挥着重要作用。罪犯在改造过程中，通过观察自己的行为表现，可以反思自己的思想、情感和行为模式，进而认识到自己的问题和不足。这种自我反思有助于他们形成正确的自我认知，为改造提供内在动力。改造环境、人际关系、文化氛围等情境因素都会影响罪犯的自我归因过程。当情境因素积极时，罪犯更容易将积极行为归因于自己的努力和进步，从而增强改造信心；当情境因素消极时，则可能导致他们产生挫败感和抵触情绪。四是内外线索对罪犯改造的作用。在贝姆的自我知觉理论中，内外线索对于个体推断自己的态度、情感和内部状态具有重要作用。罪犯的价值观、信仰、需求等内部线索会引导他们的行为选择和态度形成。例如，一个具有强烈家庭责任感的罪犯，可能会更加积极地参与改造，以期早日回归家庭。当内部线索微弱或模糊不清时，外部行为成为推断态度的重要依据。在改造过程中，通过持续、积极的外部行为（如遵守监规、积极学习、参与劳动等），罪犯可以逐渐强化自己的正面形象和自我认同，进而促进态度的积极转变。

（六）韦纳的成就归因理论

1. 基本理论观点。韦纳的成就归因理论是关于判断和解释他人或自己的行为结果的原因的一种动机理论。韦纳认为，人们对行为成败原因的分析可归纳为六个主要因素：能力、努力、工作难度、运气、身心状况以及其他（如别人帮助等）。

2. 行为的维度。人的行为结果有三个维度。一是因素来源。指当事人自认影响其成败因素的来源，是以个人条件（内控），还是来自外在环境（外控）。内控因素包括能力、努力和身心状况；外控因素则包括工作难度、运气和其他因素。二是稳定性。指当事人自认影响其成败的因素在性质上是否稳定，是否在类似情境下具有一致性。能力和工作难度被认为是较为稳定的因素，而其他因素则较为不稳定。三是能力控制性。指当事人自认影响其成败的因素在性质上是否由个人意愿所决定，只有努力一项是可以凭个人意愿控制的，其他因素则非个人所能控制。在罪犯改造过程中，韦纳的成就归因理论，尤其是归因因素及其三个维度，为理解和指导罪犯改造提供了重要的视角。

3. 归因因素与罪犯改造。韦纳认为，人们对行为成败原因的分析可归纳为六个主要因素：能力、努力、工作难度、运气、身心状况以及其他（如别人帮助等）。这些因素在罪犯改造过程中同样发挥着重要作用。一是能力。罪犯在改造过程中，对自身能力的认知会影响其改造的积极性和动力。如果他们认为自己在某些方面能力不足，可能会产生自卑和抵触情绪，影响改造效果。因此，通过教育和培训提升罪犯的能力，有助于增强其改造信心。二是努力。努力是罪犯可以控制的唯一因素。通过持续的努力，罪犯可以逐渐改变自己的行为模式，提高改造效果。同时，努力也是罪犯自我认同和成就感的重要来源。三是改造任务难度。改造任务的难度会影响罪犯的改造动机和期望。如果任务过于困难，可能会导致罪犯产生挫败感和放弃心理。因此，合理设置改造任务的难度，使其既具有挑战性又可实现，是激发罪犯改造动力的关键。四是运气。虽然运气在改造过程中不是可控因素，但罪犯可能会将其归因为改造成败的原因之一。当改造效果不佳时，罪犯可能会将责任归咎于运气不佳，从而削弱改造的积极性。因此，需要引导罪犯正确看待运气因素，强调努力和能力的重要性。五是身心状况。罪犯的身心健康状况对其改造效果有着直接影响。良好的身心状况有助于罪犯更好地参与改造活动，提高改造效果。因此，需要关注罪犯的身心健康需求，提供必要的医疗和心理支持。六是其他因素。如罪犯对监狱政策的理解程度等。这些因素也可能影响罪犯的改造过程和结果。监狱需要确保改造过程的公平性和公正性，同时鼓励罪犯之间的互助和支持。

4. 三个维度与罪犯改造。一是因素来源。内控与外控的区分对于罪犯改造具有重要意义。内控因素（如能力、努力和身心状况）强调罪犯对改造过程的控制力，有助于激发罪犯的主动性和责任感。外控因素（如生产任务难度、运气和其他）则强调外部环境对改造结果的影响，可能导致罪犯产生无力感和依赖性。因此，需要引导罪犯更多地关注内控因素，增强自我控制能力。二是稳定性。稳定的归因有助于罪犯形成对改造结果的稳定预期。如果罪犯认为影响改造结果的因素是稳定的（如能力），他们可能会更加坚定地投入改造过程。反之，如果认为因素是不稳定的（如难度），则可能导致他们对改造结果产生不确定感和焦虑。因此，需要引导罪犯正确看待稳定性因素，建立合理的改造期望。三是控制性。努力是唯一可控的因素，对于罪犯改造至关重要。通过强调努力的重要性，可以激发罪犯的改造动力和积极性。同时，需要引导罪犯认识到其他因素虽然不可控，但可以通过调整自己的态度和行为来应对和适应。

第二节 罪犯改造归因的主要分类

罪犯改造动机的多元因素分析揭示了罪犯改造动机的复杂性和多样性。罪犯的改造动机往往不是单一的，而是由多种因素交织而成，包括罪犯心理因素、社会环境因素、家庭背景因素等。这种复杂性要求监狱在改造罪犯过程中不能简单化处理，而需要全面、深入地了解罪犯的内心世界和改造需要。

一、罪犯归因的内部因素

罪犯改造动机中归因的内部因素是多方面且复杂的，这些因素直接关系到罪犯在改造过程中的心理状态、行为选择及最终成效。在改造过程中，罪犯需要正视自己的犯罪行为，理解其社会危害性，并认识到自己有能力也有必要进行改变。自我认知的清晰和准确有助于罪犯建立正确的改造态度和目标。

罪犯改造归因的内在心理因素主要包括积极心理和消极心理，这两种心理会对罪犯的改造起到截然相反的作用。

（一）积极心理因素

在罪犯改造的复杂过程中，积极心理因素是推动其向善转变、重新融入社会的重要动力源泉。这些积极心理因素不仅体现在罪犯的思想观念上，还深刻影响着他们的行为模式和心理状态。

1. 罪犯对改造的积极认识和接受。一是罪犯有明确的改造目标。罪犯对改造有明确的认识，理解改造的意义和目的，认为改造是改变自己命运、重新融入社会的重要途径。他们愿意接受改造，并为此付出努力。二是罪犯对自我价值的重新认识。在改造过程中，罪犯可能逐渐认识到自己的错误和犯罪行为对社会的危害，同时也可能重新认识到自己的价值和潜力。这种对自我价值的重新认知可以激发他们的改造动力，促使他们积极面对改造生活。

2. 积极的心态和情绪状态。一是罪犯乐观向上的心态。积极的心态是罪犯改造的重要内在因素之一。拥有乐观向上心态的罪犯更能够应对改造过程中的困难和挑战，保持积极的情绪状态，从而更好地完成改造任务。二是稳定的情绪控制能力。在改造过程中，罪犯可能会遇到各种挫折和困难，需要具备良好的情绪控制能力来应对。能够稳定控制自己情绪的罪犯更能够保持冷静和理智，做出正确的决策和行动。

3. 积极的学习态度和求知欲。一是对知识的渴望。在改造过程中，罪犯可能会逐渐认识到知识的重要性。他们可能会主动参加各种政治、文化、技术教育和技能培训课程，提升自己的文化素养和职业技能水平。这种积极的学习态度和求知欲有助于他们拓宽视野、增长见识、提高自我认知能力和社会适应能力。二是对未来的规划。对未来有清晰规划和期望的罪犯更有可能积极投入改造活动。他们可能会思考自己出狱后的生活和发展方向，并为此制定计划和目标。这种对未来的规划和期望可以激发他们的改造动力和积极性。

（二）消极心理因素

罪犯的消极心理因素是指那些阻碍罪犯积极面对改造、影响其心理健康和行为表现的不良心理状态。这些消极心理因素可能源于罪犯的个人经历、性格特征、社会环境等多个方面，对罪犯的改造过程和结果产生深远的影响。

1. 错误的价值观念体系。一是错误的人生观、价值观和世界观。这些错误观念是影响罪犯改造深层次的心理因素。持有错误三观的罪犯，往往对人生、社会、道德和法律等有着扭曲的认识，这会导致他们难以从内心深处接受改造，甚至对改造产生抵触情绪。二是反社会的价值观念。罪犯在犯罪过程中可能形成了与主流社会相悖的价值观念，这种反社会的思想倾向会让他们对改造产生怀疑和抗拒，认为改造是多余的或是对他们的惩罚，而不能帮助他们重新融入社会。

2. 道德和法制感的缺失。一是道德感的缺失。道德感是指导个体行为的重要准则。缺乏道德感的罪犯往往无法用道德规范来约束自己的行为，容易再次走上犯罪道路。在改造过程中，这种道德感的缺失会阻碍他们建立健康的人际关系和行为模式。二是法制感的缺失。法制感是个体对法律制度的认同和尊重。缺乏法制感的罪犯往往对法律持轻视态度，不认为自己的行为是违法的或应受惩罚的。这种态度会让他们对改造产生排斥心理，难以真正接受法律的惩罚和改造。

3. 心理缺陷和情绪问题。一是焦虑、抑郁等情绪问题。罪犯在改造过程中可能面临各种压力和不确定性，导致他们产生焦虑、抑郁等情绪问题。这些情绪问题会进一步影响他们的心理健康和改造效果。焦虑的罪犯可能难以集中注意力、情绪波动大,而抑郁的罪犯则可能失去改造的动力和信心。二是社会化的缺陷。长期脱离社会的罪犯可能在社会化方面存在缺陷,如缺乏社交技能、难以适应社会生活等。这些缺陷会让他们在改造过程中遇到更多困难,如难以与其他罪犯或监管人员建立良好的关系、无法适应改造环境等。

4. 犯罪恶习的顽固性。一是犯罪习惯的惯性。长期的犯罪生涯可能使一些罪犯养成了顽固的犯罪恶习,这些恶习在改造过程中难以根除。这些习惯可能包括偷窃、暴力等行为模式,这些模式在罪犯的潜意识中根深蒂固,难以在短时间内改变。二是对犯罪的认同。一些罪犯可能对犯罪行为产生认同感,认为犯罪是他们的一种生活方式或价值体现。这种认同感会让他们对改造产生抗拒心理,认为改造是对他们身份和价值的否定。

罪犯改造归因的内在心理因素是多方面的、复杂的和相互作用的。为了提高改造效果,需要充分考虑这些内在心理因素对罪犯的影响,并采取相应的措施来帮助他们克服这些问题。

(三) 生理因素

罪犯改造归因的内在生理因素是一个相对复杂的领域,因为它不仅涉及到生物学层面的生理机能,还与社会心理学、环境因素等紧密相关。

1. 神经生物学因素。一是大脑结构与功能。研究表明,大脑某些区域的结构和功能异常可能与犯罪行为有关。例如,前额叶皮层、杏仁核等脑区的功能障碍可能影响个体的情绪控制、决策能力和道德判断。在改造过程中,通过教育、心理治疗等手段,可以促进这些脑区的功能恢复或代偿,从而改善罪犯的行为模式。二是神经递质与内分泌。神经递质(如多巴胺、血清素等)和内分泌系统(如甲状腺激素、性激素等)在调节个体情绪、行为和认知方面发挥着重要作用。罪犯可能存在神经递质失衡或内分泌失调的情况,这会影响他们的心理状态和行为表现。在改造过程中,可以通过药物治疗、心理疏导等方式来调节这些生理因素,促进罪犯的心理健康。

2. 遗传学因素。遗传学研究表明,某些基因变异可能与犯罪行为有关联。然而,需要强调的是,基因并不是决定性的因素,它只是在一定程度上增加了个体犯罪的风险。在改造过程中,遗传学因素更多作为一个参考因素来考虑,而非决定性因素。

3. 体质与生理健康状况。一是身体健康状况。良好的身体健康状况是罪犯改造的基础。身体健康的罪犯更容易接受改造，也更容易在改造过程中表现出积极的态度和行为。因此，监狱机关应该重视罪犯的身体健康状况，提供必要的医疗保障和锻炼机会。二是体质特点。不同罪犯的体质特点可能会影响他们的改造效果。例如，一些罪犯可能具有更强的体力和耐力，能够更好地适应劳动改造等身体活动；而另一些罪犯则可能更适合通过脑力劳动或心理治疗来进行改造。因此，在制定改造计划时，应该充分考虑罪犯的体质特点。

4. 心理因素与生理因素的相互作用。罪犯的心理状态与生理状态是相互作用的。例如，焦虑、抑郁等心理状态可能会导致生理上的不适（如失眠、食欲不振等），而生理上的不适又可能加重心理负担。因此，在改造过程中，应该注重心理因素与生理因素的同步治疗，以达到更好的改造效果。

罪犯改造归因的内在生理因素是一个多维度的体系，包括神经生物学因素、遗传学因素、体质与生理健康状况以及心理因素与生理因素的相互作用等方面。在改造过程中，应该充分考虑这些因素的影响，制定科学合理的改造计划，以促进罪犯积极改造。

（四）认知因素

罪犯改造归因的内在认知因素是多方面的，这些因素深刻影响着罪犯的思维方式、行为模式和改造效果。

1. 认知能力与认知灵活性。一是认知能力。认知能力通常指个体获取、处理、存储和应用信息的心理过程。罪犯在认知能力上可能存在缺陷，如决策过程中的冲动性和短视性，无法准确评估行为的潜在后果，或在面对选择时倾向于即时满足而非长远利益。这种缺陷可能与前额叶皮层的功能失调有关，该区域在规划、抑制控制和复杂认知任务中起着关键作用。二是认知灵活性。指个体适应新信息和环境变化的能力。罪犯可能在认知上较为僵化，难以从错误中学习或调整自己的行为模式，导致重复相同的犯罪行为。这种认知灵活性的缺乏是改造过程中的一大障碍。

2. 道德认知与价值观。罪犯都存在道德认知的缺陷，无法正确理解或认同社会规范和道德标准。这种扭曲可能源于个人经历、文化背景或心理疾病，导致他们在行为选择上缺乏道德约束。错误的价值观也是罪犯犯罪的深层原因之一。他们可能持有反社会的价值观念和价值体系，认为犯罪是合理或必要的。在改造过程中，帮助罪犯树立正确的价值观是至关重要的。

3. 自我认知与自我反省。罪犯需要对自己的犯罪行为有清晰的认识，包括其危害性和违法性。只有当他们真正认识到自己的错误时，才能产生改造的动力。自我反省是罪犯改造过程中的重要环节。通过反省，罪犯可以审视自己的思想和行为，找出问题的根源，并制定出相应的改进措施。

4. 情绪调节与应对方式。罪犯在情绪调节方面可能存在问题，无法有效地管理和控制自己的情绪反应。这可能导致他们在情绪激动时做出冲动的犯罪行为。在改造过程中，帮助罪犯学会情绪调节是必要的。罪犯在面对改造生活中的困难和挑战时，需要学会积极的应对方式，这包括寻求帮助、制定计划、采取行动等。通过积极的应对方式，罪犯可以更好地应对生活中的各种压力和挑战，避免再次犯罪。

二、罪犯归因的外部因素

（一）法律制度与刑罚的威慑作用

威慑理论是刑法与犯罪学领域中的重要理论之一，其核心思想在于通过制定和实施严厉的法律与刑罚，以预防和控制犯罪行为的发生。在罪犯改造的语境下，威慑理论强调刑罚的严厉性、确定性和及时性对罪犯改造的重要影响。它不仅关注于罪犯当前行为的惩罚，更着眼于通过刑罚的威慑作用，促使罪犯在未来遵守法律，实现自我救赎和社会再融入。

1. 立法威慑。立法威慑是威慑理论的起点，它体现在国家通过立法程序制定严格的法律法规，明确界定犯罪行为及其相应的法律后果。立法威慑的关键在于法律的明确性、公开性和严厉性。明确的法律条款使罪犯清晰了解何种行为构成犯罪及可能面临的刑罚，公开的立法过程增强了法律的权威性和公信力，而严厉的刑罚则直接体现了国家对于犯罪的零容忍态度。立法威慑通过预设的惩罚后果，对潜在犯罪分子形成心理威慑，同时也为罪犯的改造提供了法律上的约束和指引。

2. 司法威慑。司法威慑是威慑理论在司法实践中的具体体现。它要求司法机关在审判过程中严格遵循法律程序，公正、公开、公平地审理案件，并依据法律规定对犯罪分子判处适当的刑罚。司法威慑的效力在于确保刑罚的确定性和及时性。确定的刑罚意味着犯罪行为必将受到法律的制裁，而及时的审判和执行则防止了犯罪分子的侥幸心理和逃避惩罚的可能。司法威慑通过司法程序的严谨性和刑罚的执行力，进一步强化了法律的威慑效果，会对正在接受改造的罪犯产生深刻的心理影响。

3. 社会效果。法律制度与刑罚的威慑作用不仅体现在对个体的惩罚上，更在于其产生的广泛社会效果。通过严厉打击犯罪行为，法律制度维护了社会的稳定和安全，增强了公众对于法治的信心和认同。同时，刑罚的威慑作用还通过舆论传播、社会舆论监督等方式，形成了对潜在犯罪分子的普遍震慑。此外，法律制度与刑罚的公正性、人道性也促进了社会的和谐与进步，为罪犯的改造和回归社会创造了良好的社会环境。

4. 人道与公正。在强调法律制度与刑罚的威慑作用时，我们必须同时关注其人道性和公正性。人道性要求刑罚的适用应当尊重罪犯的基本人权和人格尊严，避免过度惩罚和虐待。公正性则要求法律面前人人平等，无论罪犯的身份、地位如何，都应当受到同等的对待和公正的审判。人道与公正的结合是法律制度与刑罚发挥威慑作用的前提和基础，也是罪犯改造工作得以顺利进行的重要保障。

(二) 社会支持与家庭关系的修复

罪犯改造是一个复杂而深远的过程，它不仅关乎罪犯的自我救赎，也涉及社会安全与和谐。在这个过程中，社会支持与家庭关系的修复扮演着至关重要的角色。然而，实际操作中，这两者的修复往往面临诸多挑战与问题。

1. 社会支持存在的问题与难点。一是资源分配不均。罪犯改造所需的社会资源有限，往往无法覆盖到所有需要帮助的罪犯。资源的分配可能受到地域、经济、政策等多种因素的影响，导致部分罪犯无法得到足够的社会支持。二是支持系统不完善。目前的社会支持系统可能缺乏系统性、专业性和持续性，无法满足罪犯多样化的需求。社会支持往往侧重于物质层面的援助，而忽视了心理、教育、职业培训等更深层次的支持。三是社会偏见与歧视。社会对罪犯还存在一些偏见和歧视，这可能导致罪犯在寻求社会支持时面临困难，这种偏见和歧视还可能影响罪犯的心理健康和社会融入能力。

2. 家庭关系修复存在的问题与难点。一是家庭支持意愿与能力不一致。部分家庭因罪犯的犯罪行为而遭受名誉损害和经济负担，可能不愿或无力提供持续的家庭支持。家庭成员之间的经济状况、教育水平、情感关系等差异也可能影响家庭支持的力度和效果。二是情感创伤与信任缺失。罪犯的犯罪行为可能对家庭成员造成情感创伤，导致家庭成员对罪犯产生愤怒、失望等负面情绪。这种情感创伤可能导致家庭成员与罪犯之间的信任关系受损，难以进行有效的沟通和支持。三是社会压力与偏见。家庭成员在面对社会压力和偏见时，可能感到孤立无援，难以找到有效的支持渠道。社会的偏见和歧视也可能影响家庭成员对罪犯的接纳和包容程度。四是法律与政策限制。法律和政策对罪犯的家庭关系修复可能存在一定的限制，如探视制度、罪犯回归社会的政策等。这些限制可能影响家庭成员与罪犯之间的正常交往和关系修复。

3. 对策与建议。一是加强社会资源整合与分配。政府应加大对罪犯改造领域的投入，整合社会资源，确保每个罪犯都能获得必要的教育、职业培训和心理辅导等资源。同时，建立科学的资源分配机制，确保资源分配的公平性和有效性。二是推动家庭关系修复服务。建立专业的家庭关系修复服务机构或平台，为罪犯及其家庭提供心理咨询、情感沟通、家庭治疗等全方位的服务。通过专业的指导和帮助，促进家庭成员之间的理解和包容，重建信任关系。三是消除社会偏见与歧视。加强社会宣传和教育，提高公众对罪犯改造的认识和理解。通过宣传成功案例和普及法律知识等方式，逐步消除社会对罪犯的偏见和歧视。同时，鼓励社会各界积极参与罪犯改造工作，为罪犯重新融入社会创造更加宽松和包容的环境。四是完善制度机制建设。建立健全罪犯改造中社会支持与家庭关系修复的制度机制。制定统一的指导原则、操作流程和评估标准，确保实际操作中的规范性和有效性。同时，加强对制度执行情况的监督和评估，及时发现问题并采取措施加以改进。

罪犯改造中社会支持与家庭关系的修复是一项长期而艰巨的任务。面对存在的问题和挑战，我们需要从多个方面入手，加强资源整合、推动服务创新、消除社会偏见、完善制度机制并强化相关角色的作用。只有这样，我们才能为罪犯创造一个更加有利的改造环境，促进其全面康复和重新融入社会。

（三）监管改造秩序的影响

监管改造秩序与罪犯改造成果之间存在着紧密且复杂的联系。一个良好的监管改造秩序对于促进罪犯的积极改造、提高其再社会化能力以及降低重新犯罪风险具有至关重要的作用。

1. 监管改造秩序对罪犯改造的积极影响。一是稳定的监管改造秩序能够为罪犯创造一个积极、有序的改造环境。在这种环境中，罪犯更有可能产生积极的改造心态，并主动参与到教育学习、技能培训等活动中去。二是增强罪犯规则意识和法律意识。通过严格的监管和纪律约束，罪犯可以逐渐养成遵守规则和法律的习惯。这种习惯的形成,对于罪犯未来的社会生活至关重要,能够减少他们重新犯罪的可能性。三是促进罪犯的自我反省和成长。在有序的监管改造环境中,罪犯有更多的机会进行自我反省,认识到自身行为的错误,并找到改进的方向。这种自我反省和成长的过程,是罪犯改造成果的重要体现。

2. 监管改造秩序与罪犯改造成果的联系。一是秩序稳定性与改造积极性。监管改造秩序的稳定性直接影响罪犯的改造积极性。当监管环境混乱无序时,罪犯可能会感到沮丧、无助,甚至产生反抗心理。相反,一个稳定有序的监管环境能够激发罪犯的改造动力,使他们更加积极地参与到改造活动中去。二是教育改造质量与改造成果。监管改造秩序的好坏直接影响教育改造的质量。在一个有序的监管环境中,监狱可以更有效地开展教育学习、心理辅导等活动,从而提高罪犯的改造成果。这些活动不仅能够帮助罪犯掌握实用的技能和知识,还能够引导他们形成正确的价值观和人生观。三是纪律约束与行为规范。严格的纪律约束是监管改造秩序的重要组成部分。通过纪律约束,监狱可以规范罪犯的行为,使他们逐渐改掉不良习惯,养成自律的生活方式。这种行为规范对于罪犯未来的社会生活具有重要意义,能够降低他们重新犯罪的风险。

监管改造秩序与罪犯改造成果之间存在着密切的联系。一个良好的监管改造秩序能够促进罪犯的积极改造,提高其再社会化能力,降低重新犯罪风险。

三、罪犯改造中的内控归因

在罪犯改造的复杂过程中,可控归因作为一种心理机制,对于激发罪犯的改造动机、引导其积极转变以及评估改造效果具有重要意义。

罪犯内控归因是指罪犯将自身行为的结果归因于内部、可控的因素,如努力程度、能力水平、个性特点等。这种归因方式强调了罪犯对行为结果的自主性和责任感,认为通过调整自身的行为和努力,可以影响和改变行为的结果。在罪犯改造的语境下,内控归因有助于激发罪犯的改造动机,促进其积极投身于自我提升和矫正过程中。

(一)内控归因维度

在罪犯改造过程中,内控归因理论提供了一个理解罪犯行为动机与改造成效之间关系的重要视角。内控归因涉及多个维度，这些维度共同构建了罪犯改造中的归因框架，对指导改造策略、激发改造动力具有深远影响。

1. 努力程度。努力程度是内控归因的核心维度之一。在这一维度下，罪犯倾向于将改造的成效归因于自己付出的努力程度。他们认为，通过投入更多的时间、精力和心血，可以显著提高改造成果。这种归因方式不仅增强了罪犯的责任感和自主性，还激发了他们为达到改造目标而不懈奋斗的决心。监狱民警可以通过鼓励罪犯设定具体可行的改造目标、制定详细的改造计划，并持续关注其努力过程，来进一步强化这种内控归因方式。

2. 能力水平。能力水平是另一个重要的内控归因维度。罪犯在改造过程中逐渐认识到，自身能力的高低直接影响到改造的成效。因此，他们开始关注自身能力的提升，通过参加职业技能培训、文化教育课程等方式，不断学习和成长。这种将改造成效归因于能力水平的做法，有助于罪犯树立信心，相信自己有能力改变现状，从而更加积极地投入改造。监狱应当为罪犯提供多样化的学习资源和实践机会，帮助他们提升能力水平，实现自我超越。

3. 个性特点。个性特点是内控归因中一个不可忽视的维度。部分罪犯将改造的成功或失败归因于自己的性格特征，如毅力、决心、自律等。他们认为，这些个性特点在改造过程中起到了至关重要的作用。因此，他们努力培养和巩固这些积极的个性特点，以更好地应对改造中的挑战和困难。监狱可以通过心理健康教育、团队建设活动等方式，帮助罪犯认识和理解自己的个性特点，学会利用这些特点来推动自己的改造进程。

4. 自我控制。自我控制是内控归因中的关键维度之一。它强调罪犯对自我行为的控制力和约束力。罪犯认识到，通过增强自我控制能力，可以有效减少不良行为的发生，提高改造的成效。因此，他们开始关注自己的情绪管理、冲动控制等方面，努力培养自己的自律意识。监狱可以通过设立行为规范、实施奖惩制度等方式，帮助罪犯增强自我控制能力，形成良好的行为习惯和改造态度。

（二）内控因素的稳定性

在探讨罪犯改造中的内控归因时，稳定性分析是一个至关重要的方面。它聚焦于影响行为结果的因素是否具有持续性和一致性，这对于评估改造成效及预测未来行为模式具有重要意义。

1. 稳定的内控因素与长期改造成效。稳定的内控因素，如持续的努力和不断提升的能力，是罪犯改造过程中最为坚实的基石。这些因素不仅具有高度的持续性，即罪犯能够长时间保持这种状态，而且具有一致性，即它们在不同的情境下都能对改造行为产生积极影响。当罪犯将改造的成效归因于这些稳定的内控因素时，他们会更加坚信自己能够通过努力和能力改变现状，这种信念将成为他们持续改造的内在动力。

具体而言，持续的努力意味着罪犯愿意投入时间和精力去改变自己的行为模式和思维方式。他们不会因一时的挫败或困难而放弃，而是会不断调整策略、增强毅力，继续向前迈进。这种稳定的努力状态不仅有助于罪犯在短期内取得显著的改造成效，更为其长期的改造之路奠定了坚实的基础。

不断提升的能力则是罪犯改造过程中的另一个重要支撑点。随着知识的积累、技能的提升和经验的丰富，罪犯将变得更加自信和有能力应对各种挑战。他们将更有可能找到适合自己的改造路径，并持续取得进步。这种能力的提升不仅增强了罪犯的改造信心，还为他们重返社会、实现自我价值创造了更多可能性。

2. 不稳定的外部因素与短期动力。如果罪犯将改造的成效归因于不稳定的外部因素（如运气、他人帮助等），则可能导致其缺乏持续的动力和信心。这些外部因素具有高度的不确定性和不可控性，无法为罪犯提供稳定的改造支撑。一旦这些外部因素发生变化或消失，罪犯的改造动力就可能迅速减弱甚至消失。例如，当罪犯将改造成效归因于运气时，他们会认为自己的成功是偶然的、不可复制的。这种观念可能导致他们忽视自身努力和能力的重要性，从而缺乏持续改造的内在动力。同样地，如果罪犯过分依赖他人的帮助和支持来维持改造状态，一旦这些帮助和支持减少或停止，他们就可能陷入迷茫和困惑之中。

在罪犯改造过程中，应该注重培养罪犯稳定的内控归因方式。通过引导他们关注自身的努力和能力水平、树立积极的个性特点和增强自我控制能力等方式，帮助他们建立稳定的改造动力体系。只有这样，才能确保罪犯在改造过程中能够保持持久的动力和信心，最终实现真正的自我转变和重返社会。

(三) 内控性影响

内控性作为影响罪犯改造效果的关键因素，其重要性在于它直接关联罪犯对改造过程的参与度和投入度。内控归因理论为我们揭示了这一机制：当罪犯认为自己的行为结果主要受自己控制时，他们会更加积极地投入改造，致力于提升自己的能力和表现。

1. 责任感与自主性的增强。内控性感知的核心在于个体对自身行为及其后果的认知和责任感。在罪犯改造的情境中,当罪犯意识到自己的行为和努力能够直接影响改造成效时,他们会产生强烈的责任感。这种责任感驱使他们主动承担责任,积极参与改造活动,而不是被动地接受管理和约束。同时,内控性感知也促进了罪犯的自主性发展。他们开始学会自我管理和自我激励,不再仅仅依赖外部因素(如民警的监督、奖惩制度等)来推动自己的改造进程。

2. 改造动力的激发。内控性感知不仅增强了罪犯的责任感和自主性,还激发了他们的改造动力。当罪犯相信自己能够通过努力改变现状、实现自我价值时,他们会充满信心和动力地投入改造。他们开始设定明确的目标,制定可行的计划,并付诸实践。在改造过程中,他们会不断寻求自我突破和超越,努力提升自己的能力和表现。这种积极的改造态度和行为不仅有助于他们在监狱内取得良好的改造成效,更为他们未来的社会适应和再社会化奠定了坚实的基础。

3. 潜能的挖掘与发挥。内控性感知还有助于挖掘和发挥罪犯的潜能。每个罪犯都有其独特的优势和潜力,但由于种种原因,这些潜能往往被忽视或压抑。当罪犯感受到自己能够控制自己的行为结果时,他们会更加自信和勇敢地探索自己的潜能。他们可能会尝试新的技能、参与新的活动或挑战自己的极限。这些经历不仅有助于他们提升自己的能力水平,还可能让他们发现自己的兴趣和热情所在,为未来的职业规划和生活方向提供有益的参考。

内控性感知在罪犯改造中发挥着至关重要的作用。它增强了罪犯的责任感和自主性,激发了他们的改造动力和潜能,为他们的全面改造和再社会化创造了有利条件。因此,在罪犯改造工作中,监狱民警应该注重培养罪犯的内控性感知能力,帮助他们建立积极的内控归因方式,从而实现更好的改造成效。

(四)内控归因的情绪体验

在罪犯改造的过程中,内控归因作为一种心理机制,深刻地影响着罪犯的情绪体验,进而对其改造动力和效果产生重要作用。内控归因强调罪犯将行为结果归因于自身可控的因素,如努力程度和能力水平,这种归因方式对于罪犯的情绪状态和改造态度具有显著的正面效应。

1. 积极情绪体验的激发。当罪犯将改造的成效归因于自身的努力和能力时，他们会感到由衷的自豪和满足。这种积极的情绪体验不仅是对他们付出和努力的认可，更是对他们个人价值和能力的肯定。在这种情绪氛围下，罪犯会更加珍视自己的改造成果，进一步增强改造的动力。他们会更加积极地投入改造活动，努力提升自己的能力和表现，以期待在未来的日子里能够取得更大的进步。

2. 自信心与自尊心的提升。内控归因还有助于提升罪犯的自信心和自尊心。当罪犯认识到自己的努力和能力对于改造成效至关重要时，他们会更加相信自己的潜力和能力。这种自信心的提升会使罪犯在面对困难和挑战时更加勇敢和坚定，不再轻易放弃或退缩。同时，自尊心的提升也会使罪犯更加珍惜自己的声誉和尊严，从而在改造过程中更加注意自己的言行举止，避免做出损害自己形象的行为。

3. 负面情绪的避免与缓解。如果罪犯将失败归因于外部因素或自身无法控制的因素，如运气不佳、他人干涉等，他们可能会产生沮丧、挫败等负面情绪。这种负面情绪不仅会影响罪犯的改造动力和积极性，还可能对他们的心理健康造成损害。长期处于这种负面情绪中的罪犯可能会变得更加消极和绝望，甚至产生反社会情绪和行为。因此，通过引导罪犯进行内控归因，避免将失败归咎于外部因素，有助于减少负面情绪的产生和积累，从而保护罪犯的心理健康并促进其积极改造。

4. 改造效果的优化。内控归因对于罪犯的改造效果具有显著的优化作用。积极的情绪体验和自信心、自尊心的提升会使罪犯更加积极地投入改造，努力提升自己的能力和表现。这种积极的改造态度和行为模式将有助于他们在监狱内获得更好的待遇和机会，并为他们未来的社会适应和再社会化奠定坚实的基础。同时，通过减少负面情绪的影响和积累，内控归因还有助于维护监狱的稳定和安全秩序，为罪犯提供更加良好的改造环境和条件。

内控归因对罪犯的情绪体验及改造效果产生着深远的影响。在罪犯改造过程中，应充分重视内控归因的积极作用，通过教育、引导等方式帮助罪犯建立正确的归因方式，以促进其全面发展和积极改造。

四、罪犯改造中的外控归因

外控归因是指个体在面对某一事件或结果时，将其归因于那些自己无法直接控制或影响的外部因素。在罪犯改造的语境中，外控归因是指罪犯将自己的行为结果归因于外部因素，如命运、机遇、他人的影响或不可控的环境条件等。这种归因方式往往忽视了罪犯自身的努力和内部因素在行为结果中的作用。

（一）外控归因的特点

罪犯改造中的外控归因特点主要体现在以下几个方面：

1. 强调外部因素的决定性。外控归因的罪犯倾向于将自身的行为结果和改造成效归因于外部环境的控制或影响，如命运、运气、他人的行为、监狱制度、经济条件等。他们认为这些因素是决定自己行为结果和改造效果的主要原因，而非自身的努力和能力。

2. 缺乏个人责任感和主动性。由于过分强调外部因素的作用，外控归因的罪犯往往对自己的行为结果缺乏责任感和主动性。他们可能认为改变现状是徒劳的，因为结果由外部因素决定，而非自己的努力所能左右。这种心态导致他们在改造过程中缺乏积极性和动力，容易陷入消极被动的状态。

3. 容易受外界影响。外控归因的罪犯更容易受到外界环境和他人行为的影响。他们可能会因为监狱环境、监管制度、狱友关系等外部因素的变化而产生情绪波动和行为变化。这种易受外界影响的特点使得他们的改造过程更加复杂和不稳定。

4. 难以进行自我反省和改变。由于将问题归咎于外部因素，外控归因的罪犯可能难以进行自我反省和改变。他们可能认为自己的行为结果是不可控的，因此不愿意或无法从自身找原因，进而采取积极的措施来改变现状。这种心态限制了他们自我成长和改造的可能性。

5. 可能伴随心理健康问题。长期持有外控归因观念的罪犯可能更容易出现心理健康问题。他们可能感到沮丧、无助、愤怒等负面情绪，对改造和未来失去信心。这些心理问题可能进一步影响他们的改造效果和再社会化进程。

针对外控归因的罪犯，监狱民警应采取有效措施进行干预和引导。通过心理教育、案例分析、角色扮演等方式帮助他们认识到自身努力和能力在行为结果中的重要作用，培养他们的自我责任感和主动性。

（二）社会环境归因

社会环境归因在罪犯改造中是一个重要的心理现象，它指的是罪犯将自己的犯罪行为以及改造过程中的困难归因于外部社会环境的不良影响。

1. 贫困与经济压力。许多罪犯可能将犯罪行为归咎于经济贫困和生计压力。他们可能认为，由于缺乏足够的经济资源和就业机会，自己不得不采取非法手段来维持生计。

2. 认为社会不公与歧视。部分罪犯可能感受到社会的不公和歧视，认为自己在教育、就业、社会地位等方面受到了不公正的待遇。这种感受可能促使他们产生反社会情绪，并通过犯罪行为来宣泄不满。

3. 家庭问题。家庭环境对个体的成长和行为有着深远的影响。一些罪犯可能将犯罪归因于家庭问题，如家庭破裂、父母离异、缺乏关爱和教育等。这些问题可能导致他们形成不良的心理和行为习惯，进而走上犯罪道路。

4. 教育缺失。教育对于塑造个体的价值观和行为规范具有重要作用。一些罪犯可能由于教育缺失或教育水平低下而缺乏法律意识和社会责任感，容易受到不良诱惑和影响而犯罪。

（三）他人影响的归因

罪犯在反思自己的行为及其结果时，常常会将一部分责任归咎于外部因素，特别是他人的影响或干预。这种归因方式被称为"外部归因"，与"内部归因"（即将结果归因于个人特质、能力或努力）相对。

1. 认为是朋友的诱导。罪犯可能会认为，是朋友的教唆、引诱或压力导致了自己走上犯罪道路。他们可能将朋友的不当影响视为决定性因素，而忽视了自己在做出选择时的自主性和判断力。这种归因方式可能让罪犯对自己的行为产生一定的"免责感"，但也可能导致他们忽视自我反省和改变的重要性。

2. 家人的支持或反对。家庭环境对个体的成长和行为具有深远的影响。罪犯可能会将自己的犯罪行为归因于家人的支持不足（如缺乏关爱、教育或监督）或反对过度（如家庭冲突、暴力等）。他们认为，如果家人能够给予更多的支持或理解，自己就不会走上犯罪道路。然而，这种归因方式同样忽视了个人在面对困境时应有的自我控制和选择能力。

3. 监狱民警的管教方法。在改造过程中，罪犯可能会将改造效果的好坏归因于监狱民警的管教方式。他们认为，监狱民警的态度、方法或手段直接影响了自己的改造进程和结果。如果监狱民警过于严厉或缺乏关怀，罪犯可能会产生抵触情绪；而如果监狱民警过于宽松或不够专业，罪犯则可能缺乏足够的动力和压力去积极改造。这种归因方式虽然在一定程度上反映了监狱环境对罪犯的影响，但也可能让罪犯忽视了自我努力和改变的关键作用。

针对外控归因的罪犯，监狱民警和教育者需要采取相应的策略进行干预和引导。这包括帮助他们认识到自身努力和能力在改造过程中的重要性，培养他们的自我责任感和主动性；同时，也需要关注他们面临的外部困境和挑战，为他们提供必要的支持和帮助，以克服外控归因带来的消极影响。

第三节　归因理论在罪犯改造中的应用

归因理论是社会心理学研究的重要内容之一，主要探讨个体如何解释自己或他人的行为，以及这些解释如何影响他们的情感、动机和行为。在罪犯改造中，归因理论的应用具有重要意义，它有助于监狱民警理解罪犯的行为动机，预测其未来的行为，并制定相应的改造策略。

一、归因理论与罪犯改造的关系

归因理论，作为心理学中的一个重要理论框架，对于理解个体行为背后的原因具有深远意义。在罪犯改造的语境下，归因理论首先帮助罪犯深入理解自身犯罪行为的原因。通过引导罪犯反思和剖析犯罪行为的根源，无论是内部因素还是外部因素，都能使罪犯更加清晰地认识到自身行为背后的复杂动因。这一过程不仅有助于罪犯客观看待自己的行为，还能为后续的改造提供有针对性的方向和策略。

（一）归因理论对罪犯自我认知的影响

归因理论作为心理学的一个重要分支，致力于研究个体如何解释和归因于自己及他人的行为原因。在罪犯改造领域，归因理论不仅为理解罪犯行为提供了理论框架，更在促进罪犯自我认知的发展中发挥着重要作用。

1. 行为原因解析。一是内部因素。内部因素主要包括个性特质、动机需要、价值观等。归因理论引导罪犯从内在角度审视自己的行为，思考错误的行为是否源于个人的性格缺陷、情感需求未满足或是价值观的扭曲。例如，有的罪犯可能因性格冲动、缺乏耐心而实施暴力行为；有的则可能因长期受到忽视或欺凌，通过犯罪行为来寻求关注或报复。通过深入剖析这些内部因素，罪犯可以更加客观地认识自己，为改变提供内在动力。二是外部因素。外部因素主要涉及社会环境、情境压力、家庭背景等。归因理论同样鼓励罪犯从外部环境中寻找犯罪行为的诱因。社会环境中的不良风气、同伴压力、贫穷和失业等社会问题，都可能成为犯罪的温床。情境压力，如紧急情况下的冲动决策，也可能导致犯罪行为的发生。家庭背景，如父母离异、家庭暴力或缺乏关爱等，同样可能影响罪犯的行为选择。通过对外部因素的深入解析，罪犯可以更好地理解自己犯罪行为的社会背景，为融入社会、适应环境提供方向。

2. 客观看待行为。归因理论强调个体对行为原因的解释和归因方式。在罪犯群体中，很多人往往将自己的犯罪行为归咎于外部因素，如社会环境、家庭背景或他人影响，而忽视了自身性格、动机和价值观的内在作用。这种归因方式不仅让罪犯逃避了自我责任，也阻碍了他们对自己行为的深刻反思。然而，归因理论的应用能够打破这一困境。通过引导罪犯全面审视行为的内外原因，他们开始意识到自身内控归因在行为中的主导作用。这种认识促使罪犯从内心深处反思自己的行为，认识到自己行为不仅是违反了纪律制度，更是对他人权益的侵犯和对监狱秩序的破坏。

当罪犯以客观的态度看待自己的行为时，他们往往会经历一种内心的解脱。这种解脱来源于对行为严重性的深刻认识，以及对自身责任的承担。与此同时，罪犯的心理负担也会得到减轻。他们不再沉迷于过去的错误和自责中，而是将注意力转向如何改正错误、弥补损失。

客观看待行为不仅有助于减轻罪犯的心理负担，还能增强他们的责任感和改造意愿。当罪犯认识到自己的行为对他人、社会造成了伤害时，他们会产生一种强烈的责任感，希望通过自己的努力来弥补这些伤害。这种责任感是推动罪犯积极参与改造、努力改变自己行为的重要动力。同时，客观认识也让罪犯看到了改造的可能性。他们开始相信，通过学习和努力，自己能够成为一个对社会有用的人。这种信念激发了罪犯的改造意愿，使他们更加积极地投入改造。

3. 动机认知重构。归因理论不仅帮助罪犯识别和理解自身行为的原因，更在深层次上促进了他们动机认知的重构。这一过程对于罪犯的心理改造和积极行为的养成具有深远影响。一是动机认知重构的重要性。动机认知重构是指罪犯通过反思和重新评估自己的行为动机，形成新的、积极的动机认知过程。在罪犯心理改造中，动机认知重构尤为关键。它帮助罪犯从内心深处认识到犯罪行为的深层次原因，如需求未满足、自我价值感缺失等，进而引导他们构建新的、积极的动机体系,为改造提供内在动力。二是归因理论促使罪犯深入反思自己的错误动机。通过引导罪犯分析错误行为背后的深层次原因,如心理需求未得到满足、自我价值感缺失、社会压力等,帮助他们认识到犯罪行为并非简单的表面行为,而是深层次心理需求的扭曲表达。

在识别深层次原因的基础上,归因理论鼓励罪犯构建新的、积极的动机认知。通过教育、心理辅导等方式,帮助罪犯树立正面的生活目标,如追求个人成长、建立健康的人际关系、实现自我价值等。这些积极动机的认知重构有助于激发罪犯的内在动力,促进他们积极参与改造活动。

动机认知重构不仅帮助罪犯形成积极的心理认知,还增强了他们改造的内在动力。当罪犯开始认识到自己行为的深层次原因,并尝试构建新的动机体系时,他们会更加积极地参与改造活动,寻求改变和成长的机会。这种内在动力的增强有助于罪犯在改造过程中保持持久的积极性和动力。

动机认知重构有助于罪犯形成更加健康、积极的心理状态。通过反思和重新评估自己的行为动机,罪犯可以逐渐摆脱消极心理的影响,建立更加积极、乐观的心理态度。这种心理状态的改善有助于罪犯更好地适应改造环境,提高改造效果。

动机认知重构还促进了罪犯积极行为的养成。当罪犯开始以积极的动机指导自己的行为时,他们会更加主动地参与改造活动,遵守监规纪律,积极与他人交流互动。这种积极行为的养成有助于罪犯逐步改变不良行为模式,为重新融入社会打下坚实基础。

(二) 归因理论对改造动机的激发

归因理论强调了个体对行为结果的预期和归因对其后续行为动机的影响。在罪犯改造中,当罪犯将改造的成功归因于自己的努力和能力时,会增强其继续改造的动机和信心;而当将失败归因于外部因素或不可控因素时,则可能降低其改造的积极性。因此,监狱民警可以通过引导罪犯形成正确的归因方式,激发其改造动机,提高改造效果。

1. 能力归因的影响。一是当罪犯将改造行为的不利结果归因于能力不足时,他们往往会陷入一种消极的心理状态。他们可能感到沮丧和绝望,认为自己无论付出多少努力,都无法改变现状,改造无望。这种消极归因方式不仅会降低罪犯的改造积极性,还可能导致他们抗拒改造,甚至产生逃避或反抗的行为。相反,当罪犯将取得的改造成果归因于自己能力强时,他们会感到自豪和满足，这会极大地提升他们的信心和动力。他们会更加积极地参与改造活动，努力提升自己的能力，争取更好的表现。这种积极归因方式有助于形成良性循环，促进罪犯的持续进步和改造。二是教育和心理辅导的引导作用。为了引导罪犯从消极的能力归因转向积极的能力归因，民警需要通过教育和心理辅导来帮助他们重新认识自己的能力。为罪犯提供职业技能培训、法律知识普及、心理健康教育等课程，帮助他们提升自己的各项技能。通过不断学习和实践，罪犯可以逐渐认识到自己的进步和成长，从而改变过去对自己能力的消极认知。通过表扬和鼓励，让罪犯感受到自己的进步和成就。当罪犯取得一定的改造成果时，及时给予肯定和鼓励，让他们认识到自己的能力和价值。为罪犯提供实践机会，让他们在实践中锻炼和提升自己的能力。通过参与各种改造活动，罪犯可以逐渐积累经验和信心，更加坚定地走向改造之路。

2. 努力归因的激发。努力归因是指个体将行为结果归因于自己的努力程度，而非其他外部因素。在罪犯改造的语境下，这意味着罪犯将成功的改造结果视为自己努力的结果，而非运气、环境或他人的帮助。这种归因方式有助于罪犯形成积极的自我认知，增强自我效能感，进而激发他们的改造动力。

激发罪犯努力归因的基本方法：一是明确目标与期望。为罪犯设定清晰、具体的改造目标，并鼓励他们为之努力。同时，向他们传达明确的期望，使他们认识到通过自己的努力可以实现这些目标。二是提供正面反馈。当罪犯在改造过程中取得进步或表现出色时，及时给予正面反馈和奖励。这种正面反馈能够强化他们的努力归因，使他们更加坚信自己的能力和价值。三是树立榜样与示范。通过分享其他罪犯的成功改造案例，为罪犯树立榜样和示范。这些案例能够激发罪犯的模仿欲望，使他们看到通过努力也可以取得类似的成功。四是鼓励自我反思与总结。引导罪犯定期对自己的改造过程进行反思和总结，分析成功与失败的原因。通过这个过程，他们能够更清晰地认识到努力与结果之间的关联，从而进一步巩固努力归因。

3. 难度归因的引导。当罪犯将行为结果归因于任务的难度时，他们可能会产生两种截然不同的心理反应。一方面，如果他们认为任务过于困难，自己无法胜任，就可能产生挫败感和无助感，进而放弃努力。另一方面，如果民警将难度归因引导为一种挑战和机遇，罪犯可能会更加积极地面对困难，努力提升自己的能力，以期克服困难并取得成功。

民警引导难度归因的基本方法：一是正面解读困难。当罪犯面临困难时，民警应引导他们从积极的角度解读这些困难。例如，可以将困难视为成长的机会，通过克服困难，罪犯可以提升自己的能力和技能。二是提供适当支持。为罪犯提供必要的支持和资源，如心理咨询、技能培训等，以帮助他们攻克难关。这些支持可以增强罪犯的信心，使他们相信自己有能力应对各种挑战。三是鼓励团队合作。鼓励罪犯之间的团队合作，通过相互支持和协作来共同克服困难。团队合作可以增强罪犯的归属感和责任感，使他们更加积极地参与改造活动。四是强化成功体验。当罪犯克服困难并取得成功时，及时给予正面反馈和奖励。这些成功体验可以强化他们的难度归因，使他们更加坚信自己有能力应对各种挑战。

4. 运气归因的纠正。运气归因，即个体将行为结果归因于外部的、不可控的因素，如运气或命运，是一种普遍的归因倾向。然而，在罪犯改造的过程中，这种归因方式可能会阻碍罪犯的积极进步和自主成长。运气归因倾向可能导致罪犯在面对改造过程时产生消极情绪，认为自己无法掌控自己的命运，从而减少对改造活动的投入和努力。这种心态不仅会影响罪犯的改造效果，还可能加剧他们的无助感和绝望感，不利于其改造行为。

纠正运气归因的方法。一是明确个人责任。通过与罪犯进行深入的沟通和交流，帮助他们认识到自己在改造过程中的主体地位和主体责任。强调成功和失败是个人努力和决策的结果，而非运气或命运的安排。二是提供成功案例。分享其他罪犯通过个人努力和正确决策成功改造的案例，让罪犯看到努力和决策的力量。这些案例可以激发罪犯的积极性和自信心，使他们更加相信自己的能力和潜力。三是制定合理目标。与罪犯共同制定明确、具体的改造目标，并帮助他们制定实现这些目标的计划。通过逐步实现小目标，让罪犯体验到成功带来的喜悦和成就感，从而更加坚定地相信努力和决策的重要性。四是培养自主意识。鼓励罪犯在改造过程中发挥主动性和创造性，积极参与各种改造活动。通过培养他们的自主意识和自我管理能力，使罪犯逐渐摆脱对外部因素的依赖，更加自信地面对改造过程。五是强化内在动机。通过心理辅导和激励措施，帮助罪犯认识到改造的内在价值，激发他们的内在动机。当罪犯意识到改造是为了自己的成长和未来发展时，他们会更加积极地投入改造活动，减少对运气的依赖。

二、引导积极的归因方式

既然归因方式与教育之间存在如此密切而重要的关系，那么，如何引导罪犯形成积极的归因方式就是监狱民警要探讨的问题。

（一）积极的归因方式

在罪犯改造的过程中，积极的归因方式对于促进罪犯的心理转变、增强其行为动力及最终成功回归社会具有至关重要的作用。

1. 积极内因的认知。一是积极归因。积极内因认知是指罪犯能够正视并认可自身存在的积极特质、能力和努力，将改造过程中的成功与进步归因于自身的努力、才能或策略。这种认知方式有助于提升罪犯的自我效能感，增强其改造的动力和信心。二是实践应用。引导罪犯定期进行自我反思，识别并肯定自己在改造过程中的积极变化和成长。通过展示其他成功改造的案例，让罪犯看到通过自身努力可以实现的积极转变。对罪犯的积极行为给予及时、具体的正面反馈，强化其对内因的积极认知。

2. 稳定因素强化。一是注重稳定因素的强化。稳定因素强化是指罪犯在改造过程中，将那些持续、稳定地促进其正向转变的因素视为重要支撑，并努力维护和强化这些因素。这些稳定因素包括个人价值观、坚定的信念、良好的人际关系等。二是实践应用。通过教育和引导，帮助罪犯树立正确的价值观，将积极向善作为自己行为的指南。鼓励罪犯坚定改造信念，相信自己能够通过努力改变现状，实现自我价值。促进罪犯与家人、朋友及社会的联系，建立稳定的社会支持网络。

3. 控制感提升。一是定义与意义。控制感提升是指罪犯在改造过程中逐渐增强对自己行为、情绪和环境的控制能力，从而更加主动地参与改造。这种提升有助于减少罪犯的无力感和绝望感，增强其自主性和责任感。二是实践应用。通过行为矫正技术，帮助罪犯学会如何控制自己的行为，避免冲动和攻击性行为。提供情绪管理技能培训，帮助罪犯学会识别、表达和处理自己的情绪。

4. 积极结果预期。一是定义与意义。积极结果预期是指罪犯对改造后生活持有乐观、积极的预期，相信通过努力可以实现个人目标和价值。这种预期能够激发罪犯的改造动力，促使其更加积极地投入改造。二是实践应用。为罪犯提供职业规划和就业指导服务，帮助其设定明确、可行的职业目标。

加强社会融入教育,帮助罪犯了解社会规则和期望,为回归社会做好准备。邀请成功回归社会的人士分享他们的故事和经验,增强罪犯对未来生活的信心和期待。

(二) 归因训练

罪犯改造归因训练是一个综合性的系统工程,旨在通过多维度、多层次的教育与训练,引导罪犯正确认识自身行为,培养积极向上的归因方式,促进其全面改造和顺利回归社会。

1. 思想教育。强化罪犯的思想政治觉悟,树立正确的世界观、人生观和价值观,培养其社会责任感和法治观念。引导罪犯认清历史发展规律,坚定改造信心。通过讲述国家历史、民族英雄事迹等,激发罪犯的爱国情怀和民族自豪感。加强社会公德、职业道德、家庭美德和个人品德教育,引导罪犯树立正确的道德观念和行为准则。

2. 文化教育。提升罪犯的文化素养和知识水平,为其后续的学习、工作和社会生活打下基础。根据罪犯的文化程度,开展扫盲教育和基础教育,确保每名罪犯达到基本的文化水平。为有学习意愿和能力的罪犯提供更高层次的教育机会,如职业技能培训、高等教育自学考试辅导等。组织阅读、写作、艺术欣赏等活动,丰富罪犯的文化生活,提升其审美情趣和人文素养。

3. 行为矫正。通过行为矫正技术,帮助罪犯改变不良行为习惯,培养健康的生活方式。引导罪犯识别并改变错误的认知模式,树立正确的行为观念。通过日常行为规范和纪律要求,帮助罪犯养成良好的行为习惯。根据罪犯的具体情况,制定个性化的矫正方案,实施精准矫正。

4. 心理健康教育。关注罪犯的心理健康状况,提供必要的心理支持和干预,促进其心理健康发展。定期对罪犯进行心理健康测评,了解其心理状态和需要。为有需要的罪犯提供心理咨询和辅导服务,解决其心理问题。普及心理健康知识,提高罪犯的心理健康意识和自我调节能力。

(三) 需要注意的问题

在罪犯改造过程中,归因作为理解罪犯行为动机、制定改造策略的重要环节,其准确性和有效性直接影响着改造的成败。为确保归因的科学性、合理性和人文关怀,在进行罪犯改造归因时需要注意八个关键问题。

1. 避免归因偏差。归因偏差是指个体在解释他人或自己行为时,倾向于将成功归因于内部因素(如能力、努力),而将失败归因于外部因素(如环境、运气）的现象。在罪犯改造中，这种偏差可能导致对罪犯的不公平评价或误解，进而影响改造措施的针对性和有效性。采用多源信息收集法，确保归因依据的全面性和客观性。定期进行归因偏差检测与纠正，提高归因过程的科学性。

2. 信息真实性。信息的真实性是归因准确性的基础。虚假或片面的信息可能导致错误的归因判断，进而影响改造策略的制定和执行。确保所收集信息的真实性和可靠性，对关键信息进行多方验证，避免单一信息源导致的误判。

3. 因人施教。每个罪犯的成长经历、性格特点、犯罪原因等各不相同，因此，在归因和制定改造策略时应充分考虑个体差异，做到因材施教。对罪犯进行个性化评估，了解其具体情况和需要。根据评估结果制定个性化的改造计划和归因方案。

4. 尊重个体。尊重罪犯的个体尊严和权利是改造工作的基本前提。只有建立在尊重基础上的归因和改造措施，才能赢得罪犯的信任和配合。在归因过程中保持公正、客观的态度，避免对罪犯进行歧视或贬低。尊重罪犯的意愿和选择，鼓励其积极参与改造。

第八章

罪犯改造的诱因与奖励原理

在罪犯改造过程中,诱因与奖励作为重要的激励手段,发挥着至关重要的作用。通过揭示罪犯行为背后的内在需要与动机,帮助罪犯认识到自身问题的根源,进而产生改变现状的内在动力。这种内在动力是持续改造的关键。诱因可以引导罪犯重新审视自己的价值观,培养积极向上的生活态度和社会责任感,为重新融入社会打下坚实的思想基础。

第一节 罪犯改造诱因和奖赏动机概念

改造诱因在罪犯改造过程中起着至关重要的作用,它能够激发罪犯的改造意愿,引导其树立正确的价值观和人生观,促进其行为的积极转变。同时,合理的诱因设置还可以提高罪犯的改造积极性和参与度,增强改造效果。

一、罪犯改造诱因与奖赏概述

(一) 罪犯改造诱因的定义

1. 罪犯改造诱因的定义。罪犯改造诱因是指在罪犯改造过程中,能够激发其改变行为、价值观及思维模式,从而促使其向积极、正面方向转变的各种因素或条件。这些诱因可以来自内部,如自我反省、对自由的渴望、家庭责任感等;也可以来自外部,如监狱的改造政策、教育引导、社会支持等。

在罪犯改造过程中,这些诱因能够激发罪犯的内在动力,引导其走向积极改造的道路。诱因能够引起罪犯的定向行为,并能满足某种需要。在心理学中,诱因被看作是动机产生的一个重要因素,它与内部驱力(如饥饿、口渴等生理需要)共同作用于个体,引导其行为方向。诱因理论强调了外部刺激在唤起和指导行为中的重要作用,认为诱因能够满足个体的需要,从而激发或诱使个体朝向目标行动。

2. 理论观点。一是诱因的性质。诱因具有双重性质，即积极诱因和消极诱因。积极诱因是指那些能满足罪犯需要、具有吸引力的刺激物，如奖励、赞扬等；而消极诱因则是指那些妨碍罪犯需要满足、使他们产生回避行为的刺激物，如惩罚、痛苦等。二是诱因与驱力的关系。诱因与驱力是分不开的。驱力是内在的、由生理需要产生的推动力，而诱因则是外在的、能满足这些需要的刺激物。只有当诱因成为罪犯内在的需要时，才能转化为驱力，推动他们的行为。三是诱因的作用机制。诱因能够唤醒罪犯内驱力，使他们处于潜意识状态的内驱力转变成意识状态的内驱力。同时，它还能指导罪犯的行为朝向或离开诱因，即根据诱因的性质（积极或消极）来决定行为的趋近或回避。

（二）罪犯改造奖赏的定义

罪犯改造中的奖赏是指在罪犯改造过程中，为了表彰其积极改造行为、提高改造积极性而给予的物质或精神上的激励措施。奖赏作为改造手段之一，旨在强化罪犯的正面行为，巩固其改造成果，促进其持续向善。

罪犯的奖赏可以分为：一是物质奖赏，包括生产奖金、物质奖励、改善生活条件（如提高伙食标准）等实质性的物质利益。这些奖赏能够直接满足罪犯的物质需要，增强其改造动力。二是精神奖赏，如减刑、假释、提高处遇级别、表扬信、荣誉证书、参加文体活动的机会等非物质性激励。精神奖赏虽然不直接涉及物质利益，但能够满足罪犯的尊重、成就感和归属感等精神需要，同样具有强大的激励作用。

罪犯的诱因与奖赏在罪犯改造过程中具有重要的作用。它能够及时肯定罪犯的积极改造行为，增强其改造信心和动力；同时，通过奖赏的激励作用，还可以引导罪犯形成良好的行为习惯和正确的价值观。

二、罪犯改造诱因的特点

在罪犯改造过程中，诱因的特点主要体现在以下几个方面：

（一）多样性

诱因的多样性是指能够激发罪犯改造意愿和行为的因素多种多样。这些诱因既包括内部因素，也包括外部因素。内部诱因源于罪犯内心的转变和需要，而外部诱因则通过外部环境的刺激和影响来激发罪犯的改造动力。

1. 内在需要驱动。一是改恶从善的愿望。罪犯在服刑期间，可能会因为对过去行为的反省和悔悟，产生强烈的改恶从善、重新做人的愿望。这种愿望可以成为他们接受改造、积极表现的内在动力。二是缩短刑期的需要。许多罪犯希望通过积极改造，争取减刑或假释，从而提前恢复自由。这种对自由的渴望成为他们努力改造的重要诱因。三是自我实现的需要。部分罪犯在改造过程中，会寻求个人价值的体现和自我实现。他们可能通过参加各种教育活动、劳动竞赛等方式，展示自己的才能和进步，从而获得他人的认可和尊重。

2. 外界压力与诱惑。一是法律和社会制度的压力。法律和社会制度对犯罪的严厉打击和对罪犯的严格管理，可以作为一种外部诱因来促使罪犯认识到犯罪的严重后果，并产生改造的动力。这种压力有助于罪犯意识到自己的行为对社会的影响，并努力改正错误。二是教育与培训。罪犯在服刑期间会接受监狱给予的政治文化教育，并提供职业培训或技能提升机会，这些外部诱因能够激发他们学习新知识和新技能的动力。通过学习，罪犯能够增强自己的就业竞争力，为将来的社会生活做好准备。三是奖励制度。监狱系统中的奖励制度，如积分制度、分类处遇、表现优异奖励等，可以作为外部诱因来激励罪犯表现良好。这些奖励可能包括额外的休息时间、更好的生活条件或减刑的机会，从而促使罪犯积极参与改造活动。四是社会支持网络。家庭成员、朋友和社区的支持是罪犯改造过程中的重要外部诱因。当罪犯感受到来自社会的关爱和支持时，他们更有可能产生积极的改造意愿，并努力改善自己的行为。五是心理咨询与辅导。专业的心理咨询和辅导服务可以帮助罪犯解决心理问题，如焦虑、抑郁等，这些服务作为外部诱因，能够促使罪犯关注自己的心理健康，并积极参与治疗过程。

3. 改造方式与内容的多样性。一是多样化的改造。监狱机关会根据罪犯的不同情况和特点，采取多种方式进行改造。这些方式包括教育改造、劳动改造、心理矫治等，旨在全面促进罪犯的思想转化和行为矫正。二是全面的改造内容。改造内容不仅限于劳动技能的培训，还包括思想道德、科学文化、法律知识等多个方面。通过全面的改造内容，帮助罪犯树立正确的人生观、价值观，提高他们的综合素质和适应能力。

(二) 针对性

诱因的针对性是指不同的罪犯可能有不同的改造需要和动机，因此需要设置具有针对性的诱因来激发其改造意愿。例如，对于家庭观念较强的罪犯，可以通过强调家庭责任和家庭团聚的可能性来激发其改造动力；而对于渴望获得社会认可的罪犯，则可以通过提供职业培训、就业指导等方式来帮助其重新融入社会，从而获得社会的认可和尊重。

1. 犯因性差异理论。犯因性差异理论强调每个罪犯的犯罪原因、背景、动机及心理状态均存在显著差异。这一理论要求监狱机关在实施改造前，首先进行深入的调查和分析，明确每个罪犯的具体犯因。基于犯因性差异，改造方案应量身定制，确保改造措施能够精准对接罪犯的个性化需要，从而最大化地激发其改造动力。

2. 人格改造理论。人格改造理论认为，罪犯的犯罪行为是其人格缺陷的外在表现。因此，改造工作的核心在于帮助罪犯重塑健康、积极的人格。这一理论强调通过系统的教育、心理辅导、行为训练等手段，逐步引导罪犯认识并纠正自身的人格缺陷，培养其自我控制、自我约束及积极向上的生活态度。人格改造理论的实践，旨在从根本上预防罪犯再次犯罪，促进其社会适应能力的提升。

3. 因人施教原则。因人施教原则是对犯因性差异理论的直接应用。它要求在改造过程中，必须充分考虑罪犯的个体差异，如年龄、性别、文化水平、犯罪类型及心理状态等，实施有针对性的教学和教育活动。通过个性化的教学安排，确保改造内容、方法及进度与罪犯的实际情况相匹配，从而提高改造的针对性和有效性。

4. 分类教育原则。分类教育原则进一步细化了因人施教的理念。它主张将罪犯按照一定的标准进行分类，如犯罪性质、心理状态、改造表现等，然后在同一类别内实施相对统一但又不失灵活性的改造方案。分类教育有助于集中资源解决共性问题，同时兼顾个性差异，确保改造工作的系统性和连贯性。

5. 心理效应应用。心理效应在罪犯改造中发挥着重要作用。监狱机关应善于运用心理学原理和方法，如正强化、负强化、认知重构、情绪管理等，激发罪犯的积极情绪和行为，减少消极情绪和行为的影响。通过心理咨询、团体辅导、心理测试等手段，深入了解罪犯的心理状态和需要，为其量身定制心理干预方案，促进其心理健康和改造动力的提升。

6. 多方法综合应用。罪犯改造是一个复杂而系统的过程，需要综合运用多种方法和手段。这包括但不限于教育改造、劳动改造、心理矫治、社会帮教等。多方法综合应用旨在形成改造合力，从多个角度和层面促进罪犯的全面转化。在实践中，应根据罪犯的实际情况和改造进展，灵活调整改造方法和手段，确保其针对性和有效性。

（三）动态性

诱因的动态性是指罪犯的改造需要和动机可能随着时间和环境的变化而发生变化。因此，诱因的设置和调整也需要具有动态性，以适应罪犯改造过程中的新情况和新需要。监狱民警需要密切关注罪犯的思想动态和行为表现，及时调整和优化诱因设置，以确保其始终具有有效的激励作用。

罪犯改造诱因的动态性是一个复杂而多维的概念，它涉及罪犯在服刑期间心理和行为变化的多个方面。

1. 改造动机的演变。罪犯的改造动机是指其在服刑期间产生某种改造态度和改造行为的心理起因。动机并非一成不变，而是随着时间、环境和个人状态的变化而不断演变。例如，当罪犯感受到强烈的改造需要、外界施加较大的压力或改造目标具有较强吸引力时，可能会形成积极改造的动机；反之，若缺乏改造的内在动力、外界压力减弱或不良诱因增强，则可能产生抗拒改造的动机。罪犯改造动机很难长期保持强烈或衰弱，有一个起伏变化的动态过程，这与罪犯的心理起因与外部刺激有密切联系，这种动机的演变过程体现了罪犯改造诱因的动态性。

2. 环境因素的变化。环境因素是影响罪犯改造诱因的重要因素之一。家庭、社会、监狱环境等外部条件的变化都可能对罪犯的改造动机产生影响。例如，家庭关系的改善、社会支持系统的增强以及监狱内部教育改造政策的调整都可能激发罪犯的改造积极性。相反，家庭矛盾加剧、社会排斥加剧或监狱内部管理不善等不利因素则可能削弱罪犯的改造动力。因此，环境因素的变化也是导致罪犯改造诱因动态性的重要原因。

3. 个体因素的差异。每个罪犯都有其独特的个体特征，包括性格、心理、生理等方面。这些个体因素的差异导致罪犯在面对相同的改造诱因时可能产生不同的反应。例如，一些罪犯可能更容易受到外界压力的影响而积极改造，而另一些罪犯则可能更加固执己见、抗拒改造。此外，罪犯在服刑期间的心理状态也会随着时间和环境的变化而发生变化，这进一步加剧了改造诱因的动态性。

4. 改造策略的适应性。为了提高罪犯的改造效果，监狱管理部门需要根据罪犯的实际情况制定个性化的改造策略。这些策略必须具有较强的适应性和灵活性，以便在罪犯改造动机发生变化时能够及时调整和优化。例如，当发现某些改造措施对特定类型的罪犯效果不佳时，监狱管理部门应及时进行反思和调整，寻找更加有效的改造途径。这种改造策略的适应性也是罪犯改造诱因动态性的重要体现。

（四）正向性

诱因的正向性是指诱因应当是正面的、积极的，能够引导罪犯向积极、正面的方向转变。诱因的设置应当符合社会主流价值观和法律法规的要求，避免使用负面、消极的诱因来刺激罪犯的改造意愿。同时，诱因的激励作用也应当体现在促进罪犯的思想观念、行为模式和价值观念的全面改造上，而不仅仅局限于表面的行为改变。

罪犯改造诱因的正向性也包括能够激发罪犯积极改造、促进其向善转变的各种因素。这些因素在罪犯改造过程中起着至关重要的作用，它们能够引导罪犯认识错误、反思自我、接受教育和矫正，并最终实现再社会化的目标。

1. 法律与政策引导。刑法的存在和刑罚的执行对罪犯具有强大的威慑力，使其认识到犯罪行为的严重后果，从而激发其改过自新的愿望。国家关于罪犯改造的政策，如减刑、假释等激励措施，为罪犯提供了改造的动力和希望，鼓励其积极表现、争取早日回归社会。

2. 教育与感化。通过课堂化教育、个别谈话、心理辅导等方式，对罪犯进行世界观、人生观和价值观的引导，帮助其树立正确的道德观念和行为准则。提高罪犯的文化水平，增强其学习能力和认知能力，有助于其更好地理解法律、政策和社会规范，从而增强自我约束和自我改造的能力。为罪犯提供职业技能培训，使其掌握一技之长，为刑满释放后的就业和生活打下基础，增强其回归社会的信心和动力。

3. 劳动与实践。组织罪犯参加劳动有助于培养他们的劳动观念。在劳动过程中，罪犯需要遵守劳动纪律，按时完成任务，这有助于他们逐渐树立起尊重劳动、热爱劳动的观念。通过参与劳动，罪犯可以体会到劳动带来的成就感和满足感，从而认识到劳动对于个人成长和社会发展的重要性。

劳动还能帮助罪犯提升劳动技能，通过学习和实践，罪犯可以掌握这些技能，为将来的就业打下基础。同时，掌握一定技能的罪犯在出狱后也更容易找到合适的工作,从而降低再次犯罪的风险。此外,劳动还能让罪犯体验到劳动的艰辛和价值。在劳动过程中,罪犯需要付出汗水和努力,才能完成任务。这种经历让他们深刻体会到劳动的艰辛,同时也让他们认识到劳动的价值和重要性。这种体验有助于激发罪犯的感恩之心和责任感,使他们更加珍惜眼前的机会,努力改正自己的错误。

4. 家庭与社会支持。家庭的温暖和支持是罪犯改造的重要动力之一。家人的理解和鼓励能够激发罪犯的改造积极性,促使其更加努力地改正错误。社会对于罪犯的接纳程度也影响着其改造效果。一个包容、理解的社会环境能够减轻罪犯的心理负担,促进其更好地融入社会。

5. 个人因素与自我激励。罪犯对自身错误的深刻认识和反思是其改造的内在动力。只有真正认识到自己的错误并愿意改正,才能激发其积极改造的意愿。在改造过程中,罪犯通过不断设定小目标并逐步实现,可以体验到成功的喜悦和自我价值的提升,从而增强自我激励和自我约束的能力。

(五)速效性

积极诱因引发罪犯的趋利行为,而消极诱因引发他们的避害行为。诱因对行为的激活或抑制能起到立竿见影的效果,只要民警提供的诱因是罪犯所渴望和需要的,对他们来说是有利的,就会激发他们的趋向行动;如果民警提供的诱因是罪犯所害怕和不需要的,对他们来说是有害的,就会激发他们的回避行为。在罪犯改造过程中,速效性主要指的是某些诱因能够迅速激发罪犯的改造动力,产生即时的正面效果。

1. 针对性强。速效性改造诱因通常具有较强的针对性,能够直接针对罪犯的特定需要或问题进行设计。这种针对性不仅体现在对罪犯个体情况的深入了解上,还体现在对改造目标和方法的精确把握上。通过精准的个性化改造方案,能够迅速激发罪犯的改造动机,加速其改造进程。

2. 即时反馈。速效性改造诱因注重即时反馈机制。当罪犯在改造过程中表现出积极的行为或态度时,能够立即获得正面的肯定或奖励,这种即时的反馈能够增强罪犯的改造信心和动力,促进其持续努力。相反,如果罪犯出现消极行为或违规情况,也能及时得到纠正和处罚,从而避免问题的积累和恶化。

3. 短期见效。与长期性改造策略相比,速效性改造诱因更注重在短期内取得明显的改造效果。这种短期见效的特点有助于激励罪犯积极参与改造活动，同时也能够减轻监狱民警的工作压力和负担。当然，需要注意的是，短期见效并不意味着忽视长期改造目标，而是要在保证长期目标不偏离的前提下，注重短期内的改造成果。

4. 灵活性高。速效性改造诱因具有较高的灵活性，能够根据罪犯的改造情况和监狱管理环境的变化进行调整和优化。例如，当发现某种改造方法效果不佳时，可以迅速更换其他方法；当监狱管理环境发生变化时，也能够及时调整改造策略和措施。这种灵活性有助于确保改造工作的连续性和有效性。

5. 注重激励机制。速效性改造诱因通常注重激励机制的运用。通过设立明确的奖励制度和标准，激发罪犯的改造积极性和创造性。这种激励机制不仅能够促进罪犯的自我管理和自我约束能力的提升，还能够增强罪犯对监狱民警的信任和认同感。

6. 需要注意的问题。虽然速效性改造诱因具有以上特点，但在实际应用中仍需注意以下几点：一是要避免过度追求速效而忽视长期改造目标；二是要注重改造过程的科学性和规范性，避免采用简单粗暴的方法；三是要充分考虑罪犯的个体差异和实际需要，制定个性化的改造方案。

(六) 折扣性

在某些特定的条件下，丰厚的诱因不但不能促进行为的发生，反而可能使罪犯对从事的活动失去兴趣。有时候，重赏之下未必有勇夫，甚至所得的结果事与愿违。在探讨罪犯改造的诱因时，"折扣性"并非一个直接或常规的描述特点。然而，我们可以从诱因的实际效果和可能存在的局限性角度来间接理解"折扣性"在这一背景下的含义。

1. 效果递减。效果递减是指随着时间的推移或环境的变化，同一诱因对罪犯的激励效果可能会逐渐减弱。这可能是由于罪犯对诱因的适应性增强，或者新的、更具吸引力的诱因出现，导致原有诱因的激励作用被削弱。因此，在罪犯改造过程中，监狱民警需要定期评估和调整诱因设置，以确保其持续有效。

2. 个体差异性导致的效果差异。由于每个罪犯的个体情况、犯罪原因、心理特征、教育背景等各不相同，因此同一改造诱因在不同罪犯身上可能产生截然不同的效果。一些罪犯可能对特定的改造诱因反应积极，而另一些则可能无动于衷甚至产生抵触情绪。这种个体差异性使得改造诱因的效果具有不确定性，其效果可能因罪犯的个体差异而被削弱或增强。

3. 环境因素的制约作用。罪犯改造的环境，包括监狱的物理环境、管理制度、文化氛围等，都会对改造诱因的效果产生重要影响。如果监狱环境恶劣、管理混乱、文化氛围消极，那么即使设定了积极的改造诱因，也可能因为其环境因素的负面影响而被削弱。相反，一个良好、有序、积极的监狱环境能够增强改造诱因的效果，促进罪犯的积极改造。

4. 时间因素的累积效应。罪犯改造是一个长期而复杂的过程，需要时间的积累和沉淀。在改造过程中，罪犯的思想观念、行为习惯等都会发生变化，这些变化可能使得原本设定的改造诱因变得不再适用或者效果不佳。此外，随着时间的推移，罪犯的改造动力和信心也可能受到各种因素的影响而减弱，从而导致改造诱因的效果大打折扣。

5. 改造诱因本身的局限性。任何改造诱因都有其局限性，无法完全解决罪犯的所有问题。一些罪犯可能由于犯罪恶习较深、心理扭曲严重等原因，对改造诱因的反应不敏感或者无法持续。此外，改造诱因的设定也可能存在不足或偏差，无法准确针对罪犯的实际需要和问题，从而导致其效果被削弱。

6. 社会因素的干扰。社会因素也是影响罪犯改造诱因效果的重要因素之一。例如，家庭关系紧张、社会支持不足、就业前景黯淡等都可能削弱罪犯的改造动力和信心，从而影响改造诱因的效果。此外，社会舆论、价值观念等也可能对罪犯的改造产生一定的干扰和影响。

三、罪犯改造诱因的功能

在罪犯改造过程中，诱因起着至关重要的作用，它们是推动罪犯积极改造、实现自我转变的关键因素。以下是罪犯改造中诱因的主要功能。

（一）激发改造动力

诱因的首要功能是激发罪犯的改造动力。通过对罪犯设定明确的改造目标和提供相应的奖励或激励措施，可以激发罪犯内心的积极因素和潜能，使其从被动改造转为主动改造。这种动力是罪犯持续努力、克服困难、实现自我转变的重要源泉。一是满足基本需要。罪犯在服刑期间，其基本需要如吃穿住用、学习娱乐等得到满足，能够减轻他们的生理和心理压力，从而更容易接受改造。更高层次的需要，如自由、前途、尊严等，也可以通过改造过程中的表现和进步得到满足的期望，成为激发他们改造的动力。二是激发积极情绪。正面的诱因，如奖励、表扬、亲情支持等，能够激发罪犯的积极情绪，如自豪感、成就感、归属感等，这些情绪进一步转化为改造的动力。亲情聚餐、亲情电话、亲情寄语等方式，使罪犯感受到亲人的关心和爱护，为了与家人团聚和获得亲人的认可，他们会更加积极地投入改造。三是明确改造目标。通过设置适当的目标，如分级管理、阶段性目标等，使罪犯明确自己的改造方向和期望达到的成果，从而激发他们的改造动力。目标的设置需要具有可行性和挑战性，既能让罪犯看到实现的可能性，又能激发他们的改造信心和动力。四是增强自我认知。帮助罪犯正确认识其犯罪行为的性质，通过学习和教育使他们深刻认识到犯罪的危害性，从而产生改恶向善的需要。

促使罪犯对犯罪后果进行客观评价，站在他人的立场上来评判事物，加深对其犯罪危害性的认识，进而产生自我悔恨心理并萌生改变自己的愿望。

（二）明确改造方向

诱因还具有明确改造方向的功能。通过设定具体的改造目标和奖励措施，可以为罪犯指明改造的方向和路径。罪犯在了解这些目标和措施后，可以更加清晰地认识到自己需要做什么、如何去做以及达到什么样的标准才能获得奖励或认可。这种明确性有助于减少罪犯在改造过程中的迷茫和困惑，提高其改造的针对性和有效性。

1. 明确改造目标。诱因通常以具体、可衡量的目标形式呈现，如减刑、假释条件、职业技能证书获取等。这些明确的目标为罪犯设定了清晰的改造方向，使他们知道自己需要努力的方向和预期达到的结果。诱因会引导罪犯在改造过程中做出有利于实现目标的行为选择。例如，如果减刑是一个重要的诱因，罪犯就会更倾向于遵守监规纪律、积极参与教育学习和劳动改造，因为这些行为都是减刑的必要条件。

2. 确立改造路径。诱因可以促使罪犯和监狱民警共同规划改造的具体步骤和路径。通过设立阶段性目标，并将每个目标分解为可操作的小任务，罪犯可以清晰地看到自己从当前状态到理想状态所需经过的每一步。在改造过程中，罪犯可能会遇到各种挑战和困难，此时，诱因的明确性可以帮助他们及时调整改造策略，确保自己始终朝着正确的方向前进。如果某个阶段的改造效果不佳，罪犯可以反思自己的行为，并尝试新的方法或途径来达到目标。

3. 激励持续努力。诱因的明确性为罪犯提供了持续的动力。他们知道只要按照既定的方向和目标努力，就有可能获得相应的奖励或成果。这种对未来的期望和憧憬会激励他们不断克服困难、保持努力。在复杂的改造环境中，罪犯可能会感到迷茫或困惑。此时，明确的诱因可以帮助他们保持清醒的头脑和坚定的信念，避免在改造过程中迷失方向或偏离轨道。

4. 促进自我反思与成长。通过明确改造方向和目标，罪犯可以更深入地了解自己的内心世界和行为模式。他们会思考自己为什么会犯罪、如何避免再次犯罪等问题，并在反思中不断成长和进步。明确的改造方向还有助于塑造罪犯正确的价值观。他们会逐渐认识到什么是真正有价值的东西、如何追求和实现这些价值，这种价值观的塑造将对罪犯未来的生活和行为产生深远的影响。

(三) 增强改造信心

诱因的积极反馈和肯定可以增强罪犯的改造信心。当罪犯在改造过程中取得一定的进步或成绩时，及时给予其奖励或认可可以使其感受到自己的努力和付出得到了回报和肯定。这种正面反馈有助于增强罪犯的自信心和自尊心，使其更加坚信自己能够通过努力改变自己的命运和未来。诱因的积极反馈和肯定在罪犯改造过程中扮演着至关重要的角色，它们能够显著增强罪犯的改造信心。

1. 正面强化的作用。积极反馈和肯定是一种正面强化的手段。在心理学中，正面强化是指通过奖励或肯定来增强某种行为的出现频率。当罪犯在改造过程中表现出积极的行为或取得进步时，及时给予他们积极反馈和肯定，可以让他们感受到自己的努力和付出得到了认可，从而增强其继续改造的动力和信心。

2. 提升自我价值感。积极反馈和肯定能够提升罪犯的自我价值感。罪犯在犯罪后，很多罪犯会陷入自我否定和自卑的情绪中，认为自己一无是处、无法改变。然而，通过改造过程中的积极反馈和肯定，他们可以逐渐认识到自己的价值和能力，重新树立自信心。这种自我价值感的提升是罪犯持续改造的重要动力源泉。

3. 激发内在动机。积极反馈和肯定能够激发罪犯的内在动机。内在动机是指个体出于自身兴趣和价值观而从事某种活动的动力。当罪犯在改造过程中得到积极反馈和肯定时，他们会感受到改造的意义和价值，从而更加主动地投入改造活动。这种内在动机的激发有助于罪犯形成持久的改造动力，促进他们全面、深入地改造自己。

4. 形成良好的改造氛围。积极反馈和肯定还有助于形成良好的改造氛围。

在监狱环境中,如果罪犯能够经常得到积极反馈和肯定,他们就会更加愿意与他人合作、分享经验、共同进步。这种积极的互动和合作有助于形成良好的改造氛围,促进整个监狱环境的和谐与稳定。同时,良好的改造氛围也会进一步激发罪犯的改造信心和动力。

5. 促进自我反思与成长。积极反馈和肯定还能够促进罪犯的自我反思与成长。当罪犯得到积极反馈和肯定时,他们会更加关注自己的行为和表现,思考如何做得更好、如何取得更大的进步。这种自我反思有助于罪犯更加清晰地认识自己、了解自己的优点和不足,从而有针对性地制定改造计划、调整改造策略。同时,通过不断地自我反思和成长,罪犯的改造信心和动力也会得到进一步的增强。

(四) 促进行为矫正

诱因还可以促进罪犯的行为矫正。通过设定明确的奖励和惩罚措施,可以引导罪犯逐渐养成良好的行为习惯和道德观念。当罪犯表现出积极、正面的行为时,给予其奖励或认可可以强化这种行为模式;而当罪犯出现消极、负面的行为时,则及时指出并予以惩罚或纠正,以防止这种行为再次发生。通过这种正负强化的方式,可以逐渐矫正罪犯的不良行为习惯,培养其良好的道德品质和社会责任感。

诱因是指能够满足个体需要、推动个体行动的外部刺激物。在罪犯行为矫正的情境中,诱因可以是物质的(如减刑、奖金、改善生活条件等),也可以是精神的(如表扬、认可、归属感等)。根据其对罪犯行为的影响,诱因又可分为正诱因和负诱因。正诱因能吸引罪犯趋近并满足其需要,而负诱因则会使罪犯回避或抵触。诱因在促进罪犯行为矫正中的作用:一是明确矫正方向。诱因通过设定明确的目标和奖励,为罪犯指明了矫正的方向。罪犯为了获得这些诱因,会自觉调整自己的行为,使之符合矫正要求。二是激发内在动机。积极的诱因能够激发罪犯的内在动机,使他们从内心深处产生改变的动力。这种内在动机比外在的强制更为持久和有效。三是增强自我认知。诱因促使罪犯反思自己的行为,认识到犯罪的危害性和矫正的必要性。通过不断地反思和认知重建,罪犯会逐渐形成正确的价值观和道德观。四是促进行为改变。诱因通过奖励和惩罚的机制,强化了罪犯的良好行为,抑制了不良行为。这种反复的训练和强化有助于罪犯逐渐改变原有的行为模式,形成新的、符合社会规范的行为习惯。

正诱因主要包括物质奖励、精神奖励和社会认可等。例如，对表现良好的罪犯给予减刑、奖金、表扬等奖励，可以激发他们的积极性和上进心。同时，监狱还可以为罪犯提供学习机会、职业技能培训等，帮助他们提升自我价值和就业能力，为重新融入社会打下基础。

负诱因虽然具有一定的威慑作用，但在实际应用中应谨慎使用。过度依赖惩罚和威胁可能会导致罪犯产生逆反心理或消极情绪，不利于矫正工作的开展。

因此，在使用负诱因时，应注重其合理性和适度性，避免对罪犯造成不必要的伤害和负面影响。

四、不同类型诱因对改造动机的影响

不同类型诱因（如物质诱因、精神诱因）对罪犯改造动机具有不同的影响，这些影响体现在多个方面，包括动机的强度、持久性、内在动力以及罪犯的心理变化等。

（一）物质诱因的影响

1. 动机强度的即时提升。物质诱因，如物质奖励等，通常能够迅速提升罪犯的改造动机强度。这些实实在在的利益让罪犯看到积极改造的直接好处，从而激发他们的积极性。物质诱因的即时性和可见性使其在短时间内对动机产生显著影响。

2. 动机持久性的相对较弱。物质诱因的持久性可能相对较弱。当罪犯获得预期的物质利益后，其改造动机可能会随之减弱。这是因为物质诱因更多地关注于短期利益，缺乏对罪犯长期改造目标的持续激励。

3. 可能引发负面心理。过度依赖物质诱因还可能引发一些负面心理。例如，罪犯可能产生"为奖励而改造"的心态，将改造视为获取利益的手段而非自我提升的过程。这种心态可能导致罪犯在利益驱动下行为失范，甚至产生不正当行为。

（二）精神诱因的影响

1. 动机强度的深层次激发。与物质诱因相比，精神诱因（如减刑假释、荣誉、尊重、成就感等）更能够深层次地激发罪犯的改造动机。精神诱因涉及罪犯的内在需要和情感认同，能够满足其更高层次的心理需要。因此，当罪犯在改造过程中获得精神上的满足时，其改造动机将更为强烈和持久。

2. 动机持久性的显著增强。精神诱因的持久性通常较强。这是因为精神诱因关注的是罪犯的内在转变和成长过程,而非短期的物质利益。当罪犯在改造中体验到自我价值的实现和他人认可时,其改造动机将得到持续强化和巩固。

3. 促进心理健康与自我提升。精神诱因还能够促进罪犯的心理健康和自我提升。通过给予罪犯正面的反馈和鼓励,增强其自信心和自尊心,有助于培养其积极向上的心态和正确的价值观。这种心理健康和自我提升将进一步激发罪犯的改造动机和动力。

不同类型诱因对改造动机具有不同的影响。物质诱因能够迅速提升动机强度但持久性较弱,并可能引发负面心理;而精神诱因则能够深层次激发动机并显著增强其持久性,同时促进罪犯的心理健康和自我提升。因此,在监狱管理中应综合运用不同类型的诱因手段,以实现对罪犯改造动机的全面激发和持续强化。同时,应根据罪犯的个体差异和需要特点灵活调整诱因类型和强度,以达到最佳的激励效果。

五、诱因设置的策略与原则

设置诱因以有效促进罪犯改造动机时,应遵循一系列策略与原则,以确保诱因的针对性和有效性。以下是一些关键的策略与原则:

(一) 明确性与具体性

清晰定义目标是指需要明确改造的目标和期望成果,以便为诱因的设置提供明确的方向。具体化诱因是指诱因应具体、可衡量,使罪犯能够清楚地了解他们通过何种行为可以获得何种奖励或避免何种惩罚。

(二) 个性化与差异化

通过心理评估、个别谈话等方式,深入了解罪犯的个体需要、兴趣、动机等因素,以便设置符合其特点的诱因。根据罪犯的不同需要和特点,设置差异化的诱因。例如,对于注重家庭关系的罪犯,可以加强亲情帮教作为诱因;对于追求自我提升的罪犯,可以提供职业技能培训等。

(三) 公平性与一致性

诱因的设置应公平、公正,避免任何形式的偏见和歧视,所有罪犯在相同条件下应有平等的机会获得诱因。诱因的设置和执行还应保持一致性,避免随意更改或偏袒某些罪犯,这有助于建立罪犯对诱因制度的信任感。

（四）及时性与有效性

对于罪犯的积极行为，应及时给予正面反馈和奖励，以增强其改造动机。诱因应具有一定的吸引力和激励作用，能够真正激发罪犯的改造动力。同时，应定期评估诱因的有效性，并根据需要进行调整和优化。

（五）正向激励与负向约束相结合

通过奖励、表扬等正向激励手段，激发罪犯的积极改造行为。对于违反监规纪律的行为，应给予适当的惩罚和约束，以维护监规纪律的严肃性和权威性。同时，负向约束也可以作为一种反向诱因，促使罪犯遵守监规纪律并积极参与改造。

（六）持续性与动态调整

诱因的设置应具有持续性，能够贯穿罪犯的整个改造过程。这有助于保持罪犯的改造动机和动力不减弱。随着罪犯改造进程的推进和个体情况的变化，诱因的设置也需要进行动态调整。这有助于确保诱因始终符合罪犯的实际需要和改造目标。

第二节 奖赏对罪犯改造动机的强化

奖赏是对罪犯改造动机的强化，是指监狱机关通过给予罪犯物质、精神或刑事上的奖励，以增强其积极改造的内在动力和行为表现的过程。这种强化机制基于心理学中的动机理论和行为主义原理，旨在通过正向激励手段，促进罪犯形成并维持积极的改造态度和行为。

一、罪犯改造的奖赏机制

罪犯改造的奖赏机制是监狱管理体系中的核心组成部分，旨在通过一系列正向激励措施，促进罪犯的思想、行为及心理发生积极变化，最终实现其重新融入社会的目标。这一机制融合了多种手段，包括积分考核制度、行政奖励措施、刑事奖励政策、物质奖励机制、情感激励机制、教育改造途径以及生活卫生管理等方面，共同构成了全面而有效的改造体系。

（一）奖赏的正面激励的机制

在罪犯改造的过程中，激励机制是不可或缺的一部分。它旨在通过正面强化的手段，激发罪犯的内在动力，促使其积极投身于改造活动之中。其中，奖赏作为一种重要的正面激励方式，在罪犯改造中发挥着关键的作用。

1. 奖赏的定义。奖赏是指对罪犯的某种积极行为进行正式或非正式的认可、赞扬或给予某种利益的过程。奖赏的目的是强化罪犯的积极行为，促进其自我改进和遵守监规纪律，最终达到顺利回归社会的目标。

2. 奖赏的类型。奖赏可以分为物质奖励和精神奖励两大类，这两类奖励在满足罪犯不同层次的心理需求上各有侧重。一是物质奖励。物质奖励是指通过给予罪犯实际的物质利益来肯定其行为。这类奖励包括但不限于奖金，即为表现良好的罪犯提供一定数额的现金奖励。改善生活条件，如提供更好的饮食、住宿或娱乐设施等。二是精神奖励。精神奖励则侧重于满足罪犯更高层次的心理需求，如自尊、认同和归属等。这类奖励包括减刑，即根据罪犯的改造表现和立功情况，减少其剩余刑期。假释，对表现特别优异，不再有社会危害的罪犯进行监狱外服刑的刑事奖励方式。表扬，即在公开场合对表现优异的罪犯进行口头或书面的赞扬。家庭探访机会，允许表现良好的罪犯与家人进行探访会餐等，以增强其与社会的联系。

精神奖励能够激发罪犯的内在动力，使他们在获得心理满足的同时，更加珍视自己的改造成果，从而持续保持积极状态。

3. 奖赏的正面激励作用。一是增强改造动机。奖赏为罪犯提供了明确的改造目标和动力源泉。当罪犯意识到自己的行为将直接关联到奖赏的获得时，他们会更加积极地投入改造活动，以争取更好的表现。二是强化良好行为。奖赏机制通过对良好行为的即时反馈和强化，帮助罪犯形成正确的行为模式。当罪犯表现出符合改造要求的行为时，及时给予奖赏可以加深其对此类行为的正面认知，并促使其在未来的改造过程中持续保持或提升这种行为的频率和质量。三是提升自我价值感。获得奖赏的过程也是罪犯自我价值得到认可和提升的过程。当罪犯通过自身的努力获得奖赏时，他们会感受到自己的价值和能力被肯定，从而增强自信心和自尊心，进一步激发其改造的内在动力。四是促进社交与人际关系。在集体环境中，奖赏还可以成为促进罪犯之间良性竞争与合作的重要工具。通过设立团队奖、互助奖等形式的奖赏，可以鼓励罪犯之间形成互帮互助的良好氛围，提升其社交能力和人际关系处理能力。

4. 实施奖赏机制的注意事项。一是公平公正。奖赏机制必须建立在公平公正的基础上，确保每位罪犯都有平等的机会获得奖赏。任何偏袒或歧视的行为都可能引发罪犯的不满和抵触情绪，从而削弱奖赏的激励效果。二是个性化定制。由于罪犯的个体差异较大，因此在实施奖赏机制时应充分考虑其个性化需要。通过为不同罪犯量身定制奖赏方案，可以更好地满足其心理需要和改造需要，提升奖赏的针对性和有效性。三是持续性与层次性。奖赏机制应具有持续性和层次性，以确保其能够持续激发罪犯的改造动机并推动其不断进步。同时，奖赏的层次性也可以为罪犯设置更高的目标和挑战，促使其不断追求更好的自我表现。四是评估与反馈。在实施奖赏机制的过程中，应定期对其效果进行评估和反馈。通过收集罪犯的反馈意见和改造数据，可以及时调整和完善奖赏机制，确保其能够更好地适应罪犯的改造需要和实际情况。

（二）奖赏的即时反馈与强化

在罪犯改造过程中，奖赏作为一种重要的正面激励手段，对罪犯的良好行为具有即时反馈与强化的作用。这种机制通过即时、明确且积极的反馈，有效地促进了罪犯改造的积极性和持续性。

1. 即时反馈的作用。奖赏的即时反馈为罪犯提供了一个清晰的行为导向，让他们明确知道哪些行为是符合改造要求的，哪些行为是受到鼓励的。这种明确的反馈有助于罪犯在改造过程中形成正确的行为认知和行为模式。当罪犯的良好行为得到即时反馈和奖赏时，他们会感受到自己的努力和付出得到了认可，从而增强了继续保持良好行为的动力。这种正向的激励机制促使罪犯在改造过程中更加积极、主动地投入各项活动。即时反馈还有助于稳定罪犯的良好行为。因为一旦良好行为得到奖赏，罪犯就会更加倾向于重复这种行为以获取更多的奖赏。这种稳定的行为模式有助于罪犯在改造过程中形成持久的行为习惯。

2. 强化的作用。奖赏的强化作用在于巩固罪犯已经形成的良好行为。通过反复给予奖赏，罪犯会不断强化对良好行为的认知和情感认同，从而使其更加牢固地扎根于内心。强化的过程也是提升改造效果的过程。随着良好行为的不断巩固和扩展，罪犯的改造质量也会得到显著提升。他们会逐渐摆脱过去的错误行为模式，形成积极向上的新风貌。奖赏的强化作用还有助于增强罪犯的改造信心。当罪犯看到自己的努力得到认可并取得实际成果时，他们会更加坚信自己有能力改变过去、重新做人。这种信心将成为他们继续改造的重要动力源泉。

3. 实施策略。一是明确奖赏标准。制定清晰、明确的奖赏标准，让罪犯清楚地知道哪些行为可以得到奖赏以及奖赏的具体内容和形式。二是及时给予奖赏。在罪犯表现出良好行为时，要及时给予奖赏以形成即时反馈。避免过长时间的拖延导致反馈效果减弱或消失。三是公平公正执行。在执行奖赏机制时要坚持公平公正的原则，确保每位罪犯都有平等的机会获得奖赏。避免偏袒或歧视现象的发生以维护奖赏机制的权威性和公信力。四是多样化奖赏形式。根据罪犯的个性化需要和改造表现情况，采用多样化的奖赏形式以满足其不同层次的需要。如物质奖励与精神奖励相结合、短期奖励与长期奖励相结合等。五是强化与教育相结合。在给予奖赏的同时要注重对罪犯的教育引导工作。通过讲解法律知识、道德规范等内容帮助罪犯树立正确的价值观和人生观；通过心理辅导和技能培训等方式提升罪犯的自我认知能力和社会适应能力；通过组织文化活动和社交活动等方式增强罪犯的社会归属感和责任感等。这些措施将有助于巩固和扩大奖赏对罪犯改造的积极效果并推动其全面发展。

（三）奖赏的持续效应

奖赏在增强改造动机方面的持续效应是罪犯改造工作中一个不可忽视的重要方面。它不仅能够在短期内激发罪犯的改造积极性，还能够在长期内保持并增强其改造动机，从而推动罪犯的全面发展和顺利回归社会。

1. 即时激励与长期目标的结合。奖赏机制通过即时激励的方式，让罪犯在改造过程中感受到自己的努力得到了认可和回报。这种即时的正反馈能够迅速提升罪犯的改造动力，促使其更加积极地投入改造活动。同时，为了维持这种积极的改造状态，管理者可以将即时激励与长期目标相结合，为罪犯设定清晰的改造路径和阶段性目标。当罪犯达到这些目标时，给予相应的奖赏，从而不断激发其改造动机，形成持续性的改造动力。

2. 内在动机与外在动机的相互促进。奖赏不仅作为外在动机的一种表现形式，还能够激发罪犯的内在动机。当罪犯通过努力获得奖赏时，他们会逐渐意识到自己的能力和价值，从而增强自信心和自尊心。这种内在动机的增强有助于罪犯在改造过程中形成积极的自我认知和自我效能感，进而推动其更加主动地参与到改造活动中去。同时，内在动机与外在动机的相互促进也能够形成良性循环，使罪犯的改造动机得到持续的强化和提升。

3. 强化正面行为与减少负面行为。奖赏机制通过对罪犯正面行为的强化和负面行为的抑制，来增强其改造动机。当罪犯表现出符合改造要求的行为时，及时给予奖赏可以加深其对此类行为的正面认知和情感认同，从而促使其在未来的改造过程中持续保持或提升这种行为的频率和质量。同时，对于不符合改造要求的行为则不给予奖赏或进行相应的惩罚，以减少其发生的频率。这种正负强化的结合能够有效地引导罪犯形成正确的行为模式和价值观，进而增强其改造动机的持续性。

4. 提升社会适应能力和自信心。通过奖赏机制，罪犯在改造过程中不仅能够获得物质上的奖励和精神上的满足，还能够不断提升自己的社会适应能力和自信心。在改造期间，罪犯可以学习到各种生活技能、职业技能和社交技能等，这些技能的提升有助于他们在未来回归社会后更好地适应社会生活。同时，随着改造的不断深入和成功经验的积累，罪犯的自信心也会逐渐增强，他们会更加坚信自己有能力改变过去、重新做人。这种自信心的提升也会促使他们更加积极地面对未来的挑战和机遇。

5. 构建积极的改造氛围和文化。奖赏机制还有助于构建积极的改造氛围和文化。在改造场所中，通过设立多样化的奖赏项目和形式、举办各种评比活动和庆祝仪式等方式来营造积极向上的改造氛围和文化氛围。这种氛围和文化能够激发罪犯的集体荣誉感和归属感，使他们更加珍视自己在改造过程中的表现和成果，并愿意为了集体的荣誉而努力。同时，积极的改造氛围和文化还能够促进罪犯之间的相互学习和支持，共同推动改造工作的顺利进行。

二、罪犯改造中的强化

(一) 强化的含义和种类

1. 强化的含义。强化，在罪犯改造的语境中，指的是通过给予某种刺激（正的或负的）来增强或减弱罪犯的某种行为。这种刺激可以是物质上的，如减刑、假释、奖励品等；也可以是精神上的，如表扬、认可、尊重等。强化的目的是通过改变罪犯的行为习惯，进而改变其思维方式和价值观，最终帮助其顺利回归社会。

2. 强化的种类。在罪犯改造过程中，强化主要分为以下几种类型：一是正强化。正强化是通过给予罪犯某种积极的刺激，以增加其积极行为出现的概率。常见的正强化手段包括减刑、假释、物质奖励（如奖金、奖品）、精神奖励（如表扬、荣誉证书）等。正强化能够激发罪犯的改造积极性，增强其自信心和自尊心，有助于形成积极的行为习惯。二是负强化。负强化是通过消除或减轻罪犯某种不良行为所带来的负面后果，以减少其不良行为出现的概率。负强化通常涉及改善环境条件、减少惩罚等措施。例如，当罪犯表现出积极行为时，可以逐渐减轻对他的限制和约束。负强化有助于降低罪犯的抗拒心理和抵触情绪，提高其接受改造的意愿和积极性。三是惩罚强化。惩罚强化是对罪犯的不良行为进行直接惩罚，以抑制其再次发生。惩罚强化通常包括警告、扣分、处分、降低处遇待遇、禁闭、加刑等。惩罚强化能够迅速制止罪犯的不良行为，但需注意适度使用，避免过度惩罚导致罪犯产生逆反心理或自暴自弃。四是替代强化。替代强化是指通过观察他人的行为及其后果，来学习并调整自己的行为。在罪犯改造中，可以通过展示其他罪犯成功改造的案例，让罪犯看到改造的希望和可能性，从而激发其模仿和学习的欲望。替代强化有助于激发罪犯的改造动机，促进其向积极的方向转变。五是自我强化。自我强化是指罪犯通过自我反思、自我激励等方式，主动调整自己的行为。自我强化通常涉及设立个人改造目标、制定改造计划、进行自我评价等。自我强化能够培养罪犯的自我控制能力和责任感，使其更加主动地参与改造活动，实现自我提升和转变。六是自然消退。自然消退的原理基于心理学中的"强化理论"，即行为的出现和维持依赖于其后果是否受到强化。当某个行为得到正强化（如奖励）时，该行为会增加；当得到负强化（如逃避惩罚）时，虽然行为本身可能不受欢迎，但为了避免更糟的后果，该行为也可能维持；而当行为没有得到任何形式的强化时，即缺乏外部刺激或反馈，该行为将逐渐减弱，因为行为者缺乏继续该行为的动机。假设有一个罪犯，他经常在监狱里大声说话以吸引其他罪犯或民警的注意。如果这时他人对他的这种行为不予理睬，即不提供任何形式的反馈或强化，那么随着时间的推移，这位罪犯可能会发现这种行为没有引起他想要的关注或权力感，从而逐渐减少这种行为。

（二）罪犯改造中的正强化

在罪犯改造中，正强化是一种重要的行为塑造手段，它通过给予罪犯积极的刺激或奖励，以增强其积极行为出现的概率，从而引导其形成良好的行为习惯和道德观念。

1. 正强化的原理。正强化，又称积极强化，是指对组织需要的行为给予肯定和奖励，使这种行为趋向重复出现，能够巩固、保持和加强。在罪犯改造的语境中，正强化就是当罪犯表现出符合改造要求、有利于其个人改造和适应监狱生活的积极行为时，给予其相应的奖励或激励，以此鼓励其继续保持良好的行为模式。

2. 正强化的常见类型。在罪犯改造中，正强化的手段多种多样，既包括物质上的奖励，也包括精神上的肯定。一是减刑。对于在改造过程中表现突出的罪犯，可以给予减刑的奖励。这不仅可以缩短其服刑时间，还能激发其改造的积极性。二是假释。对于确有悔改表现、对社会危险性较小的罪犯，可以提前假释。假释不仅是对罪犯改造成果的认可，还能为其提供更多的社会适应机会。三是物质奖励。如奖金、奖品等。这些物质奖励可以满足罪犯的基本需求，激发其参与改造活动的动力。四是精神奖励。如表扬、荣誉证书、积分奖励等。这些精神奖励能够满足罪犯的自尊心和荣誉感，增强其改造的自信心。

3. 正强化的效果与意义。正强化能够激发罪犯的改造积极性，使其更加主动地参与改造活动。通过持续的正强化，罪犯可以逐渐形成良好的行为习惯，这些习惯将有助于其未来的社会生活。正强化的获得往往伴随着对罪犯行为的认可和肯定，这有助于增强其自信心和自尊心。正强化不仅改变罪犯的行为，还通过行为的变化影响其思维方式，逐步树立正确的价值观。通过正强化手段，可以帮助罪犯更好地适应社会生活，增强改造生活的稳定性和持续性。

（三）罪犯改造中的负强化

1. 负强化的定义。负强化，也称消极强化，是指当厌恶刺激或不愉快情境出现时，如果罪犯做出某种反应，从而避免了厌恶刺激或不愉快情境（即负强化物的移去或取消），则该反应在以后的类似情境中发生的概率便增加了。这是一种通过减少或避免不愉快的后果来增强某种行为的方法。

2. 负强化在罪犯改造中的运用。一是减刑，减刑从给予罪犯的奖励的角度上是正强化，而从减少对罪犯惩罚期限的角度上则是负强化。在罪犯改造的过程中，减刑的本质在于，当罪犯表现出符合社会期望和改造目标的积极行为时，通过减轻其刑罚的严厉程度，来强化这些行为。这种方式不仅体现了对罪犯积极改变的认可，也为其提供了重新融入社会的机会。减刑的负强化效应在于，它减少了罪犯对未来不确定性和惩罚的恐惧，从而激励其持续表现良好。二是负强化与惩罚区别。负强化与惩罚在罪犯改造中虽然都涉及对行为的调控，但二者存在本质区别。惩罚通常涉及对不良行为的直接否定和负面后果的施加,旨在减少不良行为的发生。而负强化则是通过移除或减轻不愉快的条件来增强积极行为,其核心在于通过积极的行为后果来引导罪犯的改变。因此,负强化更注重于正面激励,而非负面惩罚。例如,当罪犯在接受教育改造、参与劳动改造等方面表现出色时,监狱管理部门会考虑给予其更多的自由活动时间、改善生活条件或提供学习机会等作为奖励。这些措施实质上是在减少或消除那些原本可能让罪犯感到不愉快的条件,从而增强其积极行为。三是负强化效果持久。负强化的一个显著特点是其效果的持久性。与单纯的惩罚相比,负强化通过正面激励来塑造罪犯的行为模式,更有可能形成长期稳定的改变。当罪犯因为积极行为而获得减刑、改善生活条件等奖励时,这些奖励会成为其持续表现良好的动力源泉,从而推动其形成更加健康、积极的生活态度。四是在实施负强化时,要确保奖励措施与罪犯的积极行为直接相关,避免过度奖励或无关奖励,保持奖励的适度性,避免过度依赖物质奖励而忽视精神激励。要关注负强化的长期效应,避免短期效应带来的负面影响,确保奖励的及时性和有效性,以增强罪犯的改造动力。

(四) 罪犯改造中的惩罚强化

惩罚强化作为罪犯改造的重要手段之一,旨在通过实施适度的惩罚措施,纠正罪犯的不良行为,促使其反思和改正,最终达到教育改造的目的。

对罪犯的惩罚强化是通过对罪犯实施惩罚来强化(巩固或加深)他们某种行为不再发生的可能性。其行为通常指的是不良行为或违法行为。惩罚强化的核心在于,通过给罪犯带来不愉快的后果,降低其再次实施该行为的动机,从而达到纠正行为的目的。

1. 依法执行刑罚。依法执行刑罚是惩罚强化的基础。监狱管理部门必须严格按照法律法规的规定,对罪犯实施刑罚,确保惩罚的合法性和权威性。同时,要遵循"惩罚与教育相结合,以教育为主"的原则,确保惩罚的目的在于教育改造,而非单纯的惩罚。

2. 日常考核处罚机制。日常考核处罚机制是惩罚强化的重要组成部分。监狱应建立科学、公正的日常考核体系,对罪犯的行为表现进行实时跟踪和评估。对于违反监规纪律的罪犯,应及时给予相应的处罚,以示警诫。同时,也要对表现良好的罪犯给予表扬和奖励,以形成正向激励。

3. 劳动教育结合法。劳动改造与教育相结合是惩罚强化的有效手段。通过组织罪犯参加劳动,不仅可以培养他们的劳动技能,增强社会责任感,还可以通过劳动过程中的教育引导，帮助他们认识到自己的错误，激发自我改变的意愿。劳动与教育相结合，有助于实现罪犯的全面改造。

（五）罪犯改造中的替代强化

替代强化是个体通过观察他人的行为及其后果而间接地受到强化，从而调整自己的行为。在罪犯改造领域，替代强化具有独特的价值和意义，它能够通过树立正面榜样，激发罪犯的内在改变动力，促进其行为的积极转变。

1. 替代强化定义。替代强化，又称观察学习或模仿学习，是指罪犯通过观察他人（榜样）的行为及其结果（奖励或惩罚），从而获得行为学习的经验，进而调整自己的行为模式。在罪犯改造中，替代强化意味着罪犯通过观察其他罪犯或社会成员的正面行为及其积极后果，而受到启发和鼓舞，从而愿意模仿这些行为。

2. 榜样行为影响。榜样行为在替代强化中起着至关重要的作用。当罪犯观察到他人因良好行为而受到表扬、奖励或获得更好的待遇时，他们可能会产生模仿这些行为的愿望。这些榜样可以是其他罪犯中的积极分子，也可以是监狱民警或社会志愿者等。榜样的正面行为及其积极后果为罪犯提供了明确的行动指南和价值取向。

3. 改变行为动机。替代强化通过激发罪犯的内在动机，促使其改变行为。当罪犯看到他人因良好行为而受到肯定时，他们可能会认识到自己也可以通过改变行为来获得同样的认可和奖励。这种内在动机的激发，有助于推动罪犯从被动遵守监规纪律向主动寻求自我提升和改变转变。

4. 替代惩罚作用。在罪犯改造中，替代强化可以作为一种替代惩罚的有效手段。与传统的惩罚方式不同，替代强化通过展示良好行为的积极后果来间接地影响罪犯的行为。当罪犯观察到不良行为可能带来的负面后果（如失去信任、减少奖励等），以及良好行为可能带来的积极后果时，他们可能会更倾向于选择后者。

5. 良性行为强化。在替代强化过程中，监狱管理部门应特别注重良性行为的强化。通过设立奖励制度、提供学习资源、开展心理辅导等措施，为罪犯提供改变行为所需的支持和帮助。这些措施不仅有助于激发罪犯的积极行为，还能帮助他们建立正确的价值观和人生观。

6. 情感与态度转变。替代强化不仅关注罪犯的行为改变，还注重其情感和态度的转变。通过观察和模仿他人的良好行为，罪犯可能会逐渐认识到自己的错误和不足，从而产生内疚、自责等情感反应。这些情感反应是罪犯转变态度和行为的重要动力。同时，监狱民警应关注罪犯的情感需求，提供必要的心理支持和关怀，帮助他们更好地适应改造环境。

7. 在应用替代强化进行罪犯改造时，要确保榜样的真实性和可信度，避免虚假榜样带来的负面影响。

（六）罪犯改造中的自我强化

自我强化，强调个体根据自身设定的标准，对自身的行为进行奖励或惩罚的过程。在罪犯改造的语境下，自我强化具有独特的应用价值，能够帮助罪犯从内部建立积极的自我激励机制，促进其行为和态度的积极转变。

1. 自我决定强化标准。自我强化的第一步是罪犯需要明确并决定自己的强化标准。这些标准通常基于个人价值观、道德准则以及对未来生活的期望。例如，罪犯可能设定每天完成一定的学习任务、遵守监规纪律或参与劳动改造等作为获得自我奖励的标准。通过自我决定强化标准，罪犯能够对自己的行为有一个清晰的衡量尺度，从而激发内在的改造动力。

2. 自我执行强化行为。在明确了强化标准后，罪犯需要自我执行强化行为。这包括在达到标准时给予自己正面的奖励，如休息或娱乐等，以及在未达到标准时进行自我惩罚，如限制娱乐时间、增加劳动量等。自我执行强化行为的关键在于罪犯能够自觉遵守和执行自己设定的规则，这需要高度的自律和自我管理能力。

3. 强化短路与预防。强化短路指的是由于某些原因，强化行为未能按照预期发挥作用，导致行为改变的动力减弱或消失。在罪犯改造中，强化短路可能表现为罪犯因为某些外部因素（如狱友影响、情绪波动等）而未能坚持自我强化。为了预防强化短路，罪犯需要学会识别并应对这些外部因素，同时监狱民警也应提供必要的指导和支持，帮助罪犯保持自我强化的连续性。

4. 他人协助实施强化。虽然自我强化强调个体的自主性和自律性，但在实际操作中，他人的协助往往能够发挥重要作用。监狱民警、心理咨询师或社会工作者等可以通过观察、评估和反馈，帮助罪犯设定合理的强化标准，监督自我执行过程，并在必要时提供额外的奖励或惩罚措施。这种他人协助的实施方式能够增强自我强化的效果，促进罪犯行为的持续改变。

5. 自我惩罚机制建立。自我惩罚机制是自我强化的重要组成部分。当罪犯未能达到自己设定的标准时，通过自我惩罚来提醒自己行为的不足，并激发改正的动力。自我惩罚的方式可以是轻微的,如减少休息时间、增加劳动量等,也可以是更严重的,如限制与家人通话的权利等。重要的是,自我惩罚应该是一种自我反思和成长的手段,而不是一种虐待或自我否定的方式。

6. 书面行为契约应用。书面行为契约是一种有效的自我强化工具。通过签订书面契约,罪犯可以明确自己的改造目标、行为标准和奖励惩罚措施,并承诺遵守。契约的签订不仅增强了罪犯的责任感和承诺感,也为监狱民警提供了监督和评估的依据。通过定期回顾和评估契约的执行情况,罪犯可以清晰地看到自己的进步和不足,从而调整自我强化的策略。

(七) 罪犯改造中的强化自然消退

强化自然消退认为行为之所以持续存在,是因为它受到了某种形式的强化。反之,如果某种行为长时间没有得到强化,它就会逐渐减弱甚至消失。

1. 强化自然消退的基本概念。强化自然消退,简而言之,就是指在一段时间内对某一行为不予强化,导致其频率逐渐降低并最终消失的现象。在罪犯改造中,这通常意味着对不良行为采取忽视态度,避免给予任何形式的注意或奖励,从而使罪犯逐渐放弃这种行为。

2. 强化自然消退的应用原则。首先需要监狱民警明确哪些行为是需要消退的,这些行为通常是不良的、违法的或破坏性的。对于目标行为,要持续采取忽视态度,避免给予任何形式的正面反馈或奖励。在消退不良行为的同时,要积极引导罪犯发展积极、健康的行为。

3. 消退法的应用。消退法,即忽视或移除对不良行为的强化,是改造罪犯不良行为的有效手段。当罪犯发现某种不良行为不再带来任何好处(如获得关注、逃避责任等),他们将逐渐减少这类行为。例如,对于频繁寻求注意的罪犯,若监狱民警对其不当行为采取忽视态度,而对其正面行为给予积极反馈,那么该罪犯的不良行为可能会自然消退。

4. 代币管制法融合。代币管制法是一种将强化自然消退与阳性强化结合的策略,通过引入代币(如积分、星星等)作为行为表现的奖励。罪犯通过展现良好行为赚取代币,然后用代币兑换特权或奖励。若不良行为持续,则减少或撤销代币,以此作为自然消退的一种形式。

5. 劳动范式改造法。劳动范式改造法利用劳动作为改造手段,通过组织罪犯参与有意义的劳动活动,如劳动竞赛等,既提供正向强化(如成就感、技能提升),又通过劳动过程中的纪律性和责任感培养,间接促进不良行为的自然消退。

三、罪犯改造诱因与奖赏的协同作用

在探讨人类行为动机与改变的过程中，诱因与奖赏是两个至关重要的概念。它们相互作用，共同驱动着个体的行为选择与可持续发展。

(一) 诱因设置与奖赏机制的互补性

在罪犯改造及众多管理领域中，诱因设置与奖赏机制作为两种重要的激励手段，各自发挥着独特的作用。然而，当两者相互结合、互为补充时，其效果往往能够超越单一机制所能达到的范围，形成更为强大且持久的激励效果。

1. 动机激发互补。诱因设置侧重于通过设定明确的外部刺激或条件来激发罪犯的内在动机。这些诱因可能包括物质奖励、群体地位提升机会等，它们直接针对罪犯的需要和欲望，从而激发其采取行动。而奖赏机制则通过正面强化的方式，对已经发生的良好行为进行及时且明确的认可与回报。这种即时的反馈让他们感受到自己的努力得到了肯定，从而进一步巩固并提升其动机水平。

两者在动机激发上的互补性在于：诱因设置为罪犯个体提供了行动的目标和动力源泉，而奖赏机制则通过正面强化确保了这种动力的持续性和稳定性。两者相结合，形成了一个完整的动机激发链条，使得他们在改造过程中始终保持高度的积极性和主动性。

2. 行为导向协同。诱因设置与奖赏机制在行为导向上也呈现出显著的协同作用。诱因设置通过设定具体的目标和要求，为罪犯指明了改造方向和路径。这些目标和要求往往与改造的核心任务紧密相连，确保了罪犯行为的针对性和有效性。而奖赏机制则通过对符合目标和要求的行为进行奖励，进一步强化了这种行为的正确性和价值。

两者在行为导向上的协同作用，使得罪犯在改造过程中能够清晰地认识到哪些行为是受到鼓励和赞赏的，哪些行为是需要避免或改进的。这种明确的行为导向有助于他们形成正确的行为模式和价值观，从而推动其向着更好的方向发展。

3. 效果反馈循环。诱因设置与奖赏机制共同构成了一个完整的效果反馈循环。在这个循环中，诱因设置首先为罪犯设定了目标和要求，并提供了相应的外部刺激或条件；随后，他们根据这些目标和要求采取行动；接着，奖

赏机制对他们的行为进行评估和反馈，对符合要求的行为给予奖励，对不符合要求的行为进行指正或惩罚；最后，这些反馈信息又会被他们所接收并转化为新的行动动力和目标设定。

这个循环的不断运行，使得罪犯在改造过程中能够不断地调整和优化自己的行为方式，提高行为的效果和质量。同时，循环中的反馈信息也为管理者提供了重要的决策依据，有助于他们更加科学地制定和调整诱因设置与奖赏机制的具体内容和标准。

4. 个性化定制融合。诱因设置与奖赏机制的互补性还体现在其个性化定制的融合上。由于每位罪犯的需要、动机和行为模式都存在差异，因此单一的诱因设置或奖赏机制往往难以满足不同的需要。而通过将诱因设置与奖赏机制进行个性化定制并相互融合，可以更加精准地满足他们的需要并激发其动机。例如，在罪犯改造过程中，可以根据不同罪犯的犯罪原因、心理特点和改造需要等因素，为其量身定制相应的诱因设置和奖赏机制。这样不仅可以提高激励的针对性和有效性，还可以增强罪犯对改造过程的认同感和归属感，从而推动其更好地完成改造任务。

5. 长期激励保障。诱因设置与奖赏机制的互补性还体现在其长期激励的保障上。长期激励是保持罪犯持续努力和进步的重要手段之一。而单一的诱因设置或奖赏机制往往难以提供持久的激励效果。通过将两者相互结合并互为补充，可以形成一个更加稳定和持久的激励体系。

在这个体系中，诱因设置为罪犯提供了长远的目标和愿景，让其看到努力的价值和意义；而奖赏机制则通过及时的反馈和奖励确保了这种努力得到了及时的认可和回报。这种长期的激励保障有助于罪犯在改造过程中保持高度的热情和动力，推动其不断向更高的目标迈进。

（二）诱因与奖赏强化行为一致性

诱因和奖赏的设置确实需要考虑到罪犯的行为一致性，这是确保改造效果持久且稳定的关键因素。

1. 诱因与行为一致性的关系。诱因作为外部刺激，能够引导罪犯形成特定的行为模式。当诱因与罪犯的积极行为相关联时，他们会为了获得这些诱因而调整自己的行为，以符合改造的要求。例如，如果减刑是与罪犯的学习成绩、劳动表现等积极行为挂钩的，那么罪犯就会为了减刑而努力学习、认真劳动。

2. 奖赏与行为一致性的强化。奖赏是对罪犯积极行为的正面反馈和强化。当罪犯表现出符合改造要求的行为时，及时给予他们奖赏可以进一步强化这些行为，使其在日常生活中保持一致性。这种强化作用不仅让罪犯感受到自己的努力得到了认可，还增强了他们的自律性和责任感。因为罪犯知道，只有通过持续的努力和表现，才能获得更多的奖赏和认可。

3. 行为一致性的重要性。行为一致性对于罪犯的改造至关重要。它不仅有助于培养罪犯的自律性和责任感，还能够让他们逐渐适应并融入社会。当罪犯在日常生活中能够保持一致的积极行为时，他们更容易获得他人的信任和尊重，从而增强自己的社会适应能力。

（三）诱因与奖赏促进心理转变

诱因的激发是罪犯心理转变的重要方面。通过提供心理辅导、情感支持等方法，帮助罪犯认识到自己的价值和潜力，激发其内在的改造动力。当罪犯感受到被尊重、被理解时，他们会更加愿意参与改造，并努力提升自己的能力和素质。

奖赏作为正向激励手段，能够强化罪犯的积极行为，并促进其心理转变。当罪犯因表现出色而获得奖励时，他们会感受到自己的努力和进步得到了认可，从而增强自信心和自尊心。这种正向激励有助于激发罪犯的内在动力，推动其持续参与改造活动。

心理转化是罪犯改造的核心目标之一。通过诱因与奖赏的协同作用，促进罪犯从消极、抵触的心理状态向积极、向上的心理状态转变。这种转变涉及认知、情感、行为等多个方面，需要综合运用心理辅导、教育引导、社会支持等多种手段。心理转化的实现需要时间和耐心，但一旦成功，将对罪犯的未来生活产生深远影响。

（四）少用或慎用惩罚

惩罚虽然可能在短期内对不良行为起到一定的遏制作用，但其长期效果和副作用往往不容忽视。

1. 少用或慎用惩罚的理由。一是负面心理影响。惩罚可能导致被惩罚者产生负面情绪，如愤怒、羞耻、自卑等，这些情绪不仅不利于问题的解决，还可能对罪犯的心理健康造成长期影响。二是削弱内在动机。频繁使用惩罚可能会削弱罪犯对任务或活动本身的内在动机，使他们更多地关注避免惩罚而非享受过程或追求目标。三是破坏关系。惩罚可能导致民警与罪犯之间的关系紧张或破裂，这种关系的破坏会对双方产生深远的负面影响。四是治标不治本。惩罚往往只能解决表面问题，而不能从根本上解决导致不良行为的深层次原因。长期来看，这可能导致问题的反复出现。

2. 替代策略。一是正面强化。与惩罚相反，正面强化关注奖励和认可积极行为。通过给予表扬、奖励或其他形式的正面反馈，可以激发罪犯的内在动机和积极性，从而促进其表现出更多期望的行为。二是设定明确规则。清晰、明确的规则有助于罪犯了解哪些行为是被接受的，哪些行为是不被接受的。当规则得到明确且一致地执行时，他们更容易理解和接受自己的行为后果。三是提供支持和指导。对于表现出不良行为的罪犯，提供必要的支持和指导至关重要。这可以包括教育、培训、咨询等形式的帮助，目标是帮助他们理解问题的根源并找到解决方案。四是培养自我管理能力。通过教育帮助罪犯如何设定目标、制定计划、监控进度和评估结果等自我管理技能，可以帮助他们更好地控制自己的行为并承担责任。这种自我管理能力的发展有助于减少不良行为的发生。五是鼓励反思和沟通。鼓励罪犯对自己的行为进行反思，并与其他人进行开放、诚实的沟通，有助于他们更好地理解自己的行为和感受，并找到改进的方法。这种反思和沟通的过程也有助于建立更加积极、健康的关系。

(五) 对罪犯的有效惩罚的原则

对罪犯改造的有效惩罚原则，是监狱管理中至关重要的一环。这些原则旨在确保惩罚的公正性、合法性、合理性和教育性，以促进罪犯的积极改造和重新融入社会。以下是对这些原则的具体阐述：

1. 明确性原则。惩罚的标准、规则和后果必须清晰、具体、无歧义。罪犯应当明确知道哪些行为是禁止的，以及这些行为将带来的具体后果。监狱应制定详细的规章制度，明确告知罪犯各项行为规范及其对应的惩罚措施，确保罪犯对自己的行为有明确的预期。

2. 公正性原则。惩罚的实施应当公平、公正，不受任何个人或团体的影响。监狱应建立公正的裁决机制，确保对罪犯的惩罚决定是基于事实和法律规定的，不受人为因素的干扰。同时，应保障罪犯的申诉和辩护权利，确保惩罚的公正性。

3. 适度性原则。惩罚的程度应当与罪犯的错误行为和错误情节相适应，避免过轻或过重。在决定惩罚时，监狱应综合考虑罪犯的犯罪性质、危害程度、主观恶性、悔罪表现等因素，确保惩罚的适度性。既要让罪犯感受到惩罚的严肃性，又要避免过度惩罚对其造成不必要的伤害。

4. 法定性原则。惩罚的种类、程度和方式必须符合法律规定，不得超越法律的界限。民警应严格遵守《监狱法》等相关法律法规，确保对罪犯的惩罚都在法律规定的范围内进行。对于法律未明确规定的惩罚措施，不得随意实施。

5. 教育性原则。惩罚本身应当具有教育意义，旨在引导罪犯认识错误、改正错误并重新做人。监狱应将惩罚与教育相结合，通过劳动改造、教育改造和监管改造等手段，帮助罪犯树立正确的世界观、人生观和价值观。同时，应注重对罪犯的心理疏导和人文关怀，帮助他们解决心理问题和生活困难。

6. 人道主义原则。在惩罚过程中应尊重罪犯的人格尊严和基本权利，避免使用残忍、不人道的惩罚方式。监狱应确保罪犯的基本生活条件得到保障，提供必要的医疗、卫生和文化娱乐设施。同时，应尊重罪犯的宗教信仰和民族习惯，避免歧视和偏见。

7. 循序渐进原则。惩罚的实施应当循序渐进，根据罪犯的改造情况逐步调整惩罚措施。监狱应根据罪犯的改造进展和表现情况，适时调整惩罚措施和强度。对于表现良好的罪犯可以给予奖励和激励；对于表现不佳的罪犯则应及时采取必要的惩罚措施以促使其改正错误。

8. 即时性原则。即时性原则强调惩罚应当在不良行为发生后尽快实施。即时的反馈能够让罪犯及时认识到自己的错误及其后果，从而加深印象并促进改正。相反，如果惩罚延迟过久，罪犯可能会忘记具体行为或对其后果产生模糊认识，从而降低惩罚的有效性。

9. 沟通性原则。沟通性原则强调在实施惩罚前应与罪犯进行充分的沟通。通过沟通，可以了解他们的想法、感受和需要，从而更准确地判断其行为动机和性质。同时，沟通也有助于建立信任关系，使他们更容易接受惩罚并积极配合改正。

10. 恢复性原则。恢复性原则强调惩罚的目的在于恢复罪犯的正常行为和促进监狱改造生活。在惩罚后，应关注他们的行为改进和关系修复情况，并提供必要的支持和帮助。通过恢复性的惩罚措施，可以促进罪犯的健康成长和社会适应能力的提升。

第九章

罪犯改造的自我概念培养

在罪犯改造的复杂而艰巨的任务中,民警作为直接的教育者与管理者,其专业素养和能力直接影响着改造工作的成效。其中,学习和掌握罪犯改造中的自我概念培养,对于提升改造工作的科学性、深化心理矫治效果、促进罪犯全面发展等方面具有深远的意义。

第一节 罪犯的自我概念

罪犯改造是一个复杂而深刻的过程,它不仅涉及外在行为的矫正,更核心的是内在自我概念的转变与重塑。自我概念是个体对自我身份、能力、价值及与他人关系的整体认知和评价。在罪犯改造的语境下,通过一系列的心理干预、教育训练和社会实践,帮助罪犯实现自我认知的深刻反思与积极重构,是促进其积极改造,重新做人、顺利回归社会、预防再犯罪的关键因素。

一、罪犯的自我

深入理解罪犯的"自我"是一个不可或缺的维度。自我,作为罪犯心理结构的核心,涉及他们如何认识自己、体验情感、产生动机与需求、控制行为、认知社会角色以及面对改造生活的态度。

(一) 罪犯自我的定义

在人类的心理与社会学领域,"自我"是一个复杂而深刻的概念,它构成了个体身份认同、行为动机及情感体验的核心。自我不仅关乎人们如何认识自己,还影响着人们如何与世界互动。

1. 罪犯自我的定义。罪犯的自我是指罪犯在监管改造过程中,对自我认知与识别、身体形象与感觉、能力与技能的评估、价值观与信念、情绪与情感管理及与他人关系的整体认知和评价。

2. 罪犯自我的内容：

第一，自我特征认知。自我特征认知是罪犯改造的第一步，它要求罪犯全面、客观地认识自己的性格、能力、兴趣等个人特征。这一过程中，罪犯需正视并接受自己的过去，包括犯罪行为及其带来的后果，从而建立起对自己现状的清晰认知。通过参与心理测评、职业规划等活动，罪犯可以更加深入地了解自己的长处与短处，为后续的个人成长与职业规划奠定基础。

第二，罪行社会危害认知。罪行社会危害认知是罪犯改造过程中的关键环节。它要求罪犯深刻认识到自己犯罪行为的严重性及其对社会的危害，从而激发出内心的悔恨与改过自新的意愿。通过参加法治教育、社会影响评估等活动，罪犯可以更加直观地感受到犯罪行为对受害者、家庭及社会的伤害，进而产生强烈的自责与愧疚感，为后续的改造行动提供动力。

第三，法律地位认知。法律地位认知是罪犯在改造过程中必须建立的重要观念。它要求罪犯明确自己在法律框架下的地位与身份，理解并接受法律的制裁与改造要求。通过法律知识的学习、法庭审判的观摩等活动，罪犯可以更加深入地理解法律的精神与原则，认识到遵守法律是每一个公民的基本义务，从而增强法律意识，为后续的社会再融入做好准备。

第四，情感体验。自我情感体验是罪犯改造过程中的重要心理过程。它涉及罪犯对自己犯罪行为、改造过程及未来生活的情感体验，如悔恨、自责、恐惧、希望等。这些情感体验不仅影响罪犯的心理健康状态，还对其改造意愿与行动产生重要影响。通过心理辅导、情感释放等活动，罪犯可以学会更加积极地面对自己的情感，将负面情绪转化为自我成长的动力。

第五，自我意志与控制。自我意志与控制是罪犯改造过程中的重要能力。它要求罪犯在面对诱惑、困难与挫折时，能够坚定信念，保持冷静与理智，从而有效地控制自己的行为与情绪。通过参与自我管理、团队协作等活动，罪犯可以逐渐增强自我控制能力，学会在面对挑战时保持冷静与坚定，为后续的改造与回归社会提供有力支持。

第六，角色要求内化。角色要求内化是罪犯改造过程中的重要环节。它要求罪犯将监狱规则、社会规范及道德准则等角色要求内化为自己的行为准则与价值观念。通过参与监规纪律的学习、社会角色扮演等活动，罪犯可以更加深入地理解并接受这些角色要求，将其转化为自己的行为动力与行动指南，为后续的社会再融入奠定坚实基础。

第七，外界影响内化。外界影响内化是罪犯改造过程中的另一重要环节。它要求罪犯积极吸收并内化来自家庭、社会、监狱等多方面的正面影响，从而形成良好的行为习惯与价值观念。通过参与家庭探访、监狱文化活动等，罪犯可以感受到来自外界的关爱与支持，增强自信心与归属感，为后续的自我成长与社会融入提供有力保障。

（二）自我差别观点

罪犯改造的自我差别理论强调个体差异，该理论认为，每个罪犯在自我认知、改造动机、能力水平等方面均存在显著差异，这些差异直接影响到改造策略的有效性和改造结果的成败。因此，在制定和实施改造计划时，必须充分考虑并尊重罪犯的个体特性，实施差异化、个性化的改造方案。

1. 自我认知差异。自我认知是罪犯对自己身份、价值观、行为模式等方面的主观认识。在改造过程中，不同罪犯的自我认知存在显著差异。有的罪犯可能对自己的犯罪行为深感懊悔，愿意积极接受改造；而有的罪犯则可能对自己的错误行为持否认或逃避态度。这种自我认知的差异要求监狱民警在介入时，首先要进行深入的自我认知评估，帮助罪犯建立正确的自我观念，促进其自我反省和认识。

2. 改造动机差异。改造动机是推动罪犯积极参与改造活动的内在力量。不同罪犯的改造动机各不相同，有的可能出于对自己未来的期望和追求，有的则可能受到外界压力（如家庭责任、社会期待）的影响。了解并激发罪犯的改造动机，是提高改造效果的关键。监狱民警应根据罪犯的个体差异，设计具有针对性的激励措施，增强其改造的内在动力。

3. 能力差异。罪犯在认知能力、学习能力、适应能力等方面也存在显著差异。这些能力差异直接影响罪犯接受改造的效率和效果。因此，在制订改造计划时，应充分考虑罪犯的能力水平，提供适合其学习能力和认知特点的教育和培训课程。同时，通过培养和提高罪犯的自我学习能力，帮助其不断提升自身素质和技能水平。

二、罪犯自我的适应功能

罪犯改造的过程不仅是法律制裁的执行，更是促进罪犯全面发展的重要途径。在这一过程中，罪犯的"自我"作为改造的核心，其适应功能的发挥对于实现有效改造至关重要。

（一）自我调节

在罪犯改造领域，自我调节理论为理解罪犯如何在内部驱动力和外部环境的相互作用下实现自我转变提供了重要框架。

第一，自我认知调节。自我认知调节是罪犯在改造过程中对自身观念、价值观和行为模式的重新审视和调整。它要求罪犯具备自我反省的能力，能够客观地评估自己的优缺点，识别并改变错误的自我认知。

第二，情感体验调节。情感体验调节是罪犯管理自身情绪反应、保持情绪稳定的过程。它对于罪犯的心理健康和改造效果至关重要。

第三，意志行为调节。意志行为调节是罪犯在改造过程中表现出的自我控制、自我激励和自我决策的能力。它直接关系到罪犯是否能够坚持改造计划、克服困难和挑战。

第四，目标设定与调整。目标设定与调整是罪犯在改造过程中明确方向、规划路径的重要步骤。合理的目标设定有助于激发罪犯的改造动力，而适时的目标调整则能确保改造计划的顺利进行。

第五，环境适应。环境适应是指罪犯在改造过程中逐步适应新的监狱生活环境、社会规则和人际关系的过程。这对罪犯来说既是挑战也是机遇。

第六，反馈与修正。反馈与修正是罪犯改造过程中不可或缺的环节。通过反馈，罪犯可以了解自己的改造进展和存在的问题；通过修正，他们可以针对问题采取相应措施，不断完善自我。

第七，实施。即自我控制，培养罪犯在面对诱惑、压力时保持冷静、理智的能力；自我激励，设定明确的目标，通过自我激励保持改造的动力和积极性；提升罪犯的决策能力，使其能够根据自身情况和外部环境做出合理判断。

（二）信息加工过滤器

信息加工过滤器理论，作为一种融合了心理学与认知科学的理论框架，提供了一种深入理解和解释个体信息处理机制的视角。该理论将大脑视为一个复杂的信息处理系统，通过一系列"过滤器"来筛选、解释和整合外部信息，从而塑造个体的内在认知世界和外在行为模式。这一理论框架不仅对于理解人类的认知过程具有重要意义，而且在罪犯改造工作中也展现出重要的现实指导意义。

1. 信息加工过滤器理论的基本观点：

第一，信息处理系统的复杂性。个体的大脑是一个高度复杂的信息处理系统，能够接收、处理并存储大量的信息。

第二，过滤器的筛选作用。在信息处理过程中，大脑会运用多个"过滤器"来筛选信息。这些过滤器基于个体的经验、知识、价值观等因素，对外部信息进行初步的选择和解释。

第三，信息的解释与整合。经过筛选的信息会进一步被大脑解释和整合，形成个体对世界的内在认知。这种认知进而影响个体的情感、态度和行为模式。

2. 信息加工过滤器理论对罪犯改造的指导意义：

第一，了解罪犯的信息处理机制。通过了解罪犯的信息处理机制，包括他们的认知风格、偏好以及对外界信息的反应模式，可以为制定个性化的改造计划提供重要依据。这有助于监狱民警更好地理解罪犯的行为动机和心理状态，从而更有效地开展改造工作。

第二，优化信息传递方式。在教育改造过程中，信息的传递方式至关重要。根据信息加工过滤器理论，优化信息传递方式意味着要确保信息的准确性和针对性，以最大程度地通过罪犯的"过滤器"。这可能需要采用多种形式的教育方式，如文字、图像、视频等，以满足不同罪犯的接收习惯和信息处理偏好。

第三，培养罪犯的自我反思能力。自我反思是个体在信息处理过程中主动对自己的思维和行为进行审视和调整的能力。在教育改造工作中，通过引导罪犯进行自我反思，可以帮助他们认识到自身行为模式中的不合理之处，从而调整自己的行为，逐渐形成健康的心理状态和行为习惯。

第四，创造积极的信息环境。环境对于个体信息处理的影响不容忽视。在教育改造工作中，可以积极创造有利于罪犯改正行为的信息环境，如通过正面的社会宣传、亲情关怀以及正面的行为示范等方式，传递积极向上的价值观和行为准则，促进罪犯的内心改变。

第五，局限性。罪犯的个体差异可能导致信息加工过滤器的作用效果不一。不同罪犯的认知能力、情感反应、社会经验等存在差异，这使得他们在处理相同信息时可能产生不同的结果。环境因素也是影响信息加工过滤器作用的重要因素。监狱环境、社会氛围、家庭关系等都可能直接或间接地影响罪犯的信息加工过程，从而增加改造工作的复杂性和不确定性。

（三）认同过程

罪犯改造认同过程理论是基于社会心理学、认知心理学以及社会学等多学科视角，深入探讨罪犯在改造过程中如何逐步接受并内化社会规范、价值观念及改造目标的过程。该理论强调，认同是罪犯从外部强制改造向内部自觉转变的关键环节，是评估改造成效的重要标尺。认同过程涉及罪犯对自我身份、价值观念、行为规范及社会角色的重新定位与确认。

1. 认同过程解析：

第一，认知阶段。在改造初期，罪犯首先通过教育、宣传等手段接触并认知到新的社会规范、道德标准和改造目标。在此阶段，罪犯可能对这些新信息持怀疑或抵触态度，需要通过反复的学习和引导，逐渐打破原有的错误认知框架。

第二，情感共鸣。随着认知的深入，罪犯开始体验到与改造目标相一致的积极情感，如希望、信任、归属感等。这些情感共鸣是促使罪犯进一步认同改造目标的重要动力。

三是行为模仿与内化。在情感共鸣的基础上，罪犯会开始模仿符合改造目标的行为模式，并逐步将这些行为内化为自己的行为习惯。此阶段，罪犯的行为表现出较强的自觉性和主动性。

第三，自我认同与角色重塑。罪犯实现自我认同与角色重塑，即将自己视为一个符合社会规范、具有积极社会价值的个体。这一过程标志着罪犯改造认同过程的完成。

2. 影响因素分析：

第一，个人因素。罪犯的年龄、性别、教育背景、犯罪经历等个人因素对其认同过程具有重要影响。例如，年轻、文化程度较高的罪犯可能更容易接受新观念，而多次犯罪的罪犯则可能面临更大的认同障碍。

第二，环境因素。监狱环境、改造氛围、家庭支持等外部环境因素也对罪犯的认同过程产生重要影响。一个积极、和谐、支持性的改造环境有助于促进罪犯的认同过程。

第三，政策与制度。相关政策与制度的完善程度直接影响罪犯改造的效果。科学合理的改造政策、人性化的管理制度能够激发罪犯的改造动力，促进其认同过程。

第二节 罪犯自我效能感

自我效能感理论的创立者是美国著名的心理学家班杜拉。由于不同活动领域之间的差异性，所需要的能力、技能也千差万别。罪犯在不同的改造过程中，其自我效能感是不同的。因此，并不存在一般的自我效能感。任何时候讨论自我效能感，都是指与特定领域相联系的自我效能感。

一、罪犯自我效能感的概念

罪犯在改造的复杂过程中，自我效能感作为一个重要的心理概念，深刻影响着罪犯的认知、情感、动机及行为表现。

（一）罪犯自我效能感的定义与特征

1. 自我效能感的定义。自我效能感是指个体对自己能否成功完成某项任务或达成某个目标所需能力的主观判断与信念。在罪犯改造的语境下，自我效能感特指罪犯对自己能够克服犯罪习性、融入改造生活、实现个人成长与转变的信心与信念。这种信念不仅影响罪犯的改造态度，还直接关联其改造行为的持续性和有效性。

2. 自我效能感的核心特征：

第一，情境特异性。罪犯自我效能感通常针对特定任务或情境，不同情境下罪犯的自我效能感可能有所不同。以罪犯参与职业技能培训为例，当面对一项全新的、需要较高专业技能的任务时，一些罪犯可能会感到自信心不足，认为自己难以掌握这些技能。此时，他们的自我效能感相对较低，可能会表现出畏难情绪，甚至产生逃避心理。然而，如果将任务调整为更加基础、易于上手的内容，这些罪犯可能会感到更加自信，相信自己能够胜任并成功完成。在这种情况下，他们的自我效能感会得到提升，从而更有可能积极参与培训，努力提升自己的职业技能。

第二，动态性。罪犯的自我效能感并非一个静态的概念，而是一个随着个体经验的积累、情境的变化以及社会互动的影响而不断变化的动态过程。随着罪犯经验的积累，他们的自我效能感会发生显著变化。在改造初期，罪犯可能对自己的能力和潜力持怀疑态度，自我效能感较低。然而，随着他们逐渐参与到各种改造活动中，如职业技能培训、心理辅导、社会适应训练等，他们会逐渐积累成功经验，感受到自己的进步和成长。这些成功经验会转化为积极的自我效能感，使罪犯更加相信自己能够克服困难，实现个人转变。

第三，预测性。罪犯的自我效能感，作为他们对自己能否成功完成某项任务或达成某个目标的主观判断与信念，对其在面对挑战时的态度和行为具有深远的影响。具体来说，自我效能感能够预测罪犯在面对挑战时的努力程度、坚持性以及面对失败时的恢复能力。

高自我效能感的罪犯在面对挑战时，通常会表现出更高的努力程度。他们相信自己具备克服困难、达成目标的能力，因此愿意付出更多的努力和时间。坚持性是罪犯在面对困难和挑战时能够持续努力、不轻易放弃的品质。自我效能感的高低直接影响罪犯的坚持性。高自我效能感的罪犯在面对挫折和失败时，能够保持积极的态度和坚定的信念，他们相信自己有能力克服困难，因此更容易坚持下来。而低自我效能感的罪犯则可能因为一次或多次的失败而丧失信心，选择放弃。

面对失败时的恢复能力是指罪犯在经历挫折和失败后，能够迅速调整心态、重新振作的能力。自我效能感高的罪犯在面对失败时，通常能够更快地走出低谷，重新找回信心。他们相信自己有能力从失败中汲取教训，不断调整和改进自己的策略，最终取得成功。而自我效能感低的罪犯则可能因为失败而陷入长时间的沮丧和消极情绪中，难以自拔。

3. 罪犯自我效能感的影响因素：

第一，直接经验。罪犯过去的成功或失败经验直接影响其自我效能感。

第二，替代经验。观察他人（如其他成功的罪犯）的行为及其结果也会影响罪犯的自我效能感。

第三，社会说服。来自教育改造人员、家人、朋友等的鼓励、支持或否定性反馈。

第四，情绪状态。罪犯的情绪状态（如焦虑、抑郁）也会影响其自我效能感。

（二）自我效能感的几个核心要素

在罪犯改造过程中，自我效能感是一个至关重要的心理因素，它影响着罪犯对改造过程的认知、态度、行为以及最终的改造效果。

自我效能感是罪犯对于自己在改造过程中的行动能达成预期结果的信念，是对基本的应对能力、表现能力和成功能力的估计。

1. 对自身能力的信念。罪犯需要对自己有正确的认识和评价，包括对自己改造能力、学习能力、适应能力等各方面的信心。这种信念是他们积极参与改造活动、努力提升自己的内在动力。当罪犯相信自己有能力改变现状、实现自我价值时，他们的自我效能感就会提高。

2. 对行为结果的预期。罪犯还需要对自己的行为结果有合理的预期。这种预期不仅包括对成功的渴望，也包括对可能遇到的困难和挑战的准备。当罪犯认为自己的行为能够带来积极的结果时，他们会更加积极地投入改造活动。反之，如果他们对行为结果持悲观态度，则可能缺乏动力去改变现状。

3. 成功经验的积累。成功的经验对于提高罪犯的自我效能感至关重要。当罪犯通过努力取得一定的成果时，他们会感受到自己的能力和价值，从而增强自信心和自我效能感。因此，在改造过程中，为罪犯提供成功的机会和平台是非常重要的。

4. 替代性经验的借鉴。除了直接经验外，替代性经验也对罪犯的自我效能感产生影响。当罪犯看到其他类似情况的人通过努力取得成功时，他们会受到激励和鼓舞，认为自己也有可能实现类似的目标。这种替代性经验可以来自其他罪犯或社会上的成功案例。

5. 情绪稳定性和心理控制源。情绪稳定性是指罪犯情绪的波动状况，而心理控制源则是指罪犯对于控制自己改造生活事件的信念。这两个因素也影响罪犯的自我效能感。情绪稳定、能够积极应对压力的罪犯更有可能保持较高的自我效能感；而相信自己能够控制生活事件、具有内控性倾向的罪犯也更容易在改造过程中取得成功。

罪犯的自我效能感包含对自身能力的信念、对行为结果的预期、成功经验的积累、替代性经验的借鉴以及情绪稳定性和心理控制源等核心要素。这些要素相互关联、共同作用，影响着罪犯的改造进程和效果。

（三）自我效能感的影响因素

在罪犯改造过程中，自我效能感是一个关键的心理因素，它受到多种内外因素的影响。

1. 个体因素。罪犯过去的成功或失败经验对自我效能感有重要影响。成功的经验会增强他们的自信心，而失败的经验则可能削弱他们的自我效能感。罪犯如何解释自己行为的成功或失败也会影响他们的自我效能感。如果他们倾向于将成功归因于内部因素（如能力、努力），而将失败归因于外部因素

（如运气、环境），那么他们的自我效能感也可能会更高。相反，如果归因方式偏向负面，自我效能感可能受到打击。一些罪犯的个人特质，如自尊心、自信心、乐观性等，也会影响罪犯的自我效能感。具有高自尊心和自信心的罪犯更可能相信自己有能力改变现状。

2. 环境因素。监狱的改造氛围、管理方式、监狱民警的态度等都会对罪犯的自我效能感产生影响。一个积极、支持性的环境有助于提升罪犯的自我效能感，而冷漠、惩罚性的环境则可能降低他们的自我效能感。来自家人、朋友、狱友等的社会支持也是影响罪犯自我效能感的重要因素。得到他人关心和支持的罪犯更可能感到被接纳和有价值，从而提升自我效能感。监狱提供的改造资源，如教育、培训、心理咨询等，也会影响罪犯的自我效能感。这些资源有助于他们提升能力、增强自信心，从而提高自我效能感。

3. 互动因素。监狱民警的态度、沟通方式等会影响罪犯的自我效能感。积极、尊重的沟通方式有助于提升罪犯的自尊心和自信心，而冷漠、贬低的沟通方式则可能降低他们的自我效能感。狱友之间的关系也会影响罪犯的自我效能感。与积极、乐观的狱友相处有助于提升自我效能感，而与消极、悲观的狱友相处则可能降低自我效能感。

（四）自我效能感的作用

在罪犯改造的复杂过程中，自我效能感作为一种内在的心理力量，发挥着不可替代的作用。它不仅影响着罪犯对自身能力的认知，还直接关系到他们的改造态度、行为模式及最终成果。

1. 提升自我认知。自我效能感首先作用于罪犯的自我认知过程。当罪犯在改造过程中逐渐意识到自己的潜力和能力，通过不断的学习和实践取得进步时，他们的自我效能感会得到显著提升。这种提升促使他们更加客观地看待自己，认识到自己的优点与不足，进而形成更加积极、全面的自我认知。自我认知的提升是改造的基础，它为罪犯树立了正确的自我形象，为后续的改造活动奠定了坚实的心理基础。

2. 培养积极心态。自我效能感与心态密切相关。当罪犯拥有较高的自我效能感时，他们更倾向于以积极、乐观的态度面对改造中的困难和挑战。这种积极心态有助于他们保持良好的情绪状态，增强自信心和动力，从而在改造过程中表现出更强的适应性和韧性。同时，积极心态还能促进罪犯与他人建立良好的人际关系，获得更多的社会支持，进一步巩固和提升他们的自我效能感。

3. 增强行为动力。自我效能感是行为动力的重要来源。当罪犯确信自己能够完成某项改造任务时，他们会更加主动地投入时间和精力去努力实现目标。这种由内而外的行为动力不仅提高了改造的效率和质量，还使罪犯在改造过程中获得了更多的成就感和满足感。行为动力的增强是自我效能感转化为实际行动的关键环节，它推动了罪犯不断向前发展，实现自我超越。

4. 目标设定与实现。自我效能感还影响着罪犯的目标设定和实现过程。拥有较高自我效能感的罪犯能够根据自己的实际情况和能力水平设定合理、明确、可行的改造目标，并通过不断努力逐步实现这些目标。目标设定与实现是自我效能感发挥作用的重要体现，它不仅为罪犯指明了前进的方向，还为他们提供了持续前进的动力和支撑。在目标实现的过程中，罪犯会不断积累成功的经验，进一步巩固和提升他们的自我效能感。

5. 应对挫折能力。在改造过程中，罪犯难免会遇到各种挫折和困难。自我效能感较强的罪犯在面对挫折时能够保持冷静、理智的态度，积极寻找解决问题的办法和途径。他们相信自己有能力克服困难并取得成功，这种信念支撑着他们不断前行、不屈不挠。应对挫折能力是自我效能感在改造中的重要体现之一，它使罪犯在逆境中能够保持坚韧的精神风貌，最终实现改造目标。

6. 自我效能感循环。以上各个方面相互关联、相互促进，共同构成了自我效能感在罪犯改造中的循环机制。自我认知提升促进积极心态的培养；积极心态增强行为动力；行为动力推动目标设定与实现；目标实现积累成功经验；应对挫折能力增强自信心，这些因素共同作用于自我效能感本身，形成一个良性循环的过程。在这个循环过程中，自我效能感不断得到巩固和提升，推动罪犯在改造道路上不断前行、不断进步。

二、罪犯自我效能感的来源

自我效能感，作为个体对自己能否成功完成某一行为的主观判断，其形成和发展受到多种因素的共同影响。

（一）直接经验

罪犯改造过程中，直接经验作为自我效能感的核心来源之一，具有不可替代的重要性。直接经验，即罪犯通过个人努力直接获得的改造成就经验，对于提升他们的自我效能感至关重要。

1. 直接经验的定义与特性。直接经验是指个体通过亲身参与实践活动直接获得的知识、技能和情感体验。在罪犯改造的语境下，直接经验特指罪犯通过积极参与改造项目、遵守监规纪律、努力学习技能等个人努力，所获得的改造自信心和成就感。

直接经验的显著特性。一是亲身性。直接经验是罪犯通过自身行为和实践获得的，具有高度的个人化色彩。二是实践性。直接经验来源于罪犯的实际行动和改造过程，与理论知识相比更具实用性和操作性。三是反馈性。直接经验为罪犯提供了关于自身能力和改造效果的直接反馈，有助于他们准确评估自己的进展和成就。

2. 直接经验在提升自我效能感中的作用：

第一，增强自信心。当罪犯通过个人努力取得改造成就时，他们会获得积极的自我认同和自信心。这种自信心会转化为对未来的积极预期和动力，推动他们继续努力改造自己。

第二，形成正面认知。直接经验有助于罪犯形成对自己能力和潜力的正面认知。他们开始相信自己有能力改变现状，实现自我救赎和重新融入社会。

第三，激励持续努力。成功的改造成就经验会激励罪犯继续保持积极向上的态度和行为模式。他们会看到自己的努力是有回报的，从而更加坚定地投入改造过程中。

第四，提高自我效能感。最重要的是，直接经验直接促进了自我效能感的提升。罪犯通过亲身经历感受到自己的能力和价值，从而更加确信自己能够完成改造任务并实现目标。

（二）替代性经验

罪犯的自我成败经验并不是他们进行自我能力判断的唯一评估标准，他们还可以通过观察他人的行为来对自我效能感进行评估。孔子说："三人行，必有我师焉。择其善者而从之，其不善者而改之。"意思是：三个人同行，其中必定有我的老师。我选择他善的方面向他学习，看到他不善的方面就对照改正自己的缺点。

通过观察榜样的方法而获取的替代性经验，虽然是间接的经验，但对罪犯自我效能感的提升会形成较大的影响。尤其是当罪犯对自己的能力不确定和评价能力的标准较复杂时，间接的替代性经验往往就会成为他们自我效能感判断的重要标准。与自己相似者的成败经验,可以成为自己的镜子,把别人的成败经验投射或复制在自己身上,提高其对自我效能感的觉知。当罪犯了解到与自己能力相似的人获得成功时,能够感受到自己也能成功,其自我效能感就会提升。相反,当他们了解到与自己能力相似的人,虽然付出了巨大的努力,但仍遭受失败时,他们也会感同身受,仿佛自己也同样会遭受失败,自然,他们的自我效能感就会降低。

1. 观察学习。观察学习是替代性经验理论的核心。在罪犯改造过程中,罪犯通过观察他人的行为及其后果来学习。这些"他人"可以是监狱中的正面榜样,如成功完成改造并重新融入社会的罪犯,也可以是监狱民警、教育工作者或志愿者等。罪犯通过观察这些人的行为模式、态度和价值观,逐渐形成自己的认知框架和行为规范。观察学习使罪犯能够在不直接经历后果的情况下,预测并理解新行为的潜在结果,从而降低尝试新行为的风险和成本。

2. 行为模仿。行为模仿是替代性经验理论在罪犯改造中的直接体现。罪犯通过观察他人的行为模式,尤其是那些他们认为值得学习和借鉴的行为,然后尝试在自己的生活中复制这些行为。行为模仿不仅限于简单的行为复制,还包括对行为背后的动机、价值观和态度的理解和内化。通过模仿正面行为,罪犯可以逐渐摒弃不良习惯,培养积极向上的生活方式和价值观。

3. 情境适应性。替代性经验理论还强调了情境适应性的重要性。罪犯在改造过程中面临的情境是复杂多变的,他们需要根据不同情境调整自己的行为策略。通过观察他人在不同情境下的行为表现和应对方式,罪犯可以学习到如何适应不同的环境和社会要求。这种情境适应性的提升有助于罪犯在出狱后更好地融入社会,减少重新犯罪的风险。

4. 社会影响。替代性经验理论还揭示了社会影响在罪犯改造中的重要作用。社会支持、同伴压力、社会认可等外部因素都会对罪犯的观察学习和行为模仿产生影响。正面的社会影响可以激励罪犯积极改造,而负面的社会影响则可能阻碍他们的改造进程。因此,在罪犯改造过程中,应努力营造一个积极向上的社会氛围,为罪犯提供更多的正面榜样和支持力量,以促进他们的改造和回归社会。

(三)语言说服

在罪犯改造期间,民警对罪犯的语言说服是教育改造工作的重要组成部分,对于促进罪犯的思想转变、行为改善以及重新融入社会具有重要意义。

语言说服是指用摆事实讲道理，启发和引导罪犯接受或改变某种观点、信念，明辨是非善恶。

语言说服是教育改造罪犯的一种常用方法，使他们相信自己有能力获得所期望的东西。具体包括民警的暗示、说服性告诫、建议、劝告等。

1. 语言说服的特点：

第一，强调正面教育，劝说时注意讲明道理，以理服人。

第二，注重启发自觉，注意对罪犯进行疏通引导，要让罪犯有充分表达自己意见的机会，做到畅所欲言；要帮助罪犯对问题进行分析，对不正确的认识要帮助罪犯把认识引导到正确的方向上来。

第三，语言说服具有自身的局限性，民警的个人能力水平决定对罪犯进行说服教育的效果。但说服教育与罪犯的切身感受与实践经验相比，对罪犯自我效能感的影响不如前者。并且经由语言说服形成的自我效能感不稳定，容易在面临困境时消失。

2. 明确说服目标。民警在对罪犯进行语言说服前，首先要明确说服的目标。这包括帮助罪犯认识到自己的错误、激发其改造的积极性和动力、引导其树立正确的价值观和人生观等。明确的目标有助于民警在说服过程中保持方向性和针对性。

3. 了解罪犯情况：

第一，个人背景。民警需要全面了解罪犯的个人背景，包括家庭情况、教育背景、工作经历、犯罪原因等。这些信息有助于民警更好地理解罪犯的心理状态和行为动机，从而采取更加有效的说服策略。

第二，思想动员。民警还需密切关注罪犯的思想动态，了解其在改造过程中的困惑、疑虑和情绪波动。这有助于民警及时发现并解决问题，防止罪犯出现消极改造或重新犯罪的情况。

4. 运用说服技巧：

第一，尊重与理解。民警在说服过程中应始终保持对罪犯的尊重和理解。通过倾听罪犯的陈述和诉求，让罪犯感受到被重视和关注，从而建立起良好的沟通基础。

第二，正面引导。民警应运用正面引导的方式，鼓励罪犯积极面对改造生活，树立信心和勇气。通过讲述成功改造的案例和故事，激发罪犯的改造热情和动力。

第三,情感共鸣。民警在说服过程中可以适时地运用情感共鸣的策略,通过分享自己的经历或感受,与罪犯建立情感上的联系和共鸣。这有助于增强说服的感染力和说服力。

第四,理性分析。民警还需运用理性分析的方式,帮助罪犯认清自己的错误和危害,明确改造的必要性和紧迫性。通过摆事实、讲道理,让罪犯从内心深处接受改造的必要性。

4. 注重说服效果:

第一,及时反馈。民警在说服过程中应密切关注罪犯的反应和态度变化,及时给予反馈和指导。通过肯定罪犯的进步和成绩,增强其改造的信心和动力;同时指出存在的问题和不足,引导其及时改正。

第二,持续跟进。民警在说服后还需持续跟进罪犯的改造情况,关注其思想动态和行为表现。通过定期谈话、心理疏导等方式,巩固说服成果并防止问题反弹。

5. 应注意的问题。民警对罪犯进行说服教育时容易出现的通病:

第一,民警重"说"不重"服",反复唠叨,只许洗耳恭听,不许反驳辩解,导致罪犯厌烦,达不到效果,产生教育负效应。

第二,重"大道理",内容空洞,脱离实际,不能与罪犯情绪共鸣。

第三,"一定"要使用罪犯服,不服不休,甚至造成口服心不服。负面的语言说服效果持久,正面的表扬罪犯可能记忆还不算深刻,但羞辱性的语言罪犯可能要记忆一生。例如:让某罪犯相信自己无能等。能让他们降低自我效能感。此外,言语说服的效果还依赖于民警的声望、地位、专长及劝说的内容的可信度。

(四) 生理与情绪状态

罪犯的生理与情绪状态作为内在的心理生理机制,对他们自我效能感的形成和维持起着至关重要的作用。特别是在罪犯改造的情境下,良好的身心状态更是促进罪犯积极面对改造、提升自我效能感的重要因素。

1. 生理状态的影响。生理状态是指罪犯身体机能的运作情况,包括体力、健康状况、睡眠质量等。一个良好的生理状态能够为罪犯提供充足的能量和活力,有助于维持稳定的情绪和心理状态,从而对自我效能感产生积极影响。

第一,体力充沛。体力是罪犯进行改造生活的基础。当罪犯体力充沛时,他们更有可能积极参与改造活动,通过实际行动获得改造成就,进而提升自我效能感。

第二，健康状况良好。身体健康是心理健康的重要保障。当罪犯身体健康状况良好时，他们更能够抵御疾病和疲劳的侵袭，保持积极向上的心态，有利于自我效能感的提升。

第三，睡眠质量高。充足的睡眠有助于恢复体力和精神状态。当罪犯睡眠质量高时，他们醒来后会感到精力充沛、思维敏捷，这有助于他们在改造过程中更好地应对挑战和困难，提升自我效能感。

2. 情绪状态的影响。情绪状态是指罪犯在特定情境下所体验到的情感反应。一个积极的情绪状态能够激发他们的内在动力，促进他们更好地面对挑战和困难；而消极的情绪状态则可能削弱他们的自信心和动力，降低自我效能感。如喜悦、自豪、满足等积极情绪能够增强罪犯的自信心和动力，使他们更加相信自己能够完成改造任务。这种积极情绪会促使罪犯以更加积极的态度投入改造过程，从而提升自我效能感。虽然罪犯在改造过程中可能会遇到挫折和困难，产生焦虑、沮丧等消极情绪，但通过有效的情绪调节和应对策略，如寻求帮助、进行放松训练等，他们可以逐渐克服消极情绪的影响，保持积极向上的心态，有利于自我效能感的提升。

(五) 情境条件

情境条件也是影响自我效能感不可忽视的因素。不同的情境条件对罪犯完成任务的能力和要求不同，从而影响其自我效能感的形成和发展。在支持性、鼓励性的情境中，他们更容易获得积极的反馈和认可，从而提升自我效能感；而在压力大、挑战性强的情境中，罪犯可能会面临更多的困难和挑战，影响其自我效能感的提升。因此，在改造罪犯或培养个体自我效能感的过程中，需要关注并优化情境条件，为他们提供良好的支持和帮助。

情境条件作为影响自我效能感不可忽视的外部因素，其在完成任务、应对挑战以及形成自我认知的过程中扮演着重要角色。不同的情境条件能够显著影响罪犯对自己能力的评估、对任务难度的感知以及完成任务时的心理状态，从而间接或直接地作用于自我效能感的形成和发展。

1. 情境条件的多样性。情境条件具有多样性和复杂性，包括但不限于任务难度、社会支持、反馈机制、环境压力、资源可获取性以及文化背景等。这些因素相互交织，共同构成了一个动态变化的环境系统，对罪犯的自我效能感产生着深远的影响。

2. 任务难度与自我效能感。任务难度是影响自我效能感最直接的情境条件之一。当任务难度适中时，罪犯更容易通过努力取得成功，从而增强自我效能感；而任务过于简单或过于困难时，都可能让罪犯降低自我效能感。过于简单的任务无法激发其成就感，而过于困难的任务则可能让他们感到挫败和无力。

3. 社会支持与自我效能感。社会支持是提升自我效能感的重要外部力量。来自家人、朋友和民警的鼓励、支持和帮助，能够增强罪犯的自信心和动力，使其在面对挑战时更加坚定和自信。社会支持不仅为他们提供了情感上的慰藉，还为其提供了实际上的帮助和资源，有助于其克服困难、完成任务。

4. 反馈机制与自我效能感。反馈机制是调节自我效能感的关键因素。及时、准确、具体的反馈能够让罪犯了解自己的表现如何，从而调整自己的行为和策略。正面的反馈能够增强他们的自我效能感，而负面的反馈则可能降低其自我效能感。因此，建立一个公正、透明、及时的反馈机制对于提升他们的自我效能感至关重要。

5. 环境压力与自我效能感。环境压力是另一个影响自我效能感的情境条件。适度的压力能够激发罪犯的潜能和动力，促进其更好地完成任务；而过度的压力则可能让他们感到焦虑和无助，从而降低自我效能感。因此，在创造任务环境时，需要合理控制压力水平，避免过度压力对他们自我效能感的负面影响。

6. 资源可获取性与自我效能感。资源可获取性也是影响自我效能感的重要因素。当罪犯拥有足够的资源（如时间、知识、技能等）来应对任务时，他们更有可能取得成功并增强自我效能感。相反，资源匮乏可能会让他们感到力不从心、无法应对挑战，从而降低其自我效能感。

7. 文化背景与自我效能感。文化背景作为更宏观的情境条件之一，对罪犯的自我效能感也具有深远影响。不同的文化背景塑造了不同的价值观、信念和行为模式，这些都会影响他们对自己能力的评估和判断。因此，在跨文化情境下提升他们的自我效能感时，需要充分考虑文化背景的差异性和多样性。

三、罪犯自我效能感的功能

自我效能感影响罪犯活动的选择、努力程度、坚持性、归因方式和情绪反应等，从而影响改造任务的完成。与怀疑自己改造能力的罪犯相比，完成一项任务有高自我效能感的那些罪犯更愿意参与学习时会更努力，遇到困难时坚持更久。

（一）影响行为取向与行为任务的选择

在罪犯改造的过程中，自我效能感对行为取向与行为任务的选择具有显著影响。

自我效能感是罪犯对自己能否成功完成某一任务的主观判断或信念。这种信念不仅影响罪犯的思维过程，还直接作用于其行为选择和努力程度。

1. 自我效能感对行为取向的影响。自我效能感高的罪犯更倾向于设定具体、明确且具有一定挑战性的改造目标。他们相信自己有能力通过努力达到这些目标，从而保持积极向上的改造态度。在面对改造任务时，自我效能感强的罪犯会投入更多的时间和精力，因为他们相信自己能够通过持续的努力取得成果。相反，自我效能感低的罪犯可能因缺乏信心而减少努力，甚至放弃尝试。在遇到困难或挫折时，自我效能感高的罪犯更能保持坚韧的精神，他们相信通过坚持和努力可以克服困难，实现自我超越。而自我效能感低的罪犯则容易感到沮丧和绝望，选择放弃。

2. 自我效能感对行为任务选择的影响。自我效能感高的罪犯倾向于选择那些既具有挑战性又符合自己能力水平的任务。他们相信自己能够胜任这些任务，并从中获得成就感。相反，自我效能感低的罪犯则可能选择那些简单、容易完成但缺乏挑战性的任务，以避免失败带来的打击。自我效能感还会影响罪犯对改造任务的偏好。例如，在劳动改造中，自我效能感强的罪犯可能更愿意接受那些需要一定技能和创造力的任务，因为这些任务能够更好地展现他们的能力和价值。而自我效能感低的罪犯则可能更倾向于选择那些重复性高、技能要求低的劳动任务。

（二）影响行为的努力程度与坚持性

自我效能感强的罪犯，会在任务完成中更加投入，花费更多的时间，付出更大的努力，而且面对挑战与挫折，具有坚强的意志力，坚持不懈，努力完成任务。自我效能感低的罪犯，面对任务，怀疑自己的能力，缺乏必要的自信，常常受到紧张、焦虑等消极情绪的困扰，在困难面前会退缩，没有经过努力，就自我放弃，导致失败。

1. 自我效能感对努力程度的影响。自我效能感是罪犯改造动力的源泉之一。当罪犯对自己在改造过程中取得成功充满信心时,他们会更加积极地投入改造活动,努力提升自己的技能和知识水平。相反,如果自我效能感低下,罪犯可能会缺乏改造的动力,表现出消极怠工的态度。高自我效能感的罪犯在面对改造任务时,会投入更多的时间和精力。他们相信通过自己的努力可以完成任务,获得预期的结果,因此会全力以赴地投入改造。而低自我效能感的罪犯可能会因为担心失败或认为自己无法胜任任务而减少努力。在改造过程中,罪犯可能会遇到各种困难和障碍。高自我效能感的罪犯更有信心克服这些障碍,他们相信自己的能力和潜力,会积极寻找解决问题的方法。相反,低自我效能感的罪犯可能会因为缺乏信心而选择逃避或放弃。

2. 自我效能感对坚持性的影响。自我效能感影响着罪犯在改造过程中的持久耐力。高自我效能感的罪犯在面对长期、艰巨的改造任务时,能够保持持久的耐心和毅力,坚持不懈地追求目标。他们相信自己的努力终将得到回报,因此不会轻易放弃。在改造过程中,罪犯可能会遇到挫折和失败。高自我效能感的罪犯能够更好地应对这些挫折和失败,他们会从失败中汲取教训,调整策略,重新出发。而低自我效能感的罪犯则可能因为一次失败而一蹶不振,失去继续改造的信心。高自我效能感的罪犯更倾向于制定长远规划,他们相信自己有能力实现长远目标,并为此制定详细的计划和步骤。这种长远规划有助于他们在改造过程中保持方向感和动力,持续努力向前。

(三) 影响罪犯思维方式和情绪反应

自我效能感在罪犯改造过程中对其思维方式和情绪反应产生着深远的影响。

1. 自我效能感对思维方式的影响。高自我效能感的罪犯往往能够设定更明确、更具挑战性的改造目标,并为此制定详细的规划。他们相信自己的能力和潜力,能够清晰地看到自己在改造过程中的进步和成就。相反,低自我效能感的罪犯可能对目标设定感到迷茫,缺乏明确的规划和方向,容易陷入消极的思维循环中。自我效能感高的罪犯在面对改造中的问题时,更倾向于采取积极的解决策略。他们相信自己有能力找到解决问题的方法,并勇于尝试不同的方案。而低自我效能感的罪犯可能会因为缺乏信心而避免面对问题,或者采取消极的应对策略,如逃避或否认问题的存在。

自我效能感也影响罪犯对成功和失败的归因方式。高自我效能感的罪犯更倾向于将成功归因于自己的能力和努力,将失败视为暂时的挫折和学习的机会。低自我效能感的罪犯则可能更容易将失败归因于外部因素或自己的不足，从而陷入自责和消极的情绪中。

2. 自我效能感对情绪反应的影响。高自我效能感的罪犯通常能够保持更稳定的情绪状态。他们对自己在改造中的表现有信心，能够更好地应对挫折和压力，避免情绪的剧烈波动。低自我效能感的罪犯则更容易受到外界环境的影响，情绪反应较为强烈和不稳定，常常陷入焦虑、沮丧等负面情绪中。高自我效能感的罪犯在改造过程中更容易体验到积极情绪，如成就感、满足感等。这些积极情绪能够激励他们继续努力，保持积极向上的态度。低自我效能感的罪犯则可能缺乏积极情绪体验，对改造过程感到厌倦和疲惫，难以保持持久的动力。自我效能感还影响罪犯的情绪调节能力。高自我效能感的罪犯通常能够更好地调节自己的情绪，通过积极的思维方式和行为策略来应对负面情绪。低自我效能感的罪犯则可能缺乏有效的情绪调节策略，容易被负面情绪所困扰，影响改造效果。

四、罪犯自我效能感的维度

在罪犯改造的情境中，自我效能感作为一个重要的心理因素，其维度可以细分为数量、强度和普遍性。这三个维度共同构成了罪犯对自身改造能力的整体信念和预期。

在罪犯改造过程中，自我效能感的数量、强度和普遍性维度相互关联、相互影响。一个罪犯如果在这三个维度上都表现出较高的水平，那么他就更有可能在改造过程中取得积极的成果。

（一）自我效能感的数量

数量维度指的是罪犯在改造过程中认为自己能够胜任的任务或活动的种类和范围。具体来说，这包括罪犯对自己在不同改造领域（如教育学习、劳动生产、体育活动等）中能力的评估。具有高数量自我效能感的罪犯相信自己能够在多个方面取得成功，他们愿意尝试不同的改造活动和任务，并相信通过努力能够达成目标。相反，数量自我效能感较低的罪犯则可能认为自己在某些方面存在能力限制，缺乏尝试新事物的动力和信心。

高数量自我效能感的罪犯相信自己能够在多个改造领域取得进步。他们不仅关注单一的改造目标，如提高文化素养或学习职业技能，还愿意尝试和投入其他领域的改造活动之中，如参与心理健康课程、体育技能训练等。自我效能感的广泛性使得罪犯能够在改造过程中保持全面的发展。他们不仅关注自己的专业技能提升，还注重个人品质的塑造和社会适应能力的培养，从而在多个方面实现自我完善。面对不同的改造任务和情境，高数量自我效能感的罪犯能够迅速调整自己的心态和策略，以适应新的要求和挑战。他们相信自己有能力克服各种困难和障碍，实现个人改造目标。

（二）自我效能感的强度

强度维度是指罪犯对自己完成特定任务或活动能力的确信程度。这涉及罪犯对自身能力的深入评价和信念的坚定性。具有高强度自我效能感的罪犯对自己的能力有着强烈的信心，他们坚信自己能够克服困难、战胜挑战，并在改造过程中取得显著成果。这种强烈的信念能够激发他们的积极性和努力程度，推动他们不断向前迈进。相反，自我效能感强度较低的罪犯则可能对自己的能力持怀疑态度，缺乏足够的信心去应对改造过程中的挑战和困难。

1. 强度的具体表现。高强度的自我效能感使罪犯对自己在改造过程中的能力和表现持有高度的确信。他们坚信自己能够克服困难、达成目标，并对自己的选择和决策充满自信。这种确信不是短暂的或易变的，而是稳定持久的。即使面对挫折和失败，高强度的自我效能感也能帮助罪犯保持冷静和积极，避免陷入自我怀疑和消极情绪中。高强度的自我效能感能够激发罪犯的积极性和行动力，促使他们采取积极的措施来实现改造目标。他们愿意投入更多的时间和精力去学习和实践，以提升自己的能力和表现。

2. 影响强度的因素。罪犯过去的成功经验和失败教训都会对其自我效能感的强度产生影响。成功经验能够增强自信心和确信度，而失败教训则可能削弱这种确信度。来自监狱民警、家人、朋友等的社会支持也是影响自我效能感强度的重要因素。社会支持能够减轻罪犯的心理压力，增强他们的归属感和自我价值感，从而提升自我效能感的强度。个体的性格特质、心理素质等也会对自我效能感的强度产生影响。例如，乐观、坚韧的罪犯更容易保持高强度的自我效能感。

（三）自我效能感的普遍性

普遍性维度关注的是罪犯的自我效能感是否广泛适用于不同的情境和任务中。具有普遍性自我效能感的罪犯相信自己在各种情境下都能保持较高的能力水平，他们不会因环境或任务的变化而轻易放弃或动摇信心。这种普遍性的信念使得他们在面对不同的挑战时能够保持稳定的心理状态和积极的行动态度。相反，普遍性自我效能感较低的罪犯则可能只在特定情境或任务中表现出较高的自我效能感，而在其他情境下则容易感到无助和沮丧。

1. 普遍性维度的具体表现。具有高普遍性自我效能感的罪犯，在不同改造情境（如学习、劳动、体育活动等）中都能保持较高的自信心和确信度。他们相信自己在各种环境下都能有效应对挑战，实现改造目标。这种普遍性还体现在罪犯能够灵活适应不同类型的改造任务。无论是理论学习、技能培训还是体育活动，他们都能以积极的态度和坚定的信念去面对，并相信自己能够取得良好的成果。高普遍性的自我效能感不是一时的情绪反应，而是一种长期稳定的心理特质。它使罪犯在改造过程中保持持续的动力和热情，即使遇到困难和挫折也能坚持不懈地努力。

2. 影响普遍性的因素。罪犯过去的成功经验和成就能够增强他们对自己能力的普遍信心。这些经历证明了他们在不同情境下都能取得成果，从而提升了自我效能感的普遍性。来自监狱民警、家人、朋友等的社会支持和认可也是影响自我效能感普遍性的重要因素。这些外部因素能够增强罪犯的归属感和自我价值感，使他们更加坚信自己能够在不同领域取得成功。罪犯的心理素质和自我调节能力也对其自我效能感的普遍性产生影响。具有良好心理素质和强大自我调节能力的罪犯更容易保持稳定的自我效能感，即使面对复杂多变的改造环境也能保持冷静和自信。

罪犯改造自我效能感的普遍性维度是一个重要的心理特质，它影响着罪犯在改造过程中的稳定性和适应性。通过提供多样化的改造体验、加强社会支持与互动以及培养心理素质与自我调节能力等措施，可以有效提升罪犯自我效能感的普遍性水平。

第三节 罪犯改造动机的认知因素

罪犯改造动机的认知因素是影响罪犯在服刑期间采取某种改造态度和改造行为的心理起因中的认知层面内容。这些因素主要涉及罪犯的个人需要、目标吸引力、环境刺激以及自身心理倾向等方面的综合作用。

一、认知因素对罪犯改造的作用

认知因素在罪犯改造中扮演着至关重要的角色。认知活动或认知过程，包括信念和信念体系、思维和想象，对罪犯的心理状态、行为模式以及最终的改造效果都有着深远的影响。

（一）认知因素是心理健康的基石

认知健康是心理健康的重要组成部分。罪犯在入狱前往往存在不同程度的认知偏差或扭曲，如自我否定、敌对思维等。通过认知矫正等方法，帮助他们纠正这些错误的认知，可以有效改善其心理状态，减轻焦虑、抑郁等负面情绪。

1. 认知偏差的纠正。许多罪犯在犯罪前或入狱后，往往存在各种认知偏差，如过度概括、绝对化思维、自我中心主义等。这些认知偏差不仅影响了他们的判断力和决策能力，还加剧了他们的心理问题，如焦虑、抑郁、愤怒等。通过教育和心理辅导，帮助罪犯识别并纠正这些认知偏差，可以显著改善他们的心理健康状况。

2. 积极心态的培养。认知因素在塑造人的心态方面起着至关重要的作用。当罪犯能够学会以积极、理性的态度看待自己和周围的世界时，他们更容易保持情绪稳定，减少消极情绪的困扰。这种积极心态的培养是罪犯心理健康的重要组成部分。

3. 自我效能感的提升。自我效能感是个体对自己能够成功完成某项任务的信心。在罪犯改造过程中，通过帮助罪犯设定合理的目标、提供必要的支持和指导，以及鼓励他们积极参与改造活动，可以逐步提升他们的自我效能感。这种自我效能感的提升有助于增强罪犯的自信心和动力，促进他们更好地适应监狱生活并为未来的社会融入做好准备。

4. 促进自我反省。认知转变促使罪犯对自己的行为、思维和情绪进行深入的自我反省。这种自我反省有助于他们认识到自己的错误和不足，并产生改变的意愿和动力。

5. 增强社会适应能力。通过改善认知因素，罪犯可以更好地理解社会规范、价值观和人际关系等方面的内容。这有助于他们在服刑期间培养良好的社会适应能力，并为将来的社会融入打下基础。

（二）认知因素是情绪调节的关键

认知因素直接影响着罪犯的情绪调节能力。当罪犯能够正视自己的问题，以理性的方式看待自己和外界时，他们更能够控制自己的情绪，减少冲动行为的发生。

1. 认知与情绪调节的关系。罪犯的认知过程直接影响其情绪体验。罪犯在改造过程中，如果能够形成正确的认知，如认识到自己行为的错误性、理解社会规范的重要性等，那么他们的情绪状态也会相应得到改善，从而更加平静、理智地面对改造生活。通过帮助罪犯识别和改变不合理的认知模式，教会他们运用积极的认知策略来调节情绪。例如，当遇到挫折或困难时，能够理性分析原因，寻找解决方案，而不是陷入消极情绪中无法自拔。

2. 认知转变对情绪调节的促进作用。通过认知转变，罪犯可以学会更好地管理自己的情绪。他们能够识别自己的情绪状态，并采取合适的方式进行调节，如通过深呼吸、放松训练等方法来缓解紧张、焦虑等负面情绪。认知因素的改善有助于减少罪犯的冲动行为。当他们在面对诱惑或压力时，能够运用理性思维来评估后果、权衡利弊，从而避免因为一时冲动而做出错误的选择。

（三）认知改变行为动机

认知转变能够促使罪犯重新审视自己的行为动机和价值观。通过教育、心理辅导等手段，帮助他们认识到自己行为的危害性，从而激发其改变行为的内在动力。

在罪犯改造的复杂过程中，认知的转变不仅是心理健康的基石，更是行为动机发生根本性变化的关键驱动力。

1. 内在需要驱动。罪犯在改造过程中，随着对自我认知的深入和错误观念的纠正，会逐渐意识到自我实现的重要性。他们开始渴望通过积极的改造行为来证明自己的价值，获得社会的认可和尊重。这种内在需要的驱动，促使罪犯主动寻求改变，将外在的改造要求内化为自我提升的动力。

认知的改善还帮助罪犯更好地理解和处理情感问题。他们学会以更加健康、成熟的方式表达情感，寻求情感支持。这种情感需要的满足，不仅增强了他们的心理韧性，也促使他们更加积极地参与改造活动，以赢得他人的理解和关怀。

2. 外界压力影响。外界的法律和制度约束是罪犯改造不可忽视的重要因素。当罪犯意识到自己的行为将受到法律的制裁和社会的谴责时，他们会产生强烈的逃避惩罚、减轻罪责的动机。这种外界压力促使他们通过认知改变来调整自己的行为模式，以符合社会规范。

社会期望和家庭期望也是影响罪犯行为动机的重要外界压力。当罪犯感受到来自家人、朋友和社会的期待时，他们会努力通过认知改变来重塑自我形象，以赢得他人的信任和尊重。这种期望的满足成为他们改造行为的重要动力。

3. 改造目标吸引。在改造过程中，为罪犯设定明确、可行的改造目标至关重要。这些目标不仅为罪犯指明了努力的方向，还激发了他们追求目标的强烈动机。通过认知改变，罪犯能够更清晰地认识到这些目标的价值和意义，从而更加积极地投入到造活动中。

建立有效的奖励与激励机制也是吸引罪犯改变行为动机的重要手段。当罪犯通过认知改变和积极改造获得奖励和认可时，他们会感受到成功的喜悦和满足感，这种正向反馈将进一步强化他们的改造动机。

4. 环境与氛围。良好的改造环境对罪犯的行为动机具有重要影响。通过优化改造环境、提供丰富多样的改造活动和教育资源，可以为罪犯创造一个积极向上的改造氛围。这种氛围有助于激发罪犯的改造热情、增强他们的归属感和责任感。

狱友效应和榜样力量也是不可忽视的环境因素。当罪犯看到身边的狱友同伴通过认知改变和积极改造取得了显著进步时，他们会受到激励和鼓舞，从而更加努力地追求自己的改造目标。这种同伴间的相互影响和激励作用对于促进罪犯的整体改造效果具有重要意义。

（四）认知促进行为重塑

在认知因素的作用下，罪犯可以学会以更加积极、建设性的方式应对生活中的挑战和困难。这有助于他们在服刑期间养成良好的行为习惯，并为将来的社会适应打下坚实基础。

罪犯改造是一个复杂而系统的过程，其核心在于通过认知的转变来促进行为的重塑。

1. 认知转变是改造行为重塑的前提。在罪犯改造中，认知转变是指罪犯对自己犯罪行为的认识和态度的根本性改变。这种改变不仅仅是表面上的认识，而是深入骨髓、触及灵魂的悔悟。

当罪犯真正认识到自己的错误，并产生悔过之心时，他们的内心世界会发生深刻的变化。他们开始反思自己的行为，理解其危害性和不道德性，从而愿意承担责任，积极寻求改变。这种认知上的转变，为罪犯重塑改造行为提供了重要的心理基础。

在此基础上，罪犯开始尝试改变自己的行为模式，学习新的技能和价值观，以适应监狱环境，并为未来的回归社会做准备。他们可能积极参与改造活动，接受教育和培训，努力提升自己的综合素质。

可以说，认知转变是改造行为重塑的前提和基础。没有认知上的转变，罪犯就难以产生真正的改变动力，也就无法实现改造行为的重塑。所以，在罪犯改造过程中，民警应该注重引导和教育罪犯进行认知转变，帮助他们认识到自己的错误，产生悔过之心，从而为实现改造行为重塑奠定坚实的基础。

2. 认知转变促进积极改造态度的形成。当罪犯经历认知转变，即从否认、逃避或合理化自己的犯罪行为转变为深刻反思和真诚悔悟时，他们的内心世界会发生显著的变化。这种变化不仅体现在他们对犯罪行为的认知上，更体现在他们对未来和自我价值的重新定位上。

随着认知的转变，罪犯开始更加珍视自己的机会和未来。他们意识到，每一次的改造活动都是自我提升和改变的机会，每一次的努力都是向更好生活迈进的步伐。这种珍视机会的态度促使他们更加积极地参与到改造活动中，无论是学习新技能、参加心理辅导，还是参与劳动生产，他们都表现出前所未有的热情和投入。

同时，积极态度的形成还体现在罪犯对改造过程的坚定信念上。他们开始相信，通过不懈的努力和持续的改变，自己有可能摆脱过去的阴影，重新获得社会的认可和尊重。这种信念为他们提供了强大的精神动力，使他们在面对困难和挑战时能够保持高昂的斗志和坚定的决心。

积极态度的形成对罪犯的改造效果产生了深远的影响。首先，它提高了罪犯的参与度和投入度，使他们更加主动地参与到改造活动中，从而获得了更多的学习和成长机会。其次，积极态度有助于罪犯在面对挫折和困难时保持坚韧的精神，使他们能够坚持下来，继续向前迈进。最后，积极态度还促进了罪犯的自我反思和自我管理能力的提升，使他们能够更加理性地看待自己的问题，并找到解决问题的有效方法。

3. 认知转变推动改造行为的改变。当罪犯经历认知转变，即从对自己犯罪行为的否认、逃避或合理化转变为深刻反思和真诚悔悟时，这种内在的认知变化会直接影响他们的外在行为。他们开始意识到自己的犯罪行为不仅伤害了自己，更对他人和社会造成了无法弥补的损害。这种认识促使他们产生强烈的责任感和内疚感，从而驱使他们努力改正自己的行为。

认知转变后，罪犯会开始深入反思自己的行为。他们会仔细审视自己的过去，分析犯罪行为的根源和动机，以及这些行为给自己、家庭和社会带来的后果。这种反思不仅有助于他们更清晰地认识自己，更使他们明白改正行为的必要性和紧迫性。

在反思的基础上，罪犯会开始努力改正自己的行为。他们可能会主动寻求帮助，如参加心理辅导、技能培训等，以提升自己的自我控制能力和道德水平。同时，他们也会更加积极地参与改造活动，如劳动生产、社会服务等，以实际行动证明自己的改变。

随着反思和改正的深入进行，罪犯会逐渐摆脱过去的恶习和不良行为。他们开始学会控制自己的情绪和冲动，不再被过去的犯罪心理所左右。同时，他们也会努力培养新的、积极的改造行为，如遵守监规、尊重他人、积极参与集体活动等。这些新行为的形成不仅有助于他们在监狱内建立良好的人际关系，更为他们未来的回归社会打下了坚实的基础。

认知转变不仅影响罪犯的态度，还直接推动他们改造行为的改变。当罪犯认识到自己的犯罪行为对他人和社会造成的伤害时，他们会开始反思自己的行为，并努力改正。这种反思和改正的过程有助于罪犯逐渐摆脱过去的恶习和不良行为，形成新的、积极的改造行为。

二、期望价值与罪犯改造动机

期望价值理论，是动机心理学最有影响的理论之一。该理论认为个体完成各种任务的动机是由他对这一任务成功可能性的期待及对这一任务所赋予的价值决定的。个体自认为达到目标的可能性越大，从这一目标中获取的激励值就越大，个体完成这一任务的动机也越强。

期望价值理论的基本观点是：动机行为是由个体的需要与环境中获得的目标价值共同引起的；行为发生的概率不仅取决于目标对个体的价值，还取决于个体对目标的期望。

期望价值与罪犯改造动机之间存在着密切的关系。期望价值理论是动机心理学的重要理论之一，它强调个体完成任务的动机受到对该任务成功可能性的期待以及对任务所赋予的价值的影响。在罪犯改造的情境中，这一理论同样适用，并且对于理解罪犯的改造动机和行为具有指导意义。

（一）期望价值激发改造动力

当罪犯对改造中的生活或结果抱有较高的期望价值时，他们会更加积极地投入改造活动。这种期望价值成为他们改造行为的重要驱动力。例如，罪犯可能期望通过改造获得减刑、假释等机会，从而提前回归社会，与家人团聚。这种对自由生活的渴望和对家庭责任的认知，会促使他们努力改造自己。

1. 期望价值理论的基本框架。期望价值理论指出，个体在完成某项任务时的动机强度取决于两个关键因素：期望值（对成功可能性的预期）和效价（任务目标对满足个体需要的价值）。只有当个体认为某项任务有可能成功，并且该任务对他们具有足够的价值时，他们才会产生强烈的动机去完成任务。

2. 期望价值理论在罪犯改造中的应用。根据罪犯的个体特点和改造需求，设定具有挑战性和可行性的改造目标。这些目标应该明确、具体，并且与罪犯的个人需求和期望相匹配。通过教育和培训，提高罪犯对改造目标的认知和理解，使他们相信通过努力可以实现目标。提供成功的案例和榜样，让罪犯看到改造的积极成果和可能性。明确改造目标对罪犯个人成长、家庭关系、社会关系等方面的积极影响。通过亲情激励、社会支持等方式，增强罪犯对改造目标的内在动力。根据罪犯的改造表现，给予相应的物质奖励、处遇奖励或精神鼓励。这些奖励应该与改造目标紧密相连，以激发罪犯的持续努力。

3. 期望价值理论激发罪犯改造动力。通过提升期望值和强化效价，罪犯对改造目标的认同感和归属感得到增强。他们更加愿意参与到改造活动中来，并表现出更高的积极性和主动性。明确的改造目标和激励机制促使罪犯更加专注于改造任务。他们能够更有效地利用时间和资源，提高改造效率和质量。

（二）期望价值影响罪犯行为的选择

罪犯在改造过程中会面临多种行为选择。期望价值的高低会影响他们选择何种行为来达成改造目标。如果罪犯认为某种行为能够更有效地提高他们的期望价值（如积极参加劳动、学习技能等），他们就会更倾向于选择这种行为。反之，如果他们认为某种行为对期望价值的提升作用不大或甚至可能降低期望价值（如违规违纪、抗拒改造等），他们就会避免这种行为。

1. 期望价值的构成。期望值是指罪犯对某一行为成功可能性的主观评估。这通常基于过去的经验、当前的环境信息以及对未来结果的预测。

价值是指罪犯对某一行为结果的主观评价。这包括行为可能带来的直接利益（如金钱、物质、地位、认可等）以及间接利益（如避免惩罚、减轻内疚感、提高自尊心等）。

2. 期望价值对罪犯行为选择的影响。

第一，权衡利弊。罪犯在决定采取行动之前，会权衡行为的期望收益与潜在成本。如果期望收益高于成本，他们更可能选择实施该行为。例如，如果一个罪犯认为通过犯罪可以获得大量金钱且被抓的风险较低，他可能会选择实施犯罪行为。

第二，风险规避。当期望收益不确定或风险较高时，罪犯可能会倾向于选择风险较小的行为。例如，如果罪犯意识到犯罪行为的惩罚越来越严厉，他们可能会减少犯罪活动，转而寻求其他风险较低但收益相对稳定的途径。

第三，行为适应。随着时间的推移，罪犯可能会根据行为的期望收益调整自己的行为模式。如果某一行为在一段时间内持续带来正面收益，罪犯可能会继续这种行为；如果收益减少或风险增加，他们可能会改变策略。

3. 期望价值理论的实践应用。第一，改造目标的激励。在罪犯改造中，首先需为罪犯设定合理的期望。这些期望应基于罪犯的个人特点、犯罪原因及改造能力，确保既具有挑战性又可实现。通过个别谈话、心理评估等手段，了解罪犯的改造需求和动机，共同制定改造计划和期望目标，增强其改造的主动性和责任感。

改造目标的设定需具备明确的激励性。这包括将改造目标细化为具体、可量化的小目标，以及为达成这些目标设定合理的奖励机制。奖励可以是物质奖励（如减刑、加分）、精神奖励（如表扬、荣誉）或社会支持（如家庭探访、就业推荐）。这些激励措施旨在提升罪犯对改造目标的期望值和达成目标的动力。

第二，期待与行为相关。根据期望价值理论，个体对行为的期待影响其行动选择。在罪犯改造中，通过教育和心理辅导，使罪犯认识到改造行为的正面效果，如提升个人素质、改善人际关系、增强社会适应能力等，从而增强他们对改造行为的期待和参与度。

罪犯的抱负水平指他们对自身能力的认知和改造目标的期望。在改造过程中，需关注罪犯的抱负水平，鼓励其设定合理且富有挑战性的目标，同时提供必要的支持和资源，帮助其逐步实现目标，提升自信心和自尊心。

第三，期待强化。期待强化是指通过增强罪犯对改造结果的期待，提高其改造动力的方法。在改造过程中，可以运用成功案例分享、改造成果展示等方式,增强罪犯对改造成果的期待和信心。同时,通过设立阶段性目标和奖励,使罪犯在改造过程中不断获得正向反馈,进一步激发其改造动力。

第四,改造中的情感激励。情感激励在罪犯改造中发挥着重要作用。通过关心罪犯的内心世界,了解其情感需求,提供情感支持和安慰,增强罪犯对改造过程的认同感和归属感。同时,通过组织集体活动、建立互助小组等方式,促进罪犯之间的情感交流和相互支持,营造积极向上的改造氛围。

(三) 成功可能性的期待

罪犯在改造过程中,会对改造成果的可能性有一定的期待。这种期待可能来自管教干部的反馈、其他罪犯的成功案例、自身努力程度的评估等因素。当罪犯认为取得改造成果的可能性较高时,他们会更加积极地投入改造活动,以期实现自己的目标。

罪犯改造期望价值与成果可能性的期待是紧密相连的,两者共同构成了罪犯改造过程中的重要动力因素。

1. 罪犯改造期望价值的影响。高期望价值能够激发罪犯的改造动力,使他们更加积极地投入改造活动,努力提升自己的改造表现。罪犯会根据自己的期望价值来评估不同的行为选择,选择那些有助于实现期望目标的行为,避免那些可能阻碍目标实现的行为。期望价值的高低还会影响罪犯的心理状态。高期望价值的罪犯往往更加乐观、自信,能够更好地应对改造过程中的挑战和困难。

2. 成果可能性的期待与影响因素。成果可能性的期待是指罪犯对自己通过改造实现特定目标(如减刑、假释、重新融入社会等)的可能性的评估。

罪犯的年龄、文化程度、犯罪类型、改造态度等个人因素会影响他们对成果可能性的期待。例如,文化程度较高的罪犯可能更容易理解和接受改造内容,从而提高对成功可能性的期待。监狱的改造条件、管理水平、社会支持等环境因素也会对成果可能性的期待产生影响。良好的改造环境和丰富的社会支持网络有助于提高罪犯对成果可能性的期待。国家的法律政策、减刑假释制度等也会对成果可能性的期待产生影响。政策的稳定性和透明度能够增强罪犯对改造结果的信心。

三、交互作用与罪犯改造

罪犯的行为动机在行为、行为人与环境的相互作用、相互影响中被激发并发挥作用,他们的行为会受到期望的影响,而期望也会因行为发生变化而有所改变。环境会影响行为与期望,同时也会被行为与期望所改变。例如:某监区罪犯中练习书法的人较多,但练习书法会占用罪犯的学习时间,同时会影响监舍的内务卫生,因此,监区限制罪犯在监舍内练习书法。经过罪犯的要求,监区决定罪犯学习室每天专门固定时间向练习书法的罪犯开放,集中管理。起初是环境影响了行为与期望,随后是环境又被行为和期望所改变。

罪犯的行为动机在行为、行为人与环境的相互作用、相互影响中确实被激发并发挥着重要作用。

(一) 行为动机的激发与作用

1. 罪犯改造行为动机的激发。罪犯改造行为动机是指罪犯在服刑期间产生某种改造态度和改造行为的内部心理起因。其激发主要受到以下因素的影响:

第一,内在需要。罪犯对自由和前途的向往,道德和良知的复萌,是其产生改造行为的重要内在动力。当罪犯意识到自己的犯罪行为给社会、家庭和个人带来的伤害,并渴望改变现状、重新做人时,就会形成强烈的改造需要。

第二,外界压力。监狱环境、监规纪律、法律制裁等外界因素,对罪犯的改造行为产生一定的压力。这种压力迫使罪犯不得不调整自己的行为,以适应监狱生活,避免受到更严厉的惩罚。

第三,改造目标的吸引力。明确、具体的改造目标,如减刑、假释、获得职业技能等,对罪犯具有强大的吸引力。这些目标成为罪犯努力改造、积极向上的动力源泉。

第四,教育与引导。通过法律知识普及、道德教育、心理疏导等方式,使罪犯认识到自己的罪行和法律责任,激发其内心的悔罪感和责任感。同时,通过成功案例的分享和生涯规划的引导,帮助罪犯看到未来的希望,增强改造的信心和决心。

2. 罪犯改造行为动机的作用。第一,引发改造行为。罪犯改造行为动机是推动其采取改造行动的内部力量。当罪犯具备强烈的改造动机时,就会积极主动地参与改造活动,如接受教育改造、参加劳动改造等。

第二,定向选择改造方式。罪犯改造行为动机决定了其选择何种改造方式。不同的罪犯具有不同的改造动机,因此他们会根据自己的需要和情况,选择适合自己的改造方式。例如，有的罪犯更注重学习法律知识，有的则更注重提升职业技能。

第三，维持和增强改造动力。罪犯改造行为动机在改造过程中起着维持和增强动力的作用。当罪犯遇到困难和挫折时，强烈的改造动机可以激发其内在的毅力和勇气，帮助其克服困难，继续前进。

第四，促进改造效果的实现。罪犯改造行为动机的最终目的是实现改造效果。通过激发罪犯的改造动机，可以促使其积极改变自己的行为模式，提高思想觉悟和道德水平，最终实现从思想上、行动上真正脱胎换骨的转变。

(二) 行为与期望的相互作用

罪犯改造行为与期望之间存在着密切的相互作用关系，这种关系在罪犯的改造过程中发挥着重要作用。

1. 期望对改造行为的引导作用。罪犯在改造过程中，通常会设定一些具体的改造目标，如获得减刑、假释或学习新技能等。这些目标作为他们的期望，为改造行为提供了明确的方向和动力。期望能够激发罪犯的改造积极性，促使他们采取积极的改造行为。当罪犯意识到自己的改造行为有助于实现期望时，他们会更加努力地投入改造活动。在改造过程中，期望还可以为罪犯提供持续的动力和支持。当遇到困难和挑战时，期望可以激励罪犯坚持不懈地努力，克服各种障碍，最终实现改造目标。

2. 改造行为对期望的反馈作用。罪犯的改造行为会不断产生反馈结果，这些结果会影响他们的期望。如果改造行为取得了积极成果，如获得表扬或减刑机会，罪犯的期望可能会变得更加明确和具体；反之，如果改造行为效果不佳或遭遇挫折，罪犯的期望可能会发生变化或调整。当罪犯通过积极的改造行为实现了一些阶段性目标时，他们的自信心和改造动力会得到增强。这种增强会进一步激发他们的期望，使他们更加坚定地追求更高的改造目标。如果罪犯的改造行为长期没有取得明显成效或遇到严重挫折，他们的期望可能会逐渐弱化甚至消失。这种情况下，罪犯可能会变得消极、沮丧甚至放弃改造。

3. 相互作用的综合影响。当期望与罪犯改造行为形成良性循环时，可以极大地促进罪犯的改造进程。期望为改造行为提供方向和动力，而改造行为则通过反馈结果不断调整和优化期望，使罪犯能够持续、稳定地推进改造工作。在改造过程中，罪犯可能会遇到各种挑战和困难。此时，期望与改造行为的相互作用可以帮助他们更好地应对这些挑战和困难。通过调整期望、增强动力或采取新的改造策略等方式，罪犯可以保持积极的心态和坚定的信念，不断克服各种障碍并取得改造成果。期望与改造行为的相互作用将直接影响罪犯的改造效果。如果这种相互作用是积极的、良性的，那么罪犯的改造效果就会更加显著；反之，如果这种相互作用是消极的、恶性的，那么罪犯的改造效果就会受到严重影响甚至失败。

（三）环境对行为与期望的影响

环境对罪犯改造行为与期望的影响是多方面的，涉及物质环境、人际环境、文化环境以及制度环境等多个层面。

1. 物质环境。物质环境是罪犯改造活动的基础条件，包括监狱的建筑布局、住宿和生产条件、食品和医疗设施等。良好的住宿和生产条件有助于保持罪犯的身体健康，减少疾病和伤害的发生，从而提高他们参与改造活动的积极性和效果。反之，恶劣的环境则可能使罪犯感到沮丧和绝望，降低改造意愿。

充足的营养和及时的医疗服务是保障罪犯健康的重要措施。这不仅能够满足罪犯的基本生理需要，还能够增强他们的体质和抵抗力，为改造活动提供有力支持。

2. 人际环境。人际环境对罪犯的改造行为和期望具有重要影响。监狱民警作为监狱的管理者，他们的言行举止、工作态度和专业素养都会对罪犯产生深远影响。高素质的狱警能够提供专业的帮助和支持，缓解罪犯面对生活困难和思想困惑时的压力，激发他们的改造动机和期望。

在监狱中，罪犯之间会形成一定的圈子和社交群体。这些圈子可能会对他们的行为和思想产生积极或消极的影响。如果罪犯之间能够和睦相处、相互帮助，那么他们的改造行为和期望就会受到正面的激励和强化；反之，如果罪犯之间关系紧张、相互敌视，那么他们的改造效果就会大打折扣。

3. 文化环境。文化环境是罪犯改造过程中不可忽视的重要因素。通过教育和培训活动，可以帮助罪犯增长知识、提升技能，增强社会适应能力，从而为他们未来的重新融入社会打下坚实基础。这种积极的文化氛围能够激发罪犯的改造热情和期望，使他们更加积极地投入改造活动。监狱还可以通过开展各种文化活动来丰富罪犯的精神生活，如阅读、音乐、体育等。这些活动有助于陶冶罪犯的情操、美化其心灵，引导他们形成积极向上的价值观和人生观。

4. 制度环境。制度环境是保障罪犯改造活动顺利进行的重要保障。法律法规是监狱管理的基本依据，也是罪犯改造行为的底线和约束。通过严格执行法律法规，可以维护监狱的秩序和安全，为罪犯的改造提供稳定的环境和条件。合理的监管机制能够对罪犯的改造行为进行监督和评估，及时发现并纠正问题，确保改造活动的有效性和针对性。同时，通过激励机制和奖惩制度等手段，可以进一步激发罪犯的改造动力和期望。

四、认知一致性与罪犯改造

弗得兹·海德的平衡论是最早的一种认知一致论。在罪犯改造过程中，首先要识别罪犯内心的认知不平衡状态。这通常表现为罪犯对自我、他人和改造环境（如监规纪律、劳动任务）之间的不一致态度。监狱民警可以通过观察罪犯的行为表现、言谈举止以及心理测试等方式，来识别其内心的认知不平衡状态。一旦识别出罪犯的认知不平衡状态，民警应采取措施来促进其平衡状态的形成。

认知一致性理论在心理学中占据重要地位，它强调个体内部认知结构的一致性对于行为和态度的影响。在罪犯改造的语境下，促进罪犯的认知一致性不仅是理解其行为模式的关键，也是制定有效改造策略的重要基础。

（一）罪犯认知一致性概念

认知一致性理论主张认知结构在行为动机中的重要性时，强调行为人态度、信念、思想和行为之间的不一致会导致紧张状态，这种紧张状态会产生减少或者消除这种不一致的动机。

1. 罪犯认知一致性的定义。罪犯认知一致性是指罪犯内部各种认知成分（如信念、态度、价值观等）之间保持协调一致的状态。当罪犯的认知不一致时，会产生认知失调，进而驱使他们采取行动以减少或消除这种失调感。在罪犯改造中，促进罪犯的认知一致性，意味着要帮助他们调整和整合自己的思想、情感和行为，使之与社会的法律法规、道德规范相契合。

2. 罪犯认知一致性的心理特征。罪犯一般来说喜欢或倾向于他们对人物、事物、目标的感受、认知达到平衡、协调与一致，达到一致时往往会心情比较舒适，对自己的感觉良好，自我效能感较强；他们也时刻受到认知力量驱使去寻求认知的一致性、连续性的有意义认知。罪犯会选择接近与自己观点相同的人或者言论,这会使他们获得安全感和群体中的认同感。他们往往选择与自己相似的人做朋友,即相似的人往往也相互喜欢,不相似的人也成不了朋友,即所谓"物以类聚,人以群分"。

3. 认知的平衡性。罪犯在改造中的心理处在平衡状态,如果一旦出现自我认知矛盾,则会打破这种心理平衡状态,使他们感到不快、压抑或紧张;为了保持自己心理的平衡需要,在紧张情绪的驱使下,动机目的会促使他们做出一定行为或认知上的调整,使自我认知保持一致,重新恢复心理平衡。罪犯的改造认知过程是一个由平衡到不平衡再到平衡的动态过程。这个动态过程,就是罪犯认知逐渐改变的过程,也是其思想发生变化的过程。因此,民警在改造教育罪犯中,也应该适时打破他们旧的自我认知的平衡,建立新的自我认知平衡。

罪犯在建立改造动机时,旧的、错误的认知尚存,新的正确的认知尚未建立,罪犯正确的内部积极价值观、态度、道德原则、法治观念等认知与消极价值观、态度、自私自利性、损人利己、及时快乐追求等错误认知之间的冲突、对抗性难以调和。如果两者对抗过于强烈,他们的主体认知无法调和达到一致,往往会伴随着激烈的改造动机与反改造动机的斗争,或遏制或增强改造动机的出现。

4. 认知理论的运用。在罪犯改造过程中,罪犯改造动机一致性理论的运用是改变或调整认知对策的重要方面。通过有计划地改变他们的某些消极认知,如对犯罪行为的态度、对及时快乐的态度,增加与已有认知之间的矛盾,触动其内心的不平衡,或者减少其与已有犯罪性认知相协调的认知。例如:犯罪是社会造成的等,打破他们内心已经存在的错误认知的平衡性与合理性,加强其内心认知的紧张、失调与不平衡感,促进其自我改恶从善的内在动力。

(二)价值观重塑

在罪犯改造过程中,首要任务是帮助罪犯重塑正确的价值观。通过引导罪犯反思自己的犯罪行为及其对社会和家庭的伤害,使其认识到错误的根源和后果。同时,通过正面引导和榜样示范,激发罪犯对美好生活的向往和追求,从而形成积极向上的价值观。这一过程中,认知一致性的建立起到了关键作用,帮助罪犯在内心深处形成稳定且一致的价值观体系。

1. 认知一致性构建。第一,认知失调的识别。罪犯在犯罪前后往往存在认知失调现象,即其认知体系中的某些观念、信念与行为之间存在矛盾或冲突。这种失调可能源于对犯罪行为的错误认知、对法律和社会规范的忽视或误解,以及个人价值观与社会主流价值观的冲突等。改造工作首先需要识别这些认知失调点。民警应与罪犯进行深入的交流和沟通,了解其思想动态和内心矛盾。通过倾听罪犯的陈述和表达,可以发现其认知体系中存在的矛盾和不一致之处。运用心理学量表和评估工具对罪犯进行心理评估,以客观、量化的方式揭示其认知失调的程度和类型。这有助于更准确地识别罪犯的内心世界和矛盾所在。通过观察罪犯的行为表现,可以间接地反映其认知状态。例如,罪犯可能表现出焦虑、抑郁、攻击性等行为特征,这些行为往往与其认知失调有关。

第二,自我认知的引导是罪犯改造过程中的关键环节,它旨在帮助罪犯全面、深入地认识自己的犯罪行为及其后果,进而产生悔过之心,并通过积极的自我认知调整,重塑正确的自我形象和自我价值感。通过讲解国家法律法规、道德规范等,帮助罪犯理解并认同社会的核心价值观和法治精神。强调犯罪行为对个人、家庭和社会的负面影响,激发罪犯的爱国情怀和社会责任感。引导罪犯反思自己的犯罪行为及其背后的认知模式,识别并纠正歪曲的思维和信念。鼓励罪犯接纳自己的过去和现状,认识到每个人都有犯错和成长的机会。

第三,正面信息的输入。向罪犯提供大量的正面信息,包括法律法规、道德伦理、社会规范等方面的知识,以及成功改造的案例和正面的社会现象。这些信息有助于罪犯形成对社会的正确认识,增强改造的动力和信心。

2. 价值观重塑路径。第一,道德观念的培养。道德观念是价值观的重要组成部分。通过道德教育、伦理讲座等形式,向罪犯传授基本的道德规范和伦理原则,引导他们树立正确的道德观念,培养道德情感和道德意志。

第二,法律意识的增强。法律意识是价值观的重要内容之一。通过法律知识教育、模拟法庭等方式,增强罪犯的法律意识,使他们明确自己的权利和义务,认识到遵守法律的重要性。

第三,社会责任感的培养。社会责任感是价值观重塑的重要目标之一。通过参与社区服务、公益劳动等活动,使罪犯感受到自己作为社会一员的责任和使命,培养他们的社会责任感和集体荣誉感。

(三) 行为模式调整

罪犯改造是社会治理的重要组成部分,其核心在于通过一系列科学、系统的方法,引导罪犯实现认知上的转变与行为上的改善,最终促使其成功回归社会。

1. 认知一致性建立。罪犯在犯罪前后往往存在认知偏差,包括错误的价值观、扭曲的是非观等。因此,首先需要通过系统教育、心理咨询、认知疗法等手段,帮助罪犯认识到自己的认知误区,并引导其进行认知重构,树立正确的世界观、人生观和价值观。在认知重构的基础上,进一步引导罪犯提升自我认知能力,包括自我反省、自我评价和自我调节等。通过不断反思自己的犯罪行为及其原因,使罪犯能够更清晰地认识自己,增强自我改变的动力。认知一致性的建立最终要体现在认知与行为的统一上。通过教育引导、实践锻炼等方式,使罪犯的认知转变能够转化为实际的行为改变,形成知行合一的良好习惯。

2. 行为模式调整。对罪犯进行系统的行为规范教育,包括法律法规、监狱规章制度以及社会道德规范等方面的内容。通过教育使罪犯明确哪些行为是合法的、哪些行为是违法的,以及如何在社会中正确行事。针对罪犯的具体行为问题,制定个性化的行为矫正训练计划。通过模拟训练、角色扮演等方式,帮助罪犯掌握正确的行为方式,逐步纠正不良行为习惯。行为习惯的养成是一个长期的过程。在改造过程中,要注重培养罪犯的自律意识和自我管理能力,使其能够自觉地遵守行为规范,形成良好的行为习惯。

第四节 罪犯改造中的自我决定

在罪犯改造生活中,自我决定是推动罪犯不断前进、实现积极改造,早日回归社会的关键动力。监狱民警掌握有效的自我决定及激发策略,能够帮助罪犯更加清晰地认识自己,设定明确的目标,并以积极的姿态应对挑战,最终实现改恶从善,成为新人。

一、罪犯自我决定的性质

自我决定的核心在于自主性,即罪犯能够根据自己的意愿、兴趣和能力来选择和决定自己的行为。这种自主性不是被迫的、服从他人的,而是基于他们自身的判断和选择。在自我决定的过程中，罪犯体验到行动的自主性和选择性，从而更加积极地投入改造活动。

（一）罪犯改造中的自主性

罪犯改造自我决定的自主性是罪犯在改造过程中一个至关重要的方面，它体现了罪犯在认识到自身错误并寻求改变的过程中，能够主动、自觉地决定自己的改造方向、方法和步骤。

1. 自主性的定义。在罪犯改造的语境中，自主性可以被定义为罪犯在改造过程中所表现出的自我决定、自我管理和自我发展的能力。这种自主性并非绝对，而是在现代法治条件下，罪犯在接受强制改造的同时，所享有的一定程度的自我选择和自我控制的权利。

2. 罪犯改造自主性的具体表现。第一，自我决定。罪犯在改造过程中，能够根据自己的实际情况和改造需求，选择适合自己的改造方式和路径。罪犯可以对自己的改造目标进行设定，并在改造过程中不断调整和优化这些目标。

第二，自我管理。罪犯在改造过程中，需要对自己的行为、情绪和时间进行自我管理，以确保改造活动的顺利进行。罪犯需要学会如何与他人合作，如何遵守监规纪律，以及如何维护自己的合法权益。

第三，自我发展。罪犯在改造过程中，需要不断提升自己的文化素养、职业技能和道德水平，以实现自我发展和自我提升。罪犯需要积极参与各种教育改造活动，如思想教育、文化教育、职业技能培训等，以提高自己的综合素质。

3. 罪犯改造自主性的意义。赋予罪犯一定的自主性，可以让他们更好地参与到改造过程中来，从而保障他们的合法权益。通过提高罪犯的自主性，可以激发他们的改造动力，使他们更加积极地参与到改造活动中来，从而实现行刑目标。

（二）罪犯改造中的内在动机

自我决定往往伴随着内在动机的驱动。罪犯改造中的内在动机是指罪犯在服刑期间，出于自身需要、价值观或心理倾向，主动采取某种改造态度和行为的内部驱动力。与外在动机（如奖励、惩罚）相比，内在动机更为持久和稳定，能够激发罪犯更高的改造积极性。自我决定行为正是基于这种内在动机的驱动，使罪犯更加专注于活动本身，追求更高的成就和满足。

罪犯改造自我决定的内在动机是推动罪犯在服刑期间主动寻求改变、积极参与改造活动的核心力量。这种动机是罪犯改造过程中的关键因素，对于指导罪犯教育改造工作、提高改造效果具有重要意义。

第一，自我提升的需求。自我提升的需求是罪犯在服刑期间的一个重要内在动机。在失去自由的环境中，许多罪犯开始反思自己的行为，认识到自身的不足和需要改进的地方。他们渴望通过服刑期间的努力，不仅在法律上得到宽恕，更在内心深处实现自我救赎和提升。

通过自我提升，罪犯能够更好地融入社会，实现自我价值。他们可以通过努力学习和实践，逐渐改变自己的行为和思维方式，成为对社会有用的人。这种自我提升的过程，不仅有助于罪犯个人的成长和进步，也能为社会增添更多的正能量和稳定性。

第二，对自由的渴望。自由是每个人的基本权利，罪犯也不例外。对自由的渴望是罪犯在服刑期间最为强烈的内在动机之一。自由，作为人类的基本权利，对于罪犯而言，不仅仅是身体上的无拘无束，更是心灵上的解脱与自我实现的可能。

在服刑期间，罪犯深切体会到失去自由的痛苦与不便。他们渴望通过积极的改造表现，争取到减刑、假释等法律上的优惠待遇，从而提前结束服刑生活，重新获得自由。这种渴望不仅是对身体自由的向往，更是对能够重新融入社会、与家人团聚、恢复正常生活秩序的深切期盼。

第三，对家庭的责任感。对家庭的责任感是罪犯在服刑期间另一个重要的内在动机。改造过程中，许多罪犯深刻反思自己的行为，意识到自己的行为给家庭带来了巨大的痛苦和伤害。这种愧疚感促使他们希望通过改造，努力减轻对家庭的负面影响，并承担起应有的家庭责任。

对于罪犯而言，家庭是他们最为牵挂的所在。在犯罪之前，他们可能曾是家庭的支柱，为家人提供经济和精神支持。然而，犯罪后，他们的行为不仅导致自己失去了自由，也给家庭带来了沉重的打击。这种打击可能包括经济上的困难、社会地位的下降、家庭成员之间的疏离等。为了实现对家庭的这一愿望，罪犯会积极参与教育改造活动，提升自己的文化素养和职业技能。他们希望通过这些努力，证明自己已经真心悔改，具备重新回归社会并承担起家庭责任的能力。此外，罪犯还会通过书信、电话等方式与家人保持联系，了解家庭的情况，表达自己的思念和关心。

第三，得到社会认同。得到社会认同是罪犯在改造过程中追求的一个重要目标。在犯罪后，罪犯往往面临着社会的排斥和歧视，这种排斥不仅来自法律上的制裁，更来自社会舆论和道德观念的谴责。因此，随着改造的深入，罪犯会逐渐认识到自己的错误，并希望通过积极的改造表现，重新获得社会的认同和接纳。

在改造过程中，罪犯会接触到各种教育、培训、心理辅导等资源，这些资源帮助他们认识到犯罪行为的危害性，理解社会的法律、道德和伦理规范。通过与监狱民警、教育人员的交流和互动，罪犯会逐渐建立起对社会的正确认识，认识到自己作为社会成员的责任和义务。

获得社会的认同对于罪犯来说意义重大。它不仅意味着罪犯在法律和社会层面上得到了宽恕和接纳，更重要的是，它能够帮助罪犯重新建立起自信和自尊，找到自己在社会中的位置和价值。这对于罪犯重新融入社会、实现自我价值和避免再次犯罪都具有重要的作用。

(三) 罪犯改造中的自我调节性

罪犯自我决定行为还具有自我调节性的特点。这意味着罪犯能够自我发起、自我管理和自我调整自己的行为。在行为过程中，他们会根据自己的目标、计划和实际情况来灵活地调整自己的行为策略，以达到最佳的效果。这种自我调节性有助于罪犯更好地应对复杂多变的环境和挑战，保持行为的稳定性和有效性。

在罪犯改造的漫长而复杂的过程中，自我调节性作为一项关键能力，对于罪犯实现自我决定、积极改造具有至关重要的意义。自我调节性不仅关乎罪犯在改造期间的日常行为管理，更深刻影响着他们的心理、情感和社交等多个层面。

1. 情绪管理。情绪管理是罪犯改造过程中的首要任务之一。面对服刑生活的种种压力和挑战，罪犯需要学会有效地识别、表达和调节自己的情绪。通过参与心理辅导、情绪管理课程等，罪犯可以学习情绪调节的技巧，如深呼吸、冥想、积极思维等，以减轻焦虑、愤怒等负面情绪，保持内心的平静与稳定。良好的情绪管理能力有助于罪犯更好地控制自己的行为，避免冲动犯罪或违规行为的发生。

2. 认知调整。认知调整是罪犯改造过程中不可或缺的一环。罪犯需要重新审视自己的价值观、信念和行为模式，摒弃错误的认知观念，建立积极向上的思维方式。通过参加认知行为疗法、道德教育等活动，罪犯可以认识到自己犯罪行为的危害性，理解法律的意义和社会规则的重要性。同时，他们还能学会以更加理性、客观的态度看待自己和他人，为重新融入社会做好心理准备。

3. 行为规范。行为规范是罪犯改造过程中的基本要求。罪犯需要严格遵守监规纪律，服从管理，积极参与劳动和学习等改造活动。通过不断的行为训练和实践，罪犯可以逐渐养成良好的行为习惯，学会自我控制和约束。这种行为规范不仅有助于维护监狱的安全和秩序，更能为罪犯将来的社会适应和发展奠定坚实的基础。

4. 社交能力提升。社交能力是罪犯改造过程中需要重点培养的能力之一。在监狱环境中，罪犯需要与同监舍的人相处、合作，甚至解决冲突。通过参与社交技能训练、团队合作活动等，罪犯可以学习如何与他人有效沟通、建立信任关系、处理人际关系中的问题和挑战。这些社交技能的提升不仅有助于罪犯在监狱中的生活更加和谐顺畅，更能为他们将来的社会交往和职业发展提供有力支持。

5. 自我激励。自我激励是罪犯改造过程中不可或缺的动力源泉。罪犯需要学会自我设定目标、制定计划并为之努力奋斗。通过参与目标设定、成功体验等活动，罪犯可以激发内在的积极动力和潜能，增强自信心和自尊心。同时，他们还能学会在遇到困难时如何调整心态、保持坚韧的精神状态，以应对改造过程中的各种挑战和困难。

（四）心理授权

自我决定还涉及心理授权的过程。心理授权是指个体相信自己有能力决定自己的行为进程与结果，并具备相应的信念和能力来支持这种决定。在自我决定的过程中，个体体验到一种掌控感和责任感，认为自己的行为是有意义的、有价值的，从而更加积极地投入活动。这种心理授权感有助于增强个体的自信心和自我效能感，促进个体的发展和成长。

在罪犯改造过程中，心理授权是一个重要而复杂的概念，它关乎罪犯在改造过程中的自我决定、自我效能感和心理状态的积极变化。心理授权可以被视为一种个体内心体验的综合体，涉及多个维度，这些维度在罪犯改造自我决定中发挥着关键作用。

1. 心理授权的定义。在罪犯改造中，心理授权指的是一个综合性的心理过程，它涉及多个方面，旨在激发罪犯的内在动力，促进其积极改变和自我发展。

心理授权在罪犯改造中特指通过一系列的教育、培训、心理辅导以及参与决策等措施，使罪犯感受到自己有能力影响或改变自身的处境和未来，进而产生积极的心理状态和行为反应。这种心理状态包括自我效能感、内在动机、自主性和责任感等。

2. 心理授权的核心要素。第一，自我效能感。罪犯相信自己有能力改变自己的行为模式和思维方式，并相信自己能够克服困难和挑战。

第二，内在动机。罪犯出于内在的愿望和需求，而非外在的强制或惩罚，积极参与改造活动。

第三，自主性。罪犯在改造过程中有一定的自主决策权，能够选择适合自己的改造方式和路径。

第四，责任感。罪犯认识到自己的犯罪行为对他人和社会造成的伤害，并愿意承担相应的责任，积极寻求改变。

3. 心理授权在罪犯改造中的作用。第一，增强改造动力。心理授权使罪犯感受到改造活动的意义和价值，从而激发他们积极参与改造的内在动力。这种动力是推动罪犯持续努力、克服困难的重要源泉。

第二，提高自我效能感。通过成功的改造经验和正面的反馈，罪犯的自我效能感得到增强。他们相信自己能够克服困难、实现目标，这种信念促使他们更加积极地投入改造活动。

第三，促进自我决定。心理授权赋予罪犯更多的自主权和选择权，使他们能够根据自己的实际情况和需要制定个性化的改造计划。这种自我决定的能力有助于增强罪犯的责任感和主动性，提高他们的改造效果。

第四，增强社会适应能力。通过心理授权，罪犯能够更好地适应监狱环境和社会环境。他们学会与他人合作、处理冲突、解决问题等社交技能，为将来的社会融入做好准备。

二、自我决定论

自我决定论由美国心理学家德西和瑞安提出，这种理论强调自我在动机过程中的能动作用，认为自我决定是一种涉及经验选择的人类机能品质，它组成内在的动机行为，并且证明了一些外在动机行为的存在。他们把自我决定看作是人的选择能力，而不是把强化序列、驱力或其他任何力量或压力看成是人们行为的决定因素。在德西看来，"自我决定不仅是个体的一种能力，他还是个体的一种需要。人们拥有一种基本的内在的自我决定的倾向性，这种倾向性引导人们从事感兴趣的、有益于能力发展的行为，以及形成与社会环境的适应"。

（一）自我决定行为和非自我决定行为

在罪犯改造的过程中，自我决定行为和非自我决定行为是两种截然不同的行为模式，它们对罪犯的改造效果和心理状态有着深远的影响。

1. 自我决定行为。自我决定行为是指罪犯在改造过程中，基于自己的意愿、价值观和内在动机，主动选择并实施的行为。这种行为体现了罪犯的自主性、自我调节性和自我责任感。

第一，自主性选择。罪犯能够根据自己的兴趣和需要，自主选择参与改造活动，而非被迫或受外界压力所驱使。行为的驱动力来自罪犯的内在需要，如寻求自我提升、获得尊重、恢复自由等。罪犯对改造活动持有积极的态度，愿意投入时间和精力，以期实现自我改变和成长。罪犯能够根据自己的实际情况和进展，调整改造计划和策略，以实现更好的改造效果。

自我决定行为有助于激发罪犯的改造动力，提高改造的积极性和效果。同时，这种行为模式还能增强罪犯的自我认同感和自我效能感，促进其心理健康和社会适应能力的提升。

2. 非自我决定行为。非自我决定行为则是指罪犯在改造过程中，由于外部压力、强制要求或缺乏内在动机而被迫实施的行为。这种行为往往缺乏自主性和内在动力。

罪犯的行为的驱动力主要来自外部因素，如监狱的规章制度、监狱民警的指令等。罪犯在改造活动中缺乏主动性和积极性，往往是被动地完成任务。由于缺乏内在动机的支持，非自我决定行为往往难以持续，其效果也往往局限于短期。长期的非自我决定行为可能导致罪犯产生厌倦、抵触等负面情绪，进而影响其改造效果和心理健康。

非自我决定行为不仅不利于罪犯的改造效果提升，还可能对其心理健康产生负面影响。此外，这种行为模式还可能降低罪犯的社会适应能力，增加其重新犯罪的风险。

（二）自我决定行为的动机来源

罪犯改造中自我决定行为的动机来源复杂多样，主要包括行为驱力、内在需要和情绪三个方面。

1. 行为驱力。罪犯因犯罪行为受到法律的制裁，面临监禁等惩罚措施。这种外部的法律威慑力作为一种强制性的驱力，促使罪犯不得不面对自己的罪行并寻求改造之路。罪犯在监狱中渴望缩短刑期，早日重获自由。这种对自由的向往成为他们积极参与改造、争取减刑或假释的重要驱力。

2. 内在需要。罪犯在认识到自己犯罪行为的错误和危害性后，可能会产生强烈的改恶从善的内在愿望。他们希望通过改造来纠正自己的错误，重新做人。罪犯在服刑期间，也有追求自我实现和成长的需要。他们希望通过学习新知识、提升技能等方式来充实自己，为将来的生活打下基础。罪犯作为社会的一员，同样有归属感和被尊重的需要。在改造过程中，他们渴望被接纳、被认可，希望通过积极的表现来获得他人的尊重和信任。

3. 情绪。罪犯在认识到自己罪行的严重性后，往往会产生悔恨和自责的情绪。这种情绪会促使他们反思自己的行为，并产生强烈的改造愿望。积极乐观的心态是罪犯改造过程中重要的情绪支持。它能够帮助罪犯保持对改造的信心和热情，面对困难和挫折时能够坚持不懈地努力。来自家人、朋友和社会的关心和支持也会对罪犯的情绪产生积极的影响。这种外部的情绪支持能够增强罪犯的改造动力，让他们感受到来自社会的温暖和关怀。

第十章

罪犯社会规范学习

社会规范的健全是社会文明进步的一个重要标志。社会规范对社会的控制与调节的功能在一定程度上是通过个体的社会规范学习来实现的。在罪犯改造的过程中，社会规范学习是重塑个人价值观、提升其再社会化能力的重要环节。通过一系列系统化、全面化的教育活动，旨在帮助罪犯树立正确的法律意识，遵守监规纪律，认识并悔改自身罪行，同时培养其良好的道德品质、劳动技能以及健康的心理状态，为其最终回归社会、成为对社会有用之人奠定坚实基础。

第一节 罪犯社会规范学习的概念

社会规范是社会诸成员共有的行为规则和标准。规范可以内化成个人意识，即使没有外部的奖励也会遵从。规范是价值或理想的体现，它比后者外显、具体，它是针对实际行为而言的。如诚实是一种普遍的价值，而在特定情境下确定诚实行为的各项标准就是规范。

一、罪犯社会规范学习的定义

社会规范，是指调整人与人之间社会关系的行为规范。以一定的社会关系为内容，目的是维护一定的社会秩序。包括风俗习惯，宗教规范，道德规范，社团章程，法律规范等。社会规范的产生和发展，都源于人们共同生产、生活的需要，同时也是人们共同生产、生活活动规律性的表现。不同种类的社会规范，反映了人们共同生产、生活的不同方面，对调整社会关系所起的作用各不相同。

罪犯社会规范学习，是指在刑事司法体系内，针对罪犯个体实施的一系列旨在促进其思想转变、行为矫正及再社会化的准则与措施。这些规范不仅旨在惩罚犯罪行为,更重要的是通过教育、培训和辅导等手段,帮助罪犯认识到自身错误,学习并遵守社会规则,最终重新融入社会,成为对社会有益的成员。

(一)从错误认知到正确价值观的重建

在罪犯社会规范学习的众多目标中,促进罪犯的思想转变无疑是最为核心和首要的任务。这一过程通过系统的教育和心理辅导来实现,旨在引导罪犯深刻反思自己的犯罪行为,认识到其对个人、家庭以及社会造成的深远负面影响,进而为后续的行为矫正和再社会化奠定坚实基础。

1. 反思与认识。罪犯社会规范学习的首要步骤是促使罪犯进行深入的自我反思。通过组织专题讲座、观看教育影片、参与小组讨论等多种形式,罪犯被引导去审视自己的犯罪行为,理解其背后的动机、原因及后果。这种反思过程不仅有助于罪犯认识到自身行为的错误性和危害性,还能激发其内心的道德感和责任感,为后续的行为改变提供内在动力。

2. 价值观重塑。在反思与认识的基础上,罪犯社会规范学习的下一个重要任务是帮助罪犯重塑正确的价值观。通过系统的社会规范教育,罪犯开始学习并理解社会公认的行为标准和道德规范,学会以社会公认的标准来评价自己的行为。这种学习过程不仅有助于罪犯认识到自己行为的不当之处,还能引导其逐渐建立起符合社会要求的价值观体系,为未来的再社会化奠定思想基础。

在这一阶段,教育者的作用至关重要。他们通过言传身教,向罪犯传递正能量和正确的价值观,鼓励其积极向善,追求个人成长和社会进步。同时,教育者还注重培养罪犯的批判性思维和自我反思能力,使其能够在未来的生活中自主判断是非,做出正确的选择。

3. 形成积极向上的生活态度。随着思想转变和价值观重塑的深入进行,罪犯开始逐渐形成积极向上的生活态度。他们开始意识到,通过努力和改变,自己有机会重新获得社会的认可和尊重。这种态度的转变不仅有助于罪犯在监狱内表现良好,还能为其出狱后的再社会化提供有力的精神支持。

(二)从不良行为到合法行为的转变

在罪犯社会规范学习的过程中,思想转变是基础,而行为纠正则是将这一转变具体化为实际行动的关键步骤。罪犯需要从以往的不良行为模式中挣脱出来，逐步学习并实践合法、合规的行为方式。这一过程不仅关乎技能的掌握，更在于通过实践体验社会规范的重要性，并在此过程中养成良好的行为习惯。

1. 技能培训与劳动实践。为了帮助罪犯顺利实现从不良行为到合法行为的转变，技能培训与劳动实践是不可或缺的一环。技能培训包括职业技能培训、生活技能培训等多个方面，旨在提升罪犯的社会适应能力和自我谋生能力。通过专业课程的学习和实践操作，罪犯能够掌握一技之长，为未来重返社会打下坚实的基础。

劳动实践是将技能培训应用于实际工作中的重要途径。通过参与监狱内的劳动改造项目，罪犯不仅能够在实践中检验和提升自己的技能水平，还能在劳动过程中体验到遵守劳动纪律和规章制度的重要性。这种实践经历有助于培养罪犯的责任感和纪律性，为其将来融入社会做好准备。

2. 法治教育与实践。法治教育是罪犯社会规范学习的另一核心内容。通过系统的法律知识学习，罪犯能够深入了解国家法律法规，明确自己的行为边界，并认识到违法犯罪行为的严重后果。在此基础上，监狱民警会组织模拟法庭、案例分析等实践活动，让罪犯在模拟的情境中学习和理解法律的实际应用，进一步加深其对法治精神的理解和认同。

更为重要的是，法治教育不仅要传授法律知识，更要培养罪犯的法治思维和法律意识。民警会引导罪犯学会用法律的手段维护自己的合法权益，同时也要告诫他们尊重他人的合法权益，做到守法、用法、护法。

3. 行为纠正的实践体验。在技能培训、劳动实践和法治教育的基础上，罪犯需要通过实际行为来巩固和深化这些学习成果。这包括在日常生活中的遵守监规纪律、参与集体活动、与他人友好相处等多个方面。通过不断的实践尝试和正向反馈，罪犯能够逐渐建立起对合法行为的认同感和归属感，并逐步形成自觉遵守社会规范的行为习惯。

实践体验是行为纠正过程中不可或缺的一环。它不仅能够检验罪犯的学习成果，还能帮助他们在实践中不断调整和优化自己的行为模式。民警要密切关注罪犯在实践中的表现，及时给予指导和反馈，鼓励他们持续进步。

4. 养成良好的行为习惯。在思想转变和行为纠正的共同作用下，罪犯开始逐渐养成良好的行为习惯。这些习惯包括诚实守信、遵守法律、尊重他人、热爱劳动等多个方面。这些习惯的养成不仅有助于罪犯在监狱内表现良好，更能为其出狱后的再社会化提供有力的支持。

良好的行为习惯是罪犯实现再社会化的重要保障。通过持续的实践锻炼和正向引导，罪犯能够逐渐克服原有的不良行为模式，形成积极向上的生活态度和行为方式。这不仅有助于他们更好地融入社会，还能为他们的人生道路增添更多的可能性。

罪犯从不良行为到合法行为的转变是罪犯社会规范学习的重要目标之一。通过技能培训、劳动实践、法治教育以及实践体验等多种方式，罪犯能够逐步掌握合法、合规的行为方式，并在实践中体验到遵守社会规范的重要性。这一过程不仅有助于罪犯顺利实现再社会化，还能为他们的人生带来积极的变化和深远的影响。

（三）从边缘化到社会融入的过程

罪犯的社会规范学习是一个复杂而深远的过程，其最终目标指向再社会化，即从边缘化的社会状态重新融入主流社会，成为其积极且有价值的一员。通过一系列的教育和辅导措施，罪犯不仅学会如何以合法、合规的方式行事，更重要的是，他们学会了如何与他人沟通、合作，建立起积极的人际关系，并在社会中找到自己的位置，实现个人价值与社会价值的统一。

1. 重建人际关系与沟通能力。在监狱环境中，罪犯往往被社会边缘化，人际关系紧张甚至断裂。因此，再社会化的首要任务是帮助他们重建积极的人际关系，学会有效的沟通技巧。这包括倾听他人、表达自我、理解并尊重他人的观点和感受。通过小组讨论、角色扮演、心理辅导等活动，罪犯可以在安全的环境中练习这些技能，逐渐克服社交障碍，增强与他人的互动能力。

2. 适应社会变化与解决问题。社会的快速发展和变化要求每个人具备学习和适应的能力。对于罪犯而言，了解和适应这些变化，学会独立面对和解决生活中的问题，是再社会化的关键一步。教育机构会提供职业培训、法律知识更新、心理健康教育等课程，帮助罪犯掌握必要的生活技能和应对策略。同时，通过模拟社会实践、社区服务等活动，罪犯可以在实践中学习和体验，提高社会适应能力和问题解决能力。

3. 找到社会位置与实现个人价值。再社会化的最终目标是帮助罪犯在社会中找到属于自己的位置，实现个人价值与社会价值的统一。这要求罪犯不仅要学会遵守社会规范，还要积极参与社会活动，贡献自己的力量。同时，这些经历也有助于他们发现自己的兴趣和特长，为未来的职业发展打下坚实的基础。

(四) 实现社会和谐与罪犯个人价值的双重目标

罪犯社会规范学习作为刑事司法体系中的一项重要举措，其深远意义不仅在于减少犯罪、维护社会稳定，更在于实现罪犯个人价值的提升和社会和谐的增进。这一过程不仅体现了法律的公正与威严，更彰显了社会的宽容、关怀与希望。

1. 罪犯个人价值的提升。罪犯社会规范学习的首要目标是帮助罪犯实现个人价值的提升。通过系统的教育、培训和辅导，罪犯能够重新认识自己，审视过去的错误行为，并学会以积极、健康的方式面对未来。这一过程中，罪犯不仅掌握了必要的生活技能和法律知识，更重要的是，他们学会了自我反思、自我管理和自我成长。这种成长不仅体现在技能的提升上，更体现在心态的转变上，使罪犯能够以更加成熟、理智的态度面对生活，成为对自己、对家庭、对社会负责任的人。

2. 社会和谐的增进。罪犯社会规范学习不仅关注罪犯个人的成长，更致力于增进社会的整体和谐。通过教育引导，罪犯逐渐认识到自己的犯罪行为对他人和社会造成的伤害，学会以合法、合规的方式行事，尊重他人的权利和利益。这种转变有助于减少犯罪行为的发生，降低社会犯罪率，从而维护社会的稳定和安全。

3. 体现法律的公正与威严。罪犯社会规范学习是法律实施的重要组成部分，它体现了法律的公正与威严。通过教育和辅导，罪犯了解并接受法律的制裁和教育，认识到自己的行为触犯了法律，并愿意承担相应的法律责任。这种教育过程不仅有助于罪犯的法律意识提升，也向全社会传递了法律的公正性和权威性，增强了公众对法律的信任和尊重。

二、罪犯社会规范学习的特点

罪犯社会规范学习，作为刑事司法体系内的一项重要组成部分，旨在通过一系列特定的规则、程序和教育活动，促进罪犯的思想转化、行为矫正和再社会化。在这一过程中，社会规范展现出了一系列独特的特点。

(一) 形式的特殊性

罪犯社会规范学习在形式上具有特殊性。它们不仅包括了传统意义上的法律法规和道德规范，还涵盖了针对罪犯特设的一系列监规纪律、教育课程、心理辅导、劳动技能培训等内容。这些特殊形式的社会规范，旨在通过针对性强的教育和管理手段，帮助罪犯逐步适应并融入正常的社会生活。

（二）目标的直接性

罪犯社会规范学习的目标具有直接性。其直接目标在于转变罪犯的犯罪思想，纠正其不良行为，提升其法律意识和道德水平。同时，这些规范还致力于培养罪犯的劳动技能和社会适应能力，以便他们在未来能够顺利回归社会，成为对社会有益的一员。这种直接性的目标设定，使得罪犯改造工作更具针对性和实效性。

（三）过程的复杂性

罪犯社会规范学习实施过程具有复杂性。这主要体现在改造工作的多阶段、多环节以及多种手段的综合运用上。从思想教育到心理辅导，从劳动技能培训到社会公德教育，每一个阶段和环节都需要精心设计和周密安排。此外，罪犯个体间的差异性和改造过程中的不确定性，也增加了改造工作的复杂性和挑战性。

（四）环境的封闭性

罪犯社会规范学习的实施环境具有封闭性。这主要体现在罪犯被限制在监狱这个特定场所内接受改造，与外界相对隔绝。这种封闭性的环境有助于减少外界因素对改造工作的干扰，为罪犯提供一个相对稳定、安全、有序的改造环境。然而，这也带来了一些挑战，如何保持罪犯与社会的联系，如何激发其改造动力等。

（五）技能学习的被动性

在罪犯改造过程中，技能的被动学习是社会规范的一个重要特点。由于罪犯在改造前往往缺乏必要的劳动技能和社会适应能力，因此需要通过一系列的教育和培训活动来被动地培养他们的技能。这些技能包括职业技能、生活技能、社交技能等，旨在帮助罪犯在未来能够顺利回归社会并融入其中。然而，这种被动培养的方式也要求监狱民警在改造过程中注重激发罪犯的积极性和主动性，以促进其全面发展和自我提升。

（六）规范内容的权威性

在罪犯改造的过程中，社会规范内容的权威性对于确保改造工作的顺利进行和取得实效至关重要。权威性不仅体现在规范的制定与执行上，更体现在其对社会秩序的维护、罪犯行为的矫正以及再社会化目标的推动上。

1. 法律明确规范。法律是社会规范体系中的最高权威，它为罪犯改造提供了明确的指导和依据。通过立法明确罪犯改造的原则、目标、方法和程序，确保改造工作有法可依、有章可循。法律的明确规范不仅为罪犯设定了行为边界，也为监狱管理部门和工作人员提供了执法依据，确保改造工作的合法性和公正性。

2. 监规严格执行。监规是监狱内部制定的具体行为规范，是法律在监狱环境中的具体体现。监规的严格执行确保了监狱内的秩序和安全，也为罪犯提供了明确的行为准则。通过监规的约束和惩罚机制，促使罪犯认识到自身行为的危害性，并逐步养成自律、守法的习惯。监规的严格执行是社会规范权威性的重要体现。

3. 教育改造规范。教育改造是罪犯改造的核心环节，其规范性对于提升罪犯的法律意识、道德水平和社会适应能力至关重要。通过制定和实施科学、系统的教育改造规范，包括思想教育、法治教育、职业技能培训等，帮助罪犯树立正确的人生观、价值观和世界观，提升其综合素质和社会适应能力。教育改造规范的权威性体现在其内容的科学性、针对性和实效性上。

4. 行为矫正标准。行为矫正标准是罪犯改造中用于评估和指导罪犯行为矫正的具体准则。通过制定明确的行为矫正标准，对罪犯的行为进行量化评估，并根据评估结果采取相应的矫正措施。行为矫正标准的权威性体现在其科学性、客观性和可操作性上，它有助于确保矫正工作的精准性和有效性。

5. 奖惩制度严明。奖惩制度是罪犯改造中的重要激励机制，它通过奖励和惩罚的方式引导罪犯积极改造、遵守规范。奖惩制度的严明性体现在其公正性、透明性和及时性上，它确保了改造工作的公平性和有效性。通过奖惩制度的实施，激发罪犯的改造动力，促进其行为的积极转变。

三、罪犯社会规范学习的作用

在罪犯改造这一复杂而系统的工程中，社会规范扮演着不可或缺的角色。它们不仅约束着罪犯的行为，更在潜移默化中塑造着他们的思想、价值观和生活方式。

（一）强化法纪观念

社会规范的首要作用在于强化罪犯的法纪观念。通过法律法规、监规纪律等正式规范的教育和约束，使罪犯深刻认识到法律的权威性和不可违背性，从而形成对法律的敬畏之心。这种法纪观念的强化，有助于罪犯在改造过程中自觉遵守法律规范，减少违法违纪行为的发生。

（二）养成良好习惯

社会规范通过日常行为准则、道德规范等内容的引导，帮助罪犯逐步养成良好的生活习惯和行为模式。这些习惯包括个人卫生、作息时间、劳动纪律、人际交往等多个方面。良好习惯的养成，不仅有助于提升罪犯的个人素质，也为他们未来的社会融入打下坚实基础。

（三）营造改造氛围

社会规范通过制定和执行一系列的行为准则和道德标准，为罪犯改造营造一个积极、健康、向上的氛围。这种氛围有助于激发罪犯的改造热情，增强他们的自信心和归属感，使他们更加积极地参与到改造活动中来。

（四）稳定改造秩序

社会规范在维护监狱内部秩序方面发挥着重要作用。通过严格的监规纪律和惩罚机制，确保监狱内的秩序和安全，防止罪犯之间发生冲突和暴力事件。稳定的改造秩序为罪犯提供了一个良好的改造环境，有助于他们安心改造、顺利回归社会。

（五）激发改造动力

社会规范通过设定明确的改造目标和奖励机制，激发罪犯的改造动力。当罪犯看到通过遵守规范、积极参与改造可以获得减刑、假释等实际利益时，他们会更加努力地投入改造，争取早日回归社会。

第二节 罪犯社会规范学习的实质和意义

在罪犯改造的深刻而复杂的过程中，社会规范学习扮演着至关重要的角色。这一过程不仅关乎罪犯外在行为的改变，更涉及其内在价值观念的重塑与行为的自主调节。

一、罪犯社会规范学习的实质

罪犯社会规范学习是指罪犯在接受社会规范的过程中，逐步内化社会价值，将原本外在于个体的行为要求转化为内在的行为需要，从而构建出主体内部的社会行为调节机制。

(一) 罪犯社会规范学习的内涵

1. 罪犯社会规范学习的内涵。罪犯社会规范学习是罪犯改造过程中的一个关键环节，它不仅仅意味着罪犯对法律法规、道德规范、行为准则等外在规定的了解和遵守，更重要的是，这一过程涉及罪犯对这些规范所蕴含的社会价值的认同与内化。通过教育、引导和实践，罪犯逐渐认识到社会规范对于自己进步发展的重要性，从而将这些规范转化为自身内在的行为准则，形成自主的行为调节机制。

2. 社会规范内化的过程。第一，初始认知与基础建立。在罪犯社会规范学习初期，首要任务是帮助罪犯建立对社会规范的基本认知。这包括了解国家法律法规、社会道德规范、监狱规章制度等，使罪犯明确自己的行为界限和应遵守的准则。通过集中教育、个别谈话、案例分析等方式，罪犯可以初步认识到社会规范的重要性，为后续的深入学习奠定基础。

第二，深化理解与内化过程。随着对社会规范认知的加深，罪犯开始进入深化理解与内化的阶段。他们不仅要知道社会规范的具体内容，还要理解其背后的社会价值、道德意义和法律精神。这一阶段的学习可以通过专题讲座、小组讨论、角色扮演等形式进行，引导罪犯思考社会规范与自身行为的关系，逐渐将外在规范内化为自身行为准则。

第三，实践应用与经验积累。社会规范学习的关键在于实践应用。罪犯需要在日常生活中，将所学到的社会规范应用于实际行动中，通过实践不断积累经验和教训。这包括遵守监规纪律、参与劳动生产、与狱友和谐相处等方面。通过实践，罪犯可以检验自己对社会规范的理解程度，不断调整自己的行为方式，逐步形成稳定的行为习惯。

第四，反思总结与自我提升。在实践应用的基础上，罪犯需要进行反思总结，分析自己的行为是否符合社会规范，是否达到了预期的效果。通过反思，罪犯可以发现自己的不足之处，制定改进措施，不断提升自己的社会规范学习能力。同时，反思总结也有助于罪犯形成自我监督机制，增强自律意识。

3. 罪犯适应监狱改造生活的过程：

第一，认知层面的适应与转变。在监狱环境中，罪犯首先需要面对的是对社会规范的全新认知。从最初的抗拒、困惑到逐渐接受并理解这些规范，他们经历了从无知到认知、从模糊到清晰的转变。监狱通过系统的法律教育、道德教育以及监规纪律的学习，帮助罪犯建立起对社会规范的正确认知，使他们认识到自己的行为对他人和社会的影响，从而树立起法律意识和道德观念。

第二，情感层面的调整与融合。社会规范学习的过程，也是罪犯情感层面逐渐调整与融合的过程。面对监狱的严格管理和同伴间的竞争与合作，罪犯需要学会控制自己的情绪，培养耐心、同理心和责任感。通过参与集体活动、接受心理辅导等方式，罪犯逐渐学会在挫折中保持积极心态，学会与他人和谐相处，形成健康的心理环境，为顺利融入监狱改造生活奠定情感基础。

第三，行为层面的规范与重塑。社会规范学习的最直接体现，就是罪犯在行为层面的规范与重塑。从遵守监规纪律、参与劳动生产到参与文化教育活动，罪犯的每一个行为都在接受着社会规范的考验与塑造。通过不断的实践、反思与调整，罪犯逐渐养成了遵守规则、尊重他人、勤劳自律等良好习惯，这些习惯不仅有助于他们在监狱内建立良好的人际关系，也为他们未来回归社会打下了坚实的基础。

第四，社会角色的再定位与认同。社会规范学习的过程，也是罪犯社会角色再定位与认同的过程。在监狱环境中，罪犯需要逐步接受并认同自己的新身份——改造中的个体，这一身份要求他们不仅要遵守法律法规，还要承担起对自己、对家庭、对社会的责任。通过参与各种教育改造活动，罪犯逐渐找到了自己的价值和归属感，实现了从罪犯到守法公民的社会角色转变。

事实证明，规范行为的稳定性与规范的接受程度是一致的。规范内化越深，接受越好，规范行为越稳定。因而，民警常常依据规范行为的稳定性去推断罪犯规范的接受程度。

（二）罪犯社会规范学习的内在机制

1. 心理防御机制。心理防御机制是罪犯在面对社会规范学习时的一种自我保护方式。当面对来自监狱的约束与规范时，罪犯可能会采取否认、压抑、投射等心理防御策略来应对。然而，通过心理辅导和系统教育，可以帮助罪犯识别并克服这些不良防御机制，从而更加积极地参与社会规范学习。

2. 内在冲突解析。罪犯在改造过程中常常面临各种内在冲突，如自我认同的冲突、价值观与行为的冲突等。这些冲突会影响他们对社会规范的理解和接受程度。通过深入剖析这些内在冲突，可以帮助罪犯理清思路，明确自己的价值观和行为准则，从而更好地融入社会规范学习。

3. 自我认同建构。自我认同是个体对自己在社会中的位置和角色的认识。对于罪犯而言，他们的自我认同往往受到负面标签和刻板印象的影响。通过社会规范学习，罪犯可以逐渐认识到自己的价值和潜力，从而建立起积极的自我认同。这种自我认同的建构有助于他们更好地遵守社会规范，实现自我转变。

4. 需求层次动机。马斯洛的需求层次理论指出，人类的需求从低到高依次为生理需求、安全需求、社交需求、尊重需求和自我实现需求。罪犯在改造过程中也有这些需求，而社会规范学习正是满足他们更高层次需求的重要途径。通过学习和遵守社会规范，罪犯可以获得尊重、认可和自我实现的机会，从而激发他们的改造动力。

5. 社会环境协同。社会环境对罪犯的社会规范学习具有重要影响。监狱的文化氛围、教育设施、管理制度等都会影响罪犯的学习效果。因此，监狱应营造一个积极、健康、向上的社会环境，为罪犯提供充足的学习资源和良好的学习氛围。同时，监狱还应与社会各界建立广泛的联系，共同推动罪犯的社会规范学习。

（三）罪犯规范行为的发生

罪犯规范行为的发生是一个复杂的过程，它不仅仅依赖于外部的社会性情境，更重要的是，它必须经过罪犯主体内部对行为价值取向的自主选择。这种选择机制的存在，揭示了人的社会行为，包括罪犯行为，发生的深层次原因，并体现了人的行为的社会性和自主性。

1. 社会性情境的影响。社会性情境是罪犯规范行为发生的外部环境。这包括了监狱的规章制度、法律法规、道德观念以及民警、狱友等人际关系。这些外部条件为罪犯提供了行为选择的框架和参照。在监狱这一特殊的社会环境中，罪犯需要遵守一系列的规范和约束，以确保监狱的正常运行和社会的稳定。

2. 行为价值取向的自主选择。罪犯规范行为的发生并不仅仅依赖于外部的社会性情境。更重要的是，它必须经过罪犯主体内部对行为价值取向的自主选择。这种选择是基于罪犯个体的需要、价值观和认知等主观因素的综合考虑。在监狱环境中，罪犯需要在遵守规范与满足自身需要之间做出权衡，选择自认为最有意义、价值或最为合理、正当、必要的行为。

3. 规范行为的发生机制。罪犯规范行为的发生是内部选择与外部情境相互作用的结果。一方面，社会性情境为罪犯提供了行为选择的参照和框架，影响着他们的行为选择和价值取向。另一方面，罪犯个体的需要、价值观和认知等主观因素也在不断地与外部情境进行互动和反馈，影响着他们对外界规范的接受程度和遵守情况。

在自觉活动的前提下，罪犯会在社会性情境的作用下，通过内部的价值取向选择机制，做出符合自己需要和价值观的行为选择。这种选择不仅体现了罪犯的自主性，也揭示了人的行为的社会性和复杂性。

4. 人的社会性与自主性。人的内部选择机制的存在，是人区别于动物的重要特征之一。动物的行为往往受到本能和习性的驱使，缺乏自主性和社会性。而人的行为则具有更高的自主性和社会性，能够通过学习和反思，不断地调整和优化自己的行为选择和价值取向。

对于罪犯而言，虽然他们的行为偏离了社会的正常轨道，但他们的行为选择和价值取向仍然受到内部机制的影响和制约。因此，在改造罪犯的过程中，需要充分考虑他们的内部选择机制，通过教育、引导和激励等方式，帮助他们树立正确的价值观和行为准则，从而实现对罪犯的有效改造和社会再融入。

二、罪犯社会规范学习的意义

罪犯社会规范学习对于社会的稳定与发展具有十分重要的意义。这种社会意义是通过罪犯的规范学习来实现的。社会规范学习对罪犯的品德形成以及诸多方面的发展，均具有不可或缺的作用。

（一）社会规范学习与社会化

在社会学和犯罪学领域，社会化是一个核心概念，它描述了个体如何通过学习社会规范、价值观和行为模式，成为社会中合格的一员。著名德国人本主义哲学家和精神分析心理学家弗罗姆强调社会化在维持社会和文化延续中的关键作用。对于罪犯而言，社会规范学习与社会化的过程尤为重要，它不仅是他们重新融入社会的桥梁，也是实现个体转变和人格重塑的关键。

弗罗姆认为，社会化诱导社会成员去做那些要想使社会延续就必须做的事，它是社会和文化得以延续的手段。具体而言，社会化是一个复杂的相互作用过程，通过这个过程，个体不仅获得了个性，还学会了如何在其所处的社会中生活。社会化的功能主要是通过社会化，个体学习并传递社会的价值观、信仰、习俗和规范，确保文化的连续性。社会化使个体明白并遵守社会规范，确保社会秩序和稳定。个体通过社会化学会如何扮演不同的社会角色，如家庭成员、工作者、公民等。社会化帮助个体适应不断变化的社会环境，培养解决问题的能力。

对于罪犯而言，社会规范学习具有特殊的意义。由于他们曾违反社会规范，导致与社会的脱节，因此，重新学习社会规范成为他们重新融入社会、实现个体转变的必要条件。

罪犯通过社会规范学习，能够弥补因犯罪而缺失的社会规范认知，了解并遵守法律、道德和社会习俗。通过学习社会规范，罪犯可以重新审视自己的价值观，形成符合社会主流观念的道德观念和行为准则。社会规范学习有助于罪犯提高社会适应能力，学会如何在社会中与人相处，处理人际关系，以及解决生活中的各种问题。

（二）罪犯社会规范学习与品德的形成和发展

为了明确罪犯社会规范学习与品德形成和发展的关系，首先要了解什么是品德。

1. 品德的实质。品德，作为个体社会行为的内在调节机制，不仅是合乎社会规范要求的稳定的心理特性，也是德行产生的内因，我们通常称之为德性。德行与德性之间存在着互为表里的关系，共同构成了个体道德品质的完整体系。

品德，是个体在长期社会生活中，通过不断学习与实践所形成的一种稳定的心理特性。它反映了个体对社会规范的认同与遵从，是德行产生的内在驱动力。品德的实质在于人际交往经验结构，它包含了个体在与人、事、己等各个层面上的社会规范遵从经验。这些经验经过内化与整合，形成了个体独特的道德观念与行为模式。

对于罪犯而言，虽然他们曾因违法犯罪行为而与社会规范产生冲突，但品德的塑造与提升同样具有重要意义。通过品德教育与改造，罪犯可以重新审视自己的道德观念，学会尊重他人、遵守法律，从而逐步恢复社会功能，实现个体价值的重塑。

德行与德性之间存在着紧密的互为表里关系。德行是德性的外在表现，是个体在社会生活中所展现出的道德品质与行为举止。而德性则是德行的内在基础，它决定了个体在面对各种情境时，能否做出符合社会规范与道德要求的选择。

在罪犯改造过程中,德行与德性的提升是相辅相成的。一方面,通过具体的德行实践,罪犯可以逐步积累社会规范遵从经验,增强道德意识与责任感;另一方面,德性的提升又为德行实践提供了坚实的内在支撑,使罪犯在面对诱惑与挑战时,能够坚守道德底线,做出正确的选择。

2. 罪犯品德学习结构解析。在探讨罪犯品德学习的过程中,我们不可避免地要深入其结构的内核,理解其动机部分与行为部分的相互关联与影响。罪犯品德学习结构,作为个体道德发展的核心组成部分,不仅反映了其对待社会规范的态度,也决定了其社会行为的选择与执行。

第一,动机部分。动机是罪犯品德学习结构的内在驱动力。它体现了罪犯在面对社会规范时,从内心深处产生的遵从或背离的倾向。这种倾向,源于罪犯对社会规范的认知、情感以及价值判断。具体而言,当罪犯认为遵从社会规范能够满足其内在需求,如安全、归属、尊重等,他们就会倾向于选择遵从;反之,若罪犯认为背离社会规范能够带来某种利益或满足,他们则可能选择背离。

在罪犯群体中,这种动机的复杂性尤为显著。一方面,他们可能因犯罪而感受到社会的排斥与孤立,从而对社会规范产生抵触情绪;另一方面,他们也可能在改造过程中,逐渐认识到社会规范的重要性,从而产生遵从的动机。因此,动机部分的学习与调整,对于罪犯品德的提升具有至关重要的作用。

第二,行为部分。行为是罪犯品德学习结构的外在表现。它体现了罪犯在动机驱动下,对规范行为的具体执行情况。这种执行情况,不仅反映了罪犯对规范的认知与态度,也体现了其在改造生活中的道德实践。

在罪犯改造中,行为部分的学习尤为关键。通过具体的行为规范训练,罪犯可以学会如何遵守法律、尊重他人、承担责任等社会规范。这些行为的执行,不仅有助于他们恢复社会功能,减少再犯风险,还能促进他们与社会的和谐共处。

第三,品德结构与机能。品德的这种结构与机能,实际上也体现了罪犯对待事物的态度与方式。态度的构成同样包含两方面因素:对事物采取行为的需要以及具体的行为方式。这与品德的结构和机能是一致的。品德结构也是一种态度结构,是对社会规范的遵从态度体系。

在罪犯品德学习的过程中，态度的转变与巩固是至关重要的。通过教育、引导、激励等手段，可以帮助罪犯形成积极的社会规范遵从态度，从而推动其品德的全面发展。

3. 罪犯品德的形成和发展。品德，作为罪犯在社会中展现出的道德品质与行为准则，其形成和发展是一个复杂而深刻的过程。既然品德结构被视为一种人际交往的经验结构，那么品德的形成和发展自然离不开人际交往经验的积累与提炼。

人际交往经验是品德形成的基础。罪犯在与他人互动的过程中，通过不断的观察、学习与实践，逐渐形成了对社会规范的认知与理解，进而内化为自己的品德素质。对于罪犯而言，虽然他们可能因违法行为而与社会规范产生冲突，但在其成长过程中，同样积累了大量的人际交往经验。

罪犯品德的形成过程具有其特殊性。一方面，他们可能因家庭、教育、社会等多种因素的影响，在成长过程中未能形成正确的价值观和行为准则，导致违法犯罪行为的发生。另一方面，在监狱环境中，罪犯需要面对新的社会规范和人际交往模式，这为他们提供了重新学习、调整和塑造品德的机会。

第三节 影响罪犯社会规范学习的因素

罪犯社会规范学习的成效，并非孤立存在，而是受到多种主客观条件的制约。其中，学习动机的驱动和学习内容的难易度是两个最基本的因素。深入理解这些因素，以及它们如何与社会规范学习的特殊性相互作用，对于提升罪犯教育改造的效果具有重要意义。

一、罪犯社会规范学习动机的驱动

学习动机在罪犯社会规范学习的过程中扮演着至关重要的角色，它是推动罪犯积极投入学习、持续进步的内在力量。这种动机不仅决定了罪犯是否愿意投入时间和精力去学习社会规范，还直接影响了其在学习过程中的积极性和持久性。

（一）学习动机与积极性的关系

在罪犯社会规范学习的过程中，学习动机的强弱直接决定了罪犯在学习过程中的积极性。这种积极性不仅影响罪犯的学习效果，还对其自信心、自尊心以及未来的社会融入产生深远影响。

1. 学习动机与积极性的紧密联系。学习动机是罪犯参与社会规范学习的内在驱动力，它决定了罪犯在学习过程中的态度和努力程度。当罪犯拥有强烈的学习动机时，他们会更加主动地参与学习活动，积极思考和解决问题，表现出高度的学习积极性。

2. 学习积极性对学习效果的影响。学习积极性的高低直接影响罪犯的学习效果。当罪犯以积极的态度投入学习时，他们能够更快地掌握社会规范的知识和技能，更好地理解和应用这些知识。同时，积极的学习态度还能激发罪犯的创造力和解决问题的能力，使他们在面对复杂问题时能够灵活应对，找到有效的解决方案。

3. 学习积极性对自信心和自尊心的影响。学习积极性不仅影响罪犯的学习效果，还对其自信心和自尊心产生积极影响。当罪犯通过努力学习取得进步时，他们会感受到自己的成长和变化，从而增强自信心。这种自信心不仅有助于罪犯在学习上取得更好的成绩，还能帮助他们更好地面对生活中的挑战和困难。同时，积极的学习态度还能提升罪犯的自尊心，让他们更加珍视自己的努力和成果，形成积极向上的生活态度。

(二) 学习内容的难易度

在罪犯社会规范学习的过程中，学习内容的难易度是一个至关重要的客观因素。社会规范本身具有复杂性和多样性，涵盖了广泛的文化背景、价值观念和行为准则。因此，合理把握学习内容的难易度，对于激发罪犯的学习兴趣、提高学习效果具有重要意义。

1. 学习内容难易度的重要性。学习内容的难易度直接影响罪犯的学习体验和学习效果。如果学习内容过于简单，可能无法激发罪犯的学习兴趣和挑战他们的认知能力，导致学习效果有限。相反，如果学习内容过于复杂或难以理解，罪犯可能会感到困惑和挫败，甚至产生抵触情绪，从而影响学习效果。

2. 社会规范的复杂性和多样性。社会规范是一个复杂而多样的体系，涉及多个方面和层次。不同的规范可能基于不同的文化背景、价值观念和行为准则，这使得学习内容的难易度难以统一界定。因此，在设计罪犯社会规范学习内容时，需要充分考虑规范的多样性和复杂性，确保内容既具有代表性又易于理解。

3. 合理把握学习内容的难易度。为了激发罪犯的学习兴趣和提高学习效果，应合理把握学习内容的难易度。具体而言，可以采取以下措施：

第一，循序渐进。根据罪犯的认知能力和学习水平，逐步增加学习内容的难度。从基础入手，逐步引入更复杂、更高级的规范内容。

第二，分层教学。针对不同罪犯的学习需求和能力水平，设计不同难度的学习内容。确保每个罪犯都能在适合自己的层次上获得进步。

第三，互动教学。采用小组讨论、角色扮演等互动方式，激发罪犯的学习兴趣和参与度，提高学习效果。

（三）社会规范学习的特殊性

罪犯社会规范学习作为一种特殊的学习过程，不仅涉及知识的掌握和技能的形成，更关乎罪犯对社会规范的内心认同与尊重。这一学习过程受到多种内外部因素的共同影响，从而形成其独特的性质和特点。

1. 认知与体验的认同。在罪犯接受社会规范学习的过程中，他们是否在学习过程中产生与社会规范相一致的认知与体验，是决定社会规范接受程度的关键因素。这意味着，罪犯在学习社会规范时，不仅要掌握相关的知识和技能，更重要的是要在内心深处形成对社会规范的认同和尊重。

第一，认知一致性。罪犯需要理解社会规范的本质、目的和意义，将其与自己的价值观和行为准则相结合，形成一致的认知体系。

第二，体验一致性。通过实际生活中的应用和实践，罪犯应体验到遵守社会规范带来的积极后果，如社会的认可、自我价值的提升等，从而增强对社会规范的内心认同。

只有当罪犯真正理解和体验到社会规范的价值和意义时，他们才会更加自觉地遵守这些规范，形成稳定的行为习惯。

2. 行为反馈的效应。罪犯社会行为的反馈效应是影响罪犯学习动机的又一重要因素。罪犯在学习社会规范后，会将其应用于实际生活中，通过观察自己的行为结果和他人的反应来评估学习效果。

第一，正面反馈的激励作用。当罪犯的行为得到监狱民警的认可和肯定时，他们会感到自己的努力得到了回报，从而增强学习动力和自信心。这种正面反馈可以激发罪犯持续学习的热情，促使他们更加积极地参与社会规范的学习和实践。

第二，负面反馈的挫败影响。相反，如果罪犯的行为受到批评或惩罚，他们可能会感到沮丧和挫败，甚至产生抵触情绪。这种负面反馈会降低罪犯的学习积极性，影响他们的学习效果和未来的行为表现。

二、罪犯规范行为的社会反馈

人类作为由高层次心理机能调控的自我组织系统，其行为和认知的发展深受社会环境的影响。在罪犯社会学习的过程中，这种心理机能的调控作用尤为显著。罪犯通过观察、体会自身社会行为对他人产生的现实影响，不断调整自我判断，进而决定未来的行为取向。这一过程不仅体现了人类行为的可塑性，也揭示了社会反馈在罪犯行为调控中的重要性。

（一）高层次心理机能的调控作用

高层次心理机能，包括认知、情感和意志等，共同构成了人类行为的复杂调控系统。在罪犯社会规范学习的过程中，这一调控系统发挥着至关重要的作用，它不仅影响着罪犯对社会规范的理解与接受程度，还决定着他们如何评估自身行为可能产生的后果，并据此做出适应性的行为选择。

1. 认知的调控作用。认知是罪犯对外部世界的信息进行加工、存储、提取和应用的过程。在罪犯社会规范学习中，认知的调控作用主要体现在以下几个方面。

第一，理解与接受社会规范。罪犯需要通过认知过程来理解社会规范的内涵、要求和意义。这一过程不仅涉及对社会规范字面意义的理解，还包括对其背后价值观、道德观和文化传统的领悟。只有当罪犯真正理解了社会规范，他们才有可能将其内化为自己的行为准则。

第二，评估行为后果。在做出行为选择之前，罪犯需要评估自身行为可能产生的后果。这一过程依赖于他们的认知能力，包括逻辑推理、判断决策和预测未来等方面的能力。通过认知评估，罪犯可以判断自己的行为是否符合社会规范，以及可能带来的正面或负面后果。

第三，调整行为策略。根据认知评估的结果，罪犯需要调整自己的行为策略。如果他们的行为不符合社会规范或可能带来负面后果，那么他们就需要改变自己的行为方式或选择其他更合适的行为策略。

2. 情感的调控作用。情感是个体对外部世界的主观体验和感受。在罪犯社会学习中，情感的调控作用同样不可忽视。它主要体现在以下几个方面：

第一，激发学习动力。积极的情感可以激发罪犯的学习动力，使他们更加愿意参与社会规范的学习和实践。例如，当罪犯感受到社会规范的公正性和合理性时，他们可能会产生积极的情感反应，从而更加努力地学习和遵守这些规范。

第二，调节行为反应。情感还可以调节罪犯的行为反应。在面对社会规范时，如果罪犯产生了消极的情感反应（如愤怒、抵触等），那么他们可能会采取逃避、反抗或破坏等行为方式。相反，如果罪犯产生了积极的情感反应（如认同、尊重等），那么他们可能会更加积极地遵守和执行这些规范。

第三，强化行为记忆。情感还可以强化罪犯对社会规范的行为记忆。当他们在实践中体验到遵守社会规范带来的积极后果时（如受到表扬、获得奖励等），这些积极的情感反应会进一步巩固他们的行为记忆，使他们更加坚定地遵守这些规范。

3. 意志的调控作用。意志是个体在追求目标过程中克服困难和挑战的能力。在罪犯社会规范学习中，意志的调控作用主要体现在以下几个方面。

第一，坚定行为决心。意志可以坚定罪犯遵守社会规范的决心。在面对诱惑或挑战时，他们需要通过意志力来克服内心的矛盾和冲突，坚持自己的正确选择。

第二，克服行为障碍。在遵守社会规范的过程中，罪犯可能会遇到各种困难和障碍。此时，他们需要运用意志力来克服这些障碍，保持行为的连续性和稳定性。

第三，实现行为目标。最终，意志可以帮助罪犯实现遵守社会规范的行为目标。通过坚持不懈的努力和奋斗，他们可以逐渐将社会规范内化为自己的行为习惯和价值观念，从而实现个人的自我完善和社会的和谐发展。

(二) 社会反馈与行为调控

社会反馈在罪犯社会学习过程中扮演着至关重要的角色。它是连接罪犯行为与社会环境之间的桥梁，通过传递关于行为效果和社会评价的信息，引导罪犯不断调整自己的行为和认知，以适应社会环境的要求。

1. 社会反馈的定义与功能。社会反馈是指罪犯在特定社会环境中，通过观察自己的行为结果和他人的反应，所获得的关于自身行为的社会性评价信息。这些信息通常包括正面反馈（如赞扬、奖励）和负面反馈（如批评、惩罚）两种类型。社会反馈的功能在于通过揭示行为的效果和社会评价，社会反馈可以帮助罪犯认识到自己行为的不足之处，从而进行行为上的调整和改进。社会反馈不仅影响罪犯的行为，还影响其对社会规范和价值观的认知。通过接受和理解社会反馈，罪犯可以更新自己的认知体系，以更加符合社会期望的方式思考和行动。正面的社会反馈可以激发罪犯的学习动机和积极性，使他们更加愿意参与社会规范的学习和实践。而负面的社会反馈则可能引发反思和改变的动力，促使罪犯努力改善自己的行为。

2. 社会反馈在罪犯社会规范学习中的作用。在罪犯社会规范学习过程中，社会反馈的作用主要体现在以下几个方面。

第一，行为选择的指导。罪犯通过观察自己的行为结果和他人的反应，可以了解哪些行为是符合社会期望的，哪些行为是不被接受的。这些信息为罪犯提供了行为选择的依据，使他们能够做出更加明智和适应性的决策。

第二，行为习惯的塑造。社会反馈通过反复的作用，可以逐渐塑造罪犯的行为习惯。当罪犯的行为得到社会的认可时，他们会更加倾向于重复这些行为；而当行为受到批评时，他们则会努力避免再次犯错。

第三，社会适应能力的提升。通过接受和理解社会反馈，罪犯可以逐渐提高自己的社会适应能力。他们学会如何根据社会环境的变化调整自己的行为策略，以实现与社会环境的和谐共存。

3. 社会反馈的优化与利用。为了更好地发挥社会反馈在罪犯社会规范学习中的作用，我们可以采取以下措施。

第一，提供及时、明确的社会反馈。社会反馈应该具有及时性和明确性，以便罪犯能够迅速了解自己的行为效果和社会评价。这有助于他们及时调整自己的行为策略，避免错误和困扰。

第二，鼓励正面反馈的使用。正面的社会反馈能够激发罪犯的学习动机和积极性，使他们更加愿意参与社会规范的学习和实践。因此，我们应该尽可能多地使用正面反馈来鼓励罪犯的进步和成就。

第三，引导罪犯正确理解和接受社会反馈。由于罪犯可能对社会反馈存在误解或抵触情绪，我们需要引导他们正确理解和接受社会反馈。通过教育和引导，使他们能够认识到社会反馈的重要性和价值，从而更加积极地参与社会学习过程。

第四节 罪犯社会规范学习的依从

在罪犯的矫正与再社会化过程中，社会规范学习的依从不仅关乎个体的行为改造，更是促进其全面回归社会、减少再犯风险的关键。

一、罪犯社会规范学习的依从特点

在罪犯社会规范学习的过程中，依从作为一种初步的学习态度和行为表现，具有其独特的特点。这些特点不仅反映了罪犯在学习过程中的心理状态和行为模式，也为我们理解其学习进程和制定有效的教育改造策略提供了重要参考。

（一）依从的盲目性

在依从阶段，罪犯往往对社会规范缺乏深入的理解和认识，他们的行为更多是基于外在的指示或要求，而非内心的理解和认同。这种盲目性使得罪犯在遵守规范时可能只是机械地执行，而未能真正领会规范背后的价值和意义。

1. 从众行为的盲目性。从众行为是指个体在群体中受到他人的影响，从而选择跟随大多数人的行为或态度。在罪犯群体中，从众行为尤为常见。罪犯之所以选择从众，往往是因为他们对某种行为的依据缺乏足够的信息或理解，无法形成自己独立的判断和决策。在这种情况下，他们更倾向于接受和模仿他人的行为，以避免与群体产生冲突或被视为异类。然而，这种跟随他人行动的行为依据具有很大的盲目性，因为罪犯可能并没有真正理解和认同所跟随的行为的价值和意义。

2. 服从行为的盲目性。服从行为则是指个体在权威或情境的压力下，选择遵循某种规则或要求的行为。在罪犯的改造和教育过程中，服从行为同样占据重要地位。然而，与从众行为类似，服从行为也具有很大的盲目性。罪犯之所以选择服从，往往是因为他们感受到了权威的压力或情境的紧迫性，而非真正理解和认同所服从的规则或要求的价值和意义。在这种情况下，罪犯的服从行为更像是一种出于安全需要的工具，而非一种基于内心认同和体验的选择。

3. 依从行为的盲从性。由于从众与服从均具有盲目性，因此依从行为也被称为盲从行为或盲从水平的遵从。这种盲从性不仅体现在罪犯对规范学习的初步阶段，也可能贯穿于整个规范学习的过程中。在这种情况下，罪犯的规范学习可能只是一种机械的执行和模仿，而缺乏真正的理解和内化。这种缺乏深入理解和内化的规范学习，不仅难以达到预期的教育效果，还可能引发罪犯的逆反心理和行为。

(二) 依从的被动性

依从阶段的罪犯通常处于被动的地位，他们的学习和行为更多是受到外界压力或权威指令的驱动。这种被动性导致罪犯在社会规范学习过程中缺乏主动性和积极性，难以形成真正的自我反思和内化。

在罪犯社会规范学习的过程中，依从行为的被动性是一个不容忽视的重要特征。这种被动性不仅体现在罪犯的行为表现上，更深入地反映了其内在的心理状态和认知模式。

1. 被动行为的定义与特征。被动行为，顾名思义，是指那些主要依靠外力推动而非内在需要驱动的行为。在罪犯社会规范学习的过程中，依从行为的被动性主要体现在以下几个方面。

第一，外力驱动。罪犯的依从行为往往是在外界压力、权威指令或群体规范等外力的作用下产生的。他们可能并没有真正理解和认同所学习的社会规范，而是出于避免惩罚、获得奖励或融入群体的需要而被迫遵从。

第二，缺乏内在动力。由于罪犯对规范学习的必要性缺乏明确的认识和相应的体验，他们往往缺乏内在的学习动力。这种动力的缺乏使得他们在学习过程中表现出更多的被动性和消极性。

第三，易受外界影响。由于依从行为的被动性，罪犯在学习过程中更容易受到外界因素的影响。他们可能会因为他人的评价、群体的压力或情境的变化而调整自己的行为，而不是基于自己的理解和判断。

2. 被动性与盲目性的关联。依从行为的被动性与行为依据的盲目性之间存在着直接的关联。行为依据的盲目性导致罪犯对规范学习的必要性缺乏明确的认识和相应的体验，从而失去了内在的学习动力。这种动力的缺乏又进一步加剧了依从行为的被动性，使得罪犯在学习过程中更多地依赖于外界因素的推动。具体来说，由于罪犯对规范学习的内在价值缺乏深刻的理解，他们无法从内心深处产生对规范学习的积极态度和动力。因此，在学习过程中，他们更容易受到外界压力、权威指令或群体规范的影响，表现出更多的被动性和消极性。这种被动性和消极性又进一步限制了他们对规范学习的深入理解和内化,从而形成了恶性循环。

(三) 依从的工具性

在某些情况下,罪犯可能会将社会规范视为一种工具或手段,以获取某种利益或避免某种惩罚。这种工具性的态度使得罪犯在遵守规范时可能只关注其表面的效果,而忽视了规范本身的价值和意义。

在探讨罪犯社会规范学习的过程中,我们不仅需要关注其行为的盲目性和被动性,还需要深入理解其行为的内在动因和发生机制。其中,依从行为的工具性是一个重要而常被忽视的特征。

1. 依从行为的工具性定义。依从行为的工具性,指的是罪犯为了满足某种需要(如安全需要)而采取的一种手段或行为方式。这种行为并不是完全基于内心的认同和体验,而是更多地被视为一种获取所需资源或避免潜在危险的工具。

2. 服从行为的工具性。在罪犯群体中,服从行为常常表现为对权威命令及压力的屈从。这种屈从并不是因为罪犯真正理解和认同所服从的规则或要求,而是因为他们害怕违背权威可能带来的现实危险。因此,服从行为在罪犯群体中成了一种取得安全的工具和手段。这种工具性在罪犯的改造和教育过程中尤为明显,他们可能会因为害怕惩罚或失去某些特权而选择服从。

3. 依从行为工具性的内因分析。依从行为的工具性并不是完全由外力推动的,而是与罪犯的内在需要密切相关。从发生机制来看,罪犯之所以选择依从行为,是因为他们认为这种行为能够满足他们的某种需要(如安全需要)。这种需要可能是基于现实生活中的经验、观察或推理得出的。因此,依从行为并不是毫无内因的,而是在主体意识支配控制下发生的一种有意识的行为。

(四) 依从的情境性

依从阶段的罪犯可能会根据具体的情境和条件来调整自己的行为。他们可能会在某些情境下严格遵守规范,而在其他情境下则可能放松要求或甚至违反规范。这种情境性使得罪犯的规范学习变得复杂且不稳定。

在罪犯社会规范学习的过程中,依从行为不仅受到内在因素的影响,还深受外在情境的影响。这种情境性使得依从行为表现出一种"时过境迁"的效应,即随着情境的变化,依从行为也可能随之改变。

1. 情境性的定义与特征。依从行为的情境性指的是其发生和表现依赖于特定的情境或环境。这种情境可能包括实际的压力（如权威命令、群体规范等）或潜在的压力（如社会期望、群体压力等）。在特定的情境下，罪犯可能会表现出依从行为，以满足其维持安全、避免冲突或融入群体的需要。然而，一旦情境发生变化，这种行为也可能随之消失或发生改变。

2. 情境性对依从行为的影响。第一，压力下的服从。在面临实际的压力或威胁时，罪犯可能会选择服从以避免不良后果。这种服从行为往往是为了维护自身的安全和利益，而非基于内心的认同和尊重。因此，当压力或威胁消失时，服从行为也可能随之减弱或消失。

第二，潜在压力下的从众。在没有直接威胁或压力的情况下，罪犯可能会因为担心被视为异类或受到排斥而选择从众。这种从众行为同样是为了满足其维持安全和社会认同的需要。然而，当情境发生变化，如群体规范或社会期望发生改变时，从众行为也可能随之改变。

第三，情境消失后的行为变化。由于依从行为的情境性，当特定情境消失后，罪犯的行为也可能随之发生变化。这种变化可能表现为对原有规范的背离或对新规范的接受。这种变异性和短暂性使得依从行为缺乏稳固性，难以形成持久的规范认同和行为习惯。

二、罪犯社会规范依从的条件

依从分为从众与服从，这两种依从接受水平受制于不同条件。

（一）从众的条件

1. 群体特征。在罪犯群体中，从众行为是一种普遍存在的现象。它不仅是罪犯对群体影响的一种反应，更是其在特定情境下为了维持自身安全和归属感而做出的一种选择。这种选择往往受到一系列群体特征（或情境特征）的深刻影响。

实验研究表明，多数人的一致意见可以构成一种强大的情境压力，这种压力促使个体发生从众行为。在罪犯群体中，这种情境压力尤为显著。当罪犯面对群体的一致意见时，他们往往会感受到一种潜在的压力或暗示，这种压力使得他们担心如果不与群体保持一致，自己就有可能被视为异类、受到排斥或面临其他不利后果。群体特征在塑造情境压力方面起着至关重要的作用。

第一,群体规模。群体规模越大,个体感受到的情境压力往往也越大。因为在大群体中,个体更容易感受到自己的渺小和无力,从而更倾向于遵循群体的一致意见。

第二,群体凝聚力。群体凝聚力越强,个体对群体的认同感和归属感也越强。这种强烈的归属感使得个体更愿意为了维护群体的和谐而做出从众行为。

第三,群体规范。群体规范是群体内部形成的、被所有成员共同接受的行为准则。当个体面临与群体规范不一致的意见时,他们往往会感受到来自群体的压力,从而选择从众。

第四,群体意见的一致性。群体意见的一致性程度越高,个体感受到的情境压力也越大。因为一致的意见往往被视为正确和合理的,个体为了避免被视为错误或不合群,更倾向于选择从众。

情境压力不仅影响罪犯的从众行为,还可能对他的其他行为产生深远影响。例如,在面临强大的情境压力时,罪犯可能会放弃自己的独立思考和判断,盲目追随群体的意见和行为。这种盲目从众可能导致他们做出错误的选择,甚至走上违法犯罪的道路。

2. 个体特性。在探讨罪犯从众行为时,我们不仅要关注群体特性(情境特性)对他们的直接影响,还需深刻认识到同一情境下同一群体特性对不同个体产生的差异性影响。这种差异性揭示了从众行为的发生并不仅仅取决于群体压力,还受到一系列个人特性的深刻影响。

尽管群体特性在塑造情境压力、影响从众行为方面起着重要作用,但个体间的差异使得个体在同一情境下的反应并不完全一致。这种差异性可能源于个体的性格特征、价值观、社会经验、心理状态等多个方面。

第一,性格特征。罪犯的性格特征,如内向或外向、自信或自卑等,会显著影响其从众倾向。例如,内向且自卑的个体在面对群体压力时可能更容易选择从众,以寻求归属感和安全感;而外向且自信的罪犯则可能更倾向于坚持自己的意见和判断。

第二,价值观。罪犯的价值观决定了其对事物重要性的评价和取舍。当罪犯的价值观与群体意见一致时,他们可能更容易表现出从众行为;而当价值观与群体意见冲突时,他们则可能坚守自己的立场。

第三,社会经验。罪犯的社会经验也会影响其从众行为。经验丰富的罪犯可能更能识别和应对群体压力，从而做出更为明智的选择；而缺乏经验的罪犯则可能更容易受到群体压力的影响。

第四，心理状态。罪犯的心理状态同样对从众行为产生重要影响。当罪犯处于焦虑、恐惧或无助等负面情绪状态时，他们可能更容易受到群体压力的影响而选择从众；而当罪犯处于积极、自信或平静的心理状态时，他们则可能更有勇气坚持自己的立场。

（二）服从的条件

作为依从行为之一的服从本身，是在外力作用下维持自身基本需要的一种工具性行为，是对外在压力的一种反应。外在压力是诱发服从行为的根本原因。

服从行为，作为依从行为的一种表现形式，其核心在于罪犯在外力作用下，为了维持自身的基本需要而采取的一种工具性行为。这种行为本质上是对外在压力的一种直接反应，其发生和维持均受到外在压力的深刻影响。

外在压力是诱发服从行为的根本诱因。这种压力可能来自权威机构的命令、社会规范的约束、群体期望的压力等多个方面。在罪犯群体中，服从行为往往是对监狱管理制度、法律法规或群体规范等外在压力的直接回应。

第一，权威机构的命令。在监狱环境中，权威机构的命令是诱发服从行为的主要因素之一。罪犯为了遵守监规纪律、获得减刑假释等利益，通常会选择服从监狱民警的命令和指示。

第二，社会规范的约束。尽管罪犯处于特殊的社会地位，但他们仍然受到社会规范的影响。这些规范可能来自社会文化、道德观念或法律法规等方面。为了在社会中保持一定的地位和尊严，罪犯也会选择服从这些规范。

第三，群体期望的压力。在罪犯群体中，个体往往会受到来自群体的期望和压力。为了融入群体、避免被排斥或孤立，罪犯可能会选择服从群体的意见和行为准则。

虽然服从行为是对外在压力的一种直接反应，但其背后也隐藏着复杂的心理机制和社会因素。例如，个体对权威的信任程度、对规范的认同程度、自身的价值观和道德观念等都会影响其服从行为的发生和维持。

（三）依从的状态

在罪犯的改造与教育过程中，社会规范学习是其不可或缺的一环。然而，这种学习过程并非总是顺利或深入的，其中"依从"阶段作为社会规范学习的初期表现，具有其特定的特点和局限性。

1. 表面接受规范。在依从阶段，罪犯首先表现出的是对社会规范的表面接受。这种接受往往是在外界压力或权威指令下产生的。在监狱环境中，罪犯面临着严格的监狱管理规定和教育改造要求。这些规定和要求构成了他们必须遵守的监狱规范。在外界压力和权威指令的驱使下，罪犯可能会选择表面接受这些规范。

虽然罪犯在表面上接受了社会规范，但这并不意味着他们真正理解了规范的深层含义。表面接受往往是一种策略性行为，旨在避免惩罚或获得某种利益。

罪犯可能会选择表面接受规范，以换取监狱民警的信任和优待，或者为了获得减刑、假释等利益。这种行为并非出于内心的认同和尊重，而是出于实用主义的考虑。由于罪犯可能并未真正理解规范的深层含义，他们可能会在实践中出现偏差或误解。这种偏差或误解可能导致他们无法真正融入社会，甚至可能再次走上违法犯罪的道路。

2. 行动符合要求。在罪犯表面接受社会规范的基础上，他们的行动会逐渐符合社会规范的要求。这种符合体现在日常行为的改变上，如按时作息、整理个人卫生、积极参与集体活动等。然而，这种行动上的改变往往是外在的、表面的，尚未触及到罪犯的内心深处。

第一，行动上的外在改变。罪犯在行动上开始遵守监狱的各项规定，如按时起床、就餐、休息、整理个人卫生、保持环境整洁等。这些日常行为的改变是表面接受规范后最直观的表现。罪犯开始积极参与监狱组织的各种集体活动，如教育讲座、技能培训、体育比赛等。这种参与不仅有助于他们融入集体，还能在一定程度上减轻心理压力，提高生活质量。

第二，内心触动的缺失。尽管罪犯在行动上符合了社会规范的要求，但这种改变往往是外在的、表面的。他们可能并未真正理解和认同这些规范，而是出于避免惩罚或获得某种利益的目的而采取行动。因此，这种改变并未触及到罪犯的内心深处，他们可能仍然缺乏对规范的深刻理解和认同。

第三，潜在的心理机制。罪犯可能因害怕受到惩罚或失去某种利益而选择遵守规范。这种恐惧与逃避心理是他们在行动上改变的主要动力之一。在集体环境中，罪犯可能受到其他囚犯的影响，选择跟随大多数人的行为模式，以避免被视为异类或受到排斥。随着时间的推移，罪犯可能逐渐养成遵守规范的习惯。这种习惯虽然有助于他们在监狱中的生活，但并不一定代表他们真正认同这些规范。

3. 缺乏深层认识。依从阶段的显著特点是罪犯对社会规范缺乏深层认识。他们可能只是机械地执行规范，而未能理解其背后的价值和意义。这种缺乏深层认识的状态，使得罪犯在面对复杂或冲突情境时，可能难以做出正确的判断和选择。

第一，缺乏深层认识的表现。罪犯在依从阶段往往只是机械地执行社会规范，而没有深入理解其背后的价值和意义。他们可能只是出于避免惩罚或获得某种利益的目的而遵守规范，而非出于内心的认同和尊重。由于对社会规范缺乏深层认识，罪犯在面对复杂或冲突情境时，可能缺乏批判性思维能力。他们可能无法从多个角度审视问题，难以权衡利弊，从而做出正确的判断和选择。

第二，深层认识缺失的影响。由于缺乏深层认识，罪犯在执行社会规范时可能缺乏积极性和主动性。他们可能只是被动地遵守规范，而非主动地去理解和实践。这种态度可能导致规范执行不力，甚至产生抵触和反抗情绪。由于对社会规范缺乏深层认识，罪犯在面对不良诱惑或挑战时可能更容易受到负面影响。他们可能无法正确判断行为的后果和影响，从而做出错误的选择。缺乏对社会规范的深层认识可能导致罪犯在出狱后难以融入社会。他们可能无法理解和适应社会的规则和习惯，从而在社会中感到困惑和不安。

4. 抵触情绪。在罪犯的依从阶段，由于学习往往带有强制性，他们可能会产生抵触情绪。这种抵触情绪不仅表现为对规范的不满，还可能包括对管理者的不满，甚至是对整个改造过程的抗拒。抵触情绪的存在，无疑会阻碍罪犯对社会规范的深入学习和内化，进而影响其改造效果。

第一，抵触情绪的表现。罪犯可能因不理解或不接受某些社会规范而产生不满情绪。他们可能认为这些规范过于苛刻或不公平，从而心生抵触。在强制性的学习过程中，罪犯可能会觉得管理者过于严厉或缺乏人情味，从而产生不满和反感。这种不满情绪可能进一步加剧他们对整个改造过程的抗拒。抵触情绪严重时，罪犯可能会对整个改造过程产生抗拒心理。他们可能认为改造是无意义的，甚至可能产生反社会倾向，进一步增加管理难度和改造成本。

第二，抵触情绪的影响。抵触情绪会严重影响罪犯对社会规范的学习进程。他们可能不愿意主动学习,甚至可能故意违反规范以表达不满。抵触情绪还会阻碍罪犯对社会规范的内化过程。即使他们表面上遵守规范,但内心可能仍然持有抵触态度,无法真正认同和接受这些规范。抵触情绪的存在会增加监狱管理者的管理难度。罪犯可能更加难以管教,甚至可能引发冲突和暴力事件。

(四)规范内化初级阶段

尽管依从阶段的学习存在诸多局限性,但它仍然是规范内化的初级阶段。在这个阶段,罪犯通过反复执行规范,逐渐在行为上形成了对规范的依赖和习惯。这种依赖和习惯为后续的规范内化打下了基础。规范内化是一个逐步深入的过程,其中初级阶段的依从对于后续的内化至关重要。

1. 依从阶段的特点与意义。在规范内化的初级阶段,即依从阶段,罪犯主要通过反复执行规范来形成对规范的基本认知和遵守。这一阶段的特点主要体现在以下几个方面。

第一,行为的反复执行。罪犯在这一阶段需要不断重复执行规范,通过实践来加深对规范的理解和记忆。

第二,依赖与习惯的形成。随着规范执行的次数增加,罪犯会逐渐形成对规范的依赖和习惯,这种依赖和习惯是后续规范内化的基础。

第三,初步的自我约束。在依从阶段,罪犯开始尝试通过规范来约束自己的行为,虽然这种约束可能还不够稳定和深入,但它标志着罪犯开始意识到规范的重要性。

尽管依从阶段存在诸多局限性,如缺乏真正的内心认同和自觉遵守,但它仍然是规范内化不可或缺的一部分。通过这一阶段的反复实践,罪犯能够逐步建立起对规范的初步认知,为后续的内化阶段打下基础。

2. 依从阶段向内化阶段的过渡。从依从阶段向内化阶段的过渡,是一个由外而内、由浅入深的过程。在这一过程中,罪犯需要经历以下几个关键步骤。

第一,认知深化。随着规范执行的持续,罪犯对规范的理解会逐渐深入,从最初的表面理解到逐渐领悟其背后的价值和意义。

第二,情感认同。在认知深化的基础上,罪犯会对规范产生情感上的认同,开始真正感受到规范对于个人成长和社会和谐的重要性。

第三,自觉遵守。当罪犯对规范产生真正的内心认同后,他们会自觉遵守规范,不再需要外界的监督和提醒。

(五) 思想情感被动

在依从阶段,罪犯的思想和情感往往是被动的。他们可能缺乏主动学习和探索的意愿,对规范的学习和接受更多是出于外在压力而非内在动力。在规范内化的依从阶段,罪犯的思想和情感状态往往呈现出被动性,这是该阶段的一个重要特征。

1. 被动性的表现。第一,缺乏主动学习意愿。在依从阶段,罪犯往往缺乏主动学习和探索规范的意愿。他们可能只是被动地接受外界强加给他们的规范,而没有真正地去理解、思考这些规范背后的意义和价值。

第二,外在压力驱动。罪犯对规范的学习和接受更多是出于外在压力,如监狱管理制度、法律制裁等。这些外在压力迫使他们不得不遵守规范,以避免受到惩罚或制裁。

第三,情感上的抵触。由于缺乏内在动力,罪犯在情感上可能对规范产生抵触情绪。他们可能觉得这些规范是束缚和限制,而不是帮助他们成长和进步的助力。

2. 被动状态的影响。第一,限制学习进步。被动状态会限制罪犯在社会规范学习上的进步。他们可能只是机械地遵守规范,而无法深入理解其背后的原理和逻辑,从而无法将规范内化为自己的价值观和行为准则。

第二,影响改造效果。在改造过程中,如果罪犯始终处于被动状态,那么他们的改造效果可能会大打折扣。他们可能只是表面上遵守规范,而内心并没有真正接受和认同这些规范,从而无法真正实现自我改变和成长。

第三,增加再犯风险。被动遵守规范可能导致罪犯在出狱后更容易再犯。因为他们没有真正理解和接受规范,所以在面对诱惑或挑战时更容易放弃遵守规范,从而走上再次违法的道路。

3. 行为逐渐接近社会规范。随着依从阶段的持续深入,罪犯的行为确实会逐渐向社会规范靠拢,这一变化不仅体现在他们的日常行为上,还可能逐步渗透到他们的价值观念、思维方式等更深层次。尽管这一初期的接近可能显得较为表面和初步,但它无疑为罪犯后续的改造与再社会化进程奠定了重要的基础。

第一,行为上的接近。在依从阶段,罪犯通过不断重复遵守社会规范的行为,逐渐形成了对这些行为模式的习惯与依赖。这种习惯化的行为方式使得他们在日常生活中的言行举止越来越符合社会规范的要求。无论是遵守监规纪律、参与劳动改造，还是在与他人交往中展现出的礼貌与尊重，都是他们行为接近社会规范的具体体现。

第二，价值观念上的接近。随着行为的逐渐规范，罪犯在价值观念上也可能开始发生变化。他们可能开始认识到遵守社会规范的重要性，以及这些规范对于维护社会秩序、促进个人成长和进步所起到的积极作用。这种认识上的转变可能促使他们开始反思自己的过去，进而产生对新的、更符合社会主流价值观的生活方式的向往。

第三，思维方式上的接近。在思维方式上，罪犯也可能逐渐接近社会规范所倡导的模式。他们可能开始学会用更理性、更客观的态度来看待问题，不再局限于自己过去的狭隘视角。这种思维方式的转变有助于他们更好地融入社会，理解并接受他人的观点与行为，从而在与他人的互动中建立起更加和谐、稳定的关系。

第四，为进一步改造和再社会化提供可能。尽管依从阶段的行为接近可能是初步的、表面的，但它为罪犯的进一步改造和再社会化提供了重要的契机。通过这一阶段的努力，罪犯可以逐渐建立起对社会规范的认同感和归属感，为后续的深入改造和全面再社会化打下坚实的基础。

(六) 品德建立起点

依从阶段虽然是社会规范学习的初级阶段，但它也是品德建立的起点。通过反复执行规范，罪犯逐渐学会了遵守规则、尊重他人、承担责任等基本的道德品质。这些品质为后续的道德教育和品德塑造提供了重要的基础。

1. 依从阶段与品德建立的关系。在依从阶段，罪犯通过反复执行社会规范，逐渐形成了遵守规则的习惯。这种习惯化的行为模式是他们品德建立的起点，为后续的道德教育和品德塑造提供了基础性的支撑。通过遵守规则，罪犯逐渐学会了尊重他人、承担责任等基本的道德品质。这些品质是他们融入社会、与他人和谐相处所必需的，也是他们实现自我价值和成长的重要基石。

2. 依从阶段对后续道德教育和品德塑造的影响。依从阶段为罪犯奠定了基本的道德基础，使他们能够理解和接受道德规范的重要性。这为他们后续接受更深入的道德教育和品德塑造提供了可能。在依从阶段形成的遵守规则、尊重他人等品质，有助于罪犯在后续的教育过程中更好地理解和内化道德规范。这些品质将成为他们内心深处的信念和准则,指导他们在日常生活中做出正确的选择。通过依从阶段的实践,罪犯可以逐渐认识到道德规范对于个人成长和社会和谐的重要性。这种认识将增强他们对道德的认同感,使他们在后续的教育和生活中更加积极地践行道德规范。

第五节 罪犯社会规范的认同

认同是一种复杂的社会现象。《辞海》中所写:"认同,在社会学中泛指个人与他人有共同的想法。人们在交往过程中,为他人的感情和经验所同化,或者自己的感情和经验足以同化他人,所产生内心的默契。"规范认同属于社会认同的范畴。

罪犯社会规范认同,是罪犯在改造与再社会化过程中,对社会主流价值观、法律法规、道德规范等形成的积极认知与接受态度。这种认同不仅关乎罪犯个体的心理健康与行为矫正,更是其顺利融入社会、成为守法公民的重要前提。

一、罪犯社会规范认同的类型

罪犯社会规范认同,是罪犯在经历改造与再社会化后深刻转变的过程,这一过程不仅仅是其外在行为的改变,更是内心世界的重塑,对于罪犯的个体成长、行为矫正以及顺利融入社会具有深远的意义。

(一)国家认同

国家认同是罪犯社会规范认同的首要基石。在罪犯社会规范认同的复杂体系中,国家认同占据着举足轻重的地位,它是罪犯重新融入社会、成为有益成员的首要前提。国家认同不仅要求罪犯在形式上接受国家的存在,更需从内心深处认识到自己是国家不可分割的一部分,对国家的历史、文化、价值观等产生深刻的认同感,并愿意为国家的发展与进步贡献自己的力量。

1. 国家认同的内涵。罪犯应了解并尊重国家的历史发展脉络,认识到自己在国家历史长河中的位置与责任。文化是国家的灵魂,罪犯需认同并传承国家的文化传统,包括语言文字、艺术形式、风俗习惯等,这是增强民族凝聚力的重要途径。国家的核心价值观是指导社会行为、塑造民族精神的灯塔。罪犯应认同并践行这些价值观,如爱国主义、集体主义、公平正义等,以形成正确的道德观念和行为准则。罪犯应认识到自己作为国家公民的责任与使命，愿意通过自身的努力，为国家的发展与进步贡献力量。

2. 国家认同的意义。国家认同的培养对于罪犯的个体成长和社会融入具有深远的意义。国家认同可以使罪犯感受到自己是国家大家庭的一员，增强了其归属感和责任感，有助于他们形成积极向上的生活态度。当罪犯对国家产生强烈的认同感时，他们会更加自觉地遵守国家的法律法规，纠正不良行为，成为守法公民。国家认同有助于罪犯更好地理解和接受社会主流文化，减少与社会的隔阂与冲突，促进其顺利融入社会。国家认同能够激发罪犯的爱国情怀，使其更加珍视国家荣誉，愿意为国家的繁荣富强贡献自己的力量。

（二）民族认同

民族认同是罪犯社会规范认同的重要支柱。在罪犯社会规范认同的构建中，民族认同作为不可或缺的一部分，发挥着至关重要的作用。它不仅是罪犯个体身份认知的重要组成部分，更是促进民族团结、维护社会和谐的重要力量。民族认同强调罪犯应深刻认识并珍视自己的民族身份，尊重并传承本民族的文化传统和习俗，从而增强民族自豪感和凝聚力。

1. 民族认同的内涵。民族认同是指个体对自己所属民族的归属感、认同感和自豪感。在罪犯社会规范认同的语境下，它要求罪犯明确并认同自己的民族归属，认识到自己是中华民族大家庭中的一员。对本民族的文化传统、风俗习惯、宗教信仰等保持尊重，并愿意学习和传承。理解并践行本民族的核心价值观和精神特质，如勤劳勇敢、团结互助、自强不息等。

2. 民族认同的意义。民族认同使罪犯能够正视自己的民族身份，认识到本民族的优秀文化和历史贡献，从而增强民族自豪感和自信心。当罪犯对自己的民族产生认同感时，他们更容易理解和尊重其他民族的文化和习俗，有助于减少民族间的误解和冲突，促进民族团结。民族认同的培养有助于构建一个多元共存、和谐发展的社会环境。罪犯在认同自己民族的同时，也能理解和接纳其他民族，共同为社会的和谐稳定贡献力量。民族认同不仅关乎文化传承和民族团结，还能激发罪犯的奋斗精神和创造力，为其个体成长和未来发展提供动力。

（三）文化认同

文化认同是罪犯社会规范认同的深层内涵。在罪犯社会规范认同的构建中，文化认同占据着至关重要的地位。它不仅是罪犯个体融入社会、实现再社会化的重要桥梁,更是促进社会和谐、增强民族凝聚力的重要力量。文化认同要求罪犯认同并尊重社会主流文化,包括语言、文字、艺术形式、价值观念等多个方面,旨在提升罪犯的文化素养和审美能力,促进其形成健康向上的生活态度。

1. 文化认同的内涵。文化认同是指个体对特定文化群体及其价值观的归属感、认同感和自豪感。在罪犯社会规范认同的语境下,文化认同要求罪犯熟悉并熟练使用社会主流语言,理解并尊重文字作为文化传承的重要载体。了解并欣赏社会主流艺术形式,如音乐、舞蹈、戏剧、绘画等,培养审美情趣。认同并践行社会主流价值观念,如诚信、友善、公正、法治等,形成正确的道德观念和行为准则。

2. 文化认同的意义。文化认同使罪犯能够接触到更广泛的文化知识,提升自身的文化素养和审美能力,为未来的社会生活打下坚实基础。通过学习和接纳社会主流文化,罪犯能够更好地适应社会环境,减轻心理压力,促进心理健康。文化认同有助于罪犯树立正确的世界观、人生观和价值观,引导其形成健康向上的生活方式,远离不良诱惑。文化认同使罪犯能够更好地融入社会,增强社会适应能力,为顺利回归社会、实现自我价值创造有利条件。

(四)政党认同

政党认同是罪犯社会规范认同的政治基础。在特定社会背景下,政党认同作为罪犯社会规范认同的重要组成部分,对于引导罪犯形成正确的政治观念、增强社会责任感具有重要影响。政党认同要求罪犯了解并认同国家的政治制度与政党制度,认识到政党在推动国家发展、维护社会稳定方面的重要作用,从而培养其政治意识和社会责任感。

1. 政党认同的内涵。政党认同是指个体对某一政党及其所代表的政治理念、价值观念的认同感和归属感。在罪犯社会规范认同的语境下,政党认同要求罪犯熟悉并理解国家的政治制度,包括宪法、法律、选举制度等,认识到政党在政治体系中的地位和作用。了解并认同主要政党的政治理念、价值观念和奋斗目标,认识到政党在推动国家发展、维护社会稳定中的积极作用。培养正确的政治观念,了解国家大事,关心社会动态,形成积极参与社会政治生活的意识。

2. 政党认同的意义。政党认同使罪犯能够更深入地了解国家政治制度,认识到自己作为公民的政治责任和义务,增强其政治意识。通过了解政党在推动国家发展、维护社会稳定方面的重要作用，罪犯能够认识到自己作为社会成员的责任，增强其社会责任感。政党认同有助于形成稳定的社会政治环境，减少社会冲突和矛盾，为罪犯顺利回归社会创造有利条件。政党认同能够引导罪犯形成正面的政治价值观念，如爱国主义、集体主义、法治精神等，有助于其个体成长和社会融入。

（五）制度认同

制度认同是罪犯社会规范认同的基石。在罪犯社会规范认同的构建中，制度认同扮演着至关重要的角色。作为关键一环，制度认同不仅要求罪犯认同并遵守国家的各项制度，包括法律制度、教育制度等，而且通过这一过程，能够显著增强罪犯的规则意识和法律意识，促进其自觉遵守社会规范，为顺利回归社会奠定坚实基础。

1. 制度认同的内涵。制度认同是指个体对国家制定的各项制度、规章、政策的认知、接受和遵从。在罪犯社会规范认同的语境下，制度认同具体体现在了解并认同国家的法律体系，认识到法律的权威性和不可违抗性，自觉遵守法律法规。认识到教育对于个人成长和社会发展的重要性，尊重教育权利，愿意通过教育提升自己的知识和技能。了解并认同社会保障制度的目的和功能，认识到社会保障对于维护社会稳定和个人福祉的作用。

2. 制度认同的意义。制度认同使罪犯能够深刻理解社会规范的重要性，认识到规则对于维护社会秩序和个人权益的作用，从而自觉遵守社会规范。通过制度认同，罪犯能够增强法律意识，认识到法律是维护社会公平正义、保护个人权益的重要工具，自觉遵守法律法规。制度认同有助于罪犯形成正确的世界观、人生观和价值观，促进其个体成长和全面发展。制度认同能够增强社会成员对制度的信任和支持，减少社会冲突和矛盾，维护社会稳定和谐。

（六）法律认同

法律认同是罪犯社会规范认同的核心要素。在法律与社会秩序的框架下，法律认同作为罪犯社会规范认同的核心内容，扮演着至关重要的角色。它要求罪犯深刻认识并尊重法律的权威性和不可违抗性，自觉遵守法律法规，积极维护社会公正与秩序。法律认同的培养不仅能够提升罪犯的法律素养和法治观念，更有助于其成为遵纪守法、对社会有益的公民。

1. 法律认同的内涵。法律认同是指个体对法律体系、法律原则和法律制度的深刻理解和自觉遵从。在罪犯社会规范认同的语境下，法律认同要求罪犯明确法律是维护社会秩序、保障公民权利的重要工具，具有至高无上的权威性。自觉遵守国家的法律法规，将法律作为指导自己行为的准则，不违法乱纪。尊重法律尊严，认识到法律面前人人平等，任何违反法律的行为都将受到应有的制裁。

2. 法律认同的意义。法律认同使罪犯能够深入了解法律体系，掌握基本的法律知识，提升其法律素养和法治观念。通过法律认同，罪犯能够自觉遵守法律法规，减少违法行为，为社会稳定和谐贡献力量。法律认同有助于罪犯认识到法律在维护社会公正和公民权利方面的重要作用，增强其社会责任感和正义感。法律认同能够引导罪犯形成正确的价值观和行为准则，促进其个体成长和全面发展，成为对社会有益的公民。

（七）社会角色认同

社会角色认同是罪犯社会规范认同的关键体现。在罪犯社会规范认同的构建过程中，社会角色认同是不可或缺的一环。它要求罪犯在改造过程中，逐步明确并认同自己在社会中的角色定位，如家庭成员、劳动者、公民等，并主动承担起与之相应的责任和义务。社会角色认同的培养不仅能够增强罪犯的社会适应能力和责任感，还能为其顺利融入社会、实现再社会化奠定坚实基础。

1. 社会角色认同的内涵。社会角色认同是指个体对自己在社会中所扮演角色的认知、接受和践行。在罪犯社会规范认同的语境下，社会角色认同要求罪犯认识到自己在家庭、社会、职业等不同领域中的具体角色，如子女、配偶、父母、公民等。明确并承担与角色定位相对应的责任和义务，如赡养老人、抚养子女、努力工作、遵守法律等。在日常生活中，以实际行动践行角色要求，展现出符合社会期待的行为模式。

2. 社会角色认同的意义。社会角色认同使罪犯能够更清晰地认识自己在社会中的位置，理解并适应不同的社会规范，增强其社会适应能力。通过明确角色责任，罪犯能够认识到自己的行为对家庭、社会的影响，从而增强其责任感和使命感。社会角色认同有助于罪犯在改造过程中形成正确的价值观和行为准则，为其顺利融入社会、实现再社会化创造有利条件。当罪犯能够认同并践行自己的社会角色时，他们能够更好地融入社会，与其他社会成员形成共同的价值观念和行为准则，从而增强社会的凝聚力和稳定性。

(八) 道德认同

道德认同是罪犯社会规范认同的至高追求。在罪犯社会规范认同的深层次构建中，道德认同无疑占据了至高无上的地位。它不仅是罪犯个体品德修养的集中体现，更是其社会规范认同的最高境界。道德认同要求罪犯深刻认同并自觉践行社会主流道德规范，如诚实守信、尊老爱幼、公平正义等，以此提升个人的道德品质和人格魅力，促进其形成健康向上、积极向善的人格特质。

1. 道德认同的内涵。道德认同是指个体对社会主流道德规范的深刻理解和自觉遵从。在罪犯社会规范认同的语境下，道德认同要求罪犯深刻认识到诚实守信、尊老爱幼、公平正义等社会主流道德规范的重要性，将其视为指导自己行为的准则。在日常生活中，以实际行动践行道德规范，如诚实守信地对待他人，尊重并关爱老人和儿童，维护社会公平正义等。将道德规范内化于心，形成稳定的道德观念和价值体系，成为指导自己思想和行为的内在动力。

2. 道德认同的意义。道德认同使罪犯能够自觉践行道德规范，不断提升个人的道德品质，形成健康向上的人格特质。通过践行道德规范，罪犯能够展现出积极向上、善良正直的品格，从而增强其人格魅力，赢得他人的尊重和信任。道德认同有助于罪犯形成正确的世界观、人生观和价值观，促进其个体成长和全面发展，为未来的社会生活奠定坚实基础。当罪犯能够认同并践行道德规范时，他们能够更好地融入社会，与其他社会成员形成共同的价值观念和行为准则，从而维护社会的和谐稳定。

二、罪犯社会规范认同的特点

罪犯社会规范认同是罪犯在社会化过程中，逐渐接受并内化社会所公认的行为准则、价值观念和道德标准的过程。这一过程不仅关乎他们行为的一致性，也反映了监狱与社会的稳定与和谐。以下是社会规范认同的几个关键特点。

(一) 主观自觉接受性

罪犯社会规范认同的首要特点是主观自觉接受性。在探讨罪犯社会规范认同的过程中，我们不得不强调其首要特点——主观自觉接受性。这一特点揭示了罪犯并非在外在强制力的压迫下被动地遵守社会规范，而是基于他们自身的理解和认同，主动接受并内化这些规范。这种自觉接受性不仅体现了罪犯在社会化过程中的主动性和能动性，还深刻影响了他们的行为模式和价值观念。

主观自觉接受性意味着罪犯在内心深处对社会规范产生了共鸣和认同。他们认识到这些规范不仅是社会运行的基石，也是个体行为的重要指导。因此，他们愿意主动遵守这些规范，将其视为自己的行为准则。这种认同并非一蹴而就，而是经过长时间的教育改造、心理引导和社会实践逐渐形成的。

在罪犯社会规范认同的过程中，主观自觉接受性起到了至关重要的作用。它使得罪犯能够更深入地理解社会规范的意义和价值，从而增强他们的遵守意愿和执行力。同时，这种自觉接受性也有助于提升罪犯的自我认知和自我调节能力，使他们在面对诱惑和挑战时能够坚守原则，做出正确的行为选择。

此外，主观自觉接受性还体现了罪犯在社会化过程中的主动性和能动性。他们不再是被动的接受者，而是积极的参与者和创造者。他们通过自己的努力和行动，不断地完善自己的行为规范，提升自己的社会适应能力。这种主动性和能动性不仅有助于罪犯顺利回归社会，也为社会的和谐稳定做出了贡献。

（二）群体一致性

在探讨罪犯社会规范认同时，我们不能忽视其群体一致性的特征。这一特点揭示了罪犯在特定社会群体中，如何形成共同的行为准则和价值观念，并如何通过这些准则和观念来增强群体的凝聚力和稳定性。

在监狱环境中，罪犯作为一个特殊的群体，往往会形成自己的行为规范和社会准则。这些规范可能源于监狱文化、狱友间的相互影响，或者是对外部社会规范的某种扭曲或内化。无论其来源如何，当罪犯认同这些规范时，他们会在行为上表现出与群体一致的特征。

这种群体一致性体现在多个方面。首先，罪犯可能会形成共同的行为准则，如遵守监规纪律、尊重狱友等。这些准则不仅规范了罪犯在监狱内的行为，也促进了他们之间的相互理解和信任。其次，罪犯还可能形成共同的价值观念，如对自由、公正和尊严的追求。这些价值观念不仅体现了罪犯对外部社会的向往，也构成了他们内部群体认同的重要组成部分。

当罪犯认同这些社会规范时，他们会感到自己与群体紧密相连，从而增强群体的凝聚力和稳定性。这种凝聚力不仅有助于罪犯在监狱内形成互助合作、共同面对困境的氛围，也为他们未来的社会适应和回归社会提供了重要的心理支持。

然而，我们也必须看到，罪犯社会规范认同的群体一致性并非完全正面。在某些情况下，这种一致性可能导致罪犯形成对外部社会的偏见和排斥，甚至加剧其反社会倾向。因此，在监狱教育和改造过程中，我们需要引导罪犯形成正确的社会规范认同，帮助他们理解并接受外部社会的价值观和行为准则，以促进其顺利回归社会。

（三）动态发展性

社会环境的变化是罪犯社会规范认同动态发展的主要驱动力之一。随着社会的不断进步和发展，新的社会现象、价值观念和行为规范不断涌现，这些变化对原有的社会规范构成了挑战，也促使罪犯对社会规范进行重新审视和评估。例如，随着科技的发展，网络犯罪、数字货币等新型犯罪形式层出不穷，这就要求罪犯在理解和认同社会规范时，必须考虑到这些新的社会现象。

个体经验的积累同样对罪犯社会规范认同的动态发展起着重要作用。在监狱生活中，罪犯通过与其他狱友的交流、参加教育改造活动以及反思自己的犯罪行为，不断积累新的经验和知识。这些经验不仅丰富了罪犯对社会规范的理解，也促使他们不断调整自己的价值观念和行为准则。

这种动态发展性可能表现为多种形式。一方面，罪犯可能对原有的社会规范有了更深的理解和认同，从而更加自觉地遵守这些规范。另一方面，随着新规范的出现，罪犯也可能逐渐接纳并内化这些新规范，使之成为自己行为的新准则。此外，对于某些过时或不合理的社会规范，罪犯可能会表示怀疑或提出挑战，从而推动社会规范的更新和完善。

罪犯社会规范认同的动态发展性不仅有助于罪犯更好地适应社会环境的变化，也为其提供了自我成长和进步的机会。通过不断调整和完善自己的行为准则和价值观念，罪犯可以逐渐摆脱犯罪的思维模式和行为习惯，为未来适应和回归社会打下坚实的基础。

同时，我们也应认识到，罪犯社会规范认同的动态发展性也对监狱管理和教育改造工作提出了新的挑战。监狱管理者需要密切关注社会环境的变化和罪犯个体经验的积累，及时调整教育改造策略和方法，以更好地引导罪犯形成正确的社会规范认同。

(四) 行为指导性

罪犯社会规范认同对其行为具有显著的指导性作用。当罪犯认同并内化某项社会规范时，这一规范便成为他们行动的指南，引导他们在不同情境下做出符合社会期望的行为选择。这种指导性不仅对于维护社会秩序和稳定至关重要，同时也促进了罪犯个体在社会中的适应与发展。

首先，从维护社会秩序和稳定的角度来看，罪犯社会规范认同的指导性作用体现在多个层面。在监狱环境中，罪犯若能认同并遵守监规纪律，这将直接减少违规行为和冲突事件的发生，从而维护监狱内部的秩序和安全。更重要的是，当罪犯将这种规范认同延伸到回归社会后，他们会更加自觉地遵守法律法规，减少违法犯罪行为，这对于维护社会的整体秩序和稳定具有深远影响。

其次，从促进个体在社会中的适应与发展的角度来看，罪犯社会规范认同同样发挥着积极作用。通过认同社会规范，罪犯能够更好地理解并融入社会环境，形成符合社会期望的行为模式和价值观念。这不仅有助于他们在回归社会后更快地找到属于自己的位置，减少因文化差异或行为规范不同而产生的冲突和困惑，还为他们提供了明确的行为准则和道德指引，使他们在面对各种选择时能够做出更加明智和负责任的决定。

此外，罪犯社会规范认同的指导性作用还体现在促进个体自我提升和成长方面。在认同并遵守社会规范的过程中，罪犯需要不断反思和调整自己的行为，这本身就是一种自我学习和成长的过程。通过不断地适应和内化新的社会规范，罪犯可以逐渐摆脱原有的不良行为模式和思维惯性，培养出更加健康、积极的生活方式和人生态度。

(五) 强制与自愿并存

社会规范作为社会秩序的基石，往往通过法律、制度等多种方式对个体行为进行约束，这种强制性确保了社会的基本稳定和有序。然而，在罪犯社会规范认同的过程中，除了这种外在的强制约束外，还存在着个体基于自身理解和认同的自愿接受。

一方面，社会规范通过法律、制度等外在形式对个体行为进行强制约束。这种强制力是维护社会秩序、保障公共安全的重要手段。在监狱环境中，监规纪律等规范更是对罪犯行为的具体要求和限制，以确保监狱的安全运行和罪犯的改造教育。这种外在的强制力对于罪犯来说，是一种必须遵守的底线，是他们融入社会、重新做人的前提。

另一方面，罪犯社会规范认同也包含着自愿的成分。尽管社会规范具有强制性，但个体是否真正接受并内化这些规范，却取决于他们自身的理解和认同。罪犯在监狱生活中，通过教育、反思和与其他狱友的交流，逐渐认识到社会规范的重要性，从而自愿接受并遵守这些规范。这种自愿性体现了罪犯在改造过程中的主动性和能动性，是他们从内心深处对社会规范的认同和尊重。

这种强制与自愿并存的特性，揭示了社会规范认同的复杂性和多样性。它既包含了外在的强制约束，也体现了内在的自愿接受。这种并存不仅有助于维护社会的稳定和秩序，也为罪犯的改造教育提供了重要的契机。通过强制与自愿的结合，罪犯可以更加全面地理解和接受社会规范，从而为其顺利回归社会、重新融入社会打下坚实的基础。

同时，我们也应认识到，强制与自愿的并存并不意味着二者是对立的。相反，它们在社会规范认同的过程中是相辅相成的。外在的强制约束为罪犯提供了行为准则和底线，而内在的自愿接受则使这些规范得以真正内化和践行。只有当强制与自愿相互结合、相互促进时，社会规范认同才能发挥其最大的作用，为社会的和谐稳定和个体的全面发展贡献力量。

三、罪犯社会规范认同的条件

在社会文化的大背景下，罪犯社会规范认同是其顺利回归社会、融入主流文化的重要前提。这一过程并非一蹴而就，而是需要一系列的条件和因素的共同作用。

（一）犯罪认知与反思

罪犯对犯罪行为的深刻认识与反思是认同社会规范的前提。在罪犯的改造过程中，对其犯罪行为进行深刻的认识和反思是至关重要的第一步。这一过程不仅是对过去错误行为的审视，更是对未来行为的警示与指导。通过深入反思，罪犯能够清晰地认识到自己犯罪行为的性质、后果以及给社会和个人带来的伤害，进而产生真正的悔改之意，这是他们认同并遵守社会规范的重要前提。

1. 认识犯罪行为的性质。罪犯首先需要明确自己犯罪行为的性质。这包括了解所犯罪行的法律定义、构成要件以及社会危害性。通过法律知识的学习，罪犯能够认识到自己的行为违反了社会共同认可的道德规范与法律准则，进而对自己的行为产生深刻的反思。

2. 反思犯罪行为的后果。除了认识犯罪行为的性质外，罪犯还需要深入反思其犯罪行为的后果。这包括对受害者及其家庭造成的伤害、对社会秩序的冲击以及对自己未来的负面影响。通过反思，罪犯能够真切地感受到犯罪行为的严重性，从而增强内心的愧疚感和责任感。

3. 认识到社会与个人的伤害。罪犯的犯罪行为不仅对社会造成了危害，也对个人产生了深远的影响。这包括失去自由、名誉受损、人际关系破裂等。通过深入反思，罪犯能够认识到自己的行为对自己的人生轨迹产生了多大的偏离，进而产生强烈的改正意愿。

4. 产生改正的意愿。在深刻认识和反思的基础上，罪犯能够逐渐认识到自己的错误，并产生改正的意愿。这种意愿是罪犯认同社会规范、接受改造教育的内在动力。只有真正从内心深处认识到错误，并愿意为之付出努力，罪犯才能在改造过程中取得实质性的进展。

罪犯对犯罪行为的深刻认识与反思是认同社会规范的前提。通过这一过程，罪犯能够清晰地认识到自己犯罪行为的性质、后果以及给社会和个人带来的伤害，进而产生真正的悔改之意。这种认识与反思不仅有助于罪犯的改造教育，也为他们未来的生活指明了方向。因此，在罪犯的改造过程中，应高度重视并加强对其犯罪行为的认识与反思教育。

(二) 社会危害意识

罪犯的社会危害意识是增强对社会规范认同的关键。在罪犯的改造与再社会化过程中，除了对自身犯罪行为的深刻认知外，培养并强化其社会危害意识同样至关重要。社会危害意识是指罪犯认识到自己的犯罪行为不仅是对受害者个人及其家庭的直接伤害，更是对社会整体利益、公共秩序与安全造成的深远破坏。这种意识的形成，有助于罪犯从更宽广的社会视角审视自己的行为，进而深化对社会规范的认同与尊重。

1. 理解犯罪行为的广泛影响。罪犯需意识到，犯罪行为并非孤立事件，其影响远远超出了直接受害者的范围。它可能破坏社区的和谐稳定，削弱公众的安全感，甚至引发连锁反应，导致更多社会问题的产生。这种对犯罪行为广泛影响的理解，是罪犯形成社会危害意识的基础。

2. 认识到社会整体利益的受损。犯罪行为不仅侵犯了个人权益，更重要的是，它损害了社会的整体利益。这包括社会秩序的混乱、公共资源的浪费、法律权威的削弱等。罪犯应认识到，作为社会的一员，其行为对社会负有责任，任何违法行为都将对社会造成不可估量的损失。

3. 从社会角度审视个人行为。社会危害意识促使罪犯从社会的角度出发，重新审视自己的行为。这种视角的转变，有助于罪犯超越个人利益的局限，理解并接受社会规范的重要性。它鼓励罪犯思考如何通过自己的改变，为社会带来正面的影响，从而增强其对社会的归属感和责任感。

4. 增强对社会规范的认同与尊重。随着社会危害意识的深化，罪犯将更加认同并尊重社会规范。他们开始理解，遵守社会规范不仅是法律的要求，更是维护社会秩序、保障公共利益、促进个人与社会共同发展的必要条件。这种认同与尊重将转化为罪犯改造的内在动力，推动他们积极融入社会，成为遵守规则的公民。

罪犯的社会危害意识是增强其对社会规范认同的关键。通过培养并强化这一意识，罪犯能够更全面地认识到自己犯罪行为的严重性，从社会的角度审视个人行为，进而深化对社会规范的认同与尊重。这不仅有助于罪犯的改造与再社会化，也为社会的和谐稳定与长治久安奠定了坚实的基础。

（三）改造决心与信心

坚定的改造决心与信心是罪犯认同社会规范的重要动力。在罪犯的改造与再社会化过程中，坚定的改造决心与信心是不可或缺的内在动力。这不仅关乎罪犯个人的成长与转变，更是其能否成功认同并遵守社会规范的关键。罪犯需要明确自己的改造目标，并坚信通过持续的努力与积极的改变，自己能够重新融入社会，成为对社会有用的人。

1. 明确改造目标的重要性。明确的改造目标是罪犯改造过程中的灯塔，指引着他们前进的方向。这一目标不仅应包含对过去错误行为的深刻反思与改正，还应涵盖对未来生活的积极规划与展望。通过设定具体、可实现的改造目标，罪犯能够清晰地认识到自己需要努力的方向，从而激发其内在的改造动力。

2. 相信改变的可能性。信心是罪犯改造过程中的重要支撑。罪犯需要相信，通过持续的努力与积极的改变，自己能够克服过去的阴影，重新获得社会的认可与尊重。这种信念不仅有助于罪犯在改造过程中保持积极的心态，还能激发其面对困难与挑战的勇气与决心。

3. 改造决心与信心的相互作用。坚定的改造决心与信心是相互依存、相互促进的。改造决心为信心提供了坚实的基础，使罪犯在面对困难时能够坚持不懈；而信心则进一步强化了改造决心，使罪犯更加坚定地朝着目标前进。这种相互作用形成了罪犯改造过程中的良性循环，推动其不断向前发展。

4. 激励积极态度与行动。坚定的改造决心与信心能够激励罪犯在改造过程中保持积极的态度和行动。他们开始更加主动地参与改造活动，努力学习新知识、新技能，提升自己的综合素质。同时，他们也更加愿意与他人交流、合作，共同解决问题，从而形成良好的人际关系与社交能力。

5. 促进社会规范认同。在坚定的改造决心与信心的推动下，罪犯逐渐认识到社会规范的重要性，并开始主动遵守这些规范。他们开始理解并接受社会共同认可的价值观与行为准则，将其内化为自己的行为标准。这种对社会规范的认同不仅有助于罪犯更好地融入社会，还能为其未来的生活与发展奠定坚实的基础。

坚定的改造决心与信心是罪犯认同社会规范的重要动力。通过明确改造目标、相信改变的可能性以及保持积极的态度与行动，罪犯能够不断克服困难、提升自我，最终实现成功改造与再社会化。这不仅有助于罪犯个人的成长与转变，也为社会的和谐稳定与长治久安贡献了积极力量。

（四）教育过程

教育感化过程是罪犯认同社会规范的重要途径。在刑事司法体系中，教育感化过程扮演着至关重要的角色，它是罪犯认同并遵守社会规范的重要途径。通过系统的教育感化措施，罪犯不仅能够学习法律知识、道德准则和社会规范，增强自身的法律意识和道德观念，还能树立正确的价值观和人生观，为重新融入社会、成为守法公民奠定坚实的基础。

1. 法律知识与道德准则的学习。教育感化过程的首要任务是向罪犯传授法律知识，使其了解并理解法律的权威性和公正性。通过法律知识的学习，罪犯能够认识到自己犯罪行为的违法性和社会危害性，进而产生对法律的敬畏之心。同时，道德准则的教育也是不可或缺的。道德准则作为社会共同认可的行为标准，对引导罪犯形成正确的行为模式具有至关重要的作用。通过道德教育，罪犯能够树立正确的道德观念，学会尊重他人、关爱社会，从而更加自觉地遵守社会规范。

2. 法律意识与道德观念的增强。教育感化过程不仅传授知识，更注重培养罪犯的法律意识和道德观念。法律意识是指个体对法律的认知、态度和行为倾向的总和。通过教育感化，罪犯能够逐渐树立起对法律的信仰和尊重，认识到法律是维护社会秩序、保障个人权益的重要工具。同时，道德观念的增强则使罪犯更加懂得如何以道德准则来约束自己的行为，学会在复杂的社会环境中做出正确的道德判断。

3. 正确价值观与人生观的树立。教育感化过程的更深层次目标是帮助罪犯树立正确的价值观和人生观。正确的价值观能够引导罪犯形成积极向上的生活态度，追求真善美，摒弃假恶丑。而正确的人生观则使罪犯认识到自己的人生价值和社会责任，从而更加珍惜改过自新的机会，努力成为对社会有用的人。通过教育感化，罪犯能够重新审视自己的人生轨迹，明确未来的奋斗目标，以更加坚定的步伐走向新生。

4. 社会规范的认同与遵守。在教育的熏陶下，罪犯逐渐认同并遵守社会规范。他们开始理解并接受社会共同认可的行为准则，将其内化为自己的行为标准。这种对社会规范的认同不仅有助于罪犯更好地融入社会，还能为其未来的生活与发展奠定坚实的基础。同时，遵守社会规范也使罪犯在改造过程中更加自律，减少了再犯罪的风险。

教育过程是罪犯认同社会规范的重要途径。通过系统的法律知识、道德准则和社会规范教育，以及法律意识和道德观念的培养，罪犯能够树立正确的价值观和人生观，从而更加坚定地认同和遵守社会规范。这不仅有助于罪犯个人的成长与转变，也为社会的和谐稳定与长治久安贡献了积极力量。

四、罪犯社会规范认同的意义

在刑事司法领域中，罪犯社会规范认同不仅是一个重要的改造目标，也是衡量改造效果的关键指标。其意义深远，不仅关乎罪犯个人的转变与成长，更直接影响到社会的安全与稳定。

（一）增强法律认同感

社会规范认同的首要意义是增强罪犯的法律认同感。在罪犯的改造与再社会化进程中，社会规范认同的首要且核心意义在于增强其对法律的认同感。这一过程的实现，依赖于系统的教育措施与广泛的社会互动实践。

通过精心设计的教育活动，罪犯能够深入学习法律知识，理解法律的基本原则和核心理念。这些活动不仅传授了法律条文的具体内容，更重要的是，它们帮助罪犯认识到法律的权威性和公正性,这是社会秩序得以维护的基石。法律的权威性体现在其作为社会行为准则的普遍适用性和不可违抗性,而公正性则体现在法律面前人人平等的原则。

当罪犯真正认同法律并深刻认识到其重要性时,他们会更加自觉地遵守法律法规。这种自觉性不仅体现在改造期间的行为规范上,更会在他们回归社会后持续发挥作用。法律认同感的增强,使得罪犯在面对诱惑和挑战时能够坚守法律底线,做出符合社会规范的行为选择。

(二) 促进规范行为养成

社会规范认同会促进罪犯规范行为的养成。在罪犯的改造与再社会化过程中,社会规范认同扮演着至关重要的角色。它不仅是罪犯内心深处对法律和社会准则的接受与认同,更是其外在行为模式的塑造与规范。通过认同社会规范,罪犯逐渐学会以社会共同认可的行为标准来约束自己的行为,这一转变对其个人成长和社会适应具有深远影响。

社会规范认同为罪犯规范行为的养成提供了内在动力。在认同社会规范的过程中,罪犯开始意识到自己的行为不仅关乎个人,更与社会整体利益息息相关。这种意识的觉醒促使他们更加自觉地遵循社会准则,减少违法犯罪行为的发生。这种内在动力的形成,是罪犯从被动遵守到主动践行的转变,也是其个人品质和社会责任感提升的重要体现。

社会规范认同还促进了罪犯行为模式的塑造。在认同社会规范的基础上,罪犯逐渐学会了以社会共同认可的行为标准来指导自己的行为。这种行为模式的塑造不仅体现在改造期间,更会在罪犯回归社会后持续发挥作用。通过不断践行社会规范,罪犯能够逐步建立起稳定、健康的行为模式,为融入社会、适应新环境奠定坚实基础。

在改造期间,社会规范认同对罪犯的积极影响尤为显著。它不仅有助于提升罪犯的纪律性和自律性,减少违纪违规行为的发生,还能激发其积极向上的生活态度和学习热情。这种积极的变化不仅改善了罪犯在改造期间的表现,更为其未来的成长和发展提供了有力支持。

社会规范认同对罪犯回归社会后的行为模式同样具有重要影响。通过认同并践行社会规范,罪犯能够更加顺利地融入新环境,建立起稳定的人际关系。同时,他们也能够更加自信地面对生活中的挑战和困难,以积极、健康的心态迎接未来的生活。

社会规范认同在促进罪犯规范行为的养成方面发挥着重要作用。它不仅能够改善罪犯在改造期间的表现,更为其回归社会后的行为模式奠定了坚实基础。因此,在罪犯的改造与再社会化过程中,应高度重视并积极推动社会规范认同的发展,为罪犯的顺利回归社会提供有力支持。

(三) 提升守法自觉性

社会规范认同有利于提升罪犯守法自觉性。在罪犯的改造与再社会化过程中,随着对社会规范的深入认同,其守法自觉性显著提升,这一变化不仅体现了罪犯个人品质的进步,更彰显了社会规范认同在引导罪犯走向正轨中的重要作用。

随着对社会规范的深入理解和认同,罪犯逐渐认识到守法不仅是法律的强制要求,更是个人品德和社会责任的体现。这一认识的转变,使得罪犯在内心深处形成了对法律的敬畏和尊重,从而更加自觉地遵守法律法规。他们开始意识到,守法不仅是一种义务,更是一种尊严和荣誉的象征,是个人在社会中立足的基础。

守法自觉性的提升,使罪犯在面对诱惑和挑战时能够坚守法律底线,做出正确的行为选择。这种自觉性不仅体现在日常行为中,更在关键时刻发挥着关键作用。当面临诱惑或冲突时,罪犯能够冷静分析,权衡利弊,以法律为准绳,做出符合社会规范的选择。这种坚守法律底线的自觉性,不仅有助于减少再犯罪的风险,更体现了罪犯个人品质的升华。

守法自觉性的提升不仅有助于罪犯个人的成长,更体现了其对社会责任的担当。罪犯在改造过程中逐渐认识到,个人的行为不仅关乎自身,更与社会整体利益息息相关。因此,他们在守法的同时,也开始关注社会公益事业,积极参与志愿服务等活动,以实际行动回馈社会。这种社会责任感的形成,不仅有助于提升罪犯的社会适应能力,更为其未来的生活和发展奠定了坚实基础。

随着对社会规范认同的深入,罪犯的守法自觉性显著提升。这一变化不仅体现了罪犯个人品质的进步,更彰显了社会规范认同在引导罪犯走向正轨中的重要作用。因此,在罪犯的改造与再社会化过程中,应高度重视并积极推动社会规范认同的发展,为罪犯顺利回归社会提供有力支持。同时,也应加强对罪犯的法治教育和道德教育,提升其法律素养和道德品质,为构建和谐社会贡献力量。

(四) 激发改造积极性

社会规范认同是激发罪犯改造积极性的关键。在罪犯的改造与再社会化进程中，社会规范认同扮演着至关重要的角色。它不仅有助于罪犯深刻认识到自己行为的社会危害性，还能激发其强烈的改变愿望，从而显著提升改造积极性。这种改造积极性的提升，对于罪犯在改造过程中更加主动地参与学习、劳动和心理辅导等活动，进而提升改造效果具有重要意义。

随着对社会规范的深入认同，罪犯逐渐认识到自己过去行为的社会危害性。这种认识不仅来自法律的制裁和惩罚，更源于对社会规范、道德伦理的深刻反思。他们开始意识到，自己的行为不仅伤害了他人，也破坏了社会的和谐与稳定。这种认识上的觉醒，为罪犯产生了强烈的改变愿望，成为其积极投入改造的内在动力。

当罪犯认识到自己行为的社会危害性，并产生强烈的改变愿望时，其改造积极性自然被激发出来。他们开始主动参与改造过程中的各项活动，如学习法律知识、参与劳动实践、接受心理辅导等。这种主动性的提升，不仅有助于罪犯在改造期间取得更好的成绩，更有助于其形成良好的行为习惯和道德品质，为回归社会奠定坚实基础。

随着改造积极性的激发，罪犯在改造过程中的表现得到了显著提升。他们更加珍惜改造机会，认真对待每一项活动，努力提升自己的综合素质。这种积极的改造态度和行为，不仅有助于缩短改造周期，降低再犯罪风险，还能提升罪犯的社会适应能力，为其顺利回归社会创造有利条件。

值得注意的是，心理辅导在罪犯改造过程中同样发挥着重要作用。通过接受专业的心理辅导，罪犯能够更好地处理内心的矛盾与困惑，增强自我认知和自我调节能力。这种心理辅导与自我成长的结合，有助于罪犯在认同社会规范的基础上，形成更加健康、积极的心态，为未来的生活和发展奠定良好基础。

社会规范认同能够激发罪犯的改造积极性，提升其参与改造活动的主动性和自觉性。这种改造积极性的提升，不仅有助于提升改造效果，还能促进罪犯的自我成长和社会适应能力的提升。因此，在罪犯的改造与再社会化过程中，应高度重视社会规范认同的培育和发展，为罪犯的顺利回归社会提供有力支持。

(五) 形成正确价值观

社会规范认同是罪犯形成正确价值观的关键路径。在罪犯的改造与再社会化过程中，社会规范认同不仅是其守法自觉性提升和改造积极性增强的基础，更是其形成正确价值观的重要途径。通过认同并内化社会共同认可的价值观，如诚信、公正、责任等，罪犯能够重塑人生目标，明确未来的发展方向，为其顺利回归社会并融入主流价值观体系奠定坚实基础。

社会规范认同的核心在于价值观的内化与认同。在改造过程中，罪犯逐渐接受并理解社会共同认可的价值观，如诚信、公正、责任等。这些价值观不仅是社会行为的准则，更是个人品德修养的重要组成部分。通过系统的教育和感化，罪犯能够深刻理解这些价值观的内涵和意义，进而将其内化为自己的行为准则和道德标准。

随着价值观的内化与认同，罪犯开始重新审视自己的人生目标。他们逐渐认识到，过去的错误行为不仅违背了社会规范，也背离了正确的价值观。因此，他们开始积极寻求改变，努力重塑自己的人生目标。这些新的目标不仅符合社会规范，更体现了个人成长和社会责任的结合，为罪犯的未来发展指明了方向。

在认同社会规范和内化正确价值观的基础上，罪犯能够更加明确自己未来的发展方向。他们开始规划自己的未来，设定实际可行的目标，并为之付出努力。这种明确的发展方向不仅有助于罪犯在改造期间取得更好的成绩，更为其回归社会后的职业选择、人际交往等方面提供了指导。

社会规范认同和价值观内化还有助于提升罪犯的社会适应能力。在认同社会规范的过程中，罪犯逐渐学会了以社会共同认可的行为标准来约束自己的行为，这有助于他们在回归社会后更好地融入主流价值观体系，减少与社会的摩擦和冲突。同时，正确的价值观还能引导罪犯在面对诱惑和挑战时做出正确的选择，保持积极向上的生活态度。

社会规范认同是罪犯形成正确价值观的重要途径。通过认同并内化社会共同认可的价值观，罪犯能够重塑人生目标，明确未来的发展方向，提升其社会适应能力，为顺利回归社会并融入主流价值观体系奠定坚实基础。因此，在罪犯的改造与再社会化过程中，应高度重视社会规范认同的培育和发展，为罪犯的全面发展提供有力支持。

(六) 提高教育改造效果

社会规范认同是提高教育改造效果的关键因素。在罪犯的教育改造过程中，社会规范认同起到了至关重要的作用。它不仅影响着罪犯对改造措施的态度和参与度，还直接关系到改造质量、改造周期以及再犯罪率的降低。

当罪犯认同社会规范时，他们更加愿意接受教育感化和社会互动等改造措施。这种认同促使他们认识到自己的犯罪行为对社会造成的危害，并产生强烈的改变愿望。因此，他们更加积极地参与学习、劳动和心理辅导等活动，希望通过这些努力来纠正自己的行为，重新融入社会。

罪犯的积极参与有助于提升改造质量。在学习方面，他们能够更加专注地听讲、思考和实践，从而掌握更多的知识和技能。在劳动方面，他们能够认真完成工作任务，提高自己的生产能力和职业素养。在心理辅导方面，他们能够更加开放地表达自己的情感和困惑，接受专业的指导和帮助，从而改善心理状态，增强自我认知和调节能力。

由于罪犯的积极参与和改造质量的提升，他们的改造周期也得以缩短。他们能够更加迅速地认识到自己的错误，接受改造措施，并在实践中取得进步。这种积极的转变不仅有助于他们提前完成改造任务，还能为他们未来的生活和发展奠定坚实基础。

社会规范认同还能够显著降低再犯罪率。当罪犯真正认同社会规范并内化这些价值观时，他们会在内心深处形成对法律的敬畏和尊重，从而更加自觉地遵守法律法规。这种自觉性不仅体现在改造期间，更会在他们回归社会后继续发挥作用。因此，即使面临诱惑和挑战，他们也能够坚守法律底线，做出正确的行为选择，从而降低再犯罪的风险。

社会规范认同能够显著提高教育改造效果。它不仅促使罪犯更加积极地参与改造措施，提升改造质量，还能缩短改造周期，降低再犯罪率。因此，在罪犯的教育改造过程中，应高度重视社会规范认同的培育和发展，为罪犯的顺利回归社会提供有力支持。同时，也应加强与社会各界的合作与交流，共同推动罪犯教育改造事业的发展。

(七) 有利于心理健康

社会规范认同是促进罪犯心理健康的关键因素。社会规范认同在罪犯的心理健康方面扮演着至关重要的角色。通过认同社会规范，罪犯能够逐渐消除内心的孤独感和自卑感，建立起积极向上的生活态度，这种心理健康的改善对于罪犯更好地面对改造过程中的挑战和困难具有重要意义。

在认同社会规范的过程中,罪犯开始意识到自己的行为与社会规范之间的差距,并产生改变现状的愿望。这种认识促使他们更加积极地参与改造活动,与社会、他人进行更多的交流与互动。通过与他人的沟通和合作,罪犯能够感受到来自社会的温暖和支持,从而逐渐消除内心的孤独感。同时,在改造过程中取得的成绩和进步也会让他们逐渐找回自信,减轻自卑感。

社会规范认同还促使罪犯建立起积极向上的生活态度。他们开始意识到,只有遵守社会规范,才能赢得他人的尊重和社会的认可。因此,他们开始更加努力地学习、劳动和参与心理辅导等活动,不断提升自己的综合素质和适应能力。这种积极向上的生活态度不仅有助于罪犯在改造期间取得更好的成绩,还能为他们未来的生活和发展奠定坚实基础。

社会规范认同对罪犯的心理健康具有积极影响。通过认同社会规范,罪犯能够逐渐消除内心的孤独感和自卑感,建立起积极向上的生活态度,提升自我认知和情绪管理能力,从而更好地面对改造过程中的挑战和困难。因此,在罪犯的教育改造过程中,应高度重视社会规范认同的培育和发展,为罪犯的心理健康和全面发展提供有力支持。

社会规范认同是净化监狱改造环境的重要力量。社会规范认同在监狱改造环境中扮演着至关重要的角色。当罪犯认同并内化社会规范时,监狱内的氛围将发生显著变化,冲突和矛盾减少,整体环境变得更加稳定。这种稳定氛围的营造,不仅有助于提升改造效果,还能降低监狱管理成本,提高监狱系统的整体运行效率。

社会规范认同能够促使罪犯更加尊重他人、理解他人,从而减少彼此之间的冲突和矛盾。在认同社会规范的基础上,罪犯开始意识到自己的行为不仅关乎自己,还影响着他人和整个监狱环境。因此,他们会更加注意自己的言行举止,避免给他人带来困扰或伤害。这种相互尊重和理解的环境,有助于减少监狱内的暴力事件和不良行为,使监狱成为一个更加安全、稳定的改造场所。

随着罪犯之间冲突和矛盾的减少,监狱内的氛围将变得更加稳定。这种稳定氛围不仅体现在罪犯之间的关系上,还体现在罪犯与监狱民警之间的关系上。当罪犯认同社会规范时,他们会更加配合监狱民警的工作,遵守监规纪律,自觉接受改造。同时,监狱民警也会更加关注罪犯的需求和感受,提供更加人性化、个性化的管理和服务。这种良好的互动关系，有助于营造一个积极、健康、向上的监狱氛围。

　　社会规范认同在净化监狱改造环境中发挥着重要作用。它不仅有助于减少罪犯间的冲突与矛盾、营造稳定的监狱氛围，还能提升改造效果、降低监狱管理成本。因此，在监狱改造工作中，应高度重视社会规范认同的培育和发展，为罪犯顺利回归社会创造有利条件。

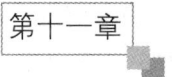

第十一章 民警与罪犯的沟通

罪犯改造过程中的沟通是一个至关重要的环节,它不仅影响着罪犯的改造效果,还直接关系到监狱的安全稳定和社会的和谐发展。

良好的沟通能够帮助监狱民警深入了解罪犯的思想动态、心理需求和生活困难,从而制定更加精准、有效的改造方案。同时,罪犯也能通过沟通表达自己的真实想法和感受,增进对监狱管理制度的理解和认同。

第一节 沟通的意义与结构

在改造过程中,罪犯之间以及罪犯与监狱民警之间难免会产生矛盾和冲突。通过及时的沟通,可以及时发现并解决问题,避免矛盾升级和冲突扩大。

有效的沟通能够激发罪犯的改造动力,增强其自我认知和情绪管理能力,从而促进其积极参与改造活动,提升改造效果。

一、沟通的概念

监狱民警与罪犯的沟通是监狱管理和教育改造工作中的关键环节。有效的沟通不仅有助于维护监狱的安全与秩序,还能促进罪犯的改造进程,帮助其重新融入社会。

(一)沟通的含义

1. 沟通的定义。罪犯改造中的沟通,是指在监狱环境中,围绕罪犯的教育改造、心理矫治、行为矫正等目标,监狱民警与罪犯之间,以及罪犯相互之间,通过言语、非言语等形式进行的信息传递、情感交流、思想碰撞和共识达成的过程。这一过程不仅关乎监狱管理秩序的维护,更直接影响到罪犯的改造效果和社会重新融入的能力。

2. 沟通的基本内容。第一，掌握罪犯基本情况。收集罪犯基本信息，包括姓名、年龄、性别、籍贯、教育背景、职业经历、犯罪类型、刑期等，为后续的改造工作提供基础数据。通过观察罪犯的日常行为，分析其性格、习惯、情绪状态等，为制定个性化的改造计划提供依据。

第二，认罪态度评估法。通过罪犯在改造过程中的表现，评估其认罪态度是否真诚。通过与罪犯的日常交流，观察其对犯罪行为的反思和悔过程度，以及是否愿意接受改造。结合直接观察和间接了解的信息，对罪犯的认罪态度进行全面评估，为后续的改造工作提供指导。

第三，核实罪犯社交关系。了解罪犯的家庭结构、经济状况、家庭成员关系等，分析其对罪犯犯罪行为的潜在影响。通过调查罪犯的社交圈子，了解其是否有不良社交习惯或与潜在的犯罪团伙联系。基于家庭背景和社交圈子的分析，评估罪犯是否存在再次犯罪的风险。

第四，了解罪犯成长经历情况。了解罪犯的童年经历，包括家庭环境、教育经历等，分析其成长过程中的影响因素。关注罪犯在青少年时期的经历，如学业成绩、社交活动、兴趣爱好等，以了解其性格形成和价值观建立的背景。了解罪犯成年后的工作经历、人际关系、情感状况等，分析其犯罪行为的动机和根源。

3. 沟通中的主要教育内容。第一，思想教育。思想教育在罪犯改造中占据核心地位，它不仅是法律和社会规范教育的一部分，更是帮助罪犯重塑人生观、价值观和道德观的重要手段。通过思想教育，可以引导罪犯认识到自己的错误，理解法律的严肃性，以及培养积极向上的生活态度。

在思想教育中，首要任务是向罪犯传递正确的价值观。这包括尊重他人、诚实守信、勤劳奋斗、团结友爱等核心价值观。这些价值观是构建和谐社会的基石，也是个人成长和发展的重要支撑。通过教育引导，使罪犯认识到这些价值观的重要性，并逐渐内化为自己的行为准则。道德观是指导人们行为的重要准则。对于罪犯而言，道德观的扭曲往往是导致其犯罪的重要原因之一。因此，思想教育需要着重帮助罪犯重塑道德观，树立正确的道德判断标准。通过案例分析、道德故事等方式，使罪犯深刻认识到犯罪行为的道德错误，并引导其反思和改正自己的行为。法律知识是罪犯改造中不可缺少的一部分。通过普及法律知识，使罪犯了解法律的基本原则、规定和制裁措施，认识到法律的严肃性和权威性。同时，教育罪犯学会用法律武器保护自己的合法权益，避免再次陷入犯罪的泥潭。

思想教育的最终目标是帮助罪犯树立正确的人生观。这包括正确认识自己、理解社会、明确人生目标等方面。通过教育引导，使罪犯认识到自己的人生价值，明确未来的发展方向，并为之努力奋斗。同时，培养罪犯的责任感和使命感，使其意识到自己作为社会成员的责任和义务，为社会的和谐稳定作出贡献。

第二，心理矫治。针对罪犯的心理问题，监狱给予心理疏导和干预是至关重要的。罪犯在服刑期间，由于失去自由、面临法律制裁以及社会舆论的压力，往往容易产生焦虑、抑郁等负面情绪。这些情绪不仅影响罪犯的身心健康，还可能对其改造进程产生负面影响。因此，监狱和教育改造机构需要采取一系列措施，为罪犯提供心理疏导和干预。

心理疏导在罪犯改造中扮演着重要角色。它可以帮助罪犯正确认识和处理自己的情绪问题，缓解负面情绪，提高自我控制能力，从而有利于其更好地投入到改造活动中，提高改造效果。

第三，行为矫正。通过日常管理和训练，规范罪犯的行为习惯并培养其自律性和社会责任感，是罪犯改造过程中的重要环节。这一环节不仅有助于罪犯在服刑期间形成良好的行为模式，还能为其未来回归社会奠定坚实的基础。

日常管理是监狱和教育改造机构对罪犯进行行为矫正的基础工作。严格的日常管理制度，如作息安排、行为规范、卫生要求等，可以促使罪犯逐渐养成有序、自律的生活习惯。这种管理不仅有助于维护监狱的秩序和安全，更重要的是，它能够让罪犯在日复一日的规范中，逐渐认识到遵守规则的重要性，从而逐步纠正其不良行为。

第四，生活关怀。关注罪犯的生活需求，提供必要的帮助和支持，是确保罪犯改造工作顺利进行、增强其改造信心的重要一环。需要对罪犯的生活需求进行全面评估。这包括了解他们的基本生活需求（如食物、住宿、医疗等）、心理需求（如安全感、归属感、尊重等）以及社会融入需求（如职业技能培训、社会交往能力等）。通过问卷调查、个别访谈等方式，收集罪犯的反馈，确保评估的准确性和全面性。

（二）沟通的意义

与罪犯进行沟通在罪犯改造过程中具有深远的意义，它不仅关乎罪犯个体的成长与转变，也直接影响监狱管理的效率以及法治精神的传播。

1. 维护监狱秩序与安全。监狱民警与罪犯进行沟通的首要目的是维护监狱的秩序与安全。通过沟通，民警可以传达监狱的规则和制度，确保罪犯明确知道在监狱中应该遵守的行为准则。同时，通过日常沟通，民警可以及时发现并处理潜在的违规行为，防止监狱内发生暴力冲突、自残自伤等不安全事件，从而维护监狱的稳定和安全。

2. 了解罪犯情况与需求。沟通是了解罪犯情况与需求的重要途径。监狱民警通过与罪犯的交谈，可以掌握罪犯的个人信息、家庭背景、犯罪原因、心理状态等，从而更全面地了解罪犯的实际情况。这有助于民警制定个性化的改造方案，更好地满足罪犯的合理需求，促进罪犯的改造进程。

3. 进行思想教育与心理疏导。监狱民警与罪犯的沟通还包括进行思想教育和心理疏导。民警通过与罪犯的交流，可以对其进行思想引导，帮助其认识到自己的错误，树立正确的价值观和人生观。同时，针对罪犯可能出现的心理问题，民警可以进行心理疏导，缓解其焦虑、抑郁等负面情绪，提高其心理健康水平。

4. 引导罪犯认罪伏法。监狱民警与罪犯的沟通还包括引导罪犯达到认罪伏法的目的。通过与罪犯的交流，民警可以向其解释法律条款和判决依据，帮助其认识到自己罪行的严重性和法律后果。同时，通过思想教育，民警可以引导罪犯认识到自己的错误，促使其真心悔过，认罪伏法，积极接受改造。

5. 建立信任与合作关系。沟通是监狱管理与教育改造过程中不可或缺的一环，尤其在监狱民警与罪犯之间建立信任关系方面发挥着至关重要的作用。通过真诚的交流和关心，民警不仅能够有效管理罪犯，还能在更深层次上促进其心理健康和社会适应能力的提升。

在封闭的监狱环境中，罪犯往往因为曾经的罪恶行为而背负着沉重的心理负担，对他人和社会充满怀疑和抵触。监狱民警通过主动沟通，倾听罪犯的心声，理解其处境和感受，能够逐渐打破这种隔阂，建立起初步的信任。这种信任的建立是后续改造工作的前提和基础，只有在信任的基础上，民警的指导和帮助才能被罪犯真正接受和内化。

沟通不仅仅是信息的传递，更是情感的交流和理解的建立。监狱民警在沟通过程中展现出的尊重和理解，能够让罪犯感受到自己作为人的价值和尊严。这种尊重和理解不仅有助于缓解罪犯的焦虑、抑郁等负面情绪，还能激发其内在的改造动力，促使其更加积极地参与改造活动，提高自我认知和行为纠正能力。

6. 提升民警职业素养。监狱民警与罪犯的沟通不仅在教育改造罪犯方面发挥着重要作用，同时也是提升民警职业素养的重要途径。通过与罪犯的交流，民警能够不断锻炼并提升自己的沟通技巧、心理分析能力和应变能力等职业素养，进而更好地履行职责，提高工作质量和效率。

沟通是民警日常工作中不可或缺的一部分，而监狱民警与罪犯的沟通则对沟通技巧提出了更高的要求。在与罪犯交流时，民警需要运用更加细致入微、富有同理心的沟通技巧，以理解罪犯的内心世界，传递正确的价值观和法律意识。这种沟通过程中的不断尝试和反思，能够促使民警不断磨炼自己的沟通技巧，更加灵活地应对各种复杂的沟通情境。

监狱民警在与罪犯的沟通过程中，需要具备一定的心理分析能力。通过与罪犯的深入交流，民警可以观察到罪犯的言行举止、情绪变化等细节，进而分析出其心理特征、需求与困扰。这种心理分析能力的提升，不仅有助于民警更准确地把握罪犯的改造需求，制定个性化的改造方案，还能在应对突发情况时，更加迅速、准确地判断罪犯的心理状态，采取有效的应对措施。

监狱民警的工作环境复杂多变，常常需要面对各种突发情况。在与罪犯的沟通过程中，民警需要具备良好的应变能力，以应对可能出现的各种问题和挑战。通过与罪犯的交流，民警可以锻炼自己的应变能力，学会在压力下保持冷静、理性，迅速做出判断和决策。这种应变能力的提升，不仅有助于民警更好地应对工作中的突发情况，还能在日常生活中提高自己的抗压能力和适应能力。

二、沟通的结构

在与罪犯进行沟通的过程中，一个完整且有效的沟通体系由七个核心要素构成，这些要素相互关联、相互作用，共同影响着沟通的效果。

（一）信息源

信息源是沟通的起点，指的是发起沟通行为的主体，即监狱民警。他们负责准备并传递沟通所需的信息，包括改造政策、教育内容、心理引导等。信息源的清晰性、准确性和权威性直接影响到沟通的质量和效果。

1. 信息源的定义。信息源，作为沟通的起点，是发起沟通行为的主体，扮演着至关重要的角色。在与罪犯的沟通过程中，信息源通常指的是监狱民警，包括监狱民警、教育矫治人员、心理咨询师、社会志愿者等。他们不仅是信息的提供者，更是沟通的引导者和推动者。

第一，信息的准备者。信息源需要事先准备好要传递的信息内容，确保信息的准确性、完整性和针对性。这些信息可能包括改造政策、教育内容、心理引导、行为规范等多个方面。

第二，沟通的发起者。信息源是沟通的主动方，他们负责选择适当的时机和方式，向罪犯发起沟通行为。这要求信息源具备敏锐的洞察力和判断力，能够准确把握沟通的时机和对象。

第三，信息的传递者。在沟通过程中，信息源需要将准备好的信息通过适当的通道传递给罪犯。他们需要运用有效的沟通技巧和表达方式，确保信息能够清晰、准确地传达给接收者。

第四，反馈的接收者。沟通是一个双向的过程，信息源在传递信息的同时，也需要接收来自罪犯的反馈。这些反馈有助于信息源了解罪犯对信息的理解程度、接受态度以及可能存在的问题和困惑，从而及时调整沟通策略。

2. 信息源的重要性。第一，确保沟通的有效性。信息源作为沟通的起点，其准备的信息内容和传递方式直接影响到沟通的效果。一个清晰、准确、有针对性的信息源能够确保沟通的有效性，避免误解和冲突的发生。

第二，引导沟通的方向。信息源在沟通中扮演着引导者的角色，他们可以通过选择话题、提问方式等手段，引导沟通朝着预期的方向发展。这有助于实现沟通的目标，促进罪犯的改造和成长。

第三，建立信任关系。信息源在与罪犯沟通时，需要展现出真诚、耐心和尊重的态度。这有助于建立双方之间的信任关系，为后续的沟通工作奠定良好的基础。一个可信赖的信息源能够赢得罪犯的信任和配合，提高沟通的效率和效果。

信息源在沟通中扮演着至关重要的角色。作为沟通的起点和发起者，信息源需要充分准备信息内容、选择适当的沟通方式、接收并处理反馈，以确保沟通的有效性、引导沟通的方向并建立信任关系。在与罪犯的沟通中，监狱民警作为信息源更应注重这些方面的工作，以促进罪犯的改造和成长。

(二) 信息

从沟通意向的角度来看，信息确实是沟通者试图传达给别人的观念和情感。在沟通过程中，信息不仅仅是客观的数据或事实，它更承载着沟通者的主观意图、价值观、情感色彩以及对于特定情境的理解和解释。

1. 观念。监狱民警可能试图向罪犯传达正确的价值观、道德观、法律观念等，以引导其认识到自身行为的错误性，并促使其形成积极向上的生活态度。这些观念是监狱民警希望罪犯能够内化并体现在日常行为中的。

2. 情感。沟通不仅仅是冷冰冰的信息交换，更是情感的传递和共鸣。监狱民警在沟通中可能会表达关心、理解、鼓励或批评等情感，以建立与罪犯之间的情感联系，增强彼此的信任感。这种情感的交流有助于缓解罪犯的紧张情绪，促进其心理健康。

3. 意图。沟通者的意图是沟通行为的核心驱动力。监狱民警在与罪犯沟通时，往往有着明确的改造目标和教育意图。他们希望通过沟通，使罪犯认识到自己的错误，激发其改造的积极性和主动性，最终实现社会重新融入的目标。

从沟通意向的角度来看，信息是沟通者试图传达给别人的观念和情感的载体。在与罪犯的沟通过程中，监狱民警需要充分理解并把握这一点，运用恰当的沟通策略和技巧，将正确的观念和积极的情感有效地传递给罪犯，以促进其改造和成长。

（三）信息接受者

在沟通过程中，信息接受者是指那些接收来自信息源所传递信息的个体或群体。他们是沟通行为中的关键角色，负责接收、理解和解释所传递的信息内容。

在与罪犯的沟通情境中，信息接受者显然是罪犯本身。他们作为沟通的另一端，需要认真倾听、理解并尽可能对接收到的信息进行反馈。信息接受者的态度、背景知识、理解能力和情感状态等因素都会影响到他们对信息的接收和解读。

作为信息接受者，罪犯在沟通过程中扮演着重要角色。他们不仅需要主动接收来自监狱民警的信息，还需要努力理解这些信息背后的意图和情感。通过有效的沟通和反馈，罪犯可以更好地了解自身的改造需求，增强改造动力，促进个人成长和社会重新融入。同时，信息接受者也有责任对接收到的信息进行评估和反馈。他们可以通过言语、行为或其他方式向信息源表达自己的理解、疑问或建议，从而帮助信息源调整沟通策略，提高沟通效果。

信息接受者是沟通过程中不可或缺的一环。他们的积极参与和有效反馈对于确保沟通的顺利进行和达到预期目标至关重要。在与罪犯的沟通中，监狱民警需要充分关注信息接受者的需求和反馈，以建立更加有效和积极的沟通关系。

（四）反馈

在沟通中，反馈是一个至关重要的环节，它赋予了沟通过程以交互性。没有反馈的沟通是单向的，缺乏互动和响应，这样的沟通很难达到有效的信息传递和理解。而反馈的存在，则使沟通双方能够建立起一种动态的、相互影响的关系。

1. 确认信息接收。反馈首先是对信息接收的一种确认。当信息接受者通过反馈表达了对信息的接收和理解时，信息源可以确认自己的信息已经传达给了对方，从而避免了信息丢失或误解的风险。

2. 调整沟通策略。通过反馈，沟通双方可以了解对方对信息的理解程度和态度。如果发现对方存在误解或不解之处，信息源可以及时调整自己的沟通策略，包括修改信息内容、改变沟通方式或增强解释力度等，以确保信息能够准确、有效地传达给对方。

3. 增强沟通效果。反馈不仅是对信息接收的确认和调整沟通策略的依据，更是增强沟通效果的关键。通过积极的反馈，信息接受者可以表达自己对信息的认同、赞赏或建议，这有助于增强信息源的信心和动力，进一步激发双方的沟通热情和积极性。同时，反馈还可以帮助双方建立更加紧密和信任的关系，为后续的沟通打下良好的基础。

4. 促进问题解决。在沟通过程中，双方可能会遇到一些问题和挑战。通过反馈，双方可以共同探讨解决方案、协商达成一致，并推动问题的解决。这种基于反馈的交互过程有助于增强双方的协作能力和解决问题的能力。

反馈在沟通中扮演着至关重要的角色。它使沟通成为一个交互过程，促进了双方之间的信息交流和理解，增强了沟通效果，并有助于解决沟通过程中遇到的问题和挑战。因此，在与罪犯的沟通中，监狱民警应该重视并积极寻求反馈，以建立更加有效和积极的沟通关系。

（五）障碍

在与罪犯的沟通中，容易出现的障碍主要可以归纳为以下几个方面：

1. 语言与理解障碍。部分罪犯可能由于文化背景、受教育程度或地域差异,导致语言使用上的不同,增加了沟通的难度。一些罪犯可能由于智力、情绪状态或特殊需求(如聋哑、文盲等)的限制,难以准确理解沟通内容。

2. 信任与心理障碍。罪犯可能因为过去的经历或对监狱的不信任,而对监狱民警产生抵触情绪,不愿意或不敢表达真实想法。罪犯可能存在自卑、焦虑、抑郁等心理问题,影响他们与他人沟通的意愿和能力。

3. 沟通方式与方法障碍。沟通方式单一:如果沟通仅限于简单的问答形式,缺乏情感交流和互动,难以建立有效的沟通桥梁;沟通方法不当:监狱民警在沟通中可能使用过于强硬或冷漠的语言,缺乏同理心和耐心,导致罪犯感到被忽视或不被尊重。

4. 信息传递与接收障碍。信息传递不清晰:监狱民警在传递信息时可能表述不清、重点不突出,导致罪犯无法理解或误解信息内容;信息接收障碍:罪犯可能因为注意力不集中、记忆力减退等原因,无法准确接收和记忆沟通内容。

5. 社会与文化障碍。社会偏见与歧视:社会上对罪犯的偏见和歧视可能影响监狱民警的态度和行为,导致沟通中的偏见和误解;文化差异:不同地区的罪犯可能存在文化差异,这些差异可能影响他们对沟通内容的理解和接受程度。

6. 特殊群体障碍。聋哑罪犯:聋哑罪犯由于无法通过语音进行沟通,需要借助特殊手段(如手语、文字等)进行沟通,这增加了沟通的复杂性和难度;外籍罪犯:外籍罪犯由于语言和文化差异,可能需要翻译或特殊的沟通方式来确保沟通的有效性。

(六)背景

背景指的是沟通发生的具体情境和环境,它涵盖了多个方面,并对沟通过程产生深远影响。

1. 情境因素。沟通发生的具体地点,如监狱的谈话室、会见室等,其布局、设施、氛围等都会影响沟通双方的心理状态和沟通效果。沟通发生的时间点,如是否在罪犯情绪稳定、注意力集中的时段进行,也会影响到沟通的质量和深度。

2. 社会与文化背景。罪犯的个人背景,包括罪犯的成长经历、家庭状况、教育程度、职业经历等,这些都会对其价值观、认知模式、情感反应等产生影响,进而影响沟通的效果。不同地区、不同民族的罪犯可能拥有不同的文化背景和沟通习惯,这要求监狱民警在沟通中尊重并理解这些差异,采取合适的沟通方式。

3. 法律与政策背景。监狱民警在与罪犯沟通时,必须严格遵守相关的法律法规和规章制度,确保沟通的合法性和合规性。监狱的改造政策、教育政策等也会对沟通产生影响,监狱民警需要根据政策要求来制定沟通策略和目标。

4. 心理与情感背景。罪犯可能因为犯罪经历、服刑生活等因素而产生焦虑、抑郁、自卑等心理问题,这些都会影响他们的沟通意愿和沟通效果。监狱民警需要关注罪犯的心理状态,通过心理疏导等方式来帮助他们建立积极的沟通态度。监狱民警与罪犯之间是否建立了情感联系,也会影响到沟通的效果。通过关心罪犯的生活、倾听他们的诉求等方式,可以增强双方之间的信任感和情感联系,从而促进沟通的顺利进行。

三、与罪犯沟通的类型

沟通的类型十分复杂,而且几乎每一种类型的沟通都与监狱民警的日常工作有着密切的联系。

(一) 语词沟通和非语词沟通

在罪犯改造过程中,沟通是至关重要的环节,它不仅有助于民警了解罪犯的思想动态,还能引导其积极转变。沟通方式主要分为语词沟通和非语词沟通两大类,它们在罪犯改造中发挥着不同的作用。

1. 语词沟通。语词沟通是指监狱民警通过口头或书面语言来传递信息、表达情感和意图的沟通方式。

第一,信息传递。监狱民警通过语词沟通向罪犯传达法律、政策、规章制度以及改造要求等信息,帮助罪犯明确自己的权利和义务,了解改造的目标和方向。

第二,思想疏导。监狱民警通过与罪犯的交流,了解他们的思想动态、心理需求和困惑,进而进行有针对性的心理疏导和教育,帮助罪犯解决心理问题,树立正确的世界观、人生观和价值观。

第三,情感交流。语词沟通还能增进监狱民警与罪犯之间的情感联系,使罪犯感受到人文关怀和尊重,从而激发其改造的积极性和主动性。

在语词沟通中,监狱民警需要注意语言的准确性和规范性,避免使用过于严厉或歧视性的语言，以免伤害罪犯的自尊心和积极性。同时，还需要注重倾听罪犯的意见和诉求，给予他们充分的表达机会，以建立平等、互信的沟通关系。

2. 非语词沟通。非语词沟通则是指通过肢体语言、面部表情、眼神交流等非语言形式来传递信息、表达情感和意图的沟通方式。在罪犯改造中，非语词沟通同样具有重要作用。

第一，辅助表达。当语言沟通存在障碍或不足时，非语词沟通可以作为辅助手段来传递更丰富的信息。例如，一个鼓励的眼神、一个肯定的手势都能让罪犯感受到监狱民警的支持和关注。

第二，情感传递。非语词沟通在情感传递方面具有独特的优势。一个微笑都能让罪犯感受到温暖和关怀，从而增强其改造的信心和动力。

第三，行为引导。监狱民警通过自身的行为示范来引导罪犯形成良好的行为习惯和改造态度。例如，通过遵守规章制度、关心他人等行为来树立榜样，激励罪犯积极模仿和学习。

在非语词沟通中，监狱民警需要注意自己的肢体语言和面部表情的准确性和恰当性，避免产生误解或负面效果。同时，还需要注重观察罪犯的非语词反应，及时捕捉他们的情感和需求信号，以便进行更有效的沟通和引导。

(二) 有意沟通与无意沟通

在罪犯改造过程中，沟通是连接监狱民警与罪犯之间的重要桥梁，对于促进罪犯的心理转变、行为矫正以及增强改造效果具有重要意义。沟通可以根据其是否具有明确的目的和意图，分为有意沟通和无意沟通两种形式。

1. 有意沟通。有意沟通是指监狱民警与罪犯之间为达到特定目的而进行的具有明确意图的沟通。这种沟通方式在罪犯改造中占据主导地位，其作用主要体现在以下几个方面：

第一，信息传递与理解。有意沟通的首要目的是确保信息的准确传递和理解。监狱民警通过明确的语言和表达方式，向罪犯传达法律法规、监规纪律、改造要求等重要信息，使罪犯明确自己的权利和义务，了解改造的目标和方向。同时，监狱民警也通过有意沟通了解罪犯的思想动态、心理需求和困惑，为制定个性化的改造方案提供依据。

第二，情感交流与心理疏导。有意沟通还承载着情感交流和心理疏导的重要任务。监狱民警通过倾听罪犯的诉说、表达关心和支持，建立起与罪犯之间的信任关系，使罪犯感受到人文关怀和尊重。这种积极的情感交流有助于缓解罪犯的焦虑、抑郁等负面情绪，激发其改造的积极性和主动性。同时，监狱民警还可以通过有意沟通对罪犯进行心理疏导，引导其正视自己的问题，树立正确的价值观和人生观。

第三，行为引导与矫正。有意沟通在行为引导和矫正方面也发挥着重要作用。监狱民警通过明确的行为规范和期望，引导罪犯逐步改变不良习惯和行为模式，形成积极向上的生活态度。对于违反监规纪律的行为，监狱民警可以通过有意沟通进行及时的批评教育和纠正，防止不良行为的蔓延和恶化。

2. 无意沟通。无意沟通则是指在日常交往中自然而然发生的、没有明确意图的沟通。虽然无意沟通在罪犯改造中可能不如有意沟通那样具有明确的目的和效果，但它同样具有不可忽视的作用。

第一，建立良好的人际关系。无意沟通有助于在监狱民警与罪犯之间建立良好的人际关系。在日常的交往和互动中，双方通过轻松的交谈、共同的兴趣爱好等方式增进了解，建立起相互尊重、相互信任的关系。这种良好的人际关系为有意沟通的顺利开展提供了有力保障。

第二，传递隐性信息和暗示。无意沟通还可能在不经意间传递一些隐性信息和暗示。这些信息和暗示可能涉及对监狱生活的看法、对其他罪犯的评价、对改造前景的展望等方面。虽然这些信息和暗示可能并不具有明确的目的性，但它们却能在潜移默化中影响罪犯的心态和行为，促进其积极改造。

第三，情感慰藉与心理支持。无意沟通还能为罪犯提供情感慰藉和心理支持。在监狱这一特殊环境中，罪犯往往面临着孤独、无助等负面情绪。而无意沟通中的一句问候、一个微笑、一次点头等微小举动，都可能成为罪犯情感上的慰藉和心理上的支持，帮助他们渡过难关。

有意沟通与无意沟通在罪犯改造中都发挥着重要作用。监狱民警应充分认识到这两种沟通方式的特点和优势，灵活运用不同的沟通策略和技巧，以实现最佳的改造效果。同时，也应注意到无意沟通在促进人际关系、传递隐性信息和提供情感支持等方面的独特作用，努力为罪犯营造一个积极、健康的改造环境。

四、非言语交流的艺术

所谓身体语言，指非语词性的身体信号，包括目光与面部表情、身体运动与触摸、身体姿势与外表、身体之间的空间距离等。通过身体语言实现的沟通，称作身体语言沟通。而专门研究身体语言沟通问题的新兴研究领域，就是所谓的身体语言学。

在人类交流的广阔天地中，身体语言作为一种无声却强大的沟通方式，扮演着不可或缺的角色。它跨越了语言的界限，能够传递复杂微妙的情感、态度和意图。

（一）姿态与动作

姿态是身体语言的基础，它能直观反映出一个人的情绪状态、自信程度及对他人的态度。站立时挺直腰背，往往传达出自信与尊重；而耸肩、弯腰则可能表示不安或顺从。动作如点头表示同意，摇头表示否定，这些简单的动作在交流中起到了明确的指示作用。此外，身体的紧张或放松状态也是内心情绪的外化表现。

在与罪犯沟通中，姿态与动作作为身体语言的重要组成部分，对于建立信任、传递信息和促进沟通效果具有关键作用。

1. 保持开放和自信的姿态。站姿或坐姿端正。监狱人民警察在与罪犯沟通时，应保持站姿或坐姿的端正，展现出自信和专业性。这有助于建立权威感，同时向罪犯传递出尊重和认真的态度。

避免防御性姿势。如双臂交叉抱胸等姿势可能会给罪犯留下防备或敌意的印象，不利于沟通的进行。因此，应尽量避免此类姿势。

2. 灵活运用动作辅助沟通。点头和微笑。在罪犯陈述时，监狱民警可以通过点头和微笑等动作来表示关注和理解，鼓励罪犯继续讲述。这有助于调动罪犯的积极性，促进沟通的深入。

适当的身体前倾。当监狱民警对罪犯的陈述表现出浓厚兴趣时，可以适当地将身体前倾，以缩小与罪犯之间的心理距离。这有助于建立更加亲密和信任的沟通关系。

3. 注意细节，避免误解。避免交叉双臂或双腿：这些动作可能会让罪犯感到被排斥或不被尊重，从而影响沟通效果。因此，在与罪犯沟通时，应保持身体的开放性和接纳性。

注意姿态的相应变化。随着沟通的深入和话题的转换，监狱民警应根据实际情况调整自己的姿态和动作。例如，在探讨敏感话题时，应保持冷静和沉稳的姿态；在鼓励罪犯表达时，可以采取更加积极和开放的动作。

4. 尊重罪犯的个人空间。保持适当的距离。监狱民警在与罪犯沟通时，应尊重罪犯的个人空间，避免过近或过远的距离。适当的距离可以减少双方的紧张感，促进沟通的顺畅进行。

避免侵犯隐私。在沟通过程中，应避免触及罪犯的隐私或敏感话题，以免引起不必要的冲突和矛盾。

5. 灵活运用身体语言传递信息。肢体语言的多样性。除了上述提到的点头、微笑和身体前倾等动作外，监狱民警还可以根据沟通需要灵活运用其他身体语言来传递信息。例如，通过手势强调重点、通过面部表情表达情感等。

结合语言信息。身体语言应与语言信息相结合，共同构成完整的沟通内容。身体语言的辅助可以使语言信息更加生动、具体和有力。

（二）手势表达

手势是身体语言中最为灵活多变的元素之一。不同的文化背景下，手势的意义可能大相径庭。例如，竖起大拇指在多数文化中代表赞扬，但在某些文化中却可能被视为粗鲁。此外，手势的幅度、速度和方向也能反映说话者的情绪强度和焦点所在。一个有力的手势可以加强语言的说服力，而细腻的手势则能更好地表达细腻的情感。在与罪犯沟通中，手势表达是身体语言中极其重要的一环，它能够增强沟通的力度，更清晰地传达情绪、态度和意图。

1. 积极肯定的手势。点头是最直接且常见的肯定手势，可以表达认可、赞同或理解。当罪犯陈述某些情况时，适当点头可以鼓励其继续表达，增强沟通的连续性。

双指并拢指点。这一手势可以在一定情境下传达已经掌握相关信息的信号，或者对某一论点进行强调。但需注意，过度使用可能会给罪犯带来压力或不适。

掌心向上。掌心向上的手势常被用作邀请、开放或接受信息的标志。在与罪犯沟通时，可以通过掌心向上的手势来邀请其发表意见或表达自己的想法。

2. 安抚与鼓励的手势。轻拍肩膀。当罪犯表现出不安、犹豫或情绪激动时，轻拍其肩膀可以起到安抚作用，传达出支持与理解的信号。这一手势需注意力度和方式，以避免造成反感或误解。

手掌摊开。手掌摊开的手势表示无威胁性和开放的态度，可以在沟通过程中降低紧张氛围，让罪犯感受到安全和信任。

3. 警告与提醒的手势。单掌下压。单掌下压的手势可以用来传达坚定的态度和决心，表明对案件将一查到底的决心和魄力。在必要时，这一手势可以起到警示作用，让罪犯意识到问题的严重性。

指头叩击桌面。以指头叩击桌面的方式可以打破沟通中的僵局或寂静，提醒罪犯注意并集中精神。但需注意使用频率和力度，避免造成过度紧张或反感。

4. 注意事项。第一，文化差异。手势的含义可能因文化差异而有所不同。在与罪犯沟通时，应考虑到其文化背景和习俗，避免使用可能引起误解或冲突的手势。

第二，一致性。手势应与言语表达相一致，以加强沟通效果。如果手势与言语之间存在矛盾或不一致，可能会让罪犯感到困惑或不被尊重。

第三，适度性。手势的使用应适度且自然，避免过度夸张或频繁变动。过度的手势可能会分散注意力或让罪犯感到不安。

第四，观察反应。在使用手势时，应密切观察罪犯的反应和表情变化。根据其反应调整手势的使用方式和频率，以达到更好的沟通效果。

(三) 面部表情

面部表情是情绪最直接、最真实的反映。微笑代表友好与愉悦，皱眉则表示不满或疑惑。眼睛、眉毛、嘴巴的细微变化都能传递出丰富的情感信息。面部表情的准确解读对于建立良好的人际关系至关重要，它能帮助我们更好地理解他人的感受和需求。

在与罪犯沟通中，面部表情作为身体语言的重要组成部分，在传递情绪、建立信任和理解对方意图方面起着至关重要的作用。

1. 信任与尊重。微笑是最具亲和力的面部表情之一，能够传达出友好、接纳和信任的信号。在与罪犯沟通时，适度的微笑可以缓解紧张气氛，使罪犯感受到被尊重和关怀，从而更愿意敞开心扉。

直接而温和的眼神接触能够建立信任，表明你的专注和诚意。在与罪犯交谈时，保持适当的眼神接触，有助于传递出你对其话语的重视和尊重。

2. 关注与倾听。眉头微蹙。当罪犯表达复杂情感或详细描述案件细节时，眉头微蹙可以传达出你正在认真倾听并关注其话语中的每一个细节。这种表情能够鼓励罪犯继续深入讲述。点头不仅是对罪犯话语的肯定，更是对其情感的回应。在关键时刻点头，可以让罪犯感受到你的理解和共鸣，从而增强沟通的互动性。

3. 理解与共情。当罪犯讲述自己的困境或遭遇时，展现出同情和理解的表情，如眼神柔和、嘴角微扬等，可以让罪犯感受到你的共情能力，从而拉近彼此的心理距离。在罪犯表现出犹豫或不安时，通过坚定的眼神和鼓励的微笑来传递出你的支持和信任，有助于激发其积极面对问题的勇气。

4. 权威与威严。严肃表情。在处理严重犯罪或需要维护法律权威时，展现出严肃而坚定的表情，可以传达出你的专业性和权威性，使罪犯认识到问题的严重性并产生敬畏之心。坚定的目光能够传递出你的决心和信念，使罪犯感受到你的力量和不可动摇的原则性。这种表情有助于维护法律的尊严和公正性。

5. 注意事项。面部表情应自然真实，避免过度夸张或做作。虚伪的表情不仅无法传达出真实情感，还可能引起罪犯的反感和不信任。根据沟通的具体情境和罪犯的个体差异来灵活运用不同的面部表情。不同的情境和个体可能需要不同的表情来建立信任、传递信息和促进沟通效果。在与罪犯沟通时，要时刻观察其面部表情的变化和反馈，以便及时调整自己的沟通策略和表情运用方式。通过观察反馈，可以更好地理解罪犯的情感和需求，从而更有效地进行沟通。

（四）眼神交流

眼神是心灵的窗户，眼神交流在身体语言中占有举足轻重的地位。直接而自然的眼神接触可以建立信任、表达关注，但过度的凝视则可能让人感到不适。通过眼神，我们可以判断对方的兴趣所在、情绪状态，甚至预测其下一步行动。良好的眼神交流是有效沟通的关键。

1. 眼神交流的重要性。通过真诚、稳定的眼神交流，可以向罪犯传达出你的自信、专业和诚意，从而建立起初步的信任关系。这种信任是后续深入沟通的基础。眼神交流可以传递出言语之外的微妙信息，如理解、同情、警告等。它有助于罪犯更准确地理解你的意图和态度。眼神交流能够营造沟通的氛围。通过调整眼神交流的强度和方式，你可以营造出不同的沟通氛围，如严肃、亲切、鼓励等。

2. 眼神交流的技巧。在沟通过程中，应保持适当的目光接触，这能够显示出你的专注和诚意。然而，过度的目光接触可能会让罪犯感到不适，因此需要根据具体情况灵活调整。注意眼神的强度和方向：眼神的强度和方向可以传递出不同的信息。例如,坚定而直接的眼神可以表现出你的决心和威严;而柔和而包容的眼神则可以传达出你的同情和理解。

观察罪犯的反应。在与罪犯进行眼神交流时,要时刻观察其反应。如果罪犯表现出不适或回避眼神接触,可能需要调整你的沟通策略或方式。

3. 眼神交流中的注意事项。尊重个体差异。不同的罪犯可能有不同的眼神交流习惯和偏好。在与罪犯沟通时,需要尊重其个体差异,灵活调整眼神交流的方式和强度。在进行眼神交流时,要避免受到偏见和刻板印象的影响。要以客观、公正的态度去看待罪犯的每一个眼神和动作。眼神交流只是沟通中的一种方式,它需要与其他沟通方式(如言语、姿态等)相结合才能发挥出最大的效果。因此,在与罪犯沟通时,要注重多种沟通方式的综合运用。

(五)身体距离

个人空间的概念深深根植于我们的文化和社会习惯中。不同的文化和社会背景下,人们对于身体距离的接受程度各不相同。保持适当的身体距离可以维护个人隐私,避免冲突,而过于接近则可能被视为侵犯。因此,在人际交往中,了解并尊重对方的身体距离偏好是非常重要的。

与罪犯沟通中的身体距离是一个微妙而重要的因素,它不仅能够影响沟通的氛围和效果,还能在一定程度上反映出双方的关系和心理状态。

1. 身体距离的重要性。保持适当的身体距离可以确保双方的安全,防止意外冲突或伤害的发生。身体距离的远近能够传递出不同的心理信号,如亲近、疏远、尊重或威严等。适当的身体距离有助于建立积极的沟通氛围。通过调整身体距离,可以逐渐拉近与罪犯之间的心理距离,建立起相互的信任关系。

2. 身体距离的参考范围。根据社会心理学的研究和一般的人际交往经验,不同关系程度的人之间会保持不同的身体距离。在与罪犯沟通时,可以参考以下身体距离的参考范围:

陌生人距离:大约1.2米至3.6米。这是与陌生人交往时常见的距离,可以避免过近造成的紧张和不适。

社交距离:大约0.6米至1.2米。这是与朋友、同事等熟人交往时的常见距离,有助于保持一定的个人空间和舒适度。

亲密距离:小于0.6米。这通常是家人、亲密朋友或伴侣之间的距离,表示高度的信任和亲近感。

3. 身体距离的调整策略。在初次与罪犯接触时，可以保持较远的陌生人距离，以观察其反应并评估沟通环境的安全性。随着沟通的深入和信任的建立，可以逐渐缩短与罪犯的身体距离，以表达对其的关注和尊重。但要注意避免过近造成的不适或威胁感。

在沟通过程中，要根据罪犯的反应和沟通氛围的变化灵活调整身体距离。如果罪犯表现出不安或抵触情绪，可以适当增加身体距离以缓解其紧张感；如果沟通氛围较为融洽且需要更深入地交流，可以适当缩短身体距离以拉近双方的心理距离。

4. 注意事项。不同的罪犯可能有不同的个人空间和舒适度要求。在与罪犯沟通时，要尊重其个体差异并灵活调整身体距离以满足其需求。不要因为罪犯的身份或行为而对其产生偏见或刻板印象，从而影响对身体距离的判断和调整。虽然要保持适当的身体距离以确保安全，但也要时刻保持警惕并注意观察罪犯的反应和动态以防止意外情况的发生。

第二节 语言沟通

语言沟通是人类社会中一种基本且重要的交流方式，它以语词符号为载体，实现了人与人之间思想、情感和信息的传递与交换。语言沟通不仅在日常生活中扮演着关键角色，还在职场、社会交往等多个领域中发挥着不可替代的作用。

语言沟通是指以语词符号为载体，通过口头、书面或电子等形式实现的沟通。它涉及生活的各个方面，是人们交流、交换和学习的最有效途径。语言沟通具有多种功能，包括信息共享、人际交流、教化、传递能量和帮助思考等。

一、语言沟通的重要性

在司法体系中，与罪犯的有效语言沟通不仅是维护秩序、确保安全的基本手段，更是促进罪犯心理康复、行为改造及重返社会的重要途径。

（一）理解心理状态

在监狱环境中，与罪犯的有效语言沟通不仅是执行日常管理任务的必要手段，更是深入理解其心理状态、促进其积极改造的关键途径。理解罪犯的心理状态，对于制定个性化的改造方案、增强沟通效果、预防潜在风险具有重要意义。

1. 倾听与同理心。要实现与罪犯的有效语言沟通，首先需要学会倾听。倾听不仅仅是耳朵在工作，更是心灵的交流。工作人员应全神贯注地听取罪犯的陈述，不打断、不评判，展现出真诚的同理心。通过倾听，我们能够感受到罪犯的情绪波动、心理困扰以及内在需求，为后续的心理干预提供线索。

2. 观察非言语信息。语言是沟通的载体，但非言语信息同样重要。在与罪犯的沟通过程中，工作人员应细心观察他们的肢体语言、面部表情、声音语调等非言语信息。这些信息往往能够反映出罪犯的真实心理状态，如紧张、焦虑、愤怒、悲伤等。通过观察与解读非言语信息，我们可以更全面地理解罪犯的内心世界。

3. 运用沟通技巧。有效的语言沟通需要掌握一定的技巧。在与罪犯的沟通中，工作人员应注意使用开放性问题，鼓励罪犯表达自己的想法和感受；同时，也要善于运用肯定性反馈，增强罪犯的自尊和自信。此外，保持语速适中、语调平和、用词准确也是提高沟通效果的重要因素。

4. 建立信任关系。信任是沟通的基石。在与罪犯的沟通中，工作人员应展现出真诚、尊重、耐心的态度，努力建立信任关系。通过长期的沟通和关心，让罪犯感受到自己被重视和关怀，从而更愿意敞开心扉，分享自己的内心世界。建立信任关系不仅有助于理解罪犯的心理状态，还能够为后续的改造工作打下坚实的基础。

5. 运用专业知识。理解罪犯的心理状态需要具备一定的心理学、犯罪学等相关知识。工作人员应不断学习和提升自己的专业素养，以便更准确地把握罪犯的心理特点和变化规律。同时，也要善于运用专业知识来分析和解决沟通中遇到的问题和困难。

6. 关注个体差异。每个罪犯都是独一无二的个体，他们的心理状态和表达方式各不相同。因此，在与罪犯的沟通中，工作人员应关注个体差异，根据罪犯的不同特点和需求来调整沟通策略和方式。这样才能真正实现与罪犯的有效语言沟通，深入了解其心理状态。

（二）增进信任基础

信任是沟通的桥梁。在与罪犯的沟通中，真诚、耐心、尊重的态度能够逐渐建立起双方之间的信任关系。当罪犯感受到被理解和尊重时，他们更愿意敞开心扉，分享自己的经历、感受和困惑。这种信任基础为后续的改造教育工作提供了坚实的支撑。

1. 尊重与理解。每个罪犯都有其独特的背景、经历和个性，应尊重他们的感受和需求，避免用刻板印象来评判他们。努力理解罪犯的处境和感受，以同理心去倾听他们的声音，让他们感受到被重视和理解。

在沟通过程中，无论罪犯表现出何种情绪或态度，都应保持冷静和礼貌，以平和的心态进行交流。避免使用复杂或法律术语，确保信息的准确传达。同时，语速要适中，以便罪犯能够充分理解和吸收。在沟通过程中，如果遇到敏感话题，应避免直接引用或回应，以免激化矛盾或暴露隐私。

2. 建立平等关系。监狱民警要努力与罪犯建立平等的关系，避免形成对立情绪，以免招致反抗或敌意。

在与罪犯沟通时，应展现出自信和镇定的态度，让声音尽量轻柔而坚定，这样有助于稳定罪犯的情绪，促进有效沟通。当罪犯表现出积极的行为或态度时，应及时给予肯定和鼓励，以增强他们的自信心和改造动力。

二、语言沟通的技巧

在监狱环境中，与罪犯的语言沟通是一项复杂而敏感的任务，它要求工作人员不仅具备专业的知识和技能，还需掌握一系列有效的沟通技巧。

（一）保持冷静与尊重

在与罪犯沟通时，保持冷静是首要原则。无论面对何种情况，工作人员都应保持情绪稳定，避免因个人情绪影响沟通效果。同时，尊重是沟通的基础。尊重罪犯的人格尊严和权利，避免使用侮辱性、贬低性的言辞，有助于建立积极的沟通氛围。

第一，避免情绪升级。监狱环境本身充满压力与挑战，罪犯可能因各种原因表现出愤怒、抵触或恐惧等情绪。作为工作人员，如果我们在沟通中失去冷静，很容易被罪犯的情绪所牵引，导致双方情绪升级，进而引发不必要的冲突。保持冷静能够让我们在面对罪犯的负面情绪时保持理智，避免情绪化的反应，从而维护良好的沟通氛围。

第二，增强沟通效果。冷静的沟通态度有助于我们更清晰地表达意图和要求，减少误解和误判。当工作人员能够保持冷静时，他们的言辞和行为就会更加明确和有力，使罪犯更容易理解和接受。此外，冷静还能让工作人员在沟通中保持耐心和专注，倾听罪犯的意见和需求，从而建立更加深入和有效的沟通。

第三，树立专业形象。作为监狱民警或矫正教育工作者，我们的言行举止都代表着专业和权威。在与罪犯沟通时保持冷静，能够展现出我们的专业素养和稳定情绪管理能力，从而赢得罪犯的尊重和信任。这种尊重和信任是后续改造教育工作的基础，有助于我们更好地开展工作。

第四，保护自身安全。监狱环境存在一定的安全风险，与罪犯的沟通中也可能出现突发情况。保持冷静能够让我们在紧急情况下迅速做出判断并采取相应的应对措施，从而保护自身安全。同时，冷静的态度还能减少因冲动而导致的错误行为或决策，避免不必要的风险。

第五，促进罪犯改造。罪犯的改造是一个复杂而漫长的过程，需要工作人员付出大量的努力和耐心。在与罪犯沟通时保持冷静，能够让我们以更加平和的心态去面对他们的错误和不良行为，从而采取更加有效和针对性的改造措施。同时，冷静的沟通还能激发罪犯的反思和自省意识，帮助他们认识到自己的错误并积极寻求改变。

与罪犯沟通时保持冷静是首要且至关重要的原则。它不仅能够避免情绪升级、增强沟通效果、树立专业形象、保护自身安全，还能促进罪犯的积极改造和重返社会。因此，每一位与罪犯接触的工作人员都应时刻牢记这一原则，并在实际工作中不断加以实践和完善。

（二）倾听为主

倾听是理解罪犯内心世界的关键。工作人员应给予罪犯充分的表达空间，认真倾听他们的陈述和诉求，少打断、少评判。通过倾听，可以收集到更多关于罪犯心理状态、行为动机等方面的信息，为后续的工作提供有力支持。同时，少评判可以避免激化矛盾，减少沟通障碍。

第一，倾听的重要性。通过倾听，工作人员能够收集到罪犯的真实想法、感受、需求以及潜在的问题。这些信息对于制定个性化的改造计划、提供针对性的帮助至关重要。当罪犯感受到被倾听、被理解时，他们会更加愿意敞开心扉，分享自己的内心世界。这种信任的建立为后续的沟通、教育和改造工作奠定了坚实的基础。倾听不仅让工作人员了解罪犯的现状，还能引导他们进行自我反思。通过倾听罪犯的叙述，工作人员可以巧妙地引导其认识到自己的错误和不良行为，从而激发其改造的动力。

第二，如何有效倾听。在倾听过程中，工作人员应全神贯注，避免分心或打断罪犯的叙述。通过眼神交流、点头示意等方式，让罪犯感受到自己的关注。倾听并不意味着立即对罪犯的行为或想法做出评判。工作人员应保持中立的态度，避免使用贬低、指责或威胁性的言辞。

尝试站在罪犯的角度去理解他们的感受和需求，展现出同理心和情感共鸣。这有助于拉近双方的距离，增强沟通效果。在倾听过程中，适时地给予反馈和确认，让罪犯知道自己在被认真倾听。这可以通过重复罪犯的话语、总结其观点或提出相关问题来实现。

第三，倾听的深远影响。通过倾听，工作人员能够更准确地把握罪犯的心理状态和需求，从而制定更加有效的改造计划。这种个性化的改造方案能够更好地满足罪犯的实际需求，提高其改造的积极性和成功率。倾听有助于缓解罪犯的负面情绪和压力，减少其因不满或愤怒而引发的冲突和暴力行为。当罪犯感受到被理解和尊重时，他们更有可能通过和平的方式表达自己的诉求和不满。通过倾听和理解罪犯的内心世界，我们可以更加全面地认识到犯罪问题的复杂性和多样性。这有助于我们采取更加全面和有效的措施来预防和减少犯罪，促进社会的和谐与稳定。

倾听是理解罪犯内心世界的关键。它不仅有助于收集到有价值的信息、建立信任关系、促进反思和自我认知，还能够增强改造效果、减少冲突与暴力、促进社会和谐。因此，在与罪犯的沟通中，我们应始终将倾听放在首位，努力成为他们心灵的倾听者和支持者。

（三）清晰表达，避免威胁

监狱民警在与罪犯沟通中，应清晰、准确地表达自己的意图和要求，避免使用模糊、含糊的言辞。同时，应避免使用威胁性的语言，如"如果你不这样做，就会受到惩罚"等。这种语言不仅无法达到预期的效果，还可能引发罪犯的抵触情绪，甚至导致冲突升级。

在与罪犯进行沟通的过程中，清晰表达与避免威胁是两个至关重要的原则。这两个原则相互关联，共同构成了有效沟通的基础，有助于建立积极、安全、建设性的对话环境。

第一，清晰表达是确保沟通效果的关键。监狱民警在与罪犯沟通时，由于双方可能存在文化背景、教育水平、心理状态等多方面的差异，因此工作人员需要特别注意语言的准确性和易懂性。清晰表达能够减少因语言模糊或歧义而导致的误解。当监狱民警使用明确、具体的语言传达信息时，罪犯更容易准确理解其意图和要求。清晰表达展现出监狱民警的专业素养和责任心，有助于增强罪犯对监狱民警的信任感。这种信任感是建立积极沟通关系的重要基础。清晰表达能够减少沟通中的冗余和重复，使双方能够更快地达成共识或解决问题，从而提高沟通效率。

第二，避免威胁。威胁性语言不仅无助于解决问题，反而可能加剧矛盾、引发冲突，甚至对监狱民警和罪犯的安全构成威胁。威胁性语言容易让罪犯感到被冒犯或受到威胁，从而激发其抵触情绪或反抗行为。这种情绪化的反应可能使原本简单的问题复杂化，甚至引发更大的冲突。威胁性语言会破坏监狱民警与罪犯之间建立的信任关系。一旦信任被打破，双方将更难进行有效的沟通和合作。在某些情况下，威胁性语言可能直接导致暴力冲突或自伤、自残等极端行为，对监狱民警和罪犯的安全构成直接威胁。

（四）适应对方语言习惯

罪犯来自不同的社会背景和文化环境，他们的语言习惯可能各不相同。工作人员应努力适应罪犯的语言习惯，使用他们易于理解和接受的语言进行沟通。这有助于拉近双方的距离，增强沟通效果。

与罪犯沟通时适应对方语言习惯是至关重要的，这不仅能增强沟通效果，还能建立信任关系，促进罪犯的改造进程。

监狱民警了解罪犯的语言背景是沟通的基础。这包括罪犯的母语、方言、文化水平以及可能的特殊语言需求（如聋哑人或少数民族语言）。通过查阅档案、与家属沟通或与其他工作人员交流，尽可能多地收集相关信息。对于文化水平较低的罪犯，应使用简单易懂的语言，避免复杂的词汇和长句，确保信息能够准确传达。如果罪犯使用方言，工作人员可以尝试学习并使用其方言进行沟通，这有助于拉近与罪犯的距离，建立信任感。无论使用何种语言，都应确保表达清晰、逻辑连贯，避免产生歧义或误解。在沟通过程中，应给予罪犯充分的表达机会，认真倾听其诉求和想法，展现出尊重和关注。使用积极、正面的语言进行沟通，避免使用威胁、恐吓等负面语言，以免激发罪犯的抵触情绪。根据罪犯的沟通习惯和节奏进行调整，不要急于求成或打断对方的发言。

罪犯改造动机学基于心理学、教育学、社会学等多学科的理论基础，为罪犯改造工作提供了系统的理论指导。它深入分析了罪犯的心理特征、行为模式及其形成原因，揭示了罪犯改造的内在规律和机制。这些理论成果为制定科学合理的改造策略、方法和措施提供了坚实的科学依据，使改造工作更具针对性和实效性。

随着社会的不断发展和进步，罪犯改造的理念也在不断地创新与发展。罪犯改造动机学通过对国内罪犯改造实践经验的总结和分析，不仅丰富了罪犯改造学的理论体系，也为罪犯改造工作的实践探索指明了方向。

参考书目

1. 张峰：《矫正方法大全》，湖北人民出版社2008年版。
2. 冯忠良等：《教育心理学》，人民教育出版社2000年版。
3. 张雅凤主编：《罪犯改造心理学新编》，群众出版社2007年版。
4. 乐国安主编：《法律心理学》，华东师范大学出版社2003年版。
5. ［美］Herbert L. Petri John M. Govern：《动机心理学》，郭本禹等译，陕西师范大学出版社2005年版。
6. ［美］爱德华·伯克利、梅利莎·伯克利：《动机心理学》，郭书彩译，人民邮电出版社2020年版。
7. 郭德俊主编：《动机心理学理论与实践》，人民教育出版社2005年版。
8. ［美］斯莱文：《教育心理学理论与实践》，北京大学出版社2004年版。